신라 왕위계승 원리 연구

신라 왕위계승 원리 연구

선 석 열 지음

혜안

머리말

예전 왕위계승에 대해 발표하는 자리에서 계승의 원리를 제대로 이해하지 못하고 있는 문제점을 여러 번 진지하게 생각하고 「신라의 왕위계승 원리」라는 논문을 개관하고자 하였으나, 그마저도 원고량이 많아 두 편으로 게재하였다. 그 과정에서 신라사를 연구하기 위해서는 국왕 중심의 지배체제를 근간으로 해야 한다는 사실을 새삼 인식하게 된 것이 본서를 집필하게 된 계기가 되었다. 천년 동안에 이루어진 신라의 왕위계승을 1년 만에 다루겠다는 필자의 예상은 처음부터 빗나가 버렸다.

사학과 전임대우강사라는 강의를 전담하는 업무를 받고 오랜 시간강사로 지내다가 처음으로 교수연구실에 입성하게 되었다. 4년간의 그럴듯한 연구환경 속에서 내가 무엇을 해야 할 것인가, 30년간에 걸친 신라사 연구를 어떻게 마무리해 나아갈까, 후학을 위해 조그마한 이론 정리를 해야 하겠다는 생각을 하면서 시작한 것이 신라 왕위계승의 원리에 대한 연구였다. 이 과제를 2년 이내에 완수하고 2년이나 남은 시간 동안 나의 신라사 연구의 마무리를 해보고자 하였다. 그런데 뜻밖에도 계승원리의 연구는 만만치 않았다. 신라사 전공자들이 처음 손대는 것이 왕위계승에 관한 것이 매우 많았기 때문에, 해당 왕에 대한 연구성과를 하나하나 처리해 나가는 데도 많은 시간이 소모되었다. 게다가 『삼국사기』와 『삼국유사』에 전하는 왕실의 계보 기록이 더러 난해한 부분으로 등장하여 필자를 괴롭히기 시작하였다. 어느 때에는 한 달이 지나도록 해결을 하지 못하여 애꿎은 술만 낭비하는 경우가 허다하였다.

특히 애를 먹은 곳은 여러 군데가 있었다. 먼저 『삼국유사』의 일성왕 계보 기록으로서 『삼국사기』와 비교하여 면밀히 대조해 본 결과 일성왕과 아달라왕의 계보가 뒤섞여 있음을 찾아내게 되었다. 다음 미추왕의 경우로서 사위인 내물왕과의 연대 차이가 매우 커서 어떻게 하면 해명할 수 있을까 고민하게 되었다. 그런데 『삼국유사』에서 고구려의 승려로 나오는 아도는 조위의 정시 연간(240~248)에 고구려에 사신으로 온 아굴마의 사생아로서 260년대에 조위에 가서 구법을 수행하고 고구려로 귀국하였다가 미추왕 2년 신라에 왔다고 하였는데, 실제로 아도는 소수림왕 4년에 동진(317~420)으로부터 고구려에 온 것으로 되어 있었다. 그러므로 미추왕은 260년대가 아니라 370년대에 재위한 것으로 되므로, 미추왕과 내물왕의 연대 차이 문제는 해소되어졌다. 다음으로는 효공왕의 서자 기록 문제였다. 효공왕이 헌강왕의 서자로 기록되어 있으나, 최치원의 찬술 기록에 그의 어머니가 왕비로 되어 있어 서자가 아니라고 판단하였다. 이처럼 『삼국사기』와 『삼국유사』의 계보 기록은 상호 보완적인 관계에 있음을 새삼 이해하게 되었던 것이다.

그간 자료만 보고 논문을 쓰던 자세에서 많은 변화를 주었던 것이 본서의 연구이다. 이러한 변화가 있었던 것은 10년 전에 수행한 한일공동연구회였다. 한일 양국의 연구자 40여 명이 공동으로 6세기의 한일관계라는 소주제를 두고 한국에서 조사된 왜계 유적 및 유물과, 일본에서 조사된 고대 한국계 유적 및 유물을 20여 차례에 걸쳐 두 나라를 교차 방문하면서 조사 연구하였다. 발굴조사보고서에 있는 사진이나 도면과 달리 실물을 면밀하게 관찰하면서 전혀 다른 사실을 알게 되었다. 사진이나 도면에서는 같은 방식으로 제작되었다고 연구되었던 것이 실물로는 전혀 다른 방식으로 만들어졌다는 것이다. 소름끼치는 순간이었다. 이러한 사실과 함께 『일본서기』의 문헌 비판도 달라지게 되었다. 특히 전라도 서남해안 및 영산강유역의 왜계 고분이 1세대에만 축조되고 말았는지도 해명되어지는 것이었다. 고고학은 문헌과 전혀 별개의 사실을 말해주는 것이 아니었다. 이제 고고학은 문헌사학과 정합성의 길로 나아가고 있어 문헌 기록에 대한 세심하고 신중한 연구가 필요하다.

같은 고대사의 문헌 기록인 『삼국사기』와 『삼국유사』도 상호 면밀하게 대조해 나아가면 한국고대사를 해명하는 데 관건이 된다. 여기에 고고학적 연구가 병행된다면 금상첨화일 것이다. 필자가 본 연구에서 해결하지 못한 부분도 이와 관련된다. 신라의 모체인 사로국과 우시산국의 기원이나 실체를 해명하기 위해서는 고고학이 필수적이다. 사로국의 지배자인 왕실의 기원 문제를 해명하고자 하였으나, 2세기 이전에 경주지역에 뚜렷한 지배자 무덤이 아직 드러나지 않은 상황에서 박씨왕실의 기원을 풀고자 한 필자의 노력은 한계에 부딪혔던 것이다. 이 문제에 대해서는 잠정적으로 2세기 이전에 사로국에는 뚜렷한 지배자 집단이 없었던 것으로 보는 것이 필자의 묵시적인 생각이다. 앞으로 고고학적 발굴 조사와 연구를 기다려야 할 것 같다. 『삼국사기』와 『삼국유사』를 중심 사료로 추구된 본서는 현재적 연구에 불과하다.

예상과 달리 3년 반이라는 시간을 소모하고도 본서의 간행을 응원해준 김동철 소장을 비롯하여 관계자 여러분께 가슴속 깊이 감사드린다. 이 책의 편집과 출판에 아낌없이 조언해준 오일주 사장님을 비롯한 혜안 관계자들에게도 심심한 감사를 드린다. 세월의 무상함인지 이 시간 속에 필자의 머리카락은 갑자기 서리발로 바뀌어 버렸다.

2015년 7월 어느날 샛별회관 연구실에서

선 석 열

차례

표 차례

Ⅰ. 서론

1. 연구 동향

한국 고대국가의 지배구조상 그 정점에 있는 것은 국왕이었다. 왕의 권력과 지위는 세습되는 것이 일반적이다. 신라의 경우에도 시조왕에서부터 말왕인 경순왕에 이르기까지 왕위가 계승되었는데, 이에 대한 연구는 일찍부터 있어왔다. 신라의 왕위계승을 3시기로 구분을 하여 파악한 신형식의 연구로부터 시작되어 그 유형을 추대·계승·찬탈로 나누었다.[1] 그 이전에는 모계제와 부계제의 논의 속에서[2] 부자상속단계의 설정이 제시되었으나,[3] 이후 왕위계승과 관련된 혈연원리에 대한 연구도 전개되었다.[4]

한국 고대국가 가운데 신라의 경우에도 왕권의 지속성, 즉 왕위계승에 대한 연구는 일찍부터 있어왔다.[5] 20세기 초기에는 『삼국사기』 초기기록의

---

1) 申瀅植, 「新羅王位繼承考」 『柳洪烈博士 華甲紀念論叢』, 탐구당, 1971/『三國史記研究』, 일조각, 1990.

2) 이에 대한 평가는 다음의 논고가 참고된다. 李基東, 「新羅 骨品制研究의 現況과 그 課題」 『歷史學報』 74, 1977/『新羅骨品制社會와 花郎徒』, 일조각, 1984.

3) 末松保和, 「新羅三代考」 『史學雜誌』 57-5·6合輯, 1949/『新羅史の諸問題』, 東洋文庫, 1954.

4) 李鍾旭, 『新羅上代王位繼承研究』, 영남대출판부, 1980 ; 李基東, 「新羅 奈勿王系의 血緣意識」 『歷史學報』 52·53合輯, 1972 ; 「新羅 中古時代 血族集團의 特質에 관한 諸問題」 『震檀學報』 40, 1975 ; 「新羅 下代의 王位繼承과 政治過程」 『歷史學報』 85, 1980/이상 앞의 책, 1984.

5) 이에 대한 연구사적 검토는 다음의 논고가 참조되므로, 여기서는 간단히 언급하겠다.

사료적 가치 여부와 관련되어 왕위계승을 모계제에서 부계제로 이행하는 과정에서 파악하여 신라 초기의 삼성왕통을 허구로 규정하였다.[6] 1960년대에 이르러 金哲埈에 의해 제시된 수정론은 기존의 『삼국사기』 초기기록의 불신에 대한 반성으로서 일정한 사료 비판을 가하는 한편, 신라 상고세계의 기년을 수정·복원하려 하였다. 박·석·김 삼성의 세계는 본래 병렬적인 것인데, 그 기년을 인상하기 위하여 박씨세계를 가상하였다고 보고 실제의 기년을 추정하였다.[7] 이러한 수정론의 시각을 적용하여 신라 상고의 왕위계승을 Double Descent(重系繼承)의 원리를 적용하기도 하였다.[8] 이후 초기기록의 사료적 가치를 추구하기 위하여 리니지 이론을 적용하여 신라 상대의 왕위계승과 관련된 혈연원리에 대한 연구도 전개되었다.[9]

신라사는 매우 긴 시간 존속해왔으므로, 왕위계승에 대한 연구도 각 시기별로 나누어 추구되었다. 일반적으로 왕위계승에 대한 연구는 중요한 정치적 사건에 주목하여 특정 왕의 왕위계승에 대한 연구가 많으나, 본장에서는 시기별 연구를 중심으로 검토하겠다.

우선 신라 상대의 왕위계승은 부자관계가 아니라 왕의 아들·딸·손자·여서(사위)·외손 등 5가지의 친족구성원으로 이루어졌다고 하는 연구가 제시되었다.[10] 이에 따라 신라 상대의 왕위계승에서는 아들과 사위가 동등한 자격을

崔在錫, 「新羅王室의 王位繼承」 『歷史學報』 98, 1983/『韓國家族制度史硏究』, 일지사, 1983.

6) 前間恭作, 「新羅王の世次と其の名につきて」 『東洋學報』 15-2, 1925 ; 三品彰英, 「新羅の姓氏に就いて」 『史林』 15-4, 1933 ; 池內宏, 「新羅の骨品制と王統」 『東洋學報』 283-3, 1941/『滿鮮史硏究』(上世篇 2), 吉川弘文館, 1960 ; 末松保和, 「新羅上古世系考」 『京城帝國大學創立十周年紀念 論文集(史學篇)』, 1936/앞의 책, 東洋文庫, 1954.

7) 金哲埈, 「新羅 上古世系와 그 紀年」 『歷史學報』 17·18合輯, 1962/『韓國古代社會硏究』, 지식산업사, 1975.

8) 皮瑛姬, 「Double Descent 理論適用을 통해 본 新羅王의 身分觀念」 『韓國史論』 5(서울대), 1979 ; 申東河, 「新羅骨品制의 形成過程」 『韓國史論』 5(서울대), 1979.

9) 崔在錫, 앞의 논문, 1983 ; 李鍾旭, 앞의 책, 1980 ; 李基東, 「新羅 奈勿王系의 血緣意識」 『歷史學報』 52·53合輯, 1972/앞의 책, 1984.

가지고 이들 간의 갈등을 무마하기 위해 왕실 내에서 근친혼이 행해졌으며, 전왕과 보다 많은 친연관계를 맺은 자가 유리하다고 보았다.[11)]

왕위계승을 추구하기에 앞서 해결되어야 할 점은 혼란하게 전승된 왕실 계보의 문제이다. 신라사회의 구조를 파악하기 위해 친족집단을 연구하면서 왕실계보를 검토하거나,[12)] 신라의 갈문왕을 연구하기 위해 혼란된 계보를 검토하였다.[13)] 이와 같은 신라 상대의 왕실계보를 본격적으로 검토하여 왕위계승에 대해 종합적으로 추구한 연구성과도 나오게 되었다.[14)] 이후 신라 왕위계승에 대한 연구는 정치사적 관점에도 매우 중요한 요인으로 부각되어 개별 왕의 즉위를 둘러싼 정치세력에 대한 연구가 활발하게 진전되었다.[15)]

더욱이 1980년대 말부터 새로운 신라 금석문이 발견되면서 왕실계보나 왕위계승에 대해 재검토하는 계기가 되었다. 1988년에 발견된 울진봉평신라비(524년(법흥왕 11) 건립 : 이하 봉평비라 약칭)에 의하면 국왕인 모즉지매금왕 즉 법흥왕과 사부지갈문왕 즉 입종갈문왕이 나란히 나열되어 있어 사망한 후에 추봉된 것이 아니라 생존하고 있던 갈문왕임이 밝혀졌다.[16)] 이듬해 발견된 영일냉수리신라비(503년(지증왕 4) 건립 : 이하 냉수리비라 약칭)에 의하면 국왕이 아닌 지도로갈문왕으로 등장하고 있으며,[17)] 특히 2009년 20년만에 발견된 포항중성리신라비(501년(지증왕 2) 건립 : 이하 중성리비라

---

10) 崔在錫, 앞의 논문, 1983.
11) 河廷龍, 「新羅上代 王位繼承 硏究」『新羅文化』 12, 1995.
12) 金哲埈, 「新羅時代의 親族集團」『韓國史硏究』 1, 1968/앞의 책, 1975.
13) 李基白, 「新羅時代의 葛文王」『歷史學報』 58, 1973/『新羅政治社會史硏究』, 일조각, 1974.
14) 李鍾旭, 앞의 책, 1980.
15) 이에 대한 연구성과는 방대하여 여기서 일일이 열거할 수 없을 정도이므로, 본론의 각 장에서 구체적으로 언급하도록 하겠다.
16) 한국고대사학회, 『울진 봉평 신라비(가칭)에 대한 종합적 검토』, 1988.
17) 한국고대사학회, 『영일 냉수리 신라비(가칭)에 대한 종합적 검토』, 1989.

약칭)에 의하면 지증왕 재위 2년이 되는 해임에도 지증왕 내지 지도로갈문왕이 등장하지 않고 있어 중고 초기의 계보 기록에 대한 세심한 검토가 요구되었다.[18] 지증왕의 즉위과정은 실질적인 중고기의 시작이라는 평가[19]와 함께 일찍부터 주목받아 왔다. 냉수리비에 보이듯이 지도로가 503년 9월까지도 정식으로 즉위하지 못하고 왕위계승권이 없는 갈문왕으로서[20] 그의 즉위과정이 비상적이었으므로, 바로 즉위하지 못하고 귀족의 전반적인 합의를 받아내는 절차가 필요하였다고 보았다.[21] 이러한 관점에서 냉수리비에 등장하는 지도로갈문왕의 지위는 섭정이었다고 보았다.[22] 반면에 지도로의 왕위계승이 정상적인 것이라고 보고[23] 왕위계승서열이 가장 앞섰기 때문에 집권하였을 것이라는 견해,[24] 마땅한 왕위계승사가 없을 때는 갈문왕이 왕위계승 1순위였을 것이라는 견해[25]도 제기된 바 있다. 이렇듯 새로이 금석문이 발견됨으로써 당시의 왕위계승에 대해서 재해석이 이루어지기도 하였다. 새로 공개된 파른본 『삼국유사』의 왕력을 통하여 신라 중고기 왕실의 계보를

18) 문화재청 국립경주문화재연구소, 『浦項 中城里 新羅碑』, 2009 ; 한국고대사학회, 『신발견 포항 중성리 신라비에 대한 역사학적 고찰』, 2009.

19) 李基東, 앞의 책, 1972.

20) 이기백, 앞의 논문, 1973 ; 朱甫暾, 「6세기초 新羅王權의 位相과 官等制의 成立」 『역사교육논집』 13·14합집, 1989.

21) 鄭求福, 「迎日冷水里新羅碑의 金石學的 考察」 『韓國古代史硏究』 3, 1990 ; 文暻鉉, 「迎日冷水里新羅碑에 보이는 部의 性格과 政治運營問題」 『韓國古代史硏究』 3, 1990 ; 朱甫暾, 「迎日冷水里新羅碑에 대한 基礎的 檢討」 『新羅文化』 6, 1989 ; 李喜寬, 「新羅上代 智證王系의 王位繼承과 朴氏王妃族」 『동아연구』 20, 1990.

22) 윤진석, 「신라 至都盧葛文王의 '攝政'」 『韓國古代史硏究』 55, 2009.

23) 文暻鉉, 앞의 논문, 1990 ; 徐毅植, 「新羅 '上代'의 王位繼承과 聖骨」 『韓國史硏究』 86, 1994/『新羅의 政治構造와 身分制』, 혜안, 2010 ; 송은정, 「新羅 上代 葛文王의 성격과 변화」 『淑明韓國史論』 2, 1996 ; 宣石悅, 「신라 금석문을 통해 본 葛文王」 『新羅文化祭學術論文集』 23, 2002 ; 權英五, 「신라 中古·中代期 上大等과 왕위계승」 『역사와 경계』 47, 2003 ; 박남수, 「新羅 和白會議에 관한 再檢討」 『新羅文化』 21, 2003.

24) 金義滿, 「迎日 冷水碑와 新羅의 官等制」 『慶州史學』 9, 1990.

25) 宣石悅, 앞의 논문, 2002 ; 박남수, 앞의 논문, 2003.

검토하고, 새로이 밝혀진 계보로 이 시기 왕위계승의 성격을 살펴본 연구,[26] 하대 말기 효공왕의 계보에 대한 자료를 분석하여 그 이해를 구체화한 연구도 있었다.[27]

각 시기별로 왕위계승에 대해 그 추이를 살펴본 연구가 이루어져 해당 시기의 왕위계승 성격을 해명하였으며,[28] 이들 연구를 집성하여 단행본을 출간하는 경향이 두드러지고 있다.[29] 하대시기 가운데 박씨 3왕에 대해 특히 주목한 경우도 있다.[30] 특정 왕의 즉위과정에 대한 연구가 마립간시기[31]

---

26) 김창겸, 「신라 중고기 왕실계보와 왕위계승 연구－특히, 파른본 『三國遺事』 王曆을 통하여－」 『新羅史學報』 30, 2014.

27) 李文基, 「崔致遠 撰 9세기 후반 佛國寺 關聯資料의 檢討」 『新羅文化』 26, 2005.

28) 吳星, 「新羅 元聖王系의 왕위교체」 『全海宗華甲紀念史學論叢』, 일조각, 1979 ; 李基東, 「新羅 下代의 王位繼承과 政治過程」 『歷史學報』 85, 1980 ; 尹炳喜, 「新羅 下代 均貞系의 王位繼承과 金陽」 『歷史學報』 96, 1982 ; 全基雄, 「신라 하대말의 정치사회와 경문왕가」 『釜山史學』 16, 1989 ; 徐毅植, 앞의 논문, 1994/앞의 책, 2010 ; 河廷龍, 앞의 논문, 1995 ; 김창겸, 「신라 하대의 왕위계승과 유조」 『白山學報』 56, 2000 ; 김창겸, 「신라 하대 왕위계승의 성격」 『慶州文化研究』 4, 2001 ; 김창겸, 「신라 하대 추대에 의한 왕위계승의 성격」 『淸溪史學』 16·17, 2002 ; 권영오, 「신라하대 왕위계승과 상대등」 『지역과 역사』 10, 2002 ; 김창겸, 「신라 하대 왕실세력의 변천과 왕위계승」 『新羅文化』 22, 2003 ; 권영오, 「신라 중고, 중대기 상대등과 왕위계승」 『역사와 경계』 47, 2003 ; 최의광, 「新羅 下代 王位繼承 分爭과 國人」 『史叢』 75, 2012.

29) 金壽泰, 『新羅中代政治史研究』, 일조각, 1996 ; 金昌謙, 『新羅 下代 王位繼承 研究』, 경인문화사, 2003 ; 朴海鉉, 『신라 중대 정치사 연구』, 국학자료원, 2003 ; 全基雄, 『新羅의 멸망과 景文王家』, 혜안, 2010 ; 권영오, 『新羅下代 政治史 研究』, 혜안, 2011 ; 李晶淑, 『신라 중고기 정치사회 연구』, 혜안, 2012 ; 李泳鎬, 『신라 중대의 정치와 권력구조』, 지식산업사, 2014.

30) 李鍾恒, 「新羅의 下代에 있어서의 王種의 絶滅에 대하여」 『法史學研究』 2, 1975 ; 文暻鉉, 「新羅 朴氏의 骨品에 대하여」 『歷史教育論集』 13·14합집, 1990 ; 曺凡煥, 「新羅末 朴氏王의 登場과 그 政治的 性格」 『歷史學報』 129, 1991 ; 李明植, 「新羅末 朴氏王代의 展開와 沒落」 『大丘史學』 83, 2006 ; 전기웅, 「신라의 멸망과 朴氏王家」 『韓國民族文化』 31, 2008.

31) 박성천, 「新羅 智證王의 卽位過程에 대한 研究」 『慶州文化研究』 6, 2003 ; 박용국, 「新羅 眞智王의 廢位와 眞平王 初期의 政治的 性格」 『大丘史學』 85, 2006 ; 張彰恩, 「新羅 智證王의 執權과 對高句麗 防衛體系의 확립」 『韓國古代史研究』 45, 2007 ; 宣石悅, 「신라 실성왕의 즉위과정 : 국제정세의 변동과 관련하여」 『지역과 역사』 34,

중고시기[32] 중대시기[33] 하대시기[34] 등 시기별로 구체적으로 추구되는 경향도 있었다. 왕위계승과 관련한 태자제도의 연구[35]와 왕실구성에서의 외척에 대한 연구[36]도 전개되었으며, 각 시기별 왕통의 소멸과 개시와 관련하여 정치적 변란을 집중적으로 추구하였다.[37]

2014.

32) 李喜寬, 「新羅上代 智證王系의 王位繼承과 朴氏王妃族」『東亞硏究』 20, 1990 ; 李晶淑, 「眞平王의 卽位를 전후한 政局動向」『釜山史學』 27, 1994 ; 김창겸, 「新羅 眞興王의 卽位과정」『韓國上古史學報』 23, 1996 ; 朴成熙, 「신라 眞興王 즉위 前後 정치세력의 동향」『韓國古代史研究』 22, 2001.

33) 李基白, 「新羅 惠恭王代의 政治的 變革」『社會科學』 2(한국사회과학연구회), 1958 ; 李泳鎬, 「新羅 惠恭王代 政變의 새로운 解釋」『歷史教育論集』 13·14합집, 1990 ; 曺凡煥, 「新羅 中代 聖德王代의 政治的 動向과 王妃의 交替」『新羅史學報』 22, 2011.

34) 李培鎔, 「新羅 下代 王位繼承과 眞聖女王」『千寬宇先生還曆紀念 韓國史學論叢』, 정음문화사, 1985 ; 全基雄, 앞의 논문, 1989 ; 권영오, 「新羅 元聖王의 즉위 과정」『釜大史學』 19, 1995 ; 金昌謙, 「신라 하대 효공왕의 즉위와 非眞骨王의 왕위계승」『史學研究』 58·59합집, 1999 ; 권영오, 「新羅下代 왕위계승 분쟁과 閔哀王」『한국고대사연구』 19, 2000 ; 全基雄, 「신라말 효공왕대의 정치사회 변동」『新羅文化』 27, 2006 ; 黃善榮, 「新羅下代 景文王家의 王位繼承과 政治的 推移」『新羅文化』 27, 2006 ; 최의광, 「新羅 元聖王의 王位繼承과 國人」『韓國史學報』 37, 2009 ; 安珠鴻, 「신라 하대 문성왕대의 정국」『新羅史學報』 19, 2010 ; 張日圭, 「응렴의 결혼과 그 정치적 의미」『新羅史學報』 22, 2011.

35) 金昌謙, 「新羅時代 太子制度의 性格」『韓國上古史學報』 13, 1993 ; 이승현, 「新羅의 東宮制度」『韓國古代史研究』 55, 2009 ; 조범환, 「新羅 下代 憲德王의 副君 설치와 그 정치적 의미」『震檀學報』 110, 2010 ; 김병곤, 「신라의 태자 책봉제 수용 과정 고찰」『韓國古代史研究』 64, 2011 ; 김병곤, 「신라 헌덕왕대의 副君 秀宗의 정체성과 太子」『東國史學』 55, 2013.

36) 朴海鉉, 「新羅 景德王代의 外戚 勢力」『韓國古代史研究』 11, 1997 ; 李泳鎬, 「新羅의 王權과 貴族社會 - 중대 국왕의 혼인 문제를 중심으로 -」『新羅文化』 22, 2003 ; 曺凡煥, 「王妃의 交替를 통하여 본 孝成王代의 政治的 動向」『韓國史研究』 154, 2012.

37) 丁仲煥, 「毗曇·廉宗亂의 原因考 - 新羅政治社會의 轉換期에 관한 一試考 -」『東亞論叢』 14, 1977 ; 申瀅植, 「武烈王系의 成立과 活動」『韓國史論叢』 2, 1977 ; 武田幸男, 「新羅"毗曇の亂"の一視角」『三上次男博士喜壽記念論文集』, 雄山閣, 1985 ; 文暻鉉, 「武烈王體制의 成立」『新羅文化祭學術發表會論文集』 8, 1987 ; 金壽泰, 「新羅 神文王代 專制王權의 確立과 金欽突亂」『新羅文化』 9, 1992 ; 高慶錫, 「毗曇의 亂의 성격 문제」『韓國古代史論叢』 7, 1994 ; 鄭容淑, 「善德王代의 政局動向과 毗曇의 亂」『李基白先生古稀記念韓國史學論叢 上』, 일조각, 1994 ; 朱甫暾, 「毗曇의 亂과 善德王代 政治運營」『李基白先

이상과 같이 신라의 왕위계승에 대한 연구는 초기에 전반적으로 개관하거나 혈연원리에 대한 것이었고, 점차 각 시기별로 추구되다가 특정 왕에 대한 구체적인 연구로 전개되었다. 그 다음으로 신라 왕위계승에 대한 연구는 시기별이나 특정 왕에 대해 다른 시각으로 견해가 제시되기도 하였는데, 이는 신라 정치사에 대한 연구가 새로워지면서 재검토되어 갔다. 이는 왕위계승이 기초적인 것이기 때문이기도 하다.

기존의 연구는 왕위계승의 원리에 대해서는 그다지 구체적으로 추구하지 않고 있으며, 혈연적 성격이나 왕실과의 친연관계를 통해 다소 언급하면서도 주로 정치적 요인과 변동을 중심으로 추구해 왔다. 필자는 신라 왕위계승에 대해 적자에 의한 직계계승을 비롯하여 방계계승과 여서계승이라는 세 가지 원리를 적용하여 개관하였으나,[38] 왕실계보에 대해 정확한 분석은 제대로 시도하지 못했다. 이상의 연구성과에서도 세 가지 원리에 대한 정확한 이해가 결여되어 있다. 그러나 왕위계승을 비롯하여 권력의 속성은 부계세습임은 상식적인 것이지만, 적자의 후사가 끊어질 경우 대안으로 마련된 것이 방계계승이다. 그리고 여왕계승이나 유조에 의한 계승을 그 원리로 이해하는 것 또한 문제라 할 수 있다.

이러한 왕위계승 원리가 신라의 전 시기를 통해 준수되어 있었는가는 매우 중요한 사실이다. 대표적인 예를 들면 지증왕 무열왕 원성왕 신덕왕 등의 왕위계승을 비롯하여 하대 초기의 왕위계승쟁탈을 찬탈로 보아야 할 것인가, 아니면 정상적인 원리 속에서 이루어진 것인지 명확하게 밝혀져야 할 것이다. 또한 삼성왕통 속에 끼어있는 탈해왕과 미추왕이 여서로서 계승한

生古稀記念 韓國史學論叢 上』, 일조각, 1994 ; 朴淳教, 「金春秋의 執權過程 研究」, 경북대 박사학위논문, 1999 ; 최홍조, 「神文王代 金欽突 亂의 재검토」 『大丘史學』 58, 1999 ; 金炳坤, 「新羅 中古期 末의 政治 狀況에 대한 非葛藤論的 理解」 『한국 고대사 연구의 현단계』, 주류성출판사, 2009.

38) 선석열, 「신라의 왕위계승 원리」 『역사와 세계』 32, 2007 ; 선석열, 「신라 상고의 왕위계승 원리와 삼성왕통의 실재성」 『역사와 세계』 33, 2008.

것인지, 아니면 삼성왕통의 구조적인 문제가 내재되어 있는 것인지 관련 기록의 사료적 비판을 가해보아야 할 것이다. 본서는 신라의 전 시기를 통해 왕위계승 원리가 이행되어졌는가를 추구하고자 하는 것이 기본적인 의도이다.

2. 연구 방향

기존의 연구에서는 신라왕위계승에 대하여 상대 중대 하대의 각 시기에 한정되어 추구되었으며, 전 시기를 통관한 연구성과는 없었다. 또한 신라의 왕위계승에 대하여 정치집단간의 역관계에 초점을 맞추어 본 데 반하여, 필자의 입장에서는 왕위의 계승이 단순히 부자계승이라는 측면보다, 이것이 어떤 구체적인 원리에 입각하여 이루어져 갔을 것으로 상정한다. 즉 다른 고대국가의 예와 달리 신라의 왕위계승은 적자계승, 방계계승, 여서계승 등의 관점에서 살펴보아야 할 것이다. 특히 여왕계승의 경우는 왕위계승의 원리의 적합성 여부에 초점이 맞추어질 것이다. 필자는 신라의 왕위계승에 대해 전 시기를 대상으로 하여 왕위계승의 원리에 입각하여 다음과 같이 추구해 보겠다.

그리고 분석의 편의를 위하여 다섯 시기로 구분하여 살펴보겠다. 『삼국사기』에는 상대·중대·하대로 3시기로 구분되어 있고, 『삼국유사』에는 상고·중고·하고로 3시기로 구분되어 있다. 『삼국사기』에는 역대 56왕 가운데 상대가 시조 혁거세거서간에서 28대 진덕여왕까지로 절반을 차지하고 중대가 29대 태종무열왕부터 37대 선덕왕까지 9대로 가장 짧은 기간이고 하대가 38대 원성왕부터 56대 경순왕까지 19대로 구분되어 있다. 『삼국유사』에는 역대 56왕 가운데 상고가 시조 혁거세거서간에서 22대 지증왕까지이고 중고가 23대 법흥왕부터 28대 진덕여왕까지 6대로 가장 짧은 기간이고 하고가 29대 태종무열왕부터 56대 경순왕까지 28대로 절반을 차지하고 있다. 이와 같이 양 사서의 시기구분은 시간을 달리 하고 있다.

본서에서는 양 사서의 시기구분을 절충하여 이사금시기·마립간시기·중고시기·중대시기·하대시기 등 5시기로 세분하였다. 사로국 시기는 제1기로서 이사금의 朴·昔 병립한 두 왕통, 이후 삼국시기부터 확립된 김씨왕통은 다시 네 시기로 나누었다. 즉 제2기는 마립간시기의 내물왕계 및 제3기 중고시기의 지증왕계, 제4기는 통일신라시대의 무열왕계와 제5기의 원성왕계로 나눈다.

첫째, 논란이 많은 신라 상고 즉 사로국 시기 이사금의 박·석 두 왕통의 왕위계승을 세 가지 원리를 적용해보고 신라 초기의 삼성왕통이 실재하였는지의 여부를 구명해 보도록 하겠다. 두 왕통의 경우 문제가 되는 것은 왕실계보의 혼란이다. 『삼국사기』 및 『삼국유사』의 계보 기록은 이 두 왕통에 대해 가장 혼선과 착종이 많으므로, 계보기록에 대해 가장 구체적으로 사료비판을 가하겠다. 여기서 가장 주목하려는 점은 박씨 및 석씨 두 왕통 속에 각각 끼어있는 탈해왕과 미추왕이 여서로서 계승한 것인지로, 사료비판을 통해 검토해 보겠다.

둘째, 삼국시기 가운데 마립간시기의 내물왕계에 대해서이다. 김씨왕통은 미추왕에서 등장하여 삼성왕통을 통합한 내물왕계가 왕위를 계승하여 성립되었다. 먼저 미추왕이 과연 석씨왕통 속에 끼어있는 것으로 볼 수 있는지를 해명하겠다. 미추왕 직후 김씨왕통이 초기부터 적자계승의 난점이 드러나게 되고 외세의 개입에 의해 파국이 일어나는 과정을 살펴보겠다. 눌지왕의 자립사건은 왕위계승체계의 확립에 얼마나 중요한 의의가 있었는가도 아울러 살펴볼 것이다.

셋째, 삼국시기 가운데 중고시기의 지증왕계에 대해서이다. 마립간시기에 소지왕을 끝으로 적자 직계계승의 왕통이 단절된 이후 새로이 등장한 것이 지증왕계이다. 지증왕의 왕위계승과정은 『삼국사기』 및 『삼국유사』의 기록만으로 해명하기가 어려웠는데, 새로이 발견된 냉수리비와 중성리비를 통해 해명이 가능하다. 이들 왕통이 초기부터 적자계승의 난점이 드러나게 되어 여왕계승으로 파국이 일어나는 과정을 혼인관계를 중심으로 살펴보겠다.

넷째, 통일신라시대 가운데 중대시기의 무열왕계에 대해서이다. 이 시기에는 중고시기에 도입된 태자제도가 정착하게 되면서 왕위계승이 어떻게 전개되어 가는가를 살펴볼 것이다.

다섯째, 통일신라시대 가운데 하대시기의 원성왕계에 대해서이다. 이 시기에는 중고시기 이후에 도입된 태자제도가 정착되었으나, 하대 원성왕계 초기의 태자제도가 제대로 시행되지 못하였던 점을 주목하겠다. 또한 하대 초기의 왕위계승체계가 무너져 왕위계승쟁탈전이 벌어졌다고 이해하고 있는데, 이에 대해 왕위계승의 원리에 입각하여 새검토해 보겠다. 특히 주목되는 것은 효공왕의 계보 문제와 박씨 3왕의 등장에 대한 것으로, 효공왕이 헌강왕의 서자였는가가 중요한 관건이므로 치밀하게 검토해볼 것이다.

이상의 각 시기의 왕위계승에 대해 살펴본 것을 토대로 하여 신라 왕위계승에서 드러난 문제점들을 정리하여 신라 왕위계승의 세 가지 원리를 정리 제시하겠다. 먼저 상고시기의 왕통 교체와 직계에서 방계로의 왕실 교체를 왕위계승의 원리에서 살펴보고, 아울러 중고의 끝과 하대의 시작 시점에 대한 논의의 대상이 되었던 무열왕과 원성왕의 왕위계승에 대해서도 언급하여 왕위계승의 원리를 보다 선명하게 추구하겠다.

II. 상고시기 박씨 이사금의 왕위계승

1. 박씨왕통의 왕실계보

1) 유리왕계

기록상 사로국시기의 박씨왕실은 처음에 赫居世居西干에서 시작되어 그의 장자 南解次次雄으로 이어진다. 이들 두 왕은 각각 居西干과 次次雄이라는 칭호로 부르고 있다. 이 중 거서간의 의미는 '辰' 즉 진한에서는 왕을 말하는 것이며, 혹은 貴人을 가리켜 부른다[1]고 하였다. 거서간의 '居西'는 크다(大)는 뜻이며 '干'은 군장이라는[2] 뜻이므로, 거서간은 '大干' 즉 대군장을 의미한다. 거서간을 부족국가의 추장으로 보기도 하는데,[3] 그 근거가 되는 신라건국신화인 혁거세신화는 내용상 사로6촌이 아니라 진한6촌이 혁거세를 거서간으로 추대한 것이므로, 사로국의 건국신화가 아니라 신라국가의 건국신화로 보아야 하므로 거서간은 소국 왕의 우두머리를 뜻하는 마립간과 상통하는 의미이다.[4] 거서간의 '干'이란 중국측의 기록에는 臣智 혹은 主帥로, 한국측의 원래 기록에는 干支로 표기되며 부족국가 내지 소국의 지배자를 뜻하는 것이다. 이는 마립간시기 이전부터 있어왔던 정치적 지배자의 기원을 이루는

1) 『삼국사기』 권1, 신라본기1 시조 혁거세거서간 즉위조.

2) 李丙燾, 『國譯 三國史記(上)』, 을유문화사, 1983, 31쪽.

3) 金哲埈, 「高句麗·新羅의 官階組織의 成立過程」 『李丙燾博士華甲記念論叢』, 일조각, 1956/『韓國古代社會研究』, 지식산업사, 1976, 143쪽.

4) 宣石悅, 『新羅國家成立過程研究』, 혜안, 2001, 78~81쪽.

것이라고 할 수 있다.

그리고 차차웅은 慈充이라고도 하는데, 이두식 표기를 풀어보면 '중'[5]이다. 김대문은 방언으로 巫를 일컬으며 세상 사람들이 巫가 귀신을 섬기고 제사를 숭상하므로 외경한다고 하여 곧 존장자를 일컬어서 자충이라 한다고[6] 풀이하였다. 이에 대해 언어학적인 풀이로서는 차차웅 및 자충을 '중'으로 보기도 하고 '스승'[7]으로 해석하기도 하는데, 일반적으로 '중' 즉 巫를 의미하는 것이다.

이들 두 왕호는 각각 정치적 군장과 종교적 제사장을 의미하는 것으로, 『三國志』 魏書 東夷傳[8]의 다음과 같은 기록과 대비해 볼 수 있다.

> 그 습속은 기강이 약하여 비록 國邑에 主帥가 있더라도 (소속한) 邑落이 (다른 소국의 읍락과) 뒤섞여 있어 서로 잘 제어하지 못한다. … 국읍은 각기 한 사람을 세워 天神을 제사하는 것을 주관하게 하는데, 그를 天君이라 한다.[9]

위의 「위지동이전」에 보이는 삼한 제 소국의 경우에도 정치권력을 행사하는 主帥 즉 군장과 제사권을 행하는 天君이 소국 지배구조의 핵심을 이루고 있다. 또 이들 왕은 모두 즉위년의 간지가 甲子年[10]으로서 동일하다는 점이 흥미롭다. 『삼국사기』 신라본기의 초기기록에 대한 관점 가운데 수정론에서는 이 점을 들어 신라 상고의 기년을 재조정할 경우 두 왕을 박씨왕실의

---

5) 鮎貝房之進, 「新羅の王位號及び追封王號について」 『雜攷』 1, 1931, 22~30쪽.
6) 『삼국사기』 권1, 신라본기1 남해차차웅 즉위조.
7) 梁柱東, 『古歌硏究』, 일조각, 1960, 180쪽.
8) 이하 「위지동이전」이라 약칭.
9) 「위지동이전」 한전.
10) 『삼국사기』 권29, 연표 상에 의하면 "甲子 前漢 孝宣帝 詢 十七年 五鳳 元年 朴赫居世居西干 卽位 元年"이라 하였고, 또 "甲子 [元始] 四年 六十一年 始祖 朴赫居世居西干薨 南解次次雄 卽位 元年"이라 하였다.

세계에서 제외시키고 있는데, 이는 매우 시사적인 견해다.[11] 신라본기의 초기기록에서 이들 왕의 본기의 기사 가운데 역사적 사실로 볼 수 있는 기사를 전혀 찾아볼 수 없다는 점도 아울러 참고된다.[12] 이 두 왕은 상호간에 공통점과 상징성을 가지고 있으며, 이들 두 왕은 정치와 제사를 핵심으로 하는 한국 고대 帝王의 典型을 나타내고 있다. 즉 이와 같은 상징성을 가진 왕을 신라본기에서 왕실세계의 서두에 두었다는 것은, 신라 왕권의 기원적 특징이 祭·政을 공유하는 것임을 명시해 둔 것으로 이해된다.

이 두 왕 다음의 칭호는 尼師今으로 부르고 있는데, 이 왕호에 대해서는 박씨 유리왕과 석씨 탈해왕의 왕위경쟁설화로서 치아가 많은 연장자가 이사금에 즉위한 것으로 되어 있다.[13] 이는 신라의 왕위계승이 삼성왕실에 의해 끊이지 않고 연면히 이어져 왔음을 드러내는 의미로 받아들여야 할 것이다.

이사금의 칭호에 대해서는 몇 개의 부족으로 이루어진 연맹의 장 즉 부족연맹장으로서 어의상으로 선거에 의해 교대된 족장이라는 의미라는 견해가 있다.[14] 초기기록의 수정론적 관점에서 볼 때 이사금이라는 칭호가 처음 사용된 시기는 서기 1세기 초가 아니라 서기 3세기 중엽부터이며, 이 당시 삼한사회는 6개의 교섭권으로 이루어져 있었으며 사로국은 동해안교섭권의 주도국이었다.[15] 이사금은 교섭주도권을 가진 소국의 지배자를 칭하는 고유한 명칭이었으며, 주로 사로국의 지배자가 칭하였던 것으로 볼 수 있다.

이후 박씨왕실의 이사금 왕위계승은 유리왕을 비롯하여 파사왕·지마왕·일성왕·아달라왕으로 이어졌다. 뒤에서 살펴보듯이 이들 왕 가운데 파사왕·

11) 金哲埈, 「新羅 上古世系와 그 紀年」『歷史學報』16·17합집, 1962/앞의 책, 1976, 98~102쪽.

12) 宣石悅, 「『三國史記』「新羅本紀」'初頭' 對外關係記事의 檢討와 그 意味」『釜山史學』31, 1996, 22~24쪽 및 27쪽.

13) 『삼국사기』 권1, 신라본기1 유리이사금 즉위조.

14) 金哲埈, 앞의 논문, 1956 및 「三國時代의 禮俗과 儒敎思想」『大東文化硏究』6·7합집, 1970/앞의 책, 1976, 143쪽 및 197쪽.

15) 宣石悅, 앞의 책, 125~127쪽.

지바왕은 유리왕 적자의 계통이고, 일성왕·아달라왕은 다른 계통이므로, 일단 왕통을 유리왕계와 일지갈문왕계[16]로 나눌 수 있다.

먼저 유리왕계의 계보가 어떻게 전개되었는가를 살펴보겠는데, 각 왕을 중심으로 계보 관련 사료를 제시해 보겠다.

> 가-1 儒理尼師今이 왕위에 올랐다. 南解의 太子이며, 어머니는 雲帝夫人이고 왕비는 日知葛文王의 딸이다[세주 : 혹은 왕비의 성은 박씨이고 許婁王의 딸이라고도 한다].[17]
>
> 가-2 弩禮[세주 : 弩는 儒라고도 한다]尼叱今의 아버지는 南解王이며, 어머니는 雲帝夫人이다. 왕비는 辭要王의 딸 金氏이다. … 尼叱今은 尼師今이라고도 한다.[18]

잘 알려져 있듯이 신라왕실의 계보에 관해 검토해 볼 수 있는 기록은 대부분 『삼국사기』와 『삼국유사』에 전하고 있는데, 양 사서의 계보 기록은 전승이 다른 경우가 많고 또한 같은 인명이라 하더라도 표기방식이 다르게 되어 있는 경우가 대부분이다. 유리왕의 계보를 살펴보면 왕명이 양 사서에 각기 儒理와 弩禮로 다르게 표기되어 있지만, 같은 인명에 대한 다른 표기일 뿐이다. 부모의 전승은 모두 같게 되어 있으나, 왕비에 관한 전승은 차이가 있다.

왕비의 전승에는 『삼국사기』 내에서도 일지갈문왕의 딸 또는 허루왕의 딸로 차이가 있으며, 『삼국유사』에는 사요왕의 딸이라고 전한다. 가-1의 기록대로 일지갈문왕을 유리왕 왕비의 아버지로 보는 견해가 있으나,[19]

---

16) 일지갈문왕의 계보 문제에 대해서는 여러 박씨왕과의 계보에 혼선이 많아 뒤에서 상세히 다루도록 하고, 여기서는 결론적으로 박씨왕통의 양대 계보로 설정해 둔다.

17) 『삼국사기』 권1, 신라본기1 유리이사금 즉위조.

18) 『삼국유사』 권1, 왕력1 제3 노례이질금조.

19) 李基白, 「新羅時代의 葛文王」 『歷史學報』 58, 1973/『新羅政治社會史硏究』, 일조각, 1974, 10쪽 ; 李鍾旭, 『新羅上代王位繼承硏究』, 영남대출판부, 1980, 51쪽 ; 河廷龍,

기록상에서 이름이 전하지 않은 점은 전승이 부정확한 것으로 생각된다. 뒤에서 보듯이 일지갈문왕은 일성왕의 아버지가 되므로[20] 타당하지 않으며, 또한 허루왕의 경우에도 그의 딸이 유리왕의 아들인 파사왕과 혼인하였다고 기록되어 있으나,[21] 허루의 연령 문제나 그 시기 왕실의 혼인관계가 유력 인물에 의해 왕실의 부자와 혼인한 예를 찾아볼 수가 없으므로 모순이다.

가-2 『삼국유사』의 경우 왕비를 사요왕의 딸로 전하고 있다. 사요왕을 허루갈문왕으로 보는 견해가 있다.[22] 사요왕은 김씨이고 허루갈문왕은 박씨로서 성씨가 다르게 전승되고 있어 다른 인물로 보아야 하고,[23] 뒤의 가-3에서 보듯이 허루는 파사왕 왕비의 아버지이므로 타당하지 않다. 사요왕은 사로국 내의 유력자로서 갈문왕이 된 것이 아니라 다른 소국의 왕으로 볼 수 있다.[24] 이 경우는 여러 계보전승과 서로 모순되지 않으므로 가장 적확한 전승으로 볼 수 있다. 이와 같이 검토하면 이후 유리왕의 계보 가운데 모순되어 있는 왕비의 전승 부분이 해결된다.

다음으로 살펴볼 대상은 파사왕의 계보이다.

> 가-3 婆娑尼師今이 왕위에 올랐다. 儒理王의 둘째 아들이다[혹은 유리왕의 동생 奈老의 아들이라고도 한다]. 왕비는 김씨 史省夫人으로 許婁葛文王의 딸이다.[25]
>
> 가-4 婆娑尼叱今은 성이 박씨이다. 아버지는 弩禮王이며, 어머니는 辭要王의 딸이다. 왕비는 史肖夫人이다.[26]

「新羅上代 王位繼承 硏究」『新羅文化』12, 1995, 181쪽 <계보 3>.

20) 『삼국사기』 권1, 신라본기1 일성이사금 즉위조 세주.

21) 동권1, 파사이사금 즉위조.

22) 李基白, 앞의 책, 9쪽.

23) 李鍾旭, 앞의 책, 35쪽.

24) 宣石悅, 「新羅 葛文王의 再檢討」『韓國古代史와 考古學』, 학연문화사, 2000, 866쪽.

25) 『삼국사기』 권1, 신라본기1 파사이사금 즉위조.

26) 『삼국유사』 권1, 왕력1 제5 파사이질금조.

파사왕의 계보를 살펴보면, 왕명은 양 사서 모두 婆娑로 같은 표기이다. 부모의 전승은 차이가 있다. 가-3의 『삼국사기』에는 아버지가 유리왕이라 하면서도 세주에 나로라고도 전하고 있으나, 가-4의 『삼국유사』에는 노례왕 즉 유리왕으로만 서술하고 있으므로 파사왕의 아버지에 대한 양 사서의 공통된 전승은 모두 유리왕으로 되어 있다. 『삼국사기』 내의 이설에 유리왕의 동생으로 전하고 있는 나로에 주목하여 파사왕의 아버지로 보는 견해도 있다.[27] 앞에서 유리왕의 계보를 살펴보았듯이, 박씨왕통의 계보상의 혼란은 일지갈문왕에 초점이 맞추어져 있는 점과 유리왕과 파사왕 사이에 개재된 탈해왕으로 인한 계보 전승의 혼란이 야기된 점 등에서 보아 양 사서에서 모두 유리왕을 아버지라 하는 전승이 보다 더 타당하다고 생각된다.

유리왕의 왕비 즉 파사왕의 어머니에 대해서는 앞에서 살펴본 바와 같이 가-1의 『삼국사기』에서 전하는 일지갈문왕의 딸이 아니라, 가-2 및 가-4의 『삼국유사』에서 전하는 사요왕의 딸이라는 전승이 보다 타당하다.[28]

파사왕의 왕비에 대해서 『삼국사기』 『삼국유사』 양 사서 모두 같다. 인명표기 상으로는 『삼국사기』의 史省夫人과 『삼국유사』의 史肖夫人으로 '省'과 '肖'로 다르게 표기되어 있으나, 양 사서의 독특한 표기법의 차이일 뿐으로 같은 인물을 가리킨다. 왕비의 아버지에 대해서는 『삼국유사』에는 전하지 않고 『삼국사기』에 허루갈문왕이라고 전하고 있다. 앞에서 보았듯이 허루갈문왕은 유리왕 왕비의 아버지이자 다른 소국의 왕인 사요왕도 아니며, 파사왕의 장인으로서 한지부 즉 한지읍락[29]의 유력자였다.

---

27) 李鍾旭, 앞의 책, 1980, 36쪽.

28) 李鍾旭, 위의 책, 63쪽.

29) 기록상 한지부로 되어 있으나(『삼국사기』 권1, 신라본기1 지마이사금 즉위조), 한지부란 신라 왕경의 6부 중 하나를 가리키는 것이다. 서기 2세기 당시는 사로국 단계로서 신라의 왕경이 성립되어 있지도 않았으므로, 한지부로 표현되어 있는 집단은 사로국 소속의 읍락 즉 한지읍락으로 이해해야 한다(宣石悅, 앞의 책, 2001, 76쪽).

가-5 祇摩尼師今이 왕위에 올랐다. 혹은 祇味라고도 한다. 파사왕의 친아들이고 어머니는 史省夫人이다. 왕비는 김씨 愛禮夫人으로 葛文王 摩帝의 딸이다.[30]

가-6 祇磨尼叱今은 祇味라고도 한다. 성은 박씨이다. 아버지는 婆娑王이며, 어머니는 史肖夫人이다. 왕비는 磨帝國王의 딸 △禮夫人 혹은 愛禮라고 하며 金氏이다.[31]

지마왕의 계보를 살펴보면 부모의 전승은 양 사서 모두 동일하다. 왕명은 지마로 읽으면서도 혹은 지미라고도 표기되어 있기도 하나 지마가 타당하다. 『삼국사기』에 지마의 '摩'와 『삼국유사』의 '磨'로 방법상으로 약간 다르게 표기되어 있을 뿐이다. 또한 왕비의 경우 그 아버지는 양 사서 모두 마제로 같으나, 『삼국사기』에 마제의 '摩'와 『삼국유사』의 '磨'로 약간 다르게 표기되어 있을 뿐이다. 또 마제의 경우 『삼국사기』에는 갈문왕이라 하였으나, 『삼국유사』에 마제국의 왕으로 되어 차이가 있다. 가-5 『삼국사기』의 지마왕 혼인전승에서 보듯이 허루와 함께 마제는 한지읍락 소속 유력자이므로, 가-6의 『삼국유사』에서 마제국의 왕이라 한 것은 오류이다.[32] 그리고 왕비의 인명은 양 사서에 애례부인으로 전하나 『삼국유사』에는 △禮夫人이라 하여 누락된 인명을 전하고 있다. 양 사서에서 왕비의 아버지가 마제갈문왕이라 한 점이 공통되므로, 지마왕의 왕비는 애례부인이라 할 수 있다. 이상의 검토를 통해 유리왕계의 계보를 도표로 작성하면 다음과 같다.

30) 『삼국사기』 권1, 신라본기1 지마이사금 즉위조.

31) 『삼국유사』 권1, 왕력1 제6 지마이질금조.

32) 마제국왕과 같이 왕의 장인의 출자에 대해 다른 소국의 왕으로 전승된 것은 삼한시기에 소국들 사이에 혼인관계가 있었음을 반영하는 것으로 볼 수 있을 것이다. 유리왕의 경우 왕비의 계보전승이 다양하게 전승되어 혼선을 빚었던 것은 유리왕이 다른 소국의 왕과 혼인하였음으로써 야기된 것이라 할 수 있다. 이로 인해 이후 박씨왕들의 계보전승에 혼동이 파생되었던 것이다.

〈표 1〉 유리왕계의 계보

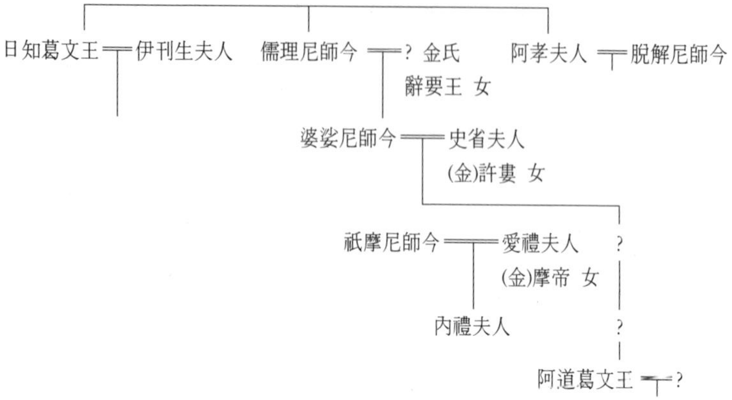

2) 일지갈문왕계

유리와 경쟁한 일지의 계보에 대한 전승이 다양하게 전해지고 있음은 앞에서 살펴본 바와 마찬가지다. 여러 전승 속에서 일지가 지속적으로 거론되고 있었다는 점은, 일지가 박씨왕실에서 차지하고 있었던 비중이 컸으므로 하나의 왕계를 이루었다고 할 수 있다. 박씨왕실의 유리왕계를 이어 등장한 집단은 일지갈문왕계이다. 일지갈문왕계에서 왕위를 계승한 왕은 일성왕과 아달라왕인데, 이를 아래에 제시한 사료를 통해 살펴보도록 하겠다.

나-1 逸聖尼師今이 왕위에 올랐다. 儒理王의 맏아들이며[세주 : 혹은 日知葛文王의 아들이라고도 한다] 왕비는 朴氏인데, 支所禮王의 딸이다.[33]

나-2 逸聖尼叱今은 아버지가 弩禮王의 형, 혹은 祇磨王이라고도 한다. 왕비는 △禮夫人이며, 日知葛文王의[이] 아버지이다. △禮夫人은 祇磨王의 딸, 어머니는 伊刊生夫人 혹은 △△王夫人이라고도 하며 朴氏이다.[34]

일성왕의 계보에 대해서는 양 사서에 복잡다기하게 전승되고 있다. 나-1의

33) 『삼국사기』 권1, 신라본기1 일성이사금 즉위조.

34) 『삼국유사』 권1, 왕력1 제7 일성이질금조.

『삼국사기』에 의하면 첫째로 유리왕의 장자라는 설, 둘째로 나-1의 세주에 보이듯이 일지갈문왕의 아들이라는 설이 있다. 나-2의 『삼국유사』에 의하면 일성왕은 셋째로 유리왕의 형의 아들이라는 설, 넷째로 지마왕의 아들이라는 설이 있다. 유리왕의 장자설도 문제가 되지만 세 번째의 유리왕의 형의 아들이라는 설도 의문이다.

첫째의 유리왕 장자설은 가-3 파사왕의 즉위 사정에도 등장한다. 즉 탈해왕의 사후 신료들이 유리왕의 태자인 일성을 왕위에 세우려고 하였으나, 일성은 위엄과 현명함이 파사에게 미치지 못하였으므로 파사를 임금으로 세웠다는 기록이 나-1의 유리왕 장자설과 일맥상통한 듯이 보이고 있다. 그런데 탈해왕의 사후 후계 왕위를 잇는다는 것, 즉 기록상의 박씨 유리왕 다음에 석씨 탈해왕이 그 뒤를 이어 즉위해야 한다는 二姓王室 交立은 실제의 사실이 아니다.[35] 더욱이 파사왕과 달리 유리왕의 장자가 유리왕－탈해왕－파사왕－지마왕을 거쳐 77년만에 왕위를 계승한다면, 세대간의 연령 차이를 보더라도 계보의 신빙성에 문제가 된다. 넷째의 지마왕의 아들이라는 설은 뒤의 아달라왕의 계보 기록인 나-3에서 일성왕의 자인 아달라왕의 비가 지마왕의 딸이므로 부적합하며, 『삼국유사』에 아달라의 계보전승이 없다는 점은 이들 왕의 계보가 불확실하다는 사실을 방증해 준다.

셋째로 유리왕의 형의 아들이라는 설은 가-3 파사왕이 유리왕 동생 나로의 아들이라는 설과도 일맥상통한 표현이다. 그것은 二姓王室 交立의 관점에서 유리왕과 탈해왕을 교립한 것으로 보는 점에서 나온 것이 아닌가 한다. 두 번째의 일지갈문왕설은 일성왕 왕비의 아버지로도 기록되어 있어, 이 두 왕의 계보전승은 불투명하다. 추측컨대, 이런 혼란된 전승은 아달라왕과 지마왕 딸의 혼인관계에서 빚어진 듯하다. 이로 인해 상고기년의 문제에서 유리왕－탈해왕－파사왕－지마왕을 거쳐 77년만에 왕위를 계승한다는 점에

35) 宣石悅, 앞의 책, 54~55쪽.

서 일지에 대해 유리왕의 형이라는 전승과 일성왕의 아버지라는 전승이 부정되기도 한다.[36]

그런데 계보의 전승이 불확실한 가운데 일지갈문왕이 지속적으로 거론되고 있다는 점은 유의해야 할 것이다. 이와 같이 일성왕의 계보를 살펴보면 부모의 전승은 양 사서가 다르며, 각기 다른 이설이 있어 다음과 같이 계보를 작성하여 살펴보아야 한다.

〈표 2〉 일지갈문왕계의 계보 정리

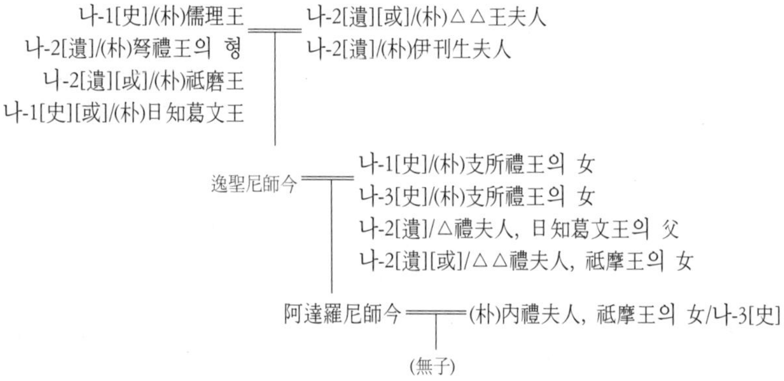
나-1[史]/(朴)儒理王
나-2[遺]/(朴)弩禮王의 형
니-2[遺][或]/(朴)祗磨王
나-1[史][或]/(朴)日知葛文王
나-2[遺][或]/(朴)△△王夫人
나-2[遺]/(朴)伊刊生夫人
逸聖尼師今
나-1[史]/(朴)支所禮王의 女
나-3[史]/(朴)支所禮王의 女
나-2[遺]/△禮夫人, 日知葛文王의 父
나-2[遺][或]/△△禮夫人, 祗摩王의 女
阿達羅尼師今
(朴)內禮夫人, 祗摩王의 女/나-3[史]
(無子)

[史]/삼국사기 [遺]/삼국유사 [或]/전승 중의 이설

일성왕이 세 번째의 유리왕의 형의 아들이라는 설이 파사왕이 가-3의 유리왕 동생 나로의 아들이라는 설과 같이 일맥상통한 표현이 나온 것은 탈해왕이 교립한 측면이 개재된 점에서 나온 것이기도 하다. 하지만 이것은 일지갈문왕의 계보뿐만 아니라 그 다음의 일성왕과 아달라왕에 이르기까지 이들 왕계에서 혼선이 야기된 것이기 때문이다. 박씨 아달라왕이 無子 즉 후사가 없어 석씨 벌휴왕으로 왕통이 교체된 것처럼 표현하고 있으나, 신라 하대에 등장한 박씨 신덕왕이 아달라왕의 후손[37]이라 한 점에서도 의문이다.

---

36) 李光奎, 『韓國家族의 史的硏究』, 일지사, 1977, 97쪽.

이는 545년 진흥왕 대에 『국사』를 수찬할 당시에 상고의 왕실계보에 다소간의 조작이 가해졌음을 것으로 보기도 하나,[38] 사로국의 박씨왕통-김씨왕통과 우시산국의 석씨왕통을 통합하여 신라왕통을 3성으로 규정한 시기는 6세기 중엽이 아니라 신라통일기이다.[39]

또한 박제상이 파사왕의 5세손으로 관련 계보가 전승되어 왔으므로,[40] 유리왕계의 계보는 그나마 전승되었다. 이에 비해 일지갈문왕계는 후대에 이르기까지 이렇다 할 인물이 없어 계보의 전승이 제대로 이루어지지 못하였다가 하대 말기 박씨 신덕왕이 즉위하면서 『삼국사기』 등의 정사류에 전해졌던 것으로 생각된다. 그로 인해 위의 표에 보이듯이 계보 전승의 혼란이 매우 심하였던 것이다.

일지갈문왕계의 혼란스러운 계보를 복원하기 위해서는 아랫세대의 아달라왕에서 윗세대로 소급하여 추구하도록 하겠다.

> 나-3 阿達羅尼師今이 왕위에 올랐다. 일성왕의 맏아들이다. … 어머니는 朴氏이고 支所禮王의 딸이다. 왕비는 朴氏 內禮夫人으로 지마왕의 딸이다.[41]

일성왕과 달리 아달라왕의 계보는 『삼국유사』에는 전하지 않고, 나-3의 『삼국사기』에만 전승되어 있다. 아달라왕의 부모는 일성왕과 지소례왕의 딸이며, 왕비는 지마왕의 딸 내례부인이다. 즉 일성왕의 계보 기록 가운데 왕비가 지소례왕의 딸이라고 전하는 기록은 나-1의 『삼국사기』 기록뿐이다.

---

37) 『삼국사기』 권12, 신라본기12 신덕왕 즉위조, "姓朴氏 諱景暉 阿達羅遠孫".
38) 徐毅植, 「'上代'의 王位繼承과 聖骨」 『韓國史硏究』 86, 1996/『新羅의 政治構造와 身分編制』, 혜안, 2010, 325~326쪽.
39) 선석열, 「신라본기의 전거자료 형성과정-삼국사기 초기기록을 중심으로-」 『한국고대사연구』 42, 2006, 119~121쪽.
40) 『삼국사기』 권45, 열전5 박제상전, "始祖赫居世之後 婆娑尼師今五世孫 祖阿道葛文王 父勿品波珍".
41) 동권1, 아달라이사금 즉위조.

그런데 나-2 『삼국유사』의 일성왕의 계보 기록을 살펴보면 무언가 중복된 부분이 있는데, 그것을 원문으로 제시해 보면 다음과 같다.

> 나-4 第七逸聖尼叱今 父弩禮王之兄 ①[或云 祗磨王] ②妃△禮夫人 ③日知葛文王之父 ④<△△禮夫人 祗磨王之女> ⑤母伊刊生夫人 ⑥[或云 △△王夫人] ⑦朴氏[42]

『삼국유사』 일성왕의 계보기록의 순서는 왕의 아버지와 어머니, 그리고 왕비로 기록되어 있다. 위의 기록을 살펴보면 첫 번째가 일성왕의 아버지 노례왕의 형과 이설인 ①지마왕을 기록하고, 두 번째가 어머니가 아닌 왕비 ②△禮夫人을 쓴 다음 ③日知葛文王之父라 하여 일지갈문왕이 왕비의 아버지인 듯이 기록하고 이어 이설로 ④△△禮夫人 祗磨王之女라 하여 왕비와 그의 아버지를 소개하고 있다. 왕비 다음에 어머니를 ⑤母伊刊生夫人을 기록하고, ⑦에서 朴氏라고 성씨를 기록하였다. 이설로는 ⑥△△王夫人이라 기록하였다. 즉 『삼국유사』의 일반적인 계보기록의 순서와 달리 왕의 아버지, 왕비, 그리고 어머니의 순서로 어긋나 있다.

그런데 나-4에서 이설에 지마왕은 일성왕의 아버지에도 왕비의 아버지에도 등장하고 있는 점이 문제가 된다. 나-3에서 보면 지마왕은 아달라왕의 왕비의 아버지로 되어 있다. 양 사서의 기록을 종합해 보면, 지마왕에 대한 전승은 잘못 기재되었음을 드러내고 있다. 지마왕이 자주 거론된 점은 나-3 『삼국사기』의 아달라왕의 계보 전승이 『삼국유사』에 보이지 않는 점과 관련이 있는 것으로 보인다. 또한 순서가 바뀐 일성왕의 어머니는 박씨 이간생부인이라 한 다음, 이설로서 △△王夫人이라 기록되어 있다. △△王夫人도 어느 왕의 어머니였기 때문에, 이간생부인에 대한 이설로 나란히 기록된 것으로 볼 수 있다. 나-1 『삼국사기』의 일성왕의 왕비가 이름이 없이 박씨

42) 『삼국유사』 권1, 왕력1 제7 일성이질금조.

지소례왕의 딸로 기록하고 있는 점과 대비된다.

두 기록을 종합해 보면 일성왕의 어머니의 이름이 이간생부인이 된다. 그리고 이설로 전하는 △△王夫人은 지소례왕의 딸을 가리키며, ④△△禮夫人 △△禮는 支所禮로 되어야 한다. 支所禮王之女 △△夫人 내지 △△夫人 支所禮王之女로 되어야 한다. 아달라왕의 왕비는 나-3『삼국사기』의 妃朴氏 內禮夫人 祗摩王之女也와 유사한 방식으로, ②의 妃△禮夫人 또는 ④의 △△[=妃內]禮夫人 祗磨王之女으로 되어야 할 것이다. 다시 말하면『삼국유사』의 일성왕의 계보 기록은 중복이 심하게 되어 있는 것이며, 그것은 일성왕과 아달라왕의 계보 기록이 혼착되어 있기 때문이라 추정할 수 있다. 나-4의 원문 기록을 복원해 보면 다음 표와 같다.

〈표 3〉『삼국유사』 아달라왕 계보의 복원

<table>
<tr><td rowspan="2">第七逸聖尼叱今 ㉮父弩禮王之兄 ㉯[或云祗磨王] ㉰妃△禮夫人 ㉱日知葛文王之父 ㉲<△△禮夫人 ㉳祗磨王之女> ㉴母伊刊生夫人 ㉵[或云 △△王夫人] ㉶朴氏</td><td rowspan="2">⇒</td><td>第七逸聖尼叱今 ㉮父弩禮王之兄 ㉱日知葛文王 ㉴母伊刊生夫人 ㉶朴氏 妃 ㉵'[支所]禮王之女</td></tr>
<tr><td>第八阿達羅尼叱今 父逸聖王 ㉵'母支所禮王之女 ㉲[妃內]禮夫人 ㉳祗磨王之女</td></tr>
</table>

위의 사료비판의 결과를 토대로 일성왕과 아달라왕의 계보를 복원해 보면 다음과 같다. 일성왕의 아버지는 유리왕의 형으로서 일지이며, 왕의 아버지로서 갈문왕에 추봉되어 일지갈문왕으로 전승되었다. 어머니는 이간생부인으로 나-2의『삼국유사』에 보이듯이 박씨이다. 나-3의『삼국사기』에 전하듯이 아달라왕의 어머니 즉 일성왕의 왕비는 지소례왕의 딸이 됨으로써 일성왕이 다른 소국의 왕의 딸과 혼인하였던 것이다.[43] 일성왕의 계보를 살펴보았듯이 아달라왕은 아버지가 일성왕이고 어머니는 지소례왕의 딸이다. 아달라왕의 왕비는 내례부인으로 지마왕의 딸인데, 나-3의『삼국사기』의 전승과

43) 宣石悅, 앞의 논문, 2000, 866쪽.

부합된다.

이상에서 일지갈문왕의 계보기록을 살펴보았는데, 이를 표로 작성해 보면 다음과 같다.

〈표 4〉 일지갈문왕계의 계보

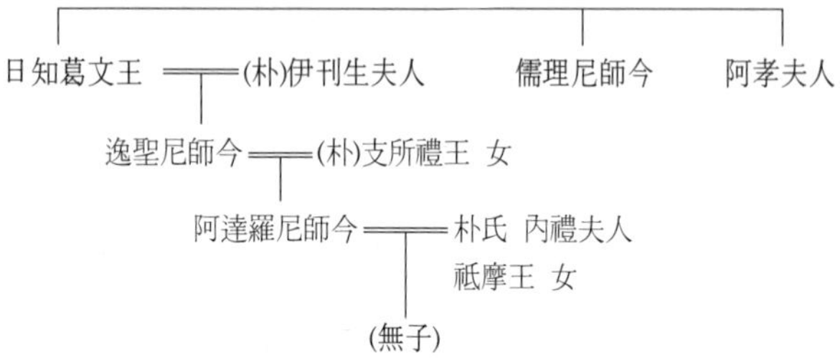

2. 왕위계승

앞 절에서 박씨왕실의 계보에 대해 『삼국사기』와 『삼국유사』의 계보 전승 기록을 통해 검토해 보았다. 박씨왕실 내부에는 유리왕계와 일지갈문왕계 두 계통의 계보 전승이 있었는데, 검토의 편의를 위하여 나누어 그 성격과 특징을 살펴보았다. 그 결과를 하나의 박씨왕통으로 합쳐 계보를 작성해 보면 다음과 같은데, 이는 본 절에서 추구할 왕위계승을 검토하려고 하는 것이다.

다음의 표를 통해 볼 때 박씨왕통의 왕위계승은 계보상 직계계승과 방계계승으로 전개되었음을 알 수 있다. 일반적으로 왕위의 계승은 직계계승으로 되는 것이 원칙이라 할 수 있으므로, 이 계승 방식부터 먼저 살펴보겠다.

〈표 5〉 박씨왕통의 왕위계승표

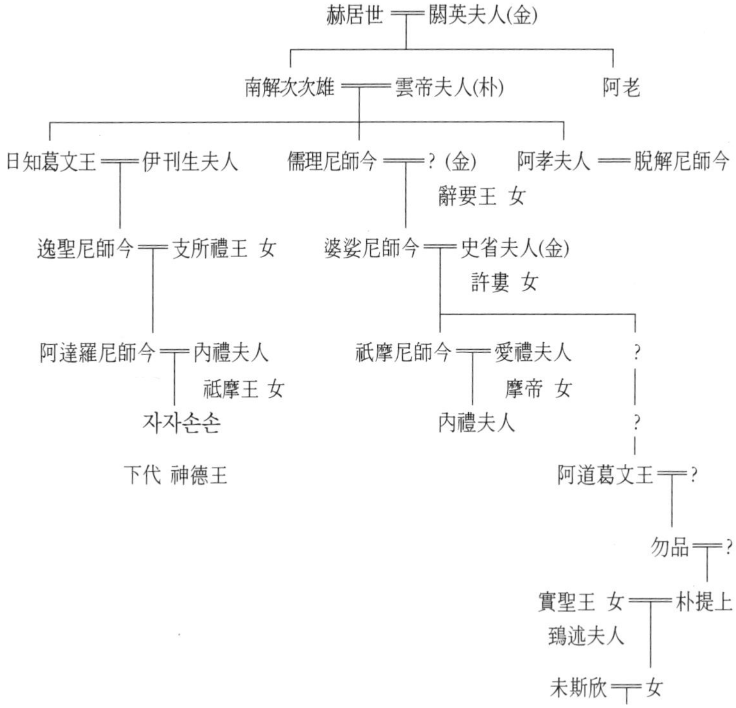

1) 직계계승

직계계승은 앞 왕의 적자가 왕위를 잇는 것이다. 국왕은 왕비 외에 후궁이 있을 수 있는데, 적자는 국왕과 왕비 사이에서 태어난 아들이다. 박씨왕실의 경우 적자로서 왕위를 계승한 왕은 유리이사금·파사이사금·지마이사금·아달라이사금 등 다섯 왕이 있다. 박씨왕 가운데 남해차차웅은 시조 혁거세거서간을 이어 왕위에 올랐다고 하지만, 이는 신라 상고 왕실의 특정 인물의 왕위계승을 보여주는 것이 아니다. 앞서 검토해 보았듯이 『삼국사기』와 「위지동이전」 두 사서의 관련 기록을 대조해 검토한 결과, 혁거세거서간과 남해차차웅이라고 이사금과 다르게 칭한 이들 두 왕은 정치와 제사를 핵심으로 하는 한국 고대 帝王의 典型을 나타내고 있었다. 이러한 상징성을 가진 왕을 신라본기에서 왕실세계의 서두에 설정해 둔 것은 신라 왕권의 기원적 특징이 祭·政을 공유하는 것임을 명시해 둔 것으로 이해된다. 다시 말하면 혁거세와 남해는 신라국가의 모체인 사로국 국왕의 전통을 상징하는 것으로 이해해야 할 것이다.

이후의 왕위계승에서 왕호는 모두 이사금으로 되어 있고 내물왕대 이전까지 열네 왕이 이 왕호를 사용하였다. 이사금의 왕호를 사용한 첫 왕은 유리왕이다. '유리'라는 명칭은 사로국의 왕위계승의 전통을 이었다는 의미로 해석되므로, 박씨왕통의 왕위계승에 대해서는 유리왕 이후부터 살펴보아야 한다.

다-1 儒理尼師今이 왕위에 올랐다. 南解의 太子이며, 어머니는 雲帝夫人이고 왕비는 日知葛文王의 딸이다[세주 : 혹은 왕비의 성은 박씨이고 許婁王의 딸이라고도 한다]. 앞서 南解가 죽자 유리가 마땅히 왕위에 올라야 했는데, 大輔인 脫解가 본래 덕망이 있었던 까닭에 왕위를 미루어 사양하였다. 탈해가 말하기를, "임금의 자리는 용렬한 사람이 감당할 수 있는 바가 아니다. 내가 듣건대 성스럽고 지혜로운 사람은 이가 많다고 하니 떡을 깨물어서 시험해보자"고 했다. 유리의 잇금[齒理]이 많았으므로, 이에 좌우의 신하와 더불어 그를 받들어 세우고 尼師今이라 불렀다. 예로부터 전하는 말이 이와 같은데 金大問이 말하건대 "尼師今은 방언인데, 잇금을 일컫는다."고 하였다. 옛날 남해가 죽으려 할 때 그의 아들 弩禮와 사위 脫解에게 말하기를 "내가 죽은 후에 너희 朴·昔 두 성이 연장자로 왕위를 이어라."고 하였는데, 그 뒤에 金姓이 또한 일어나자 三姓이 年齒가 많음으로써 서로 왕위를 이은 까닭에 이사금이라 칭하였던 것이다.[44]

다-2 弩禮[세주 : 弩는 儒라고도 한다]尼叱今의 아버지는 南解王이며, 어머니는 雲帝夫人이다. 왕비는 辭要王의 딸 金氏이다.[45]

다-3 [신라에서는 왕을] 혹은 尼師今이라고도 하였는데, 잇금[齒理]을 일컫는 것이라 한다. 앞서 南解王이 홍거하자 그의 아들 弩禮가 왕위를 脫解에게

44) 『삼국사기』 권1, 신라본기1 유리이사금 즉위조.
45) 『삼국유사』 권1, 기이1 제3 노례왕조.

사양하였다. 탈해가 말하기를 "내가 듣건대 성스럽고 지혜로운 사람은 이가 많다"고 하므로 떡을 물어 시험하였다. 古傳에는 이와 같이 전하고 있다.[46)]

다-4 朴弩禮尼叱今[세주 : 혹은 儒禮王이라고도 한다]이 처음에는 왕위를 매부 脫解에게 사양하자 탈해가 말하기를 "덕이 있는 사람은 이가 많다고 하니 마땅히 잇금[齒理]으로 시험하자"고 하여 떡을 물어 보았다. 즉 유리왕이 이가 많으므로 먼저 즉위하였다. 이로써 尼叱今이라 불렀으니, 이질금의 칭호는 이 왕으로부터 시작되었다.[47)]

위의 기록에 의하면 유리와 탈해가 왕위를 두고 경쟁한 것으로 전하고 있으며, 이를 연유로 이사금이라는 왕호가 유래되었다고 하고 있다. 이들 기록의 이사금 계승경쟁설화에서 보듯이 이사금의 계승은 연장자 계승이 원칙으로 되어 있다. 그런데 다-1에서 김대문의 『鷄林雜傳』에서 인용한 것[48)]으로 보이는 이사금에 대한 語義 해석 부분을 자세히 살펴보면, 이사금은 닛금 즉 잇금을 기준으로 하여 치아가 많은 자를 연장자로 해석하고 있다. 일반적으로 볼 때 인간은 발육과정에서 치아가 많은 연령은 30대 전후이므로, 치아가 많은 자를 연장자로 해석하는 것은 합당하지 않는 것이다. 위의 이사금설화는 왕위계승자가 노년층이 아니라 청장년층이어야 한다는 것으로 해석되므로, 상고기의 이사금이 노년층이라는 사실과 다르다. 따라서 위의 이사금 관련 설화와 실제의 이사금의 왕위계승과는 서로 모순이 되는 것이다.

이와 같이 살펴볼 때 이사금은 어떠한 의미로 이해해야 할까? 연장자라는 의미를 되새겨 보면 왕위계승 후보자는 국왕의 적자와 방계 왕족을 범위로 하며, 그 가운데 연령이 많은 왕자나 왕족을 가리키는 것으로 생각된다. 적자일 경우에는 장자가 왕위계승에 유력하고, 적자가 없을 때 계승후보로

46) 『삼국유사』 권1, 기이1 제2 남해왕조.
47) 동권1, 제3 노례왕조.
48) 李基白, 「金大問과 그의 史學」 『歷史學報』 77, 1978, 2～8쪽.

거론될 방계 왕족의 경우에도 연장자가 왕위를 계승하는데 유리하였을 것이다. 즉 연장자라는 것은 그만큼 정치경험이 많아 국정을 주관하는 데 유리할 것이기 때문이다. 신라의 모체인 사로국의 왕실계보는 유리왕부터 전승되고 있는데, 그 시기에 대해『삼국사기』및『삼국유사』의 기년과 필자의 기년관이 다르다.『삼국사기』와『삼국유사』에서 전하는 유리왕의 재위기간은 서기 24년부터 57년 사이로 규정되어 있으나, 신라 상고 왕실세계의 기년에 대해 수정론에 입각하고 있는 필자의 기년은 서기 229년에서 262년 사이로 설정하고 있다.49) 이와 같은 수정 기년을 다음과 같은 역사기록과 대비할 수 있다.

다-5 ① 辰王은 目支國을 다스린다. 臣智 가운데 어떤 자는 우대하는 호칭으로서 臣雲遣支報·安邪踧支·濆臣離兒不例·拘邪秦支廉의 칭호를 더하여 부른다. 그 官에는 魏率善邑君·歸義侯·中郎將·都尉·伯長이 있다. … ② [후한의] 桓帝·靈帝의 말기에 韓과 濊가 강성하여 [樂浪의] 군현이 통제할 수 없었으므로, 백성이 한의 國들로 많이 흘러들어 갔다. [후한] 建安 연간에 公孫康은 公孫模·張敞 등을 보내어 流民을 모아들이고 군사를 일으켜 한과 예를 치니 옛 백성들이 차츰 [군현으로] 나왔다. 이후 倭와 한이 드디어 帶方郡에 속하였다. [曹魏] 景初 연간에 明帝가 몰래 帶方太守 劉昕과 樂浪太守 鮮于嗣를 보내어 바다를 건너 낙랑군과 대방군을 평정하였다. 여러 한의 나라 臣智들에게 邑君의 印綬를 더하여 내리고 그 다음의 자에게는 邑長의 [인수]를 주었다. … ③ 部從事 吳林이 낙랑이 본래 한의 나라들을 통제하였다고 여겨 辰韓8국을 분할하여 낙랑군에게 주었다. 관리가 통역을 전하는 과정에서 다름이 있었다. 이에 한의 신지들이 격분하여 대방군의 崎離營을 공격하였다.50)

위 기록은 ① 3세기 전반 삼한의 78國 가운데 유력한 세력으로 소개된 5개 國은 중국 군현인 대방군과 교섭한 각 지역 교섭권역의 대표 세력이며,

---

49) 宣石悅,「新羅 上古紀年의 재조정」『慶大史論』9, 1996/앞의 책, 51~55쪽.
50)「위지동이전」한전.

② 201년경 요동의 호족 공손씨와 교섭하다가 230년대 후반 公孫氏를 제거한 曹魏와도 적극 교섭하였다. ③ 앞의 5개 交涉圈에 속하지 않은 진한8國은 동해안을 이용하여 낙랑군과 교섭하였는데, 그 대표세력은 사로국과 우유국[于尸山國]이었음을 반영하고 있다.[51] 「위지동이전」의 기록과 『삼국사기』 및 『삼국유사』의 관련 기록을 종합해 보면 다음과 같이 이해할 수 있다.

다-4에서 탈해는 박씨왕실 남해왕의 사위라 한 점, 다-1에서 대보라는 왕권의 보좌역을 담당한 점, 그리고 박씨 유리왕과 이사금 왕위를 두고 경쟁한 점 등을 고려하면 석씨집단과 박씨집단은 서로 경쟁관계에 있었던 세력이었음을 알 수 있다. 탈해의 출자에 대해서는 동해안지역설[52]과 북방유이설[53] 등 두 가지 견해가 있다. 석탈해집단은 전자의 견해와 같이 동해안으로부터 유이한 세력으로서 우시산국[優由國]을 정복하여 이를 기반으로 삼고 세력을 확고히 하면서 사로국의 지배집단인 박씨세력과 경쟁하였다. 이후 박씨세력을 중심으로 하는 사로국과 석씨세력을 중심으로 하는 우시산국이 연합하여 신라국가 성립의 주축이 되었던 것이다. 이러한 사실에서 보면 석씨왕통과 박씨왕통의 기년은 병립되어 있었던 것에 불과하다.[54]

다시 말하면 진한지역의 동해안 교섭권은 사로국과 우시산국이 주도한 것이며, 양국의 왕은 그 교섭권을 대표하는 지배자로서 이사금이라 표기하였다. 이사금이라는 왕호는 당시에 '임금'으로 불렀던 것이고,[55] 신라가 삼국통일을 함으로써 이후 한국어에서 임금은 군왕을 칭하는 일반적인 명사로 되었다. 닛금은 임금 즉 군장으로 해석해야 하며 이를 역사서에서 유교적인

---

51) 宣石悅, 「3세기 후반 弁·辰韓 勢力圈의 變化」 『加羅文化』 13, 1996, 81쪽.
52) 金哲埈, 「新羅 上代社會의 Dual Organization(上)」 『歷史學報』 1, 1952.
53) 千寬宇, 「三韓의 國家形成(上)」 『韓國學報』 2, 1976/『古朝鮮·三韓史硏究』, 일조각, 1989.
54) 선석열, 앞의 논문, 2006, 119~121쪽.
55) 고조선의 건국 시조를 가리키는 檀君王儉의 경우 王儉은 이두로 풀이해 보면, 훈독과 음독으로 복합하여 표기한 것이다. 즉 훈독으로 군왕을 가리키는 '王'과 음독인 '儉'으로 표기되었는데, 한국어로 발음하면 '임금'으로 읽을 수 있다.

겸양의 미덕을 설화적으로 표현하는 데서 나온 것이다.

또 하나의 인물을 거론하자면 알지가 있는데, 관련 기록을 제시하면 다음과 같다.

> 다-6 [脫解]王은 길일을 가려 太子로 책봉했으나, 閼智는 뒤에 婆娑王에게 왕위를 사양하고 오르지 않았다. 金櫃에서 나왔으므로 성을 金氏라 했다. 알지는 熱漢을 낳고, 열한은 阿都를 낳고, 아도는 首留를 낳고 수류는 郁部를 낳고, 욱부는 俱道[세주 : 혹은 仇刀라고도 한다]를 낳고, 구도는 未鄒를 낳았는데, 미추가 왕위에 올랐으니 신라의 김씨는 알지에서 시작되었다.[56]

탈해왕이 알지를 태자로 책봉하였다고 한 것은 사실로 보기 힘들다. 알지가 박씨 파사왕에게 왕위를 양보하였다고 한 후에 알지 이후의 계보를 나열한 다음, 6세손인 미추가 왕위에 올랐다고 하였는데, 이는 김씨 미추가 조분왕의 사위로서 왕위를 이었다는 점을 내세우기 위한 것에 불과하다. 물론 탈해가 남해왕의 사위로서 유리왕을 이어 왕위에 올랐다고 한 점과 마찬가지로 미추가 석씨 첨해왕을 이어 왕위에 올랐던 것도 아니다. 문헌기록상 신라의 왕위계승에 대해 삼성왕실이 교립한 것처럼 해둔 것은 신라왕실이 삼성으로 이루어진 것으로 상정한 것에 지나지 않는다. 『삼국유사』에서 박씨 남해왕을 三皇 중의 첫째[57]라고 한 것은 신라 삼성을 중국 상고의 삼황에 비견하였던 것이며, 최종 왕실인 김씨왕실은 중국 상고의 少昊金天氏의 후예라 하여 왕실의 연원을 더욱 구체적으로 표방하게 되었던 것이다.[58]

앞 절에서 유리왕의 계보전승을 살펴보았듯이 『삼국사기』와 『삼국유사』에

---

56) 『삼국유사』 권1, 기이1 김알지 탈해왕대조.

57) 동권1, 김알지 탈해왕대조.

58) 李文基, 「新羅 金氏 王室의 少昊金天氏 出自觀念의 標榜과 變化」 『歷史敎育論集』 23·24합집, 1999, 669~671쪽.

여러 설로 전하는 유리왕의 왕비에 대해서는 다-2『삼국유사』의 사요왕의 딸이라는 전승이 관련 계보전승과 서로 모순되지 않으므로 가장 적확한 전승으로 볼 수 있다. 유리왕의 왕비의 아버지 사요왕뿐 아니라 일성왕의 왕비의 아버지 지소례왕도 갈문왕이라는 칭호를 붙인 기록은 없다. 이들 두 왕에 대해 사로국의 갈문왕으로 간주해 온 것이 일반적이다.[59] 그러나 문헌기록에 의하면 갈문왕인 경우는 갈문왕임을 명기하고 있으나, 위의 지소례왕과 사요왕에 대해서는 갈문왕이라고 명시되어 있지 않고 왕이라고만 기록되어 있을 뿐이다. 이들 왕은 갈문왕이 아니라, 석탈해와 같이 사로국 주변의 다른 소국 왕으로 이해해야 할 것이다.[60]

이사금 왕위를 두고 유리와 경쟁한 인물은 탈해가 아니라 같은 박씨인 일지였다. 일지는 같은 박씨와 혼인을 맺은 반면에, 유리는 다른 소국 왕의 딸과 혼인하였다. 「위지동이전」에 삼한의 소국 지배자 주수 즉 이사금이 소속 읍락이 다른 소국의 읍락과 뒤섞여 있어 통제하기가 어렵다고 한 점을 참조하면, 사로국의 이사금이 보다 강력한 지배력을 유지하기 위해서는 다른 소국의 지배자와 연계하는 것이 효율적이었을 것이다. 탈해의 혼인설화에서 드러나듯이 우시산국과 연계한 박씨집단이 사로국의 지배력을 강화한 것과 마찬가지로 유리는 다른 소국의 사요왕과 혼인을 맺음으로써 일지보다 정치적 기반이 강하였으며, 일지는 유리와 왕위를 두고 경쟁하다가 먼저 사망하였으므로 유리가 왕위에 올랐다고 할 수 있다. 따라서 유리는 일지보다 유리한 조건을 가지고 사로국의 이사금 지위에 올랐던 것이다.

다-7 儒理王이 세상을 떠나려 할 때 말하기를, "선왕[南解王]께서 유언으로 뒷일을 부탁하시기를 '내가 죽은 후에는 아들이나 사위를 논할 것 없이

59) 今西龍, 「新羅葛文王考」『新羅史硏究』, 近澤書店, 1933, 250쪽 ; 李基白, 앞의 논문, 1973/앞의 책, 1974, 10~11쪽.

60) 宣石悅, 앞의 논문, 2000, 864~867쪽.

나이 많고 어진 사람이 왕위를 이어라'고 하셨으므로 내가 먼저 왕위에 올랐지만, 이제 마땅히 왕위를 脫解에게 전해야 하겠다."[61]

다-8 婆娑尼師今이 왕위에 올랐다. 儒理王의 둘째 아들이다. … 일찍이 脫解가 죽었을 때 신료들이 儒理王의 태자인 逸聖을 왕위에 세우려고 하였으나, 어떤 사람이 말하기를 "일성은 비록 왕위를 이을 친아들이지만 위엄과 현명함이 파사에게 미치지 못한다."고 하였으므로 마침내 파사를 임금으로 세웠다.[62]

위의 기록을 참고하면 다-7에서는 유리왕의 유언으로 석씨 탈해왕이 그 뒤를 이은 것으로 되어 있다. 앞서 살펴보았듯이 기록상에 전하는 유리왕－탈해왕－파사왕의 왕위계승 순서는 삼성교립의 전통을 내세우기 위한 것에 불과한 것이다. 유리왕의 다음으로 왕위를 계승한 것은 전승기록의 순서대로 석씨 탈해왕이 아니라, 실제로는 박씨 유리왕의 둘째아들인 파사왕이었던 것으로 달리 해석하고자 한다.[63]

다-8에서는 탈해왕이 사망한 후에 신하들이 유리왕의 태자인 일성을 세우고자 하였다가 王者로서의 품격이 동생 파사에 미치지 못한다는 의논이 있어 파사가 왕위에 올랐다고 하였다. 왕위계승 순서로 볼 경우 기록상의 유리왕－탈해왕－파사왕－지마왕－일성왕으로 보거나 수정기년을 적용하여 탈해왕을 제외하여 유리왕－파사왕－지마왕－일성왕의 순서로 보더라도, 세대간의 연령 차이를 감안해 볼 때 일성은 유리왕의 장자 내지 태자로 볼 수 없다. 따라서 일성은 유리왕계가 아니라 같은 박씨집단 내의 다른 계통 즉 일지갈문왕계로 보아야 하며, 파사는 유리왕의 적자들 가운데 왕자로서의 품격을 지니고 있었으므로 유리왕의 뒤를 이은 것이다.

---

61) 『삼국사기』 권1, 신라본기1 탈해이사금 즉위조.

62) 동권1, 파사이사금 즉위조.

63) 宣石悅, 앞의 책, 2001, 28~32쪽.

다-9 婆娑尼師今이 왕위에 올랐다. 儒理王의 둘째 아들이다[혹은 유리왕의 동생 奈老의 아들이라고도 한다]. 王妃는 金氏 史省夫人으로 許婁葛文王의 딸이다.[64]

다-10 祇摩尼師今이 왕위에 올랐다. 혹은 祇味라고도 한다. 婆娑王의 친아들이고 어머니는 史省夫人이다. 王妃는 김씨 愛禮夫人으로 葛文王 摩帝의 딸이다. 일찍이 파사왕이 楡飡의 못에서 사냥할 때 太子가 따라 갔다. 사냥을 마친 후에 韓岐部를 지나게 되었는데, 伊飡 許婁가 잔치를 베풀었다. 술이 얼큰하게 취하자 허루의 아내가 어린 딸을 데리고 나와서 춤을 추었다. 이찬 마제의 아내 역시 자기 딸을 이끌고 나왔는데, 태자가 보고서 기뻐하였다. 허루가 언짢아하자, 왕이 허루에게 말하였다. "이곳 땅 이름이 大庖이다. 공은 이곳에서 잘 차린 음식과 맛좋은 술을 마련하여 잔치를 열어 즐겁게 해주었으니, 마땅히 酒多의 위계를 주어 이찬보다 위에 있도록 하겠다." 그리고는 마제의 딸을 태자의 짝으로 삼았다. 주다는 후에 角干이라 일컬어졌다.[65]

다-11 音汁伐國과 悉直谷國이 영토를 다투다가 婆娑王을 찾아와 재결을 요청하였다. 婆娑王은 이를 어렵게 여겨 생각해 보니 金官國 首露王이 연로하여 지식이 많음을 헤아려 그를 불러 문의하였다. 수로왕은 논의하여 분쟁이 일어난 땅을 음즙벌국에 속하게 하였다. 이에 파사왕은 6部에 명하여 수로왕을 위한 연회를 열게 하였다. 5部가 모두 伊飡으로서 접대하였으나, 유독 漢祇部만이 지위가 낮은 자로서 접대하였다. 수로왕이 노하여 시종 耽下里에게 명하여 漢祇部主 保齊를 죽이고 오도록 하였다. 시종이 도망하여 음즙벌국왕 陁鄒干의 집에 은신하였다. 파사왕은 사람을 시켜 그 시종을 찾게 하였으나, 타추가 보내지 않았다. 이에 파사왕이 노하여 군대를 일으켜서 음즙벌국을 치니 그 나라의 왕과 무리가 스스로 항복하였다. 이에 실직곡국과 押督國이 와서 항복하였다.[66]

지마왕은 파사왕의 적자로서 왕위를 계승하였는데, 아버지 파사왕과 마찬

---

64) 『삼국사기』 권1, 신라본기1 파사이사금 즉위조.

65) 동권1, 지마이사금 즉위조.

66) 동권1, 파사이사금 23년 8월조.

가지로 사로국 내의 유력 읍락인 한지읍락과 유대관계를 가지고 있었다. 다-9·10의 기록에서 보듯이 파사왕이 한지읍락의 유력자인 허루와 결속하였고, 그의 아들 지마도 같은 한지읍락의 유력자인 마제와 혼인관계를 맺었다. 다-11에서 보듯이 동해안교섭권에서 일어난 소국간의 분쟁에서 파사왕은 한지읍락을 지원하고 있다.

기록상으로는 실직국과 음즙벌국이 강역을 다투었다고 하고 있으나, 실직국과 음즙벌국 사이에 일어난 영토분쟁이 아니다. 실직국은 강원도 삼척으로 비정되고 음즙벌국은 경주 부근의 안강에 비정되기 때문에 이들 소국 간에 영토분쟁이 일어났다는 점은 상당한 의문이 따른다. 창녕비에 의하면 '于抽悉支何西阿郡使大等'[67]이라 하여 6세기 중엽 진흥왕대에 하슬라를 비롯하여 삼척·울진 지역이 하나의 행정 단위로 편제되었던 점,[68] 삼척 북방의 하슬라가 濊系 古國[69]이며 남방의 해아현(포항시 청하면)까지가 명주의 관할지역으로 편제되었던 점[70] 등을 참조하면, 그 이전부터 강릉·삼척·울진 등에 있었던 소국은 진한계통이 아니라 예족계통의 소국으로 생각된다.

이들 소국의 분쟁에 대해서는 3세기 중엽의 철교역 기록, 즉 「위지동이전」에 의하면 변한과 진한의 "소국들은 철을 생산하는데, 한·예·왜가 모두 철을 구입하였다고 하였다."[71]는 기록이 참조된다. 예가 진한과 경계를 접하고 있음[72]을 미루어 보면, 3세기 중엽 이전부터 예족은 진한 지역과 철을 매개로 교역을 전개하고 있었던 것이다. 실직국을 비롯한 예족이 남하하여 진한지역과 철을 매개로 한 교섭이 적극화되어 가면서 진한지역의 소국인 음즙벌국과 갈등을 일으키게 된 것으로 생각된다. 따라서 이 분쟁은 단순한 영토분쟁이라

---

67) 한국고대사회연구소 편, 『韓國古代金石文』 II, 가락국사적개발연구원, 1992, 55쪽.
68) 李銖勳, 「신라 중고기 주의 구조와 성격」 『부대사학』 12, 1988, 29~30쪽.
69) 『삼국사기』 권35, 지리지2 명주조.
70) 동권35, 지리지2 명주 유린군조.
71) 「위지동이전」 한전 변진조.
72) 「위지동이전」 예전.

기보다 철을 매개로 한 교역과정에서 일어난 갈등이었으며, 구야국의 수로왕이 취한 분쟁의 중재에 대해 한지읍락이 반발한 것은 사로국의 한지읍락과 구야국이 동남해안교섭의 주도권을 두고 경쟁관계에 있었기 때문이다.[73] 이에 파사왕은 통혼관계에 있었던 한지읍락을 지원하여 자신의 세력기반을 강화하기 위하여 음즙벌국을 정벌하였던 것이다. 파사왕대에는 음즙벌국·실직국·압독국 이외에 굴아화촌[74]·고타국[75] 등 진한의 소국들을 복속해 나갔다.

유리왕의 직계 파사왕과 지마왕은 유리왕의 세력기반을 바탕으로 하면서 한지읍락의 두 유력집단과의 혼인을 통해 세력을 강화하여 진한의 여러 국들을 복속할 수 있었고, 이러한 기반을 가지고 일성을 비롯한 일지갈문왕계와의 경쟁에서 우위를 유지하여 왕위계승을 이어갔던 것이다. 따라서 박씨왕실의 유리왕계는 유리왕－파사왕－지마왕으로 직계계승이 이루어지고 있었다.

일지갈문왕계의 왕위계승은 일성왕의 뒤를 이어 그의 아들 아달라왕으로 이어졌는데, 관련 기록을 제시하면 다음과 같다.

다-12 阿達羅尼師今이 왕위에 올랐다. 逸聖王의 맏아들이다. … 어머니는 朴氏이고 支所禮王의 딸이다. 왕비는 朴氏 內禮夫人으로 祗摩王의 딸이다.[76]

다-13 第七逸聖尼叱今 ㉮父弩禮王之兄 ㉯[或云 祗磨王] ㉰妃△禮夫人 ㉱日知葛文王之父 ㉲<△△禮夫人 ㉳祗磨王之女> ㉴母伊刊生夫人 ㉵[或云 △△王夫人] ㉶朴氏[77]

73) 宣石悅, 「新羅國家 成立過程에 있어서 小國爭疆」 『역사와 경계』 49, 2003, 6~7쪽.

74) 『삼국사기』 권34, 지리지1 양주 임관군 하곡현조. 굴아화촌의 경우에는 국의 규모로 볼 수 없으므로, 독립된 소별읍으로 보아야 할 것이다.

75) 동권1, 파사이사금 5년 5월조. 기록상으로는 고타군이라 하였으나, 군이라는 명칭은 6세기 이후에 붙여진 것이므로 원래는 고타국이었을 것으로 상정해 둔다.

76) 동권1, 아달라이사금 즉위조.

일성왕과 달리 아달라왕의 계보는 나-3의 『삼국사기』에만 전승되어 있고, 『삼국유사』에는 전하지 않는 것처럼 되어 있다. 앞 절에서 살펴보았듯이 『삼국유사』의 일성왕의 계보 기록은 중복이 심하게 되어 있는 것이며, 그것은 바로 일성왕과 아달라왕의 계보 기록이 일성왕의 계보 부분에 뒤섞여 있었기 때문이다. 즉 다-13 『삼국유사』의 일성왕의 계보 기록은 그 중 일부가 『삼국사기』에 전하듯이 일성왕의 아버지가 일지갈문왕이고 ㊓의 어머니 이간생부인은 일지갈문왕의 부인이며, ㊐의 일성왕의 왕비 내례부인이라 전하는 것은 지마왕의 딸로 다-12의 『삼국사기』에 전하는 아달라왕의 왕비에 해당되는 것이다.

다시 말하면 아달라왕은 유리왕계 지마왕의 사위가 되었는데, 이는 유리왕계와 일지갈문왕계가 혼인을 통해 세력을 연계한 것이다. 이러한 연계를 통해 일성왕이 세력 기반을 확보하였으며, 유리왕계를 압도하여 박씨왕실집단의 대표적인 존재로 등장하였다. 아달라왕이 왕위에 오를 수 있었던 것은 지마왕의 사위로서가 아니라, 일성왕의 적자였기 때문이다.

2) 방계계승

앞서 보았듯이 박씨왕실의 계보는 유리왕계와 일지갈문왕계로 나누어진다. 일지갈문왕계는 일지를 비롯하여 일성왕과 아달라왕이 있었다. 일성왕은 유리왕계의 지마왕을 이어 왕위에 올랐는데, 이에 관한 기록을 제시해보면 다음과 같다.

라-1 逸聖尼師今이 즉위하였다. 儒理王의 長子이고[세주 : 혹은 日知葛文王의 아들이라고도 한다], 왕비는 박씨로 支所禮王의 딸이다.78)

---

77) 『삼국유사』 권1, 왕력 제7 일성이질금조.
78) 『삼국사기』 권1, 신라본기1 일성이사금 즉위조.

앞 절에서 보았듯이 일성왕의 왕비가 지소례왕의 딸이라 하여 일성왕이 다른 소국 왕의 딸과 혼인하였던 사실은 주목된다. 다른 소국의 왕의 딸과 혼인하였던 유리왕이 경쟁관계에 있었던 일지보다 우위에 서서 왕위에 올랐던 바와 같이, 일성왕도 다른 소국 왕의 딸과 혼인함으로써 유리왕계보다 우위에 서서 지마왕을 이어 왕위에 올랐다.

지마왕 이후 유리왕계의 대표자는 아도였는데, 이에 대해 잠시 살펴보겠다.

라-2 朴阿道를 봉하여 葛文王으로 삼았다.[79)]

박아도에 대해서는 일성왕의 아버지이거나 왕비의 아버지로서 일성왕이 갈문왕으로 추봉한 것으로 보기도 하며,[80)] 왕비의 아버지라면 아도가 지소례왕과 동일인이 되어야 하므로 성립될 수 없기 때문에 유리왕의 아들이자 일성왕의 아버지로 보는 견해도 있다.[81)] 그런데 기록상 추봉이나 책봉의 대상에 대해 '考'라든지 '母弟' 등과 같이 일성왕과 아도에 대한 관계가 설정되어 있지 않으므로 혈연적으로 일성왕과 직접 관련지을 수 없다. 박제상 열전에 파사왕-?-?-아도-물품-박제상이라는 계보가 전승되고 있는 점에서[82)] 그는 파사왕의 증손임을 확인할 수 있으므로 유리왕계의 인물이다.

기록상으로 보면 갈문왕은 추봉되고 있음에 비해 아도는 일성왕이 갈문왕으로 책봉하였다. 예를 들면 첨해왕이 돌아가신 아버지 골정을 세신갈문왕으로 추봉하거나[83)] 미추왕이 돌아가신 아버지 구도를 갈문왕으로 추봉한 점[84)] 등이다. 그런데 6세기의 금석문인 냉수리비의 지도로갈문왕과 봉평비의

---

79) 『삼국사기』 권1, 신라본기1 일성이사금 15년조.
80) 李基白, 「新羅時代의 葛文王」/앞의 책, 일조각, 1974, 11쪽.
81) 李基白, 위의 책, 20쪽 ; 李鍾旭, 앞의 책, 1980, 66쪽.
82) 『삼국사기』 권45, 열전5 박제상전.
83) 동권2, 첨해이사금 원년 7월조.
84) 동권2, 미추이사금 2년 2월조.

사부지갈문왕은 추봉된 갈문왕이 아니라 생존시에 책봉된 것이다. 문헌기록에서도 6세기 후반 진평왕이 아우 진안과 진정을 갈문왕으로 책봉한 사실[85]이 있다. 신라의 갈문왕제도에서 보면 갈문왕은 추봉하거나 책봉하는 두 가지 유형의 갈문왕이 있었음을 알 수 있으며, 책봉된 갈문왕으로서는 아도갈문왕이 최초의 예가 된다.

일지갈문왕계의 일성왕이 유리왕계의 아도를 갈문왕으로 책봉한 것은 약화되어 가는 박씨왕실집단의 유지를 위한 목적에서 취해진 조치였다고 할 수 있다. 유리왕계의 지마왕이 아들이 없었다[86]고 하였으나, 아도와 같이 지마왕의 직계가 아닌 유리왕계 내의 방계 후손이 있었다. 그럼에도 일지갈문왕계의 일성왕이 왕위를 이은 것은, 벌휴왕 사후 그 아들들이 먼저 죽고 장손마저 유소하여 왕위에 올랐다[87]는 석씨 내해왕의 즉위 사정에서 참조되듯이 지마왕 사망 당시 아들들이 이미 죽고 손자들이 아직 어렸으며,[88] 유리왕계의 방계 후손도 어렸을 가능성이 크다.[89]

일성왕은 다른 소국의 왕과 혼인관계를 맺고 세력을 연계하여 박씨왕실집단을 이끌 수 있는 역량을 갖추고 있었으므로, 지마왕의 사후 박씨왕실의 방계로서 왕위에 올랐던 것이다. 일지갈문왕계가 박씨왕실집단의 주도권을 잡고 일성왕이 왕위를 계승하였으며, 그 후 아달라왕이 일성왕의 직계로서 왕위에 오르게 되었다.

---

85) 동권4, 8월조.

86) 동권1, 지마이사금 23년 8월조.

87) 동권2, 내해이사금 즉위조.

88) 徐毅植, 앞의 책, 329쪽.

89) 박제상의 할아버지 아도는 파사왕의 증손인 점에서 보아 지마왕 사후 파사왕의 손자들도 죽고 없어 그 증손인 아도를 유리왕계의 대표자로서 갈문왕으로 책봉한 것이라 생각된다.

Ⅲ. 상고시기 석씨 이사금의 왕위계승

1. 석씨왕통의 왕실 계보

1) 초기의 탈해왕계

문헌 기록에 의하면 신라 상고기의 왕위계승은 朴·昔·金 삼성왕실이 교대로 이루어진 것으로 되어 있다. 그 기록대로 삼성의 왕실계보와 왕위계승의 관계를 살펴보면, 세대간의 연령 차이에 많은 문제점이 드러나고 있다. 이에 대해 많은 논란이 있어왔으며, 소위 신라 상고기년의 관점은 부정론[1]·수정론[2]·긍정론[3]으로 나누어진다. 본 장에서는 석씨왕통에 한정하여 살펴보겠다.

---

1) 前間恭作, 「新羅王の世次と其の名につきて」『東洋學報』 15-2, 1925 ; 三品彰英, 「新羅の姓氏に就いて」『史林』 15-4, 1933 ; 池内宏, 「新羅の聖骨制と王統」『東洋學報』 283-3, 1941/『滿鮮史研究』 上世篇 2, 吉川弘文館, 1960 ; 末松保和, 「新羅上古世系考」『京城帝國大學創立十周年紀念 論文集(史學篇)』, 1936/『新羅史の諸問題』, 東洋文庫, 1954.

2) 金哲埈, 「新羅 上古世系와 그 紀年」『歷史學報』 17·18合輯, 1962/『韓國古代社會研究』, 지식산업사, 1975 ; 金光洙, 「新羅 上古世系의 再構成 試圖」『東洋學』 3, 1973 ; 李仁哲, 「新羅上古世系의 新解釋」『淸溪史學』 4, 1987 ; 姜鍾薰, 「新羅 上古紀年의 再檢討」『韓國史論』 26, 서울대 국사학과, 1991 ; 宣石悅, 「新羅 上古紀年의 재조정」『慶大史論』 9, 1996/『新羅國家成立過程研究』, 혜안, 2001.

3) 金元龍, 「三國時代의 開始에 關한 一考察」『東亞文化』 7, 1967/『韓國考古學研究』, 일지사, 1987 ; 千寬宇, 「三韓의 國家形成(上)」『韓國學報』 2, 1976/『古朝鮮·三韓史研究』, 일조각, 1989 ; 李鍾旭, 『新羅上代王位繼承研究』, 영남대학교 출판부, 1980 ; 崔在錫, 「新羅王室의 王位繼承」『歷史學報』 98, 1983/『韓國古代社會史研究』, 일지사, 1987.

가-1 脫解尼師今[세주 : 脫解는 혹은 吐解라고도 한다]이 왕위에 오르니 그때 나이가 예순 두 살이었다. 姓은 昔이요, 王妃는 阿孝夫人이다. 탈해는 본디 多婆那國에서 난 사람이다. 그 나라는 倭國의 동북쪽 1천 리 거리에 있다. 처음에 그 나라 임금이 女國王의 딸에게 장가들어 아내로 삼았다.[4)]

가-2 脫解[세주 : 혹은 吐解라고도 한다]尼叱今의 姓은 昔氏이다. 아버지는 琓夏國 含達婆王[세주 : 혹은 花夏國王이라고도 한다]이고 어머니는 積女國王의 딸이다. 王妃는 南解王의 딸 阿老夫人이다.[5)]

가-3 "나는 본디 龍城國 사람이다[세주 : 또는 正明國, 혹은 琓夏國이라고도 하는데 琓夏는 혹은 花廈國이라고 한다. 용성은 왜국의 동북쪽으로 천 리에 있다]. … 우리 父王 含達婆가 積女國의 딸을 맞이하여 왕비로 삼았는데, 오랫동안 아들이 없어 아들구하기를 제사지내어 기원하기를 7년 만에 큰 알을 하나 낳으니, …"[6)]

위의 기록은 석씨왕실의 시조로 전해지는 탈해왕의 계보 전승이다. 탈해왕의 아버지에 대해 가-1의 『삼국사기』에서는 다파나국의 왕이라 하였고, 가-2·3의 『삼국유사』에서는 완하국 또는 화하국·용성국·정명국의 함달파왕이라 하여 인명까지 구체적으로 전하고 있다. 탈해왕의 어머니에 대해 『삼국사기』에서는 여국왕의 딸이라 하였고, 『삼국유사』에서는 적녀국왕의 딸이라 전하고 있다. 먼저 어머니의 출자에 대해 여국 또는 적녀국이라 하였으나, 그 위치에 대해 『삼국지』 위서 동이전에 보이는 女王國 즉 卑彌呼의 나라를 연상케 함에서[7)] 탈해집단은 왜와의 교류를 하였음이 추정된다.

탈해의 아버지에 대해 다파나국을 비롯한 다른 전승의 여러 국명이 전해지는데, 다파나국을 일본열도에서 동해안에 연한 와카사만[若狹灣]의 단바국[丹波國]으로 비정하기도 한다. 즉 불교적·도교적인 윤색이 가해진 탈해신화

4) 『삼국사기』 권1, 신라본기1 탈해이사금 즉위조.

5) 『삼국유사』 권1, 왕력1 제4 탈해이질금조.

6) 동권1, 탈해왕조.

7) 동북아역사재단, 『三國志·晉書外國傳譯註』, 2009, 95～97쪽.

속의 다파나국의 표기는 多婆那佛의 음의를 띠고 있으며, 그 음이 丹波와 흡사하고 왜국의 동북쪽 1천리 즉 야마토지역을 기준으로 동북쪽 1천리(400km)에 해당한다고 보았다.[8)]

그러나 당시의 거리 기준으로 보면 1천리는 현재의 400km와 동일하지 않다는 점이다. 고대의 기록 가운데 『三國志』 魏書 東夷傳[9)]에 倭의 북쪽 대안인 김해 狗邪國에서 바다를 건너 1천여 리를 가면 對馬國에 도착한다는 점을 참조하면,[10)] 대마도에 기준을 두고 방향을 설정할 경우 구야국은 왜에서 북쪽이 되고 다파나국의 방향은 대마도의 동북쪽이 되고 倭의 동북쪽인 다파나국은 김해로부터 동쪽 즉 울산에 위치하게 되므로 탈해 이전에 이미 이주하여 세력을 신장하고 있었던 것이다.[11)]

탈해의 출자에 대해서는 대체적으로 동해안지역설[12)]과 북방유이설[13)] 등 두 가지 견해가 있다. 석씨집단은 전자의 견해와 같이 동해안으로부터 유이한 세력으로서 우시산국을 정복하여[14)] 이를 기반으로 삼고 세력을 확고히 하면서 사로국의 지배집단인 박씨세력과 경쟁하였다. 이후 박씨세력을 중심으로 하는 사로국과 석씨세력을 중심으로 하는 우시산국[우유국]이 연합하여 신라국가 성립의 주축이 되었던 것이다. 이러한 사실에서 보면 석씨왕통과 박씨왕통의 기년은 병립되어 있었던 것에 불과하다.[15)] 두 왕통이 칭호로 사용한 이사금이란 당시 '임금'으로 불렀던 것이다.[16)] 닛금은 임금 즉 군장으

8) 이근우, 「고대의 낙동강 하구와 왜」 『역사와 세계』 41, 2012, 21~35쪽.
9) 『삼국지』 권30, 위서30 東夷傳은 이하 「위지동이전」으로 줄임.
10) 「위지동이전」 왜인전.
11) 宣石悅, 앞의 책, 혜안, 2001, 288쪽.
12) 金哲埈, 「新羅 上代社會의 Dual Organization(上)」 『歷史學報』 1, 1952.
13) 千寬宇, 앞의 논문, 1976/앞의 책, 1989.
14) 『삼국사기』 권44, 열전4 거도전.
15) 宣石悅, 「신라본기의 전거자료 형성과정－삼국사기 초기기록을 중심으로－」 『한국고대사연구』 42, 2006, 119~121쪽.
16) 김대문의 語義 해석 부분을 자세히 살펴보면 이사금은 닛금 즉 이(치아)의 금을 기준으로 하여 치아가 많은 자를 연장자로 해석하고 있는데, 일반적으로 볼 때

로 해석해야 하며 이를 역사서에서 유교적인 겸양의 미덕을 설화적으로 표현하는 데서 나온 것이다. 유리왕의 다음으로 왕위를 계승한 것은 전승기록 그대로의 석씨 탈해왕이 아니라 실제로는 박씨 유리왕의 둘째 아들인 파사왕이었던 것이며, 석씨왕통은 박씨왕통과 병립한 것으로 달리 해석하고자 한다.[17]

석씨왕통에서 두 번째로 왕위에 오른 인물은 벌휴왕인데, 그에 관한 계보를 제시하면 다음과 같다.

가-4 伐休尼師今[세주 : 혹은 發暉라고도 한다]이 왕위에 올랐다. 姓은 昔氏이니 脫解王의 아들인 角干 仇鄒의 아들이다. 어미니의 성은 金氏이며, 只珍內禮夫人이다.[18]

벌휴왕의 계보는 『삼국유사』에는 보이지 않고, 『삼국사기』에만 전하고 있다. 벌휴왕의 아버지는 구추 각간인데, 탈해왕의 아들이라고 한다. 탈해왕과 벌휴왕의 계보는 같은 유이민이기는 하지만 전혀 다른 계통으로 보는 견해가 있으며,[19] 탈해왕(57~80)과 손자 벌휴왕의 재위시기(184~196)에서 보아 60년 이상의 편차가 나는 점을 근거로 조손관계를 인정하지 않는 견해도 있다.[20] 앞서 살펴본 바와 같이 석씨집단은 탈해 이전에 이미 울산으로 이주해 왔고 세력을 신장하여 사로국의 박씨세력과 경쟁하였으므로, 계보는 연결되는 것이 타당하다. 조손관계 상의 연령 차이는 원래 석씨왕통과 박씨왕통이

인간은 발육과정에서 치아가 많은 연령은 30대 전후이므로 치아가 많은 자를 연장자로 해석하는 것은 합당하지 않는 것이다. 수정론의 관점에서 탈해가 존재한 3세기 전반 진한지역의 동해안 교섭권은 사로국과 우시산국이 주도한 것이며, 양국의 왕은 그 교섭권을 대표하는 지배자로서 이사금이라 표기하였던 것이라 생각된다.

17) 宣石悅, 앞의 책, 혜안, 2001, 28~32쪽.

18) 『삼국사기』 권1, 신라본기1 벌휴이사금 즉위조.

19) 千寬宇, 앞의 논문, 1976/앞의 책, 1989, 299쪽.

20) 趙榮濟, 「新羅上古 伊伐飡·伊飡에 대한 一考察」 『釜山史學』 7, 1983, 6~7쪽.

병립한 것을 교립한 것으로 되어졌기 때문에 드러난 문제일 뿐이다.

어머니는 지진내례부인으로 출자는 김씨인데, 이후 석씨왕족은 근친혼 외에는 주로 김씨와 혼인하고 있음이 주목된다.

뒤의 나-1 사료에도 보이듯이 벌휴왕 사후에 왕위는 아들로 이어져야 하지만, 아들 골정과 이매가 아버지 벌휴왕보다 먼저 사망하였다. 아들이 없는 경우 대손 즉 장손으로 계승되어야 하나, 첫째아들 골정의 아들이자 장손인 조분이 아직 어려 둘째아들 이매의 아들 내해가 즉위하였다고 전한다. 석씨왕통에서는 벌휴왕 이후 이매의 후손으로서 왕위에 오른 자가 내해왕과 흘해왕이 있고 골정의 후손으로서 왕위에 오른 자가 조분왕·첨해왕·유례왕·기림왕이 있다. 석씨왕통은 주로 골정의 후손이 왕위를 계승하였으나 이매의 후손도 왕위에 즉위하였으므로, 석씨왕실은 이매계와 골정계로 나눌 수 있다.

2) 이매계

벌휴왕을 이어 왕위를 계승한 왕족은 이매계의 내해왕인데, 그의 계보에 관한 사료를 제시하면 다음과 같다.

> 나-1 奈解尼師今이 왕위에 올랐다. 王은 伐休王의 손자이다. 어머니는 內禮夫人이요, 王妃 昔氏는 助賁王의 누이이다. 왕은 용모가 준수하고 재주가 뛰어났다. 전왕의 太子 骨正과 둘째아들 伊買가 일찍 죽고 太孫이 아직 어리므로 이에 이매의 아들을 세우니 이가 奈解尼師今이다.[21]

내해왕의 계보는 『삼국유사』에는 기록되어 있지 않고, 『삼국사기』에만 전하고 있다. 내해왕의 할아버지는 벌휴왕이고, 할머니는 김씨 지진내례부인이다. 내해왕의 아버지는 벌휴왕의 둘째아들 이매이고, 어머니는 내례부인이

---

21) 『삼국사기』 권2, 신라본기2 내해이사금 즉위조.

나 성씨는 전하지 않는다.

내해왕의 왕비는 조분왕의 누이로서 벌휴왕의 장자 골정의 딸이므로, 내해왕의 4촌으로 석씨왕실 내에서 근친혼을 하였다. 이후 석씨왕실에서는 근친혼이 많은 것이 특징적이다.

골정계의 기림왕을 이어 왕위를 계승한 왕족은 이매계의 흘해왕인데, 그의 계보에 관한 사료를 제시하면 다음과 같다.

> 나-2 訖解尼師今이 왕위에 올랐다. 奈解王의 손자이고, 아버지는 于老 角干이며, 어머니는 命元夫人으로 助賁王의 딸이다.[22]
>
> 나-3 제16대 乞解尼叱今은 昔氏로 아버지는 于老音 角干, 즉 奈解王의 둘째아들이다.[23]

『삼국사기』와 『삼국유사』 양 사서에서 흘해왕의 아버지가 우로 또는 우로음 각간이라 하고 할아버지가 내해왕이라 하였다. 내해왕이 이매의 아들이므로, 흘해왕은 이매계에 해당한다. 흘해왕의 어머니에 대해서는 『삼국유사』에는 전하지 않고 『삼국사기』에는 조분왕의 딸 명원부인이라 하는데, 아버지 우로와는 6촌으로 석씨왕실 내에서 근친혼을 한 것이다.

『삼국사기』의 석우로전에는 흘해왕의 아버지 우로가 내해왕의 아들이라고 하면서 세주에 각간 수로의 아들이라고[24] 전하고 있어 이에 대한 검토가 요구된다. 기록상으로 우로는 내해왕의 아들로 전해지는 것이 일반적이다. 다른 전승에 수로가 우로의 아버지라 해도, 수로가 내해왕의 아들인지 어떤지는 명기되어 있지 않아 수로의 계보를 전혀 알 수 없다. 우로와 수로가 부자관계로서 내해왕과 혈연적으로 연결된다면, 내해왕-수로 각간-우로 각간 혹은 내해왕·수로 각간-우로 등으로 상정하여 연령 관계를 추정할

22) 동권2, 흘해이사금 즉위조.
23) 『삼국유사』 권1, 왕력1 제16 걸해이질금조.
24) 『삼국사기』 권45, 열전5 석우로전.

수 있을 것이다. 여기서 내해왕의 출생부터 이들 사이의 연령 차이를 추구해 보겠다. 이들 석씨왕족의 생존 시기를 김씨 미추왕의 재위기간을 석씨왕통 사이에서 제외한 필자의 수정론[25]에 입각하여 살펴보겠다.

나-1에서 보듯이 할아버지 벌휴왕이 사망하였을 때 그의 아들들이 없고 장손이 15세 미만으로 어려 이매계의 내해왕이 손자로서 15세 이상으로 왕위에 즉위했다고 함에서, 내해왕은 벌휴왕이 사망한 294년에 15세 이상이므로 280년 이전에 출생하였다[26]고 할 수 있다. 우로가 활동한 내해왕 14년 즉 319년에 20세 이상의 나이로 포상팔국전쟁에 참전하였다면, 우로는 300년 전후에 태어난 셈이다. 내해왕과 우로의 출생년도를 보면 수로 각간이 중간 세대에 끼어들 시간적인 간격이 없으므로, 내해왕－수로 각간－우로 각간 혹은 내해왕·수로 각간－우로 등의 계보보다는 내해왕－우로 각간의 계보가 더욱 타당하다. 여기서 한 가지 덧붙여 검토해야 할 점은 우로와 아들 흘해왕의 연대 차이 문제이다.

우로는 첨해왕 3년 즉 356년에 왜인에게 살해되었으므로[27] 사망하였을 때 나이가 55세 내외였을 것이다. 『삼국사기』 신라본기 초기기록상의 문제는 우로가 사망한 지 61년 만에 그의 아들 흘해왕이 이사금으로 즉위했다는 점이다. 또 한 가지 염두에 둘 점은 우로가 사망한 해의 간지년차는 기사년이고, 바로 그 다음 해에 해당하는 경오년에 흘해가 이사금에 즉위하고 있다는 사실이다.[28] 즉 관련 왕들의 재위 기간을 감안해 볼 경우 김씨 미추왕의 재위기간인 22년을 제외하고 산정해야 하므로, 우로가 사망한 후 흘해가

---

25) 이하의 기년에 대해서는 宣石悅, 앞의 책, 혜안, 2001, 55쪽의 <표 8> 신라 상고 왕실세계의 기년표 참조.

26) 내해가 즉위시에 20세 전후라면 274년에 태어난 것으로 볼 수도 있다.

27) 『삼국사기』 권2, 신라본기2 첨해이사금 3년 4월조.

28) 宣石悅, 「新羅 官等體系의 成立」 『釜山史學』 20, 1991, 13쪽. 여기에 석씨왕계의 기년이 적어도 1주갑 이상 인하될 소지가 있는데, 여기서 인하한다는 용어는 현재의 연도를 기준으로 할 때 시간적 순서를 따라 아래로 내려온다는 의미이다.

왕위에 즉위한 사이의 시간은 38년간이다.[29] 만약 위의 연령 차이를 그대로 긍정하여 흘해왕이 250년에 유복자로 태어나 61세로 즉위하였다면[30] "어리지만 노성한 덕이 있다"라는 식의 표현이라기보다 38년간 골정계의 인물이 연속적으로 계승한 이후 이매계의 흘해가 왕위에 올랐으므로 '노성'하다고 표현한 것이 보다 타당할 것이다. '노성'한 흘해는 우로가 40세 전후가 되는 340년대에 태어나 50대 중반 전후 397년에 즉위한 것으로 볼 수 있다. 이와 관련되는 골정계의 유례왕·기림왕의 문제에 대해서는 뒤의 항목에서 다루겠다.

흘해왕의 왕비에 대해서는 전하는 기록이 없어 알 수 없다. 이는 흘해왕의 후손이 왕위를 계승하지 못하였기 때문에 전해지지 않은 것으로 추정된다.[31]

---

29) 첨해왕 3년 이후의 기간이 12년, 미추왕을 제외하고 유례왕의 재위기간 14년 기림왕의 재위기간 12년을 합하면 38년이 된다.

30) 李鍾旭, 앞의 책, 1980, 136쪽. 이전의 신라 상고기년 추정을 추구할 때 문제가 된 것은 석씨왕통 사이에 김씨 미추왕이 끼어 있었기 때문인데, 미추왕을 김씨왕통의 연속선상에 두면 세대간의 연령 차이는 자연히 해소된다.

31) 흘해왕 사후 아들이 없어 김씨 내물이 왕위를 이었다고 하였으나(『삼국사기』 권3, 신라본기3 내물이사금 즉위조), 그 후손이 있었다. 『삼국유사』에 의하면 흘해왕의 증손으로서 이차돈이 있었고 김씨 습보갈문왕도 이차돈의 계보와 관련이 있다(『삼국유사』 권1, 흥법3 원종흥법 염촉멸신조). 이를 제시하면 다음과 같다.

〈참고〉 이차돈의 계보 전승

(부계)16乞解大王 ── 功漢 ── 吉升 ─┐
　　　　　　　　　　　　　　　　　　├─ 異次頓(502~527)
(모계)習寶葛文王 ┬─ 阿珍宗 ── (母) ─┘
　　　　　　　　 └─ 22智證王 ── 23法興王

본문에서는 걸해대왕 즉 흘해왕이 증조할아버지로 되어 있고 할아버지는 아진종이라 하면서 아버지는 미상하다고 하였으나, 세주에 보이는 아도비에 의하면 증조할아버지가 습보갈문왕이고 할아버지가 공한이며 아버지는 길승이라 하였다. 두 전승 가운데 아버지가 전해지는 석씨계가 부계이므로, 아버지가 미상하다는 김씨계는 모계로 볼 수 있을 것이다(宣石悅, 앞의 책, 혜안, 2001, 37~38쪽).

3) 골정계

여기서는 내해왕을 이어 왕위를 계승한 조분왕의 계보를 살펴보겠는데, 그에 관한 사료를 제시하면 다음과 같다.

다-1 助賁尼師今[세주 : 혹은 諸貴이라고도 한다]이 왕위에 올랐다. 왕의 성은 昔氏요, 伐休王의 손자이다. 아버지는 骨正[세주 : 혹은 忽爭이라고도 쓴다]葛文王이요, 어머니 金氏는 玉帽夫人으로 仇道葛文王의 딸이며, 왕비는 阿爾兮夫人으로 奈解王의 딸이다.[32)]

조분왕의 계보는 『삼국유사』에는 기록되어 있지 않고, 『삼국사기』에만 전하고 있다. 앞서 내해왕의 계보에서 검토해 보았듯이 조분왕의 할아버지는 벌휴왕이고, 할머니는 김씨 지진내례부인이다. 조분왕의 아버지는 벌휴왕의 첫째아들 골정이고, 어머니는 김씨 옥모부인으로 구도갈문왕의 딸이라 한다. 왕비는 내해왕의 딸 아이혜부인으로 조분왕과 5촌 조카이므로 석씨왕실 내에서 근친혼을 한 것이다.

조분왕을 이어 왕위를 계승한 첨해왕의 계보를 살펴보겠는데, 그에 관한 사료를 제시하면 다음과 같다.

다-2 沾解尼師今이 왕위에 올랐다. 王은 助賁王의 동복아우이다.[33)]

다-3 理解尼叱今[세주 : 혹은 沾解王이라고도 한다]은 昔氏이고 助賁王의 동복아우이다.[34)]

『삼국사기』와 『삼국유사』 양 사서에서 첨해왕은 석씨로서 조분왕의 동복아우로 전하므로 골정계이다. 앞서 검토해 보았듯이 조분왕과 마찬가지로

32) 『삼국사기』 권2, 신라본기2 조분이사금 즉위조.
33) 동권2, 첨해이사금 즉위조.
34) 『삼국유사』 권1, 왕력1 제12 이해이질금조.

첨해왕의 할아버지는 벌휴왕이고, 할머니는 김씨 지진내례부인이다. 첨해왕의 아버지는 벌휴왕의 첫째아들 골정이고, 어머니는 김씨 옥모부인으로 구도갈문왕의 딸이다. 왕비에 대해서는 전하는 기록이 없어 알 수 없다. 이는 첨해왕이 사후 아들이 없어 그의 후손이 왕위를 계승하지 못하였으므로, 전해지지 않은 것으로 추정된다.

첨해왕을 이어 왕위를 계승한[35] 유례왕의 계보를 살펴보겠는데, 그에 관한 사료를 제시하면 다음과 같다.

다-4 儒禮尼師今[세주 : 『古記』에는 제3대, 제14대 두 임금의 이름을 같이하여 儒理 또는 儒禮라 했는데 어느 쪽이 옳은지 알 수가 없다]이 왕위에 올랐다. 왕은 助賁王의 맏아들이다. 어머니는 朴氏로 葛文王 奈音의 딸이다.[36]

다-5 儒禮尼叱今[세주 : 世理智王이라고도 한다]은 姓이 昔氏이다. 아버지는 諸賁王이고, [어머니는] △召夫人 朴氏이다.[37]

『삼국사기』와 『삼국유사』 양 사서에서 공통적으로 유례왕의 아버지를 조분왕이라 전하고 있다. 그러므로 유례왕의 증조할아버지는 벌휴왕이고, 증조할머니는 김씨 지진내례부인이다. 유례왕의 할아버지는 벌휴왕의 첫째 아들 골정이고, 할머니는 김씨 옥모부인으로 구도갈문왕의 딸이다. 어머니는 내음갈문왕의 딸 △召夫人인데, 박씨라고 전하나 의문이다. 외할아버지 奈音

35) 『삼국사기』와 『삼국유사』의 기록에 의하면 첨해왕을 이어 왕위에 오른 왕을 김씨 미추왕이라 하였으나, 필자의 상고기년 수정론에 입각하면 성립될 수 없다. 뒷장의 김씨왕통의 왕위계승에서 살펴보듯이 김씨왕실의 계보상으로 구도갈문왕－미추왕·말구－내물왕 3세대의 각 세대간 연령 차이가 90년 이상 차이가 나므로 의문이 발생한다. 석씨 탈해왕의 계승을 박씨 유리왕과 파사왕 사이에 끼워두고 김씨 미추왕을 석씨 첨해왕과 유례왕 사이에 끼워두었는데, 이것은 실제적으로 박씨왕통·석씨왕통과 석씨왕통·김씨왕통의 병립구조를 삼성교립으로 두어 고구려나 백제보다 앞서 신라가 건국된 것으로 했던 것이라 할 수 있다(선석열, 앞의 논문, 2006, 120~121쪽).

36) 『삼국사기』 권2, 신라본기2 유례이사금 즉위조.

37) 『삼국유사』 권1, 왕력1 제14 유례이질금조.

은 내해왕의 아들로서 이벌찬에 임명되어 중외의 병마사를 맡아 포상팔국전쟁에 참전하여 가라를 구원하였고 백제군과 전투를 수행한 인물로,[38] 利音[39]·㮈音[40] 등으로도 표기되어 있으므로 박씨가 아니라 석씨이다.[41] 흘해왕의 증손인 이차돈 계보의 예에서 보듯이 석씨 내해왕의 아들인 내음을 박씨라 한 것은 잘못된 전승이다. 이와 같이 석씨왕족의 계보를 검토해 볼 경우, 탈해왕을 제외하면 석씨왕족 가운데 박씨와 혼인한 예가 없다는 점도 아울러 참조될 것이다.

그런데 다-1의 조분왕의 계보에서는 조분왕의 왕비가 내해왕의 딸 아이혜부인으로 되어 있으나, 위의 유례왕의 계보에서는 내음의 딸로 되어 있다. 조분왕과 내음의 딸은 조손관계로 되어 의문이 될 수 있다. 앞의 나-1에서 보듯이 이매계보다 골정계의 후손들의 연령이 어렸으므로, 골정계는 이매계의 후손과 혼인할 경우 한 세대 아래의 조카와 혼인하였다. 조분왕도 내해왕의 딸인 조카 아이혜부인과 혼인하였으며, 다시 내해왕의 장남 내음의 딸과도 혼인하였을 가능성은 배제할 수 없다.[42] 즉 유례왕은 조분왕의 후비 소생으로 볼 수 있다.

왕비에 대해서는 전하는 기록이 없어 알 수 없다. 이는 유례왕이 사후 아들이 없어 그의 후손이 왕위를 계승하지 못하였으므로, 전해지지 않은 것으로 추정된다.

또 한 가지 살펴볼 것은 왕의 이름에 대해서이다. 다-4의 세주에서 『古記』에

---

38) 『삼국사기』 권2, 신라본기2 내해이사금 12년 정월조·14년 7월조·25년 3월조 및 동권48, 물계자전 ; 『삼국유사』 권5, 피은8 물계자조.

39) 『삼국사기』 권2, 신라본기2 내해이사금 12년 정월조.

40) 『삼국사기』 권48, 열전8 물계자전 ; 『삼국유사』 권5, 피은8 물계자조.

41) 申瀅植, 「新羅王位繼承考」 『柳洪烈博士 回甲記念論叢』, 탐구당, 1971, 167쪽.

42) 내음은 내해왕 25년에 사망하였고, 10년 후에 조분왕이 즉위하여 재위 18년에 사망하였다. 조분왕이 즉위하였을 때 나이는 적어도 40세 내외였을 것이고 조분왕의 즉위시에 내음의 딸은 적어도 10세 이상이었을 것이므로, 둘의 나이 차이는 30년 정도로서 혼인은 가능하였을 것이라 생각된다.

의하면 기록상으로 제3대 儒理王과 제14대 儒禮王 두 임금의 이름이 같으므로 어느 쪽이 옳은지 알 수가 없다고 하였다. 제3대의 박씨 유리왕의 이름은 『삼국사기』에는 儒理로[43] 『삼국유사』에는 弩禮·儒禮로[44] 되어 있고, 제14대의 석씨 유례왕의 이름은 『삼국사기』의 다-4와 연표[45]에는 儒禮로 다-5의 『삼국유사』에는 儒禮·世理智로 되어 있다. 두 왕의 인명표기에 공통적으로 사용되는 것은 유리와 유례이다. 『삼국사기』에는 제3대 박씨왕을 유리로 표기하고 제14대 석씨왕을 유례로 구분하고 세주에 이칭으로서 유리를 전하고 있으나, 『삼국유사』에는 제3대 박씨왕을 노례로 표기하고 이칭으로서 유례를 전하고 제14대 석씨왕을 유례로 구분하고 세주에 이칭으로서 세리지를 전하고 있어 양 사서에도 두 왕의 이름이 혼용되어 있다. 따라서 두 왕의 이름은 표기상으로 같으나 성씨가 다른 것으로 볼 수 있다.

유례왕을 이어 왕위를 계승한 기림왕의 계보를 살펴보겠는데, 그에 관한 사료를 제시하면 다음과 같다.

다-6 基臨尼師今[세주 : 혹은 基立이라고도 한다]이 왕위에 올랐다. 王은 助賁尼師今의 손자이다. 아버지는 乞淑[세주 : 혹은 걸숙이 조분의 손자라고도 한다] 用[伊]湌이다.[46]

다-7 基臨尼叱今[세주 : 혹은 基立王이라고도 한다]은 昔氏로 諸賁王의 둘째 아들이고, 어머니는 阿爾兮夫人이다.[47]

기림왕의 어머니는 다-6의 『삼국사기』에는 전하지 않으나, 다-7의 『삼국유사』에는 조분왕의 선비 아이혜부인으로 전하고 있다. 기림왕의 아버지에 대해서는

43) 『삼국사기』 권1, 신라본기1 유리이사금 즉위조 ; 동권29, 연표 상 ; 동권32, 잡지1 악지 향삼죽조 ; 동권38, 직관 상.

44) 『삼국유사』 권1, 왕력1 제3 노례이질금조 ; 동권1, 기이1 노례왕조.

45) 『삼국사기』 권30, 연표 중.

46) 동권2, 기림이사금 즉위조.

47) 『삼국유사』 권1, 왕력1 제15 기림이질금조.

『삼국사기』와 『삼국유사』 양 사서에서 다르게 전하고 있어 검토할 필요가 있다. 다-6의 『삼국사기』에는 걸숙 이찬이 아버지라 하여 조분왕이 할아버지라고 전하면서 세주에 걸숙이 조분왕의 손자라고 하여 기림왕의 증조할아버지가 조분왕으로 전하기도 하였다. 『삼국유사』에는 기림왕의 아버지가 조분왕이라고 전하여 『삼국사기』의 세대수와 격차가 크다. 여러 계보 전승을 혈연적으로 연결해 보면, 다-6의 조분왕－걸숙 이찬－기림왕 혹은 조분왕－?－걸숙 이찬－기림왕과 다-7의 조분왕－기림왕 등으로 상정하여 연령 관계를 추정할 수 있을 것이다. 여기서 조분왕의 출생부터 이들 사이의 연령 차이를 추구해 보겠다. 이들 석씨왕족의 생존 시기를 김씨 미추왕의 재위기간을 석씨왕통 사이에서 제외한 필자의 수정론에 입각하여 살펴보겠다.

앞의 나-1에서 보듯이 할아버지 벌휴왕이 사망하였을 때 그의 아들들이 없고 장손인 조분이 15세 미만으로 어려 이매계의 내해왕이 손자로서 15세 이상으로 왕위에 즉위했다고 하므로, 조분왕은 벌휴왕이 사망한 294년에 15세 미만이므로 280년대 후반에 출생하였다[48]고 할 수 있다. 위의 여러 전승을 나누어 기림왕의 계보 문제를 살펴보겠다. 그리고 해당 연대는 <표 7>에서 제시한 재조정한 상고기년을 기준으로 하였다.

첫째, 기림왕이 조분왕의 둘째아들인 경우이다. 340년 조분왕의 사후 첨해왕이 즉위한 것은 당시 장남 유례가 어렸기 때문일 것이다. 후비 소생의 유례는 330년 전후에 출생하고 후비보다 먼저 사망한 선비 소생의 기림은 330년 이전에 출생한 것으로 되므로, 첨해왕이 즉위할 수도 없고 유례왕보다 뒤에 왕위를 계승하지도 않았을 것이다. 따라서 『삼국유사』의 부자 전승은 오류이다.

48) 벌휴왕 사망 당시 조분이 7세 전후였다면 287년경 즉 280년대 후반에 태어났다고 볼 수도 있다. 골정의 자녀 중에 내해왕과 혼인한 딸은 조분의 누나로서 내해왕과 비슷한 나이였을 것이므로, 조분은 누이보다 몇 년 뒤 280년대 후반에 출생한 것이기 때문이다.

둘째, 조분왕-?-걸숙 이찬-기림왕 계보의 경우이다. 기림왕의 할아버지 즉 인명이 전하지 않는 조분왕의 아들은 선비의 소생으로 볼 수 있으므로, 320년대에 출생하여 350년 조분왕이 사망하기 이전에 먼저 죽어 첨해왕이 왕위를 이은 것으로 볼 수 있다. 인명이 전하지 않는 조분왕 아들의 아들 걸숙 즉 기림왕의 아버지는 340년대에 출생하여 유례왕이 즉위한 371년 이전 30세 전후에 사망한 것이므로, 기림왕은 아버지 걸숙이 20세 전후가 된 360년경에 태어난 것으로 추정된다. 385년 유례왕이 사망할 당시 기림은 어려 왕위에 오르지 못하고 340년 전후에 출생한 흘해가 즉위하였을 것이므로, 기림왕이 조분왕의 증손으로 보는 전승은 오류이다.

셋째, 조분왕-걸숙 이찬-기림왕 계보의 경우이다. 위의 두 가지 계보를 살펴본 것을 기준으로 하면, 선비의 소생인 걸숙은 320년대에 출생하여 350년 조분왕이 사망하기 이전에 먼저 죽어 첨해왕이 왕위를 이은 것으로 볼 수 있다. 즉 기림왕은 340년대에 출생하여 유례왕이 사망한 385년에 40대에 이르러 즉위한 것으로 추정되므로, 세 가지 계보의 전승 가운데 가장 타당한 것이다.

2. 왕위계승

석씨왕실의 왕위계승은 여서계승과 직계계승 그리고 방계계승으로 전개되었는데, 이를 표로 작성해 보면 <표 6>과 같다.

1) 직계계승

석씨왕실에서 직계 적자로서 왕위를 계승한 왕은 시조 탈해왕을 비롯하여 벌휴왕과 내해왕 세 왕이 있다. 탈해왕의 경우 선대의 왕에 대한 기록이 없어 어떠한 원리에 입각하여 왕위를 계승하였는지 알 수 없다.

앞의 사료 가-1의 『삼국사기』와 가-2의 『삼국유사』에서 탈해왕이 사로국의 남해왕의 딸과 혼인하였다고 하는데, 이는 탈해의 석씨집단의 세력이 괄목할 만큼 크게 성장하였음을 반영해주고 있다. 박씨왕실이 근친혼을 하거나 사로국 내부의 유력집단과 혼인하는 외에 타국의 왕실과 혼인을 맺는 경우가 있다. 유리왕은 사요왕의 딸과 혼인하였고[49] 일성왕은 지소례왕의 딸과 혼인하였다.[50] 이들 두 왕에 대해 사로국의 갈문왕으로 간주해 온 것이 일반적이다.[51]

〈표 6〉 석씨왕실의 왕위계승표

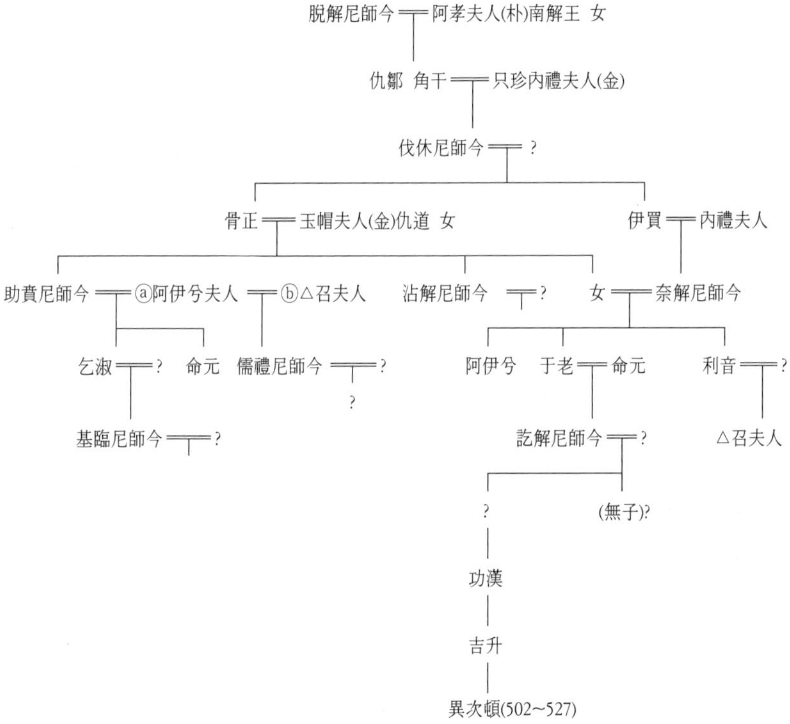

49) 『삼국유사』 권1, 왕력1 제3 노례이질금조.

50) 『삼국사기』 권1, 신라본기1 일성이사금 즉위조.

51) 今西龍, 「新羅葛文王考」 『新羅史硏究』, 近澤書店, 1933, 250쪽 ; 李基白, 「新羅時代의 葛文王」 『歷史學報』 58/『新羅政治社會史硏究』, 일조각, 1974, 10~11쪽.

문헌기록에 의하면 해당 인물이 갈문왕이면 갈문왕으로 명기되어 있으나, 위의 지소례왕과 사요왕에 대해서는 '갈문왕'이라고 기록되어 있지 않고 '왕'이라고만 명기되어 있을 뿐이다. 이들 왕은 갈문왕이 아니라, 석탈해와 같이 사로국 주변의 다른 소국 왕으로 이해해야 할 것이다.[52] 이들과 마찬가지로 우시산국의 탈해왕도 사로국의 박씨왕실과 혼인을 맺은 것은 타국의 지배자로서 그 위상이 높아져 있었기 때문이라 하겠다.

잘 알고 있듯이 탈해왕의 경우 박씨왕통의 중간에 끼어 있어 신라 상고기년 문제의 해결에 가장 큰 장애 요인이 되어 왔다. 신라 상고 왕통의 기년에 대해 허구론·수정론·긍정론이 있어 왔는데,[53] 그에 대한 가장 큰 요인이 왕위계승에 있어 해당 왕들의 수명이나 세대간의 연령 차이에 대한 의문 때문이었다. 허구론은 이 같은 의문을 근거로 상고 왕통을 허구로 규정하였으며, 긍정론은 세대간의 연령 차이를 중간의 세대가 계보의 전승과정에서 누락된 것으로 보고 상고 왕을 기년 그대로 인정하였다. 그러나 고대 왕실의 계보전승은 중간에 인명이 누락되거나 착오가 있다 하더라도 세대수가 누락되는 경우는 매우 드물다. 그러므로 상고 왕통의 기년은 그대로 믿거나 왕통 자체를 허구로 치부해서는 안되는 것이다. 그것은 앞서 살펴본 석씨 탈해왕과 바로 뒤에서 검토할 김씨 미추왕의 예로써 이해될 수 있는 것이다. 석탈해는 우시산국의 지배자로서 사로국과 혼인을 통해 세력을 연계하고 있었다고 생각한다.

미추왕 또한 탈해왕과 마찬가지로 석씨왕통의 중간에 끼어 있어 신라 상고기년 문제의 해결에 가장 큰 장애 요인이 되어 왔다. '첨해왕이 12월 28일에 갑자기 죽었다'[54]고 한 점과 '첨해왕이 아들이 없어 나라사람들이

52) 宣石悅, 「新羅 葛文王의 再檢討」『韓國 古代史와 고고학』, 학연문화사, 2000, 866쪽.
53) 이에 대한 평가는 다음의 논고가 참고된다. 李基東, 앞의 논문, 1977/앞의 책 ; 李鍾旭, 「新羅 骨品制 硏究의 動向」『韓國古代의 國家와 社會』, 일조각, 1985.
54) 『삼국사기』 권2, 신라본기2 첨해이사금 15년조, "冬十二月二十八日 王暴疾薨".

미추를 즉위케 하였는데, 이것이 김씨가 나라를 차지한 시초이다'[55]라고 한 점은 주목된다. 탈해왕을 기준으로 하는 석씨왕통이 박씨왕통과 기년상 병립되어 있는 바와 마찬가지로 김씨왕통의 기년은 첨해왕을 전후한 시기에 석씨왕통의 기년과 병립한 사실을 반영하는 것으로 이해된다.

수정된 기년상으로 볼 때 박씨왕통과 석씨왕통은 서로 병립하였으므로, 석씨 탈해왕의 뒤를 이은 왕족은 초기기록상 탈해왕 다음의 박씨 파사왕이 아니라 석씨 벌휴왕이다.

라-1 伐休尼師今[세주 : 혹은 發暉라고도 한다]이 왕위에 올랐다. 姓은 昔氏이니 脫解王의 아들인 角干 仇鄒의 아들이다. 어머니의 성은 金氏이며, 只珍內禮夫人이다.[56]

벌휴왕은 탈해왕의 손자로서 왕위를 계승하였다. 탈해왕의 아들인 구추는 왕위를 계승하지 못한 것으로 되어 있어, 무슨 이유로 구추가 왕위를 잇지 못하였는지의 여부에 대해서는 잘 알 수가 없다. 이를 유추해 볼 수 있는 기록은 다음과 같다.

라-2 婆娑尼師今 23(102→284)[57]년 8월 音汁伐國과 悉直谷國이 영토를 다투다가 婆娑王을 찾아와 재결을 요청하였다. 婆娑王은 이를 어렵게 여겨 생각해보니 金官國 首露王이 연로하여 지식이 많음을 헤아려 그를 불러 문의하였다. 수로왕은 논의하여 분쟁이 일어난 땅을 음즙벌국에 속하게 하였다. 이에 파사왕은 6部에 명하여 수로왕을 위한 연회를 열게 하였다. 5部가 모두 伊湌으로서 접대하였으나, 유독 漢祇部만이 지위가 낮은 자로서

55) 동권2, 미추이사금 즉위조, "沾解無子 國人立味鄒 此金氏有國之始也".

56) 동권1, 벌휴이사금 즉위조.

57) 102→284이라 표시한 것은『삼국사기』초기기록의 기년에 문제가 있으므로 필자가 그 기년을 재조정하여 표시해둔 것이다(宣石悅, 앞의 논문, 1996/앞의 책, 55쪽 <표 8> 참조).

> 접대하였다. 수로왕이 노하여 시종 耽下里에게 명하여 漢祇部主 保齊를 죽이고 오도록 하였다. 시종이 도망하여 음즙벌국왕 陁鄒干의 집에 은신하였다. 파사왕은 사람을 시켜 그 시종을 찾게 하였으나, 타추가 보내지 않았다. 이에 파사왕이 노하여 군대를 일으켜서 음즙벌국을 치니 그 나라의 왕과 무리가 스스로 항복하였다. 이에 실직곡국과 押督國이 와서 항복하였다.[58]

이 기록에서 보면 금관국 즉 구야국의 수로왕은 사로국의 유력 읍락인 한지 지역의 석씨세력을 견제하기 위하여 조처를 취하였는데, 이에 한지세력이 반발한 사실을 엿볼 수 있다. 위의 사건은 『삼국사기』의 기록과 같이 서기 102년의 사실이 아니라 그 기년을 재조정하면 284년 즉 3세기 말엽에 일어난 사건으로 된다.[59] 재조정한 연대를 기준으로 하여 위의 사건이 일어나게 된 배경을 다음과 같이 추정해 볼 수 있다.

중국은 3세기 초에 위·오·촉 삼국으로 분열되어 있다가 265년 서진에 의해 통일되었다. 이전의 조위는 오·촉과 대결하는 상황에 처해 있어 그에 따른 물자의 수급을 위하여 중국 남방지역과 물산이 유사한 여러 동이족 세력과의 교섭에 적극적으로 나섰으나, 서진의 경우에는 대륙이 통일됨에 따라 남방지역 물산의 유통이 원활해지자 동이 지역과의 교섭의 필요성이 크게 감소되었다. 이와 반대로 여러 동이족 세력은 사회발전이 진전되면서 선진문물의 수용욕구가 이전보다 더욱 강해졌으나, 실제적인 교섭상황은

---

58) 『삼국사기』 권1, 신라본기 제1.

59) 『삼국사기』 신라본기의 초기기록에 의하면 파사왕의 재위기간은 서기 80년에서 112년으로 되어 있는데, 그의 5세손인 박제상은 418년에 왜에 볼모로 간 눌지왕의 아우 미사흔을 구출하러 갔다가 왜인에게 살해당한 것으로 되어 있다(동권45, 열전5 박제상전). 두 사람의 사망 연대로 보면 (418-112=306÷5=61세)로 되므로, 각 세대의 평균연령 차이가 61세로 되어 매우 의문스럽다. 여러 가지 증거를 감안해 보면 파사왕의 재위시기는 서기 1세기 말엽이 아니라 3세기 후반으로 보아야 초기기록과 중국정사의 동시대적 기록의 상반된 모순점이 해소되어진다(선석열, 앞의 책, 29쪽 및 55쪽 <표 8> 참조).

오히려 악화되어 갔다. 이로 인하여 소국간의 경쟁과 대립이 첨예화하게 되어갔는데, 위의 사건은 이 같은 상황을 반영하고 있는 것이다.

소위 소국쟁강사건에 대하여 사로국은 해결의 실마리를 찾기 위해서는 금관국 즉 구야국의 협력이 필요하였다. 구체적으로 말하면 동해안교섭권을 주도해 왔던 사로국은 같은 교섭권 소속인 음즙벌국을 지원하고자 하였으나, 실직곡국으로 대표되는 예족 세력도 무시할 수도 없는 상황 아래 구야국이 개입하게 되었던 것이다. 구야국의 경우에도 예족 세력의 남하를 저지하지 않으면 낙동강유역교섭권에도 파장이 미치게 되는 것이며, 또한 동남해안을 두고 교섭의 경쟁세력인 사로국을 어느 정도 견제할 필요성도 있었던 때문이다. 그리하여 구야국은 음즙벌국을 지원하면서 이를 교두보로 삼아 동해안교섭권에 미칠 수 있는 영향력을 확보하려 하였던 것이다. 이에 대하여 사로국은 해상세력인 한지세력이 선봉에 서서 먼저 대항하였으며, 이로써 구야국의 동해안 진출은 좌절되었다.

사로국의 유력 세력으로서 한지읍락에는 바로 석씨집단이 있었다.[60] 위의 사건에서 등장한 한지부주 보제가 석씨였는지는 불분명하지만, 탈해왕계의 계보에는 포함되어 있지 않은 점을 감안하면 한지읍락 내에 다른 계통의 유력자로 추정된다. 수정된 기년에 따르면 소국쟁강사건이 일어난 284년이 탈해왕의 재위기간(229~262)과 벌휴왕의 재위기간(294~306)의 사이에 해당되므로,[61] 262년부터 294년 사이의 공백기간에 석씨집단이 한지읍락의 주도

60) 선석열, 앞의 책, 2001, 76쪽.

61) 참고로 필자의 수정기년안(宣石悅, 위의 책, 55쪽)을 제시해 보면 다음과 같다.

〈표 7〉 신라 상고 왕실세계의 재조정 기년표

朴氏	儒理王 229~	婆娑王 262~	祗摩王 294~	逸聖王 316~	阿達羅王 336~356	*婆娑王→ ? → ? →阿道→勿品→朴堤上(?~418)				
昔氏	脫解王 229~262	仇鄒 角干	伐休王 294~	奈解王 306~	助賁王 340~	沾解王 357~	儒禮王 371~	基臨王 385~	訖解王 397~437	功漢→吉升→異次頓(502~527)
金氏	(閼智)→勢漢→阿道→首留→旭甫→仇道→	味鄒王 356~	奈勿王 378~	實聖王 402~	訥祗王 417~	慈悲王 458~479				

권을 장악하지 못하여 다른 집단이 주도권을 가지고 있었다가[62] 위의 사건 이후 얼마간의 시간이 지나면서 석씨집단이 다시 주도권을 회복한 것으로 생각된다.

어쨌든 벌휴왕은 탈해왕의 손자로서 이사금의 위를 계승하였다. 벌휴왕의 계보에 대해서는 신라본기에 단순히 탈해왕의 손자이자 구추 각간의 아들로 되어 있으며, 조손간의 계승 사정이나 부자간의 관계가 뚜렷하게 드러나 있지 않아 구체적인 즉위과정에 대해 알 수 없다. 조손간의 계승을 보였던 내해왕의 예를 참조해 보면 석씨왕실의 왕위계승은 초기부터 난항이 있었음을 시사해주고 있다.

라-3 奈解尼師今이 즉위하였다. 伐休王의 손자이다. 어머니는 內禮夫人이며 왕비는 석씨로 助賁王의 누이이다. 용모가 웅장하고 빼어나며 뛰어난 재주가 있었다. 전왕[伐休王]의 태자 骨正 및 차남 伊買가 먼저 죽고 대손이 아직 어리므로, 이에 이매의 아들을 세우니 이가 바로 내해이사금이다.[63]

위의 기록에서 보았듯이 내해왕은 벌휴왕을 이어 손자로서 왕위를 계승하였는데, 벌휴왕의 장손인 조분이 있었음에도 벌휴왕의 차자의 아들로서 왕위를 이었던 것이다. 벌휴왕의 손자 가운데 장손인 조분이 단순히 '幼少'하다는 이유만으로 왕위가 내해로 옮겨갔다고 해석할 수는 없을 것이다. 내해의 경우 벌휴왕의 손자이면서 장자 골정의 사위이고 차자 이매의 아들이었다. 조분왕의 경우 벌휴왕의 손자이면서 내해왕의 사위였다. 조분과 비교해 볼 경우 내해는 벌휴왕의 직계 손자이고 직계 차자의 아들이자 직계 장자의

---

62) 탈해왕과 벌휴왕 사이의 기간에는 박씨 파사왕의 재위기간에 해당된다. 파사왕은 울산지역의 굴아화촌을 복속하였고(『삼국사기』 권34, 양주 임관군 하곡현조), 한지부의 유력자인 마제와 허루와 혼인(동권1, 지마이사금 즉위조) 등을 통해 세력을 결집한 것도 그와 같은 사정을 반영해 주는 것이다.

63) 『삼국사기』 권2, 신라본기2 내해이사금 즉위조.

사위였다. 이에 반하여 조분은 벌휴왕의 직계 손자이고 직계 장남의 아들이지만 벌휴왕의 사후에도 '幼少'하였으며 아직 미혼이었다. 더욱이 내해왕의 즉위 후에 내해의 딸 아이혜와 혼인하였다. 즉 내해가 직계 후손이면서 직계의 사위인 점은 조분과 같지만, 조분이 아직 미혼이고 후에 내해의 사위가 되었던 점은 왕위계승에 있어 조분보다 내해가 우위에 있었다고 보아야 할 것이다.

특히 여기서 주목되는 사실은 왕위계승의 후계 문제에서 사위라는 점도 왕위계승에서 중요한 역할을 하였다고 생각되는 점이다. 이 점은 내해왕의 사후 그의 아들 이음과 우로가 있음에도 사위인 조분이 왕위를 계승한 점도 아울러 참조가 될 것이다.

어쨌든 내해는 벌휴왕의 생전에 그의 아들들이 이미 사망하여 왕위를 계승할 아들이 없어 벌휴왕의 손자로서 즉위하였으므로, 내해왕의 즉위는 직계 손자로서 왕위를 계승한 것으로 보아야 한다.

2) 여서계승

다음 조분왕은 내해왕의 사위로서 사촌이자 장인인 내해왕을 이어 왕위를 계승하고 있다. 조분왕이 내해왕을 이어 즉위한 사실로 보면 여서계승으로 보기 힘들지만, 계승과정에 관한 사정을 보면 이해될 수 있다.

> 마-1 助賁尼師今이 즉위하였다. 성은 석씨이며 伐休尼師今의 손자이다. 아버지는 骨正葛文王이고 어머니는 김씨 玉帽夫人으로 仇道葛文王의 딸이다. 왕비는 阿爾兮夫人으로 奈解王의 딸이다. 전왕[奈解王]이 장차 돌아갈 때 유언하기를 '사위 助賁으로 왕위를 잇게 하라'고 하였다. 왕은 키가 크며 풍채가 아름답고, 일에 임해서는 명쾌하게 결단하여 나라 사람들이 외경하였다.[64]

64) 동권2, 조분이사금 즉위조.

라-3의 기록에 의하면 석씨왕실의 왕위계승은 장남이 우선이고 그 다음 차남으로 계승되며, 후계의 아들이 없을 경우 장손이 계승하는 것이 원칙인 것처럼 되어 있지만, 이는 내해왕의 즉위과정을 설명하기 위한 방편에서 나온 것이다. 실제로는 장남에서 장손으로 왕위를 계승하는 것이 원칙이었다고 생각된다. 마-3에서도 조분왕이 벌휴왕의 손자임을 우선 명기하고 전왕 내해왕의 유언으로 왕위를 계승하였다고 한다.

그러나 내해왕 사후의 왕위는 그의 아들인 이음이나 우로가 적자로서 계승해야 하지만, 그의 사촌인 조분이 왕위를 계승하고 있다. 벌휴왕 사후에 장손인 조분이 '幼少'한 때문에 내해왕이 왕위를 계승한 것과 달리, 내해왕의 아들인 이음이나 우로는 내해왕 때에 이미 정치적 군사적으로 활동하고 있었다. 기록에 의하면 이음은 내해왕 12년에 이벌찬에 임명되어 동왕 25년에 사망한 것으로 되어 있으며,[65] 우로는 동왕 14년 태자로서 포상팔국전쟁에 참전한 것으로 되어 있고 조분왕 2년에는 이찬으로서 활동하여 첨해왕 3년에 왜인에게 살해되었다고 한 점 등이 참고된다.[66] 특히 우로는 내해왕의 태자로서 조분왕대와 첨해왕대에 군사적으로 핵심적인 역할을 수행하였으나, 왕위를 물려받지는 못하였다.[67]

그럼에도 불구하고 내해왕을 이어 그의 사위인 조분왕이 왕위를 이은 것은 마-1에서 드러나 있듯이 내해왕의 유언이 가장 중요한 역할을 하였던 것이다. 더욱이 조분왕은 내해왕과 같이 전왕인 벌휴왕의 장자의 아들 즉 장손으로서 왕위를 이을 수 있는 정당성을 갖추고 있었다. 그와 같은 요건 외에도 왕위계승의 원리상으로 보다 더 중요한 요인은 여서라는 요건이

65) 동권2, 내해이사금 12년 춘정월·14년 7월·19년 7월·25년 3월조.

66) 동권2, 내해이사금 14년 7월, 조분이사금 4년 7월·15년 정월·16년 10월, 첨해왕 3년 4월조 및 동권45, 열전5 석우로전.

67) 군왕의 자격 요건으로는 文治에 능해야 한다고 생각된다. 고구려 광개토왕과 같이 문무를 겸비하는 경우도 있으나, 신라의 경우 武斷에 능한 군왕은 보기 힘들다. 그러나 우로는 文治보다 武斷에 능하였으므로, 군왕이 되지 못하였다고 볼 수 있다.

왕위를 계승할 수 있는 것이라 생각된다.

3) 방계계승

다음 석씨왕실에서 방계계승으로 즉위한 왕은 첨해왕·유례왕·기림왕·흘해왕 등이 있다. 먼저 첨해왕은 조분왕의 사후에 왕위를 계승하였는데, 관련 기록을 제시하면 다음과 같다.

바-1 沾解尼師今이 왕위에 올랐다. 王은 助賁王의 동복아우이다.68)

바-2 理解尼叱今[세주 : 혹은 沾解王이라고도 한다]은 昔氏이고 助賁王의 동복아우이다.69)

첨해왕이 조분왕을 이어 동복아우로서 왕위를 계승한 것70)은 앞 절에서 세대간 연령 차이를 검토해 보았듯이 조분의 아들 유례가 '幼少'하였으므로, 첨해왕이 조분왕을 이어 즉위한 것에서도 이해된다. 이 점은 내해왕과 조분왕의 예와 유사한 것이다. 신라본기에서 첨해왕의 즉위에 대해 '조분왕의 동복아우'라는 점만을 강조한 것은 뒤에서 보듯이 조분왕의 아들들이 이미 사망하지 않았거나 '幼少'하지 않았다면, 첨해왕은 왕위를 계승할 수 없었을 것이라 생각된다. 또한 첨해왕의 혼인관계나 후손에 대한 사항이 기록되지 못한 점도 첨해왕의 왕위계승이 직계가 아닌 방계로서 계승한 사실을 반영하는 것이다.

다음 유례왕은 첨해왕을 이어 왕위를 계승하였는데, 『삼국유사』에는 관련 기록이 없고 『삼국사기』에는 다음과 같이 기록되어 있다.

68) 『삼국사기』 권2, 신라본기2 첨해이사금 즉위조.
69) 『삼국유사』 권1, 왕력1 제12 이해이질금조.
70) 『삼국사기』 권2, 신라본기2 첨해이사금 즉위조.

바-3 儒禮尼師今이 즉위하였다. 助賁王의 장남이며 어머니는 朴氏로서 葛文王 奈音의 딸이다.[71)]

『삼국사기』 신라본기 기록에 의하면 첨해왕의 사후 아들이 없어 김씨 미추왕이 왕위를 계승하였다[72)]고 하고 있으나, 이는 신라 초기의 삼성왕통 가운데 두 왕통이 서로 병립되어 있었던 사실을 일원적인 왕통으로 체계화한 데서 나온 오류였다. 앞서 언급하였듯이 미추왕을 전후로 김씨왕통의 기년이 문제가 되었던 것은 첨해왕과 미추왕의 실제 재위시기가 거의 같은 시기였기 때문으로 생각된다.[73)] 그러므로 실제 첨해왕을 이어 왕위를 계승한 것은 미추왕이 아니라 유례왕이었던 것이다.

유례왕은 조분왕의 장자라는 점 외에는 계보전승이 뚜렷하지 않으며,[74)] 첨해왕과는 사위라거나 어떠한 관계가 전승되어 있지 않아 단순히 숙부와 조카라는 관계만 알 수 있을 뿐이다. 기록상 첨해왕의 사후에 김씨 미추왕이 왕위를 계승한 것이 아니라, 첨해왕의 사후 아들이 없어 조카 유례왕이 왕위를 계승한 것으로 보아야 할 것이다. 즉 유례왕은 아들이 없는 첨해왕의 방계로서 왕위를 계승한 것으로 생각된다.

다음 기림왕은 유례왕을 이어 왕위를 계승하였다. 기림왕에 대해서는 기록에 따라 약간 다른 계보전승이 보이므로, 이에 대하여 앞 절에서 살펴본 것을 토대로 잠시 살펴보겠다.

바-4 基臨尼師今이 즉위하였다. 助賁尼師今의 손자이며 아버지는 乞淑 用[伊]

---

71) 동권2, 유례이사금 즉위조.

72) 동권2, 미추이사금 즉위조.

73) 이미 필자가 고찰해 본 바에 의하면 신라 상고의 기년을 수정해 볼 때, 첨해왕의 재위시기(354~371)와 미추왕의 재위시기(356~378)는 거의 같은 시기였음을 알 수 있다(宣石悅, 앞의 책, 2001, 55쪽 <표 8> 참조).

74)『삼국사기』 권2, 신라본기2 유례이사금 즉위조.

湌이다[세주 : 혹은 乞淑은 助賁의 손자라고도 한다].75)

바-5 基臨尼叱今은 諸賁王[助賁王]의 둘째 아들이며 어머니는 阿爾兮 夫人이다.76)

앞 절에서 검토한 것을 참조하면 유례왕과 걸숙은 조분왕의 아들이면서 각기 후비와 선비 사이에 태어난 이복형제이다. 즉 걸숙은 조분왕이 내해왕의 딸 아이혜와 혼인하여 낳은 선비의 소생이고, 유례왕은 그 후에 석씨 내음의 딸 △召夫人과 혼인하여 낳은 후비의 소생이다.

조분왕의 적자 걸숙이 이미 첨해왕 즉위 이전에 사망하여 첨해왕이 즉위하였다. 첨해왕이 사망하였을 때에는 걸숙의 아들이 아직 유소하였으므로, 유례왕이 첨해왕을 이어 그 방계로서 즉위하였다. 유례왕이 아들이 없이 사망한 이후 기림왕은 그 방계로서 왕위를 계승한 것으로 이해된다.

그 다음 기림왕을 이어 왕위를 계승한 것은 흘해왕인데, 잘 알다시피 석우로의 아들로서 관련 기록을 제시하면 다음과 같다.

바-6 訖解尼師今이 즉위하였다. 奈解王의 손자이며 아버지는 于老 角干이다. 어머니는 命元夫人으로 助賁王의 딸이다. … 이때에 基臨王이 세상을 떠나고 아들이 없으므로 여러 신하들이 의논하여 흘해가 어려서부터 노련하고 성숙한 덕이 있다고 하여 이에 그를 받들어 임금으로 세웠던 것이다. … 어려서부터 노성한 덕이 있어 받들어 세웠다.77)

앞서 언급했듯이 우로는 내해왕의 태자로서 활동하였으나, 왕위를 계승하지 못하고 내해왕의 여서 즉 사위인 조분왕이 그 뒤를 이었는데, 이는 왕위계승 원리에서 보면 우로보다 조분왕이 계승원리상으로 우위에 있었기 때문이었

---

75) 동권2, 기림이사금 즉위조.

76)『삼국유사』 권1, 왕력 제15 기림이질금조.

77)『삼국사기』 권2, 신라본기2 흘해이사금 즉위조.

다. 당시 태자제도가 성립되지 않은 시기임에도 불구하고 기록상에서 우로를 태자로 표현한 것은,[78] 흘해의 왕위계승에 대한 정당성 확보라는 의미에서 나온 것으로 생각된다.

다음 흘해왕과 기림왕의 혈연적인 관계에 대해서이다. 앞의 <표 6>에서 보듯이 기림왕과 흘해왕은 벌휴왕의 현손으로 서로 8촌간이며, 기림왕의 조부인 조분왕은 흘해왕의 조부인 내해왕의 딸 아이혜와 혼인하였고 우로는 조분왕의 딸 명원과 혼인하였다. 조분왕은 내해왕의 사위로서 왕위를 계승하였으나, 우로는 조분왕의 사위로서 왕위를 계승할 자격이 있었다 해도 왕위를 계승하지 못하였다. 우로가 왕위를 계승하지 못하였던 원인은 조분왕에 이어 왕위를 계승한 첨해왕 때에 왜인에게 살해된 점에 있다고 생각된다.[79] 흘해는 전왕과의 혼인관계가 없었더라도 우로의 아들로서 왕위계승에서 유리한 입지를 가지고 있었으므로, 적자가 없는 기림왕의 뒤를 이어 왕위를 계승할 수 있게 되었던 것이다.

이상에서 석씨왕실의 왕위계승에 대하여 살펴보았는데, 첨해왕을 경계로 나누어 볼 때 전반기의 왕위계승은 적자계승과 여서계승의 원리가 적용되고 있었다. 벌휴왕의 적자계승 이후 그의 아들들의 조기 사망으로 인해 왕위계승의 기준은 복합적으로 적용되었는데, 내해왕과 조분왕의 왕위계승은 기본적으로 여서계승이면서도 그 바탕에는 적자계승원리가 깔려 있었다. 첨해왕의 경우 혈연계보에 대한 구체적인 기록이 없어 잘 알 수 없으나, 조분왕에 준하면서도 방계계승의 원리가 작용하였다. 이후 후반기에는 주로 방계계승

---

78) 동권2, 내해이사금 14년 7월조.

79) 우로는 조분왕의 사후에 왕위를 계승할 수 있는 조건을 갖추고 있었다고 할 수 있다. 조분왕의 예와 같이 우로도 내해왕의 아들이자 조분왕의 사위로서 조분왕의 아들인 유례왕과 걸숙보다 왕위계승상에서 우위를 차지하고 있었으나, 조분왕의 아우 첨해가 왕위를 계승하였다. 그 후의 왕위계승은 우로가 유망하였을 것이지만 첨해왕 3년에 왜인에게 살해당하였으므로, 첨해왕 사후에는 조분왕의 아들 유례가 왕위를 이었던 것이다.

의 원리가 작용하였으나, 골정계와 이매계라는 혈통의 기반이 내재되어 있었다. 초기의 박씨왕실이 다른 국의 왕실과 족외혼을 한 것과 달리 석씨왕실은 전반기에 근친혼을 행하여 왕실의 결속을 꾀하고 있었으나, 후반기의 왕위계승이 방계화 경향을 보이는 것은 왕권 약화의 경향을 암시하는 것이다.

Ⅳ. 마립간시기 김씨왕통의 왕위계승

1. 김씨왕통의 왕실 계보

1) 내물왕 이전의 계보

김씨왕통의 시조는 알지로 알려져 있다. 박씨와 석씨 두 왕통과 달리 김씨는 시조 알지부터 왕위를 계승한 것이 아니었다. 이와 관련 기록을 제시하면 다음과 같다.

가-1 [탈해]왕이 밤에 金城 서쪽에 있는 始林의 나무 사이에서 닭 우는 소리가 나는 것을 듣고 날이 샐 무렵에 瓠公을 보내어 살펴보게 하였는데 금빛 작은 궤가 나뭇가지에 걸려 있고, 흰 닭이 그 밑에서 울고 있었다. 호공이 돌아와서 아뢰니, 왕이 사람을 시켜 궤를 가져오게 하였다. 열어보니 자그마한 사내아이가 그 속에 있는데, 자태와 용모가 기이하고 컸다. 왕은 기뻐하여 측근의 신하들에게 말하기를 "이것은 어찌 하늘이 나에게 아들을 준 것이 아니랴." 이에 거두어 길렀는데 자라나자 총명하고 지략이 많았으므로, 이름을 閼智라 하고 金櫃에서 나왔으므로 성을 金氏라 했다. 시림을 고쳐서 鷄林이라 하고, 그대로 나라 이름으로 삼았다.[1]

가-2 永平 3년 경신년(60)[세주 : 혹은 중원 6년이라고 하나 잘못이다. 중원은 모두 2년뿐이었다] 8월 4일에 瓠公이 밤에 月城 西里를 가다가 큰 광명이 始林[세주 : 혹은 鳩林이라고도 한다] 속에서 흘러나옴을 보았다. … 사내

1) 『삼국사기』 권1, 신라본기1 탈해이사금 9년 3월조.

아이를 안고 대궐로 돌아오니 새와 짐승들이 서로 따라와 뛰놀고 춤추었다. [脫解]王은 길일을 가려 太子로 책봉했으나, 閼智는 뒤에 婆娑王에게 왕위를 사양하고 오르지 않았다. 金櫃에서 나왔으므로 성을 金氏라 했다. 알지는 勢漢을 낳고, 열한은 阿都를 낳고, 아도는 首留를 낳고 수류는 郁部를 낳고, 욱부는 俱道[세주 : 혹은 仇刀라고도 한다]를 낳고, 구도는 未鄒를 낳았는데, 미추가 왕위에 올랐으니 신라의 김씨는 알지에서 시작되었다.[2]

가-3 味鄒尼師今[세주 : 혹은 味照라고도 한다]이 왕위에 올랐다. 왕의 성은 金氏이다. 어머니는 朴氏로 葛文王 伊柒의 딸이요, 왕비는 光明夫人으로 助賁王의 딸이다. 그 선조는 閼智로 雞林에서 났으며, 脫解王이 데려다가 궁중에서 길러 후에 大輔로 삼았던 것이다. 알지가 勢漢을 낳고, 세한이 阿道를 낳고, 아도가 首留를 낳고, 수류가 郁甫를 낳고, 욱보가 仇道를 낳았는데, 구도는 곧 미추의 아버지이다. 沾解가 아들이 없으므로 국인들이 미추를 임금으로 세웠으니 이것이 김씨가 나라를 다스리게 된 시초이다.[3]

우선 『삼국사기』와 『삼국유사』의 기록 가운데 김씨 시조 알지에서 미추왕까지의 계보 전승은 알지－세한－아도－수류－욱보－구도－미추까지 같은 계보를 전하고 있는 점이 공통점이다. 시조 알지의 기록에 대해서는 다음과 같은 차이를 보이고 있다.

『삼국유사』의 경우 가-2에서 알지를 태자로 삼았으나, 왕위를 파사왕에게 양보하였다고 하였다. 『삼국사기』의 경우 가-1의 기록에서는 알지를 거두어 아들처럼 길렀다고 하였으며, 가-3에서는 탈해왕이 궁중에서 기른 후 장성하자 대보로 삼았다고 하여 알지를 태자로 삼았다고 하지는 않았다. 신라에서 태자제도를 시행한 것은 6세기 중엽 진흥왕 27년(566)에 왕자 동륜을 태자로 삼은 이후부터이므로,[4] 『삼국유사』에서 알지를 태자로 책봉하였다고 한

2) 『삼국유사』 권1, 기이 1 김알지 탈해왕대조.
3) 『삼국사기』 권2, 신라본기2 미추이사금 즉위조.
4) 『삼국사기』 권4, 신라본기4 진흥왕 27년 2월조.

것은 사실로 볼 수 없다. 김씨 시조 알지를 태자로 삼았다고 서술한 것은 신라왕실의 삼성교립을 강조하기 위한 것으로 생각된다. 두 사서에서 석씨 시조 탈해왕이 김씨 시조 알지를 거두어 길렀다고 하는 것은 석씨와 김씨의 두 왕실이 서로 혼인관계가 지속될 정도로[5] 세력이 연계되어 있었던 사실로 미루어 표현한 것이며, 시조의 탄강 순서가 박씨를 이어 석씨이고 그 다음이 김씨였던 점을 나타낸 것이라 할 수 있다.

김씨왕통은 박씨와 석씨의 왕통이 시조부터 왕위에 즉위하였던 점과는 다르다. 김씨는 시조 알지대부터 왕위를 계승한 것이 아니라, 알지의 6세손인 미추가 처음으로 왕이 되었다고 한다. 이렇게 볼 때, 김씨왕통의 시작은 미추왕대부터라고 할 수 있다. 김씨집단은 시조 알지 이후 세한－아도－수류－욱보를 거쳐 구도 때에 이르러 주요한 정치세력으로 등장하고 있다.

구도는 파진찬으로 임명되면서[6] 처음 기록에 등장하였다. 좌군주가 되어 소문국을 복속하였고,[7] 백제가 침입하여 공격한 모산성을 방어하고[8] 이어 원산향 부곡성 와산 등의 전투에서 백제군과 전투를 수행한[9] 활동을 기록하고 있다. 가-3에서 보듯이 구도는 박씨와 혼인하였으나 그의 아들 미추왕이 조분왕 녀 광명부인과 혼인하였다. 그리고 그의 딸 옥모부인이 벌휴왕의 아들 골정과 혼인하였다.[10] 또한 아들 말구는 같은 김씨인 휴례부인과 혼인하여 김씨집단 내부의 결속을 다져 나갔다.[11] 이러한 점에서 볼 때 구도를

5) 김씨 구도의 딸 옥모부인과 석씨 벌휴왕의 아들 골정의 혼인(동권2, 조분이사금 즉위조), 김씨 구도의 아들 미추왕과 석씨 조분왕의 딸 광명부인의 혼인(동권2, 미추이사금 즉위조), 김씨 실성왕의 아버지 대서지와 석씨 등보 아간의 딸 이리부인의 혼인(동권3, 실성이사금 즉위조) 등으로 김씨왕통의 초기에 석씨왕족과 혼인이 이루어졌다.
6) 동권2, 아달라이사금 19년 정월조.
7) 동권2, 벌휴이사금 2년 2월조.
8) 동권2, 벌휴이사금 5년 2월조.
9) 동권2, 벌휴이사금 7년 8월조.
10) 동권2, 조분이사금 즉위조.
11) 동권3, 내물이사금 즉위조.

중심으로 김씨집단은 박씨왕실뿐 아니라 석씨왕실과 혼인관계를 맺어 사로국에서의 정치적 지위를 확보하였다.

위와 같은 기반을 가지고 미추는 왕위에 올랐다. 가-3에서 첨해왕이 아들이 없어 미추왕이 조분왕의 사위로서 첨해왕을 이어 왕위를 계승한 것으로 되어 있다. 첨해왕의 사후 왕위를 계승할 수 있는 인물은 직계인 손자 기림왕과 방계로서 조분왕의 아들 유례왕이 있었으므로, 미추왕이 사위로서 왕위를 계승할 수 있는 상황은 아니었다. 특히 김씨 미추왕이 석씨왕통 사이에 들어 있어 신라의 삼성교립으로 보이고 있을 뿐이다. 그러면 미추왕이 어떻게 왕위에 올랐는가를 살펴보도록 하겠다.

가-4 겨울 12월 28일에 [첨해]왕이 갑자기 병환이 나서 세상을 떠났다.[12]

미추왕은 아들이 없는 첨해왕이 급서하자 국인들의 추대로 왕위에 올랐다고 하였다. 첨해왕의 사망 날짜가 12월 28일 즉 연말로 되어 있고, 미추왕의 즉위 원년이 3월의 기사에서 보인다. 『삼국사기』의 칭원법이 유년칭원법이 아니라 즉위년칭원법이므로 의문이 남는다. 물론 12월에 앞 왕이 사망하면 즉위년칭원법에서도 그 다음해 정월이 즉위 원년이 되는 것은 당연하다. 그러나 신라의 왕위계승에서 보면 미추왕과 같은 예는 거의 없다. 그리고 구도－미추왕－내물왕 계보의 경우 기년 차이가 매우 크므로, 이에 대해 구체적으로 검토해 볼 필요가 있다.

김씨 시조 알지가 탄강한 탈해왕 9년(65)[13]과 그의 5세손 구도가 아달라왕 19년(172)에 활동하는 시기[14]를 보면, 5세대의 연대 차이는 117년이 나며 이들 세대간의 연령 차이는 평균 25년 내외다. 반면에, 구도－미추왕·말구－

12) 동권2, 첨해이사금 15년 12월조.
13) 동권1, 탈해이사금 9년 3월조.
14) 동권2, 아달라이사금 19년 정월조.

내물왕의 세대간 연령 차이는 90년 내외가 되어 기년을 인상했을 가능성이 엿보이지만, 1周甲을 제외하여 미추왕과 내물왕을 연결시켜 보면 30년 내외가 되어 先代의 경우와 비슷해진다. 이와 같은 추정을 할 수 있는 근거는 다음의 사료를 통해 살펴볼 수 있다.

가-5 武帝 太元 2년(377) 봄에 高句麗·新羅·西南夷가 모두 사신을 보내 秦[전진]에 들어와 조공하였다.[15)]

가-6 내물이사금 26년(381) 衛頭를 보내어 苻秦[전진]에 들어가 방물을 바쳤다. 부견이 위두에게 묻기를, "그대의 말에 해동의 일이 예전과 같지 않다고 말했는데, 무엇 때문인가?" 대답하기를, "또한 마치 중국이 시대가 변혁하고 名號[왕조]가 바뀌는 것과 같습니다. 지금 어찌 [옛날과] 같겠습니까?"라고 하였다.[16)]

위에서 보듯이 신라가 두 차례에 걸쳐 북중국의 전진(351~394)에 사신을 보내고 있다. 가-5의 기록에서는 377년 봄에 신라는 고구려나 서남이 등과 같이 전진에 사신을 보내고 있다.[17)] 고구려는 370년 전연을 멸망시키고 등장한 전진과 교섭하여 372년 불교를 수용하고 있음을[18)] 고려해 볼 때, 이들 기록의 교섭은 신라가 독자적으로 전진과 교섭한 것이 아니라 고구려의 지원에 의해 이루어졌다고 할 수 있다. 특히 374년 고구려에 와서 375년 이불란사에 머물렀던 전진의 승려 아도는[19)] 신라에도 온 적이 있음이 주목된다.

『삼국유사』의 아도기라조에 의하면, 고구려의 승려로 나오는 아도는 曹魏

15) 『자치통감』 권104, 동진기.

16) 『삼국사기』 권3, 신라본기3.

17) 고구려본기에서는 이 해의 봄은 아니지만 11월에 고구려가 전진에 사신을 보낸 것으로 되어 있다(동권18, 고구려본기6 소수림왕 7년 11월조).

18) 동권18, 소수림왕 2년 6월조.

19) 동권18, 소수림왕 4년 및 5년 2월조.

의 정시 연간(240~248)에 고구려에 사신으로 온 아굴마의 사생아로서 260년대에 조위에 가서 구법을 수행하고 고구려로 귀국하였다가 미추왕 2년 신라에 왔다고 한다.[20] 그러나 『삼국유사』의 순도조려조 및 찬자 일연의 논찬에 의하면, 순도와 아도는 각각 소수림왕 때인 372년과 374년에 각각 고구려에 온 것으로 되어 있다.[21] 전진의 승려인 순도가 고구려에 온 것이 『삼국유사』와 『삼국사기』에 모두 소수림왕 2년(372)으로 되어 있고,[22] 아도는 소수림왕 4년에 동진(317~420)으로부터 고구려에 온 것으로 되어 있다.[23] 따라서 일연이 고구려본기를 참고하여 고찰한 것이 정확하므로, 아도가 전진의 승려로서 고구려에서 신라로 왔다[24]고 할 수 있다. 아도가 신라로 올 수 있는 시기는 이불란사에 초치한 375년부터 신라가 고구려의 중개로 전진에 사신을 파견한 377년 내지는 늦어도 381년 사이로 추정할 수 있다. 신라가 전진에 사신을 처음 파견한 377년 이전에 신라는 이미 고구려와 교섭이 있었던 것이며, 특히 아도가 신라로 온 375년에 고구려 사신이 아도와 함께 신라로 왔을 가능성도 배제할 수 없다.

---

20) 『삼국유사』 권3, 흥법3 아도기라조, "按我道本碑云 我道高麗人也 母高道寧 正始間曹魏人我(姓我也)堀摩奉使句麗 私之而還 因而有娠 師生五歲 其母令出家 年十六歸魏省覲堀摩 投玄彰和尙講下就業 年十九又歸寧於母 母謂曰 此國于今不知佛法 爾後三千餘月 雞林有聖王出 大興佛敎 其京都內有七處伽藍之墟 … 爾歸彼而播揚大敎 當東嚮於釋祀矣 道禀教至雞林 寓止王城西里 今嚴莊寺 于時未雛王卽位二年癸未[未]也 … 梁唐二僧傳, 及三國本史皆載 麗濟二國佛敎之始 在晉末大元之間 則二道法師 以小獸林甲戌到高麗明矣 此傳不誤 若以毗處王時方始到羅 則是阿道留高麗百餘歲乃來也 雖大聖行止出沒不常 未必皆爾 抑亦新羅奉佛 非晩甚如此 又若在未雛之世 則却超先於到麗甲戌百餘年矣 于時雞林未有文物禮敎 國號猶未定 何暇阿道來請奉佛之事 又不合高麗未到而越至于羅也".

21) 동권3, 순도조려조, "高麗本記云 小獸林王卽位二年壬申 乃東晉咸安二年 孝武帝卽位之年也 前秦符堅遣使及僧順道 送佛像經文(時堅都關中 卽長安) 又四年甲戌 阿道來自晉".

22) 동권3, 순도조려조 ; 『삼국사기』 권18, 고구려본기6 소수림왕 2년 6월조.

23) 『삼국사기』 권24, 고구려본기2 소수림왕 4년.

24) 李基白, 「三國時代 佛敎傳來와 그 社會的 性格」 『歷史學報』 6, 1954/『新羅思想史硏究』, 일조각, 1986, 4~5쪽 ; 선석열, 「신라 실성왕의 즉위과정－국제정세의 변동과 관련하여」 『지역과 역사』 34, 2014, 111쪽.

따라서 아도가 미추왕 때에 왔다는 것을 사실로 받아들일 경우, 미추왕의 재위기간인 23년은 내물왕 재위시기의 전반부(356~378)에 두어야 할 것으로 생각된다. 이와 같이 분석해 볼 때 미추왕이 재위한 시기인 3세기 후엽은, 신라 상고기년의 수정론으로써 추정해 보면 첨해왕의 실제 재위시기(354~371)와 거의 일치하고 있어 흥미롭다.[25)]

그러면 미추왕의 왕위계승은 어떻게 이해할 수 있을까가 문제가 된다. 이는 미추왕 이전 즉 그의 아버지 구도의 활동에서 찾을 수 있다. 김씨집단은 3세기 말부터 4세기 중엽까지 계속된 진한 제소국의 정복활동에서 중요한 역할을 담당하였다.[26)] 이 시기를 전후하여 석씨왕실과 김씨집단 사이에 혼인관계가 이루어지는데, 구도의 딸 옥모부인과 벌휴왕의 장자 골정의 혼인이 그것으로서[27)] 양 집단은 세력을 결집하여 박씨왕실 세력을 견제하려 하였다. 이렇게 해서 벌휴왕 이후 첨해왕까지 석씨와 김씨 양 집단이 소국정복 활동을 주도하였던 반면에, 같은 시기 박씨왕실의 방계인 일성왕과 아달라왕까지의 경우는 이렇다 할 활동이 드러나지 않고 있다. 벌휴왕 이후 석씨왕실은 이매계와 골정계로 양분되는데, 이매계가 석씨왕실 내의 골정계와 지속적으로 족내혼을 행한 반면,[28)] 이매계는 김씨집단과의 혼인관계를 유지하여[29)] 조분왕 이후 석씨왕통의 왕위계승을 독점하면서 우시산국의 왕권을 주도하였다. 한편 박씨왕실은 파사왕－지마왕과 일성왕－아달라왕의 두 계열로 크게 구별되는데, 유리왕계의 경우는 왕비가 모두 김씨로 되어 있는 데 반하여 일지갈문왕계는 모두 박씨로 되어 있다.

---

25) 宣石悅, 『新羅國家成立過程硏究』, 혜안, 2001, 43~44쪽 및 55~58쪽.

26) 宣石悅, 「斯盧國의 小國征服과 그 紀年」 『新羅文化』 12, 1995, 105~111쪽.

27) 『삼국사기』 권2, 신라본기2 조분이사금 즉위조.

28) 내해왕과 조분왕의 누이, 내해왕의 딸인 아이혜부인과 조분왕, 우로와 조분왕의 딸인 명원부인의 혼인관계가 그 예다.

29) 조분왕의 어머니가 구도의 딸 옥모부인인 점을 비롯하여 조분왕의 딸 광명부인이 미추왕과 혼인한 것 등을 그 예로 들 수 있다. 그리고 계보는 불분명하지만 석등보 아간의 딸인 이리부인과 실성왕의 아버지인 대서지 이찬의 혼인도 아울러 참조된다.

이와 같이 사로국 시기의 왕권은 왕실집단 내부의 직계와 방계 사이에 결속을 강화하는 한편, 주변의 여러 집단과 세력을 결집해야만 유지 강화될 수 있었던 것이다. 즉 박씨 일지갈문왕계나 석씨 이매계와 같이 왕실집단 내부의 결속만으로는 왕권을 유지할 수 없었던 것이다.

이러한 점을 염두에 두면, 김씨집단은 박씨왕실뿐 아니라 석씨왕실과의 지속적인 혼인관계를 통하여 세력 기반을 꾸준히 성장시켜 나갔다. 4세기 중엽 미추왕대(↓[30]356~378)에 이르러 사로국의 박씨왕실로부터 주도권을 인계받아 왕위를 계승하여 마침내 김씨왕통을 개창하게 되었던 것이다.

그 다음은 말구이다. 말구는 내물왕의 아버지[31]로 되어 있는데, 계보상으로 보면 미추왕의 아우이므로[32] 구도의 아들이다. 구도와 달리 말구의 활동 기록은 거의 드러나지 않는다. 유례왕 때에 '말구를 이벌찬으로 임명하였는데, 말구는 충성스럽고 선량하며 지략이 있었으므로 왕이 항상 정치의 요령을 의논하고 자문하였다'[33]고 기록되어 있다. 말구는 사로국과 연계된 우시산국의 석씨세력과 긴밀하게 협조하면서 김씨집단의 세력을 키워 구도계를 중심으로 정치적인 위상을 지속적으로 높여 갔다. 이러한 말구의 위상과 능력은 형인 미추가 김씨왕통을 개창하는 데에 기여하였을 뿐만 아니라, 아들인 내물왕이 아들이 없는 미추왕을 이어 왕위를 계승하는 데에도 크게 기여하게 되었던 것이다.

마지막으로 김씨왕통이 개창되는 데 기여한 세력은 대서지계이다. 구도나 미추왕과 마찬가지로 대서지는 석등보 아간의 딸 이리부인과 혼인한[34] 점에

---

30) ↓의 표시는 수정론의 관점에서 신라 상고의 기년을 인하한 왕의 재위연대를 표시하는 것이다. 여기서는 내물왕 이전 왕의 재위연대는 수정연대로 표시하였으므로 생략한다.

31) 『삼국사기』 권3, 신라본기3 내물이사금 즉위조.

32) 동권3, 내물이사금 즉위조 세주.

33) 동권2, 유례이사금 15년 정월조.

34) 동권3, 실성이사금 즉위조.

서 석씨집단과 연계하여 위상을 키워 갔다. 이는 박씨왕통을 이어받아 김씨왕통이 개창될 때 대서지계가 일정한 역할을 담당하였음을 방증하는 것이다. 이로써 대서지의 아들 실성왕은 미추왕의 사위가 되었던 것이다.

이상에서 살펴본 바와 같이 김씨집단은 구도를 중심으로 세력을 결집하였고, 그의 아들 미추가 김씨왕실로서는 처음으로 왕위에 올랐다. 미추왕은 석씨왕통을 이은 것이 아니라 박씨왕통을 이어 즉위한 것이며, 김씨왕통을 열었던 것이다.

2) 내물왕계

미추왕은 김씨왕통을 개창한 왕이었지만, 아들이 없어 왕계를 이어가지 못하고 두 딸의 사위인 내물과 실성이 왕위를 이을 수밖에 없었다. 그 중 미추왕을 이어 먼저 왕위를 계승한 인물은 내물왕이었다. 내물왕을 이어 실성왕이 계승하였으나, 그 이후의 왕위계승에서 나타나듯이 내물왕의 후손에 의해 이루어졌으므로 마립간시기의 왕실은 내물왕계라고 해야 할 것이다. 먼저 내물왕의 계보와 관련된 기록을 제시하여 살펴보겠다.

나-1 奈勿尼師今[세주 : 혹은 那密이라고도 한다]이 왕위에 올랐다. 성은 金氏이며, 仇道葛文王의 손자다. 아버지는 角干 末仇이고, 어머니는 金氏 休禮夫人이며, 왕비는 金氏로 味鄒王의 딸이다. 訖解가 세상을 떠나고 아들이 없으므로, 내물이 왕위를 이었다[세주 : 말구는 미추이사금의 형제다].[35)]

나-2 제17대 奈勿麻立干[세주 : 혹은 △△王이라고도 한다]은 金氏로 아버지는 仇道葛文王[세주 : 혹은 末仇 角干이라고도 한다]이고, 어머니는 休禮夫人 金氏이다.[36)]

『삼국사기』와 『삼국유사』 두 사서의 기록 가운데 내물왕의 계보 전승에

35) 『삼국사기』 권3, 신라본기3 내물이사금 즉위조.

36) 『삼국유사』 권1, 왕력1 제17 내물마립간조.

몇 가지 다른 기록이 있다. 두 사서의 경우 내물왕의 어머니에 대해서는 휴례부인으로 동일하므로, 의문의 여지가 없다. 내물왕의 아버지에 대해 나-1의 『삼국사기』에는 말구 각간이라 한 데 반해, 나-2의 『삼국유사』에는 구도 갈문왕 또는 말구 각간이라 전하고 있다. 내물왕의 아버지가 구도라고 한다면 문제가 된다. 앞서 살펴보았듯이 구도－미추의 부자관계에서도 두 세대 사이의 연대차이가 심한 격차를 보이고 있으므로, 내물왕의 아버지는 말구로 보는 것이 타당할 것이다.

나-1에서 '흘해가 세상을 떠나고 아들이 없으므로, 내물이 왕위를 이었다'고 하는 문제에 대해서는 앞에서 미추왕의 즉위에 대한 부분에서 언급한 바와 같다. 필자의 신라 상고기년에 대한 관점은 석씨왕통은 박씨왕통과 일정기간 병립한 것이, 그 후반기는 박씨왕통을 이은 김씨왕통 초기와 병립한 것이다.[37] 즉 내물왕은 석씨 마지막 흘해왕을 이은 것은 아니라, 김씨 미추왕의 뒤를 이었던 것이다. 내물왕 이후의 왕위계승은 사후 동서인 실성이 왕위를 계승하기는 했으나, 그 후에는 내물왕계에서 왕이 나왔다. 관련 기록을 통해 내물왕 사후 내물왕계 집단의 계보가 어떻게 이어져 갔는가를 살펴보겠다.

나-3 訥祗麻立干이 왕위에 올랐다. 왕은 내물왕의 아들이다. 어머니는 保反夫人[세주 : 혹은 內禮吉怖라 한다]으로 味鄒王의 딸이요, 왕비는 實聖王의 딸이다.[38]

나-4 제19대 訥祗麻立干[세주 : 혹은 內只王이라고도 한다]은 金氏로 아버지는 奈勿王이고, 어머니는 內禮希夫人으로 金氏 味鄒王의 딸이다.[39]

눌지왕의 계보를 살펴보면, 두 사서에서 부모의 전승은 동일하다. 나-3의 『삼국사기』에서는 눌지왕의 어머니를 보반부인 혹은 내례길포부인이라 하여

37) 宣石悅, 앞의 책, 2001, 57~58쪽.

38) 『삼국사기』 권3, 신라본기3 눌지마립간 즉위조.

39) 『삼국유사』 권1, 왕력1 제19 눌지마립간조.

두 가지 전승이 있다. 나-4의 『삼국유사』에서는 내례희부인이라 하여 한 가지 전승이 있고, 그 인명은 『삼국사기』의 내례길포와 유사하다. 인명이 두 가지로 전승되어 있으나, 두 사서에서 모두 미추왕의 딸이라 했으므로 동일인이다. 어머니의 인명표기 가운데 내례길포가 당시의 표기일 가능성이 크고, 오히려 보반부인이 이칭이거나 미칭이었을 것이다.

눌지왕을 이어 왕위를 계승한 인물은 아들 자비왕인데, 관련 기록을 통하여 계보를 검토하겠다.

나-6 慈悲麻立干이 왕위에 올랐다. 왕은 訥祗王의 맏아들이며, 어머니 김씨는 實聖王의 딸이다.40)

나-7 제20대 慈悲麻立干은 金氏로 아버지는 訥祗이고, 어머니는 阿老夫人[세주 : 혹은 次老夫人이라고도 한다]으로 實聖王의 딸이다. …… 왕비는 巴胡葛文王[세주 : 혹은 未叱希 角干 혹은 未斯欣 角干의 딸이라고도 한다]의 딸이다.41)

자비왕의 계보를 살펴보면, 두 사서에서 부모의 전승은 동일하다. 나-6의 『삼국사기』에는 자비왕의 어머니가 실성왕의 딸이라고만 하고 인명이 기록되어 있지 않았지만, 나-7의 『삼국유사』에서는 실성왕의 딸로서 아로부인 혹은 차로부인이라 하였는데, '阿'와 '次'는 같은 뜻이고 동일인에 대한 다른 표기로서 그 인명을 전하고 있다.

자비왕의 왕비는 인명이 전해지지 않고는 있지만, 나-7의 『삼국유사』에서는 자비왕의 왕비를 파호갈문왕의 딸이라 하였다. 반면에, 나-8의 『삼국사기』에는 자비왕의 왕비를 서불한 미사흔의 딸이라 하여 왕비의 아버지에 대해 다른 명칭으로 표기하고 있다. 그런데 나-9의 『삼국유사』에도 소지왕의 어머니인 자비왕의 왕비를 미사흔 각간의 딸이라 전하고 있다. 또한 『삼국사기』에

40) 『삼국사기』 권3, 신라본기3 자비마립간 즉위조.

41) 『삼국유사』 권1, 왕력1 제20 자비마립간조.

는 서불한 미사흔의 딸이 자비왕 4년(461)에 자비왕의 왕비로 되었다[42]고 한다. 기왕의 연구에는 이 파호갈문왕에 대해서는 눌지왕의 동생인 복호로 보는데,[43] '卜好'와 '巴胡'의 음이 유사한 점 때문이다. 그러나 위의 기록에 근거해 보면 의문이 든다.

명칭이 유사하다는 점에서 巴胡를 卜好로 규정하는 것은 무리이며,[44] 이러한 예는 沾解王이 그의 父 骨正을 葛文王으로 추봉할 때 骨正葛文王이라 하지 않고 世神葛文王이라 한[45] 점에서도 뒷받침된다. 따라서 파호갈문왕은 미사흔으로 보는 것이 타당하다고 생각된다.[46]

주지하듯이 미사흔은 왜에 볼모로 갔다가[47] 눌지왕대에 박제상에 의해 송환되어 왔는데,[48] 433년에 사망하자 서불한 즉 각간으로 추증되었다.[49] 이로써 볼 때 미사흔은 생존할 때에 갈문왕이 된 것이 아니었으며, 사망 후에도 서불한으로 추증되었을 뿐이다. 미사흔이 갈문왕으로 된 것은 그의 딸이 자비왕의 왕비로 납비된 이후부터이다. 그것은 이전부터 행해진 방식으로 왕비의 아버지로서 추봉된 것으로 볼 수 있다.[50] 다시 말하면 파호갈문왕은 미사흔과 동일 인물이며, 미사흔의 딸이 자비왕과 혼인하여 왕비가 됨으로써

---

42) 『삼국사기』 권3, 신라본기3 자비마립간 4년 2월조.

43) 今西龍, 「新羅葛文王考」 『新羅史研究』, 近澤書店, 1922, 252쪽 ; 李基白, 「新羅時代의 葛文王」 『歷史學報』 58, 1973/『新羅政治社會史研究』, 일조각, 1974, 13쪽 ; 李鍾旭, 『新羅上代王位繼承研究』, 영남대 출판부, 1980, 87쪽 ; 윤진석, 「신라 至都盧葛文王의 '攝政'」 『韓國古代史研究』 55, 2009, 77~78쪽.

44) 뒤에서 자세히 논하겠지만, 복호는 습보갈문왕이라고 하여 냉수리비의 斯夫智(갈문)王이다. 미사흔이 사후에 파호갈문왕으로 추봉되었건 것과 달리 복호는 갈문왕으로 책봉되었다.

45) 『삼국사기』 권2, 신라본기2 첨해니사금 원년 7월조.

46) 宣石悅, 「麻立干時期의 王權과 葛文王」 『新羅文化』 22, 2003, 8쪽 ; 박성천, 「新羅 智證王의 即位過程에 대한 研究」 『慶州文化研究』 6, 2003, 16쪽.

47) 『삼국사기』 권3, 신라본기3 실성니사금 元年 3월조.

48) 동권3, 눌지마립간 2년 가을조.

49) 동권3, 눌지마립간 17년 5월조.

50) 宣石悅, 앞의 논문, 2003, 110쪽.

추봉된 칭호이다.

자비왕과 미사흔의 딸 사이에 태어나 왕위를 계승한 인물은 소지왕인데, 관련 기록을 통하여 계보를 검토하겠다.

나-8 炤知麻立干[세주 : 혹은 毗處라고도 한다]이 왕위에 올랐다. 慈悲王의 맏아들이다. 어머니 김씨는 舒弗邯 未斯欣의 딸이며, 왕비 善兮夫人은 乃宿 伊伐湌의 딸이다. 소지가 어려서 부모를 잘 섬기고, 겸손하고 공경하여 자신을 지켰으므로 사람들이 모두 그에게 감복했다.[51]

나-9 제21대 毗處麻立干[세주 : 혹은 炤知王이라고도 한다]은 金氏로 慈悲王의 셋째아들이며 어머니는 未斯欣 角干의 딸이다. … 왕비는 期[習][52]寶葛文王의 딸이다.[53]

앞에서 소지왕의 아버지와 어머니에 대한 계보는 이미 살펴보았으므로, 왕비의 계보에 대해 검토해 보겠다. 소지왕의 왕비에 대해서 나-8의 『삼국사기』에는 선혜부인이 내숙 이벌찬의 딸이라 전하고 있고, 나-9의 『삼국유사』에는 기보갈문왕 즉 습보갈문왕의 딸로 되어 있어 양 사서가 서로 다른 전승을 가지고 있었다. 종래 두 기록의 차이에 대해 기보갈문왕의 장남은 습보갈문왕이고 차남이 내숙이라고 본 견해,[54] 내숙과 기보갈문왕이 동일 인물이라는 견해[55], 그리고 기보갈문왕과 습보갈문왕이 동일 인물이라는 견해[56] 등이 제기된 바 있다.

내숙은 6세기 중엽에 활약한 거칠부의 할아버지이며,[57] 뒤의 라-1에 보이듯

51) 『삼국사기』 권3, 신라본기3 소지마립간 즉위조.

52) 宣石悅, 「신라 금석문을 통해 본 葛文王」『新羅文化祭學術論文集』 13, 2002, 208~209쪽.

53) 『삼국유사』 권1, 왕력1 제21 비처마립간조.

54) 李鍾旭, 앞의 책, 1980, 90쪽.

55) 박남수, 앞의 논문, 2003, 19쪽.

56) 윤진석, 앞의 논문, 2009, 77쪽.

57) 『삼국사기』 권44, 열전4 거칠부전.

이 습보갈문왕은 지증왕의 아버지이다. 위의 미사흔의 예와 같이 내숙이 왕비의 아버지가 되어 습보갈문왕으로 추봉되었다고 보게 되면, 문제가 생기게 되다. 이를 검토하기 위해 문헌 기록과 당시의 금석문 기록을 종합하여 표로 작성하면 다음과 같다.

1대	2대	3대	4대	5대	6대
내물왕	습보갈문왕	지증왕	법흥왕	지소부인	진흥왕
	불명	불명	내숙	물력	거칠부
				선혜부인	

위의 표에 보이듯이 내숙을 중심으로 하여 습보갈문왕과 동일인으로 보면, 내물왕으로부터 내려오는 계보에 착오가 생기는 것처럼 나타나게 된다는 점이다. 즉 습보갈문왕은 내숙의 할아버지와 같은 항렬에 있으므로, 서로 별개의 인물임을 방증하고 있다. 특히 냉수리비에 의하면 '斯夫智王'이 등장하고 있는데, 斯은 두 가지 서체가 혼합되어 分書法으로 쓰인 것으로서 왼쪽의 '丂' 부분은 其의 행서체이며, 斤은 해서체이므로 斯자를 나타낸 것이다.[58]

냉수리비에는 마립간시기의 왕들이 등장하고 있다. 前世二王으로 斯夫智王과 乃智王이 있고, 지도로갈문왕이 비를 건립할 당시인 503년에는 갈문왕이 되어 있었다. 내지왕은 나-4의 『삼국유사』에 보이는 內只王과 동일인물이다.[59] 斯夫智王은 마립간시기의 어느 왕에도 해당되지 않아 표기의 유사성에서 추적하여 實聖王,[60] 慈悲王,[61] 昭知王,[62] 習寶葛文王[63] 등으로 보는 견해가

58) 宣石悅, 「迎日冷水里新羅碑에 보이는 官等·官職 問題」 『韓國古代史硏究』 3, 1990, 184쪽의 주) 9 참고.

59) 文暻鉉 「迎日冷水里新羅碑에 보이는 部의 性格과 政治運營問題」 『韓國古代史硏究』 3, 1990, 151쪽 ; 宣石悅, 위의 논문, 1990, 182쪽 ; 崔光植, 「迎日 冷水里 新羅碑의 釋文과 內容分析」 『新羅文化祭學術發表論文集』 11, 1990, 30쪽.

60) 金永萬, 「迎日冷水里新羅碑의 語文學的 考察」 『韓國古代史硏究』 3, 1990, 70쪽 ; 文暻鉉, 위의 논문, 1990, 150쪽. 崔光植, 위의 논문, 31쪽.

있어 왔다. 또한 『삼국유사』 왕력 라-2의 이들 계보 기록에 대해 사료비판을 통해 '訥祗王弟' 다음에 '○○之子'라는 문구가 누락되었을 것으로 추정하여[64] 복호(눌지왕 아우)－습보－지증으로 복원하여 눌지왕의 아우인 복호가 갈문왕에 책봉된 이후 그의 후손인 습보, 지증, 사부지가 계속 갈문왕의 지위를 이어간 것으로 구체화한 견해가 있다.[65]

냉수리비문의 표기방식에 의하면 斯夫智王의 '斯'와 같은 한자는 '斯'로서 신라 중앙의 6부 가운데 하나인 斯彼[部]가 기재되어 있다. 斯彼[部]는 習比部에 비정되어지므로,[66] 6세기 초 당시 신라에서는 문헌상의 '習'이라는 표기가 '斯'로 표기되었음을 알 수 있다. 즉 斯夫智王의 '斯'는 '習'으로 이해할 수 있으므로, 斯夫智王은 습보갈문왕으로 비정할 수 있다. 이와 같이 볼 때 문제의 기보갈문왕의 '期'는 '斯'의 오기로 이해된다.

이상에서 검토해 본바와 같이 습보갈문왕은 斯夫智王[67]으로 표기되어 있으므로,[68] 소지왕은 2명의 왕비가 있었던 셈이며, 두 왕비는 先妃와 後妃로 볼 수 있다. 두 왕비 가운데 누가 先妃였을까. 위의 표와 기록에서 볼 수 있듯이 습보갈문왕의 딸이 연장자이고 내숙 이벌찬의 딸 선혜부인은 後妃였을 것으로 생각된다.

여기서 한 가지 언급해 두어야 할 것은 내숙과 자숙지의 동일 인물 여부이다. 냉수리비에 의하면 '[沙喙] 子宿智 居伐干支'라 하여 자숙지의 '子'가 仍宿(내

61) 金羲滿, 「迎日 冷水碑와 新羅의 官等制」 『慶州史學』 9, 1991, 2쪽의 주 3)
62) 武田幸男, 「新羅六部와 그 展開」 『民族史의 展開와 그 文化』 上, 을유문화사, 1990, 115~116쪽.
63) 선석열, 앞의 논문, 2002, 209쪽.
64) 姜鍾薰, 『신라상고사연구』, 서울대학교 출판부, 2000, 34쪽의 주 44)
65) 강종훈, 「신라왕족의 로맨스, 그 현장을 찾아서」 『고대로부터의 통신』, 푸른역사, 2004, 28쪽.
66) 宣石悅, 앞의 논문, 1990, 184쪽.
67) 이하에서는 其의 행서라고 제시한 亐자도 정확하게 묘사되지 않고 어려우므로, 원문 이외의 경우에는 斯 글자를 같은 글자인 斯로 표기하겠다.
68) 宣石悅, 앞의 논문, 2002, 205쪽.

숙)의 '仍'과 음운상 흡사하여 동일인물을 가리키는 것으로 볼 수도 있다. 그러나 자숙지는 지도로갈문왕과 같은 사탁부 소속인 데 반해, 마-14의 울진봉평비에 거칠부의 아버지를 '喙 勿力智 一吉干支'라 한 점과 내숙이 국정에 참여하는 486년에 이미 이벌찬이었음에 비해 자숙지는 503년에 아직도 거벌간지 즉 급찬이었다는 점에서 이사부의 집안은 탁부 소속으로 되어 자숙지와는 소속부가 다르므로 자숙지를 내숙으로 추정하기에는 주저된다.

즉위 당시 10대 후반이었던 소지왕에 대해 신라왕실에서는 연상인 사부지왕 즉 습보갈문왕의 딸을 왕비로 삼은 것은 왕을 보필하기 위한 것으로 생각되며, 왕으로서의 위상이 점차 안정되어 갔을 것이다. 그 후 선비가 사망하자 내숙의 딸 선혜부인을 후비로 맞이하였던 것으로 이해할 수 있다. 뒤의 라-1에서 보듯이 소지왕이 아들이 없어 지증이 갈문왕으로 있다가 왕위를 이은 사실과 변경의 날이군에 순행을 가서 재지세력가의 딸을 맞이하여 아들을 낳았다는 사실[69] 등을 아울러 고려할 때 소지왕은 후사를 얻기 위해 여러 번 혼인을 하였으므로, 왕비에 대한 전승이 『삼국사기』와 『삼국유사』에 의해 각기 다르게 전승된 것으로 생각된다.

3) 실성왕계

미추왕을 이어 왕위에 즉위할 수 있는 또 다른 인물로는 실성이 있었다. 내물왕의 사후 왕위를 계승한 것은 아들 눌지왕이 아니라 미추왕의 부마이자 내물왕과 동서지간인 실성왕이었다.

> 다-1 實聖尼師今이 왕위에 올랐다. 왕은 알지의 후손이요, 대서지 이찬의 아들이다. 어머니는 伊利夫人[세주 : '伊'자는 혹은 '企'자로도 쓴다]으로 昔登保 阿干의 딸이며, 왕비는 味鄒王의 딸이다.[70]

---

69) 『삼국사기』 권3, 신라본기3 소지마립간 22년 9월조.

70) 동권3, 실성이사금 즉위조.

다-2 第18대 實聖麻立干[세주 : 혹은 實主王이라고도 하며, 또는 寶金이라고도 한다]은 아버지가 味鄒王의 아우 大西知 角干이고, 어머니는 禮生夫人으로 昔氏 登也 阿干의 딸이다. … 왕은 곧 鵄述의 아버지이다.71)

실성왕의 계보를 검토하겠다. 두 사서의 경우 실성왕의 아버지 대서지에 대해 다-2의 『삼국유사』에는 미추왕의 아우로 전해지고 있음에 반하여, 다-1의 『삼국사기』에는 전하지 않고 김씨 시조 알지의 예손, 즉 알지의 어느 세대에서 여러 세대가 지난 뒤의 자손이라 전해지고 있다. 내물왕과 달리 실성왕의 계보는 두 사서에서 현격하게 다르게 전하고 있음을 알 수 있다. 즉 『삼국사기』의 내물왕 실성왕 두 왕에 대한 계보전승은 확연히 구별되어 전하고 있음에 반해, 『삼국유사』에서는 혼동을 일으키고 있음을 엿볼 수 있다.

특히 『삼국유사』의 계보 전승에는 일정한 방향으로 착오가 일어나고 있다. 나-2에서는 내물왕의 할아버지인 구도를 내물왕의 아버지라고 하였고, 다-2에서는 실성왕의 장인인 미추왕을 대서지의 형으로 전하고 있다. 나-2의 문제는 위에서 언급한 바와 같다. 나-1 『삼국사기』의 내물왕 계보 즉 세주에서의 미추왕과 말구의 형제관계라고 한 바와 같이, 다-2의 경우도 대서지도 미추왕과 형제관계로 서술되어 있는 점이다.

이와 같이 볼 때, 『삼국유사』에서 전하는 실성왕의 계보는 『삼국사기』의 내물왕의 계보 기록과 유사하다는 점이다. 『삼국사기』에서 실성왕의 계보 전승이 불분명하게 전해진 것을 『삼국유사』에서는 내물왕의 계보 전승을 답습하여 실성왕 계보를 전승하고 있었던 것은 아닌가 한다. 이는 『삼국유사』에서 내물왕의 계보 전승에서도 착오를 일으킨 것과 같은 맥락이다.

---

71) 『삼국유사』 권1, 왕력1 제18 실성마립간조.

2. 왕위계승

잘 알려져 있듯이 상고 시기에는 박 석 김의 삼성왕실이 병존하였다. 4세기 후반 미추왕대에 이르러 김씨왕족이 박씨왕통을 이어받아 김씨왕통을 세웠고, 5세기 전반 눌지왕대에 이르러 김씨 내물왕계에 의해 삼성 왕통은 통합되었다.[72] 일반적으로 이 시기를 마립간시기라 한다. 문헌 기록에 의하면 麻立干이라는 王號가 처음 사용된 시기에 대해 내물왕대[73] 혹은 눌지왕대[74]부터로 차이가 나고 있지만, 신라말의 금석문 기록에서 언급한 것처럼 "내물왕 때에 新羅國家가 흥기하였다"[75]는 인식을 따라야 할 것이다. 따라서 본 장에서는 마립간시기의 왕위계승을 내물왕계의 왕위계승으로 상정하여 살펴보기로 하겠는데, 우선 이 시기의 왕위계승을 도표로 제시하면 <표 8>과 같다.

이 표에서 보이듯이 마립간시기의 왕위계승은 먼저 내물왕이 미추왕의 사위 즉 女婿로서 왕위가 계승되었다가 내물왕계가 아니면서 미추왕의 사위인 실성왕이 즉위하였다. 눌지왕의 자립 이후에는 자비왕－소지왕으로 내물왕 직계의 적자계승으로 전개되었으며, 소지왕의 사후에는 직계가 아닌 방계로서 지증왕이 왕위를 이었다. 마립간시기의 왕위계승은 내물왕이 미추왕의 여서로서 즉위하였고 그 후손 가운데 직계가 왕위를 계승하였으나,

---

72) 이전에도 여러 차례 밝힌 바 있듯이, 필자는 신라의 상고 기년과 삼성왕통에 대해 교립론보다 병립론에 입각하고 있다. 초기기록의 상고 기년에 대해 살펴본 바 신라왕통의 기년은 기원전 1세기 중엽이 아니라 3세기 전반부터 시작되었던 것이다. 처음에는 박씨와 석씨 두 왕통이 병립되었는데, 4세기 중엽에 미추왕이 즉위함으로써 김씨왕통이 박씨왕통을 이었으며, 이후 김씨왕실 세력은 석씨왕실 세력과 경쟁하다가 눌지왕의 자립에 이르러 석씨왕통이 소멸됨으로써 신라 왕권은 김씨왕통에 의해 통합되었다고 보았다(宣石悅, 앞의 책, 2001, 43~44쪽).

73) 『삼국유사』 권1, 왕력 내물마립간조.

74) 『삼국사기』 권3, 신라본기3 눌지마립간 즉위조.

75) 崔彦撝 撰 毗田盧庵眞空大師普法塔碑文(937년)에 의하면, "姓金氏 雞林人也 其先自聖韓 興於那勿 …"(『朝鮮金石總覽(上)』, 135쪽)이라 하여 奈勿王代에 新羅가 흥기하였음을 시사하고 있다.

실성왕과 지증왕은 김씨왕의 방계로서[76] 왕위에 올랐던 것이다. 여기서는 먼저 여서계승부터 구체적으로 다루겠다.

〈표 8〉 마립간시기의 왕위계승표

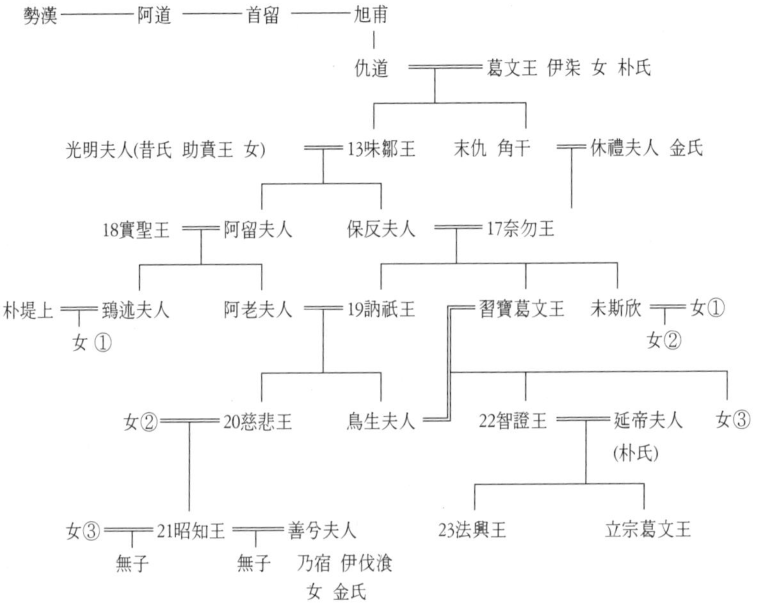

1) 여서계승

4세기 후반 당시 신라는 박씨왕통이 단절되면서 미추왕이 김씨로서는 최초로 왕위에 즉위하였음은[77] 앞서 구체적으로 살펴보았다. 미추왕은 아들

76) 실성왕의 경우 내물왕계가 아니라 대서지계이다. 미추왕의 사위(女壻)로서 미추왕을 이어 계승한 것이 아니라 내물왕을 이어 계승하였으므로, 내물왕과의 관계를 기준으로 보면 김씨집단 내부의 방계로서 왕위를 계승한 것으로 보아야 할 것이다.

77) 기록에 의하면 미추왕은 석씨 첨해왕을 이어 왕위에 오른 것으로 되어 있다(『삼국사기』 권2, 신라본기2 미추이사금 즉위조). 필자는 그 기록과 달리 미추왕이 박씨왕통을 이어 김씨왕통을 개창하였다고 보았다. 그렇다고 하더라도 미추왕의 혼인관계는 석씨왕실과 이루어진 것으로 보아도 무방하다. 즉 미추왕을 중심으로 하는 김씨왕실 세력은 석씨왕실 세력의 지원으로 박씨왕통을 계승한 것으로 이해할 수 있다(宣石悅,

이 없었으므로, 그의 사위로서 내물과 실성이 후계의 대상자로 되어 있었다. 미추왕을 이어 왕위를 계승한 인물은 그의 사위 중 내물이다. 이와 관련된 기록을 제시하면 다음과 같다.

라-1 奈勿尼師今이 왕위에 올랐다. 성은 金氏이며, 仇道葛文王의 손자다. 아버지는 角干 末仇이고, 어머니는 金氏 休禮夫人이며, 왕비는 金氏로 味鄒王의 딸이다. 訖解가 세상을 떠나고 아들이 없으므로, 내물이 왕위를 이었다[세주 : 末仇는 味鄒尼師今의 형제이다].[78)]

라-2 末仇는 충성스럽고 선량하며 지략이 있었으므로 왕이 항상 정치의 요령을 의논하고 자문하였다'[79)]

내물과 실성이 왕위에 오를 수 있는 기반은 그들의 아버지의 후원이 중요한 역할을 하였을 것이다. 계보상으로 내물과 실성 각각의 세력 연계를 살펴보겠다. 먼저 실성의 경우 아버지 대서지 이찬은 석등보 아간의 딸과 혼인하였고 실성이 미추왕의 딸과 혼인하였으므로,[80)] 대서지계는 석씨·김씨의 집단과 세력을 연계하였다. 한편 내물은 구도의 손자이고 미추왕의 조카이자 말구의 아들이었으며, 말구는 휴례부인 김씨와 혼인하고 내물이 미추왕의 딸과 혼인하여 김씨집단 내부에서만 세력을 결집하고 있었다. 김씨집단 내부의 혈연관계에서 볼 경우 실성은 구도계가 아니므로, 김씨집단 내부에서 방계세력이라 할 수 있다. 반면에, 내물은 구도계의 주축 세력인 점에서 김씨왕실 내부의 정치적 입지는 실성보다 우위에 있었다.

또한 라-2에서 보듯이 말구가 석씨왕통의 유례왕에게 국정을 자문하고 있었음에서 보아 구도계의 내물은 석씨왕실과 밀접한 관련을 가지고 있었다.

앞의 책, 2001, 43~44쪽).

78) 『삼국사기』 권3, 신라본기3 내물이사금 즉위조.

79) 동권2, 유례이사금 15년 정월조.

80) 동권3, 실성이사금 즉위조.

반면에 대서지와 혼인을 맺은 석등보는 석씨집단의 방계[81]였을 것이므로 대서지계의 실성은 석씨집단에 의한 지원이 내물보다 상대적으로 약하였다. 이러한 점들을 종합해 볼 때 미추왕 사후에는 내물이 실성보다 정치적으로 우위에 있었으므로, 아들이 없는 미추왕을 이어 내물이 여서로서 왕위에 오를 수 있었다고 생각된다.

내물왕이 미추왕의 여서로서 왕위를 계승한 이후 말구계와 대서지계의 두 집단 사이에 권력구조 상의 갈등은 여전히 남아 있었다. 내물왕을 이어 왕위에 올랐던 인물은 실성왕이었다. 이에 관하여 살펴볼 수 있는 기록을 제시하면 다음과 같다.

라-3 實聖尼師今이 왕위에 올랐다. 왕은 알지의 후손이요, 대서지 이찬의 아들이다. 어머니는 伊利夫人으로 昔登保 阿干의 딸이며, 왕비는 味鄒王의 딸이다. 실성은 키가 7자 5촌이나 되었으며, 총명하여 사리에 통달하고 앞일을 헤아리는 견식이 있었다. 내물왕이 세상을 떠나자 그 아들들이 어리므로, 국인들이 실성을 세워 왕위를 잇게 하였다.[82]

위의 기록에 의하면 내물왕의 사후 그의 아들들이 '幼少' 즉 어리므로, 국인들이 김씨집단 가운데 방계인 대서지계의 실성을 추대하였다고 한다. 신라의 왕들 가운데 나이가 어림에도 불구하고 왕위에 오른 경우가 여러 번 있었다. 예를 들면 진흥왕·혜공왕·애장왕 등이다. 진흥왕은 7세 혹은 15세[83]에 왕위에 올랐는데 태후가 섭정을 하였고,[84] 혜공왕은 8세에 즉위하니

---

81) 실성의 외할아버지 석등보는 최종 관등이 아간 즉 아찬인 점에서 석씨집단 내에서 왕실 소속이 아니라 방계세력이었던 것으로 추측할 수 있다.

82) 『삼국사기』 권3, 신라본기3 실성이사금 즉위조.

83) 『삼국유사』 권1, 기이1 진흥왕조.

84) 『삼국사기』 권4, 신라본기4 진흥왕 즉위조. 그런데 『삼국유사』에는 15세로 되어 있으나(『삼국유사』 권1, 기이1 진흥왕조), 두 기록 모두 태후가 섭정을 하였다고 하므로 유소한 것으로 볼 수 있다.

태후가 섭정하였다.[85] 애장왕은 13세에 즉위하였음에도 숙부 언승이 섭정하였다고[86] 하여 적어도 15세 미만의 왕에게는 섭정의 조처가 있었다.

그러나 실성왕의 즉위배경으로 전왕의 아들들이 어렸다고 하는 점은 의문이 있다. 이에 대해 구체적으로 살펴보겠다.

라-4 實聖王 원년(402) 봄 3월에 왜국과 통해서 우의를 맺어, 奈勿王의 아들 未斯欣을 볼모로 보냈다. … 11년(412)에 내물왕의 아들 卜好를 고구려에 볼모로 보냈다.[87]

라-5 제17대 那密王이 왕위에 오른 지 36년 庚寅(390)에 ㉮倭王이 사신을 보내와 … 이에 왕은 셋째아들 美海[세주 : 또는 未吐喜라고도 한다]를 倭國에 보내니 미해의 나이 10살 때였다. … 왜왕은 이들을 억류해두고 30년 동안이나 돌려보내지 않았다. 訥祗王이 왕위에 오른 지 3년 己未(419)에는 高句麗의 長壽王이 사신을 보내와서 … 이로 인하여 화친하기로 하고 그 아우 보해에게 명하여 고구려에 보냈다. … 10년 乙丑(425)에 왕은 여러 신하와 나라 안의 호협들을 소집하여 친히 연회를 베풀었는데, … 이때 백관들이 모두 아뢰기를, "이 일은 진실로 쉬운 일이 아니므로 반드시 지혜와 용맹이 있는 사람이라야 될 것이기에 신들의 생각으로서는 歃羅郡 太守 堤上이 좋겠습니다." …

㉯박제상은 왕의 앞에서 명령을 받고 바로 北海의 길로 향하여 변장하고 고구려로 들어갔다. 보해가 있는 곳에 나아가서 함께 도망할 날짜를 약속하고, 먼저 5월 15일에 高城의 水口에 와서 기다렸다. … 고구려왕은 이 일을 알고 군사 수십 명을 풀어 뒤쫓게 했다. … 눌지왕은 보해를 보자 더욱더 미해가 보고 싶어서, 한편으론 기뻐하면서도 또 한편으론 슬퍼하면서 눈물을 흘리며 주변 신하들에게 말하였다. "마치 몸 하나에 팔 하나만 있고 얼굴 하나에 눈 하나만 있는 것 같구나. 비록 하나를 얻었지만 하나는 잃었으니, 어떻게 마음이 아프지 않겠소?"

85) 『삼국사기』 권9, 신라본기9 혜공왕 즉위조.
86) 동권10, 애장왕 즉위조.
87) 동권3, 실성이사금 원년 및 11년조.

㉰이때 제상은 이 말을 듣더니 두 번 절하고 임금에게 하직했다. … 그는 왜국에 가서 거짓말을 했다. "雞林王은 아무런 죄도 없이 제 부형을 죽인 까닭에 도망해왔습니다." 왜왕은 그 말을 믿고 집을 주어 편안히 있게 했다. … 이때 신라 사람 康仇麗가 왜국에 와 있었으므로, 그 사람을 미해에게 딸려 호송케 했다. … 저녁때가 되어 측근의 사람이 이상히 여겨 또다시 물었다. "미해공이 떠난 지 벌써 오래되었소." 측근의 사람이 달려가서 왜왕에게 아뢰니 왜왕은 기병을 시켜 뒤쫓았으나 따라잡지 못했다. 왜왕은 이에 제상을 가두어두고 물었다. … 그러자 제상이 대답했다. "차라리 신라의 개·돼지가 될지언정 왜국의 신자가 되고 싶지는 않으며, 차라리 신라의 형장을 받을지라도 왜국의 작록은 받고 싶지 않습니다." 왜왕은 노하여 제상의 발바닥 가죽을 벗기고 갈대를 베어 그 위에 걸어가게 하고는 다시 물었다. "너는 어느 나라 신하냐?" "신라의 신하다." 또한 달군 쇠 위에 세워놓고 물었다. "너는 어느 나라의 신하냐?" "신라의 신하다." 왜왕은 그를 굴복시키지 못할 것을 알고 木島란 섬 안에서 불에 태워 죽였다. 미해는 바다를 건너와서 강구려를 시켜 먼저 나라에 알렸다. 눌지왕은 놀랍고 기뻐서 백관들에게 명하여 屈歇驛에서 맞이하게 했다. … 제상의 아내를 책봉하여 國大夫人으로 삼고 그의 딸로써 미해공의 부인으로 삼았다. … 오랜 후에도 부인은 사모하는 심정을 견디지 못하여, 세 딸을 데리고 鵄述嶺에 올라가 왜국을 바라보고 통곡하다가 죽었다. 이에 부인은 鵄述神母가 되었다. 지금도 그 사당이 있다.[88]

라-6 왕의 아우 卜好가 고구려에서 堤上 奈麻와 함께 돌아왔다. 가을에 왕의 아우 未斯欣이 왜국으로부터 도망해 돌아왔다.[89]

라-7 이보다 먼저 實聖王 원년 임인(402)에 ㉮신라는 왜국과 강화했는데, 왜왕이 奈勿王의 아들 未斯欣을 볼모로 삼기를 청했다. 왕은 일찍이 내물왕이 자기를 고구려에 볼모로 보낸 것을 원한으로 여겨 그 아들에게 원한을 풀려고 한 까닭으로 왜왕의 청을 거절하지 않고 보냈다. 11년 임자(412)에 고구려에서도 또한 미사흔의 형 卜好를 볼모로 데려가고 싶어 하므로 왕은 또한 보냈다. 訥祗王이 즉위하자 변사를 얻어 왕의 아우들을 맞이해

---

88) 『삼국유사』 권1, 기이1 내물왕 김제상조.

89) 『삼국사기』 권3, 신라본기3 눌지마립간 2년조.

오도록 하고자 하였다. 水酒村干 伐寶靺·一利村干 仇里迺·利伊村干 波老 세 사람이 현명하고 지혜가 있다는 것을 알고 불러 물었다. … 세 사람이 함께 말하기를 "신들이 듣기로는 歃良州干 朴堤上은 굳세고 용감하며 지모를 가지고 있어 전하의 근심을 해결해낼 수 있을 것입니다."고 하였다. 이에 박제상을 불러 앞으로 나오게 하여 세 신하의 말을 들려주며 가주기를 청하였다. 박제상이 대답하기를 "신이 비록 어리석고 변변치 못하오나 감히 명을 받들지 않을 수 있겠습니까!" 라고 하였다.

㉯드디어 사신의 예로써 고구려에 들어가 왕에게 말하였다. … 만약 대왕께서 은혜로이 돌려보내 주신다면 소 아홉 마리에서 털 하나가 떨어지는 정도와 같아서 손해될 것이 없으며, 우리 임금은 대왕을 덕스럽게 생각함이 한량이 없을 것입니다. 왕은 이 점을 유념해 주소서!" [고구려] 왕은 "좋다"고 하고 함께 돌아가는 것을 허락하였다. …

㉰제상이 아뢰었다. "신이 비록 재주가 노둔하오나 이미 나라에 몸을 바쳤으니 끝까지 명을 욕되게 하지 않겠습니다. 그러나 고구려는 큰 나라이고 그 왕 또한 어진 임금이었기 때문에 신이 한 마디 말로써 그를 깨닫게 할 수 있었사오나, 왜인 같은 경우는 말로써 깨우칠 수 없으니 속임수를 써야 왕자를 돌아오게 할 수 있을 것입니다. 신이 저 곳에 가거든 신이 나라를 배반하였다는 이야기를 퍼뜨려서 저들이 그 소문을 듣게 하소서." … 마침내 곧바로 왜국으로 들어가 마치 본국을 배반하고 온 사람처럼 했으나, 왜왕이 의심하였다. 한편 백제 사람이 앞서 왜에 들어와 왜 왕에게 참소하기를 '신라와 고구려가 왕의 나라를 침입하려 모의한다.'고 하므로, 왜가 마침내 병사를 보내 신라 국경 밖을 순찰하게 하였다. 때마침 고구려가 와서 침입하고 아울러 왜의 순찰병을 잡아 죽이니, 왜 왕은 곧 백제 사람의 말이 사실이라고 여겼다. … 이윽고 제상이 미사흔을 권해 몰래 본국으로 돌아가라 하니, 미사흔이 말하기를 "제가 장군님 받들기를 아버지처럼 하는데 어찌 혼자 돌아갈 수 있겠습니까?"라고 하였다. 이에 제상이 말하기를 "만약 두 사람이 함께 출발했다가는 계획을 이루지 못할까 두렵습니다." 라고 하니, 미사흔은 제상의 목을 끌어안고 울면서 작별하고 신라를 향해 돌아갔다. … 제상을 왜왕에게로 데리고 가서 木島로 귀양을 보냈다가 얼마 후에 사람을 시켜 나무에 불을 질러 온 몸을 태운 후에 목을 베었다.

> 눌지왕은 이 소식을 듣고 슬퍼하여 大阿湌을 추증하고, 그 가족에게 후한 상을 내리고, 미사흔에게 제상의 둘째딸을 아내로 삼게 하여, 그 은혜를 갚게 했다.[90]

라-3에서 내물왕이 훙거하자 그의 아들이 어려서 실성이 왕위를 이었다고 하였다. 그런데 라-4·3·4·5의 기록을 통해 보면 그들의 나이에 대해 혼란이 있음을 알 수 있는데, 『삼국사기』와 『삼국유사』 두 사서의 기록을 구체적으로 검토해 보아야 할 것이다. 미사흔이 왜국에 볼모로 갔다는 점에 대해서는 『일본서기』에서도 전하고 있으나,[91] 연대와 사실적인 서술인가에 대해서는 믿을 수 없어 양 사서와 대비하는데 도움이 될 수 없으므로 한국측 양 사서만으로 검토해야 한다.

먼저 라-4·3의 『삼국사기』에 의하면 미사흔이 실성왕 원년(402)에 왜와 우호를 통하면서 볼모로 보냈다고 하고, 복호는 동왕 11년(412) 고구려에 볼모로 갔다고 하였다. 그런데 라-7의 『삼국유사』에 의하면 내물왕 36년(390)에 왜가 신라에 백제의 잘못을 알리며 왕자 미해 즉 미사흔을 볼모로 보내어 양국간의 신뢰를 쌓을 것을 요구하였고, 눌지왕 3년(419) 고구려가 사신을 보내어 볼모를 요구하니 왕자 보해 즉 복호를 보내었다고 하였다. 라-6의 『삼국사기』의 기록에 의하면 복호가 고구려로부터 귀환한 해인 418년에 기준을 두면, 『삼국유사』에서 복호가 고구려에 볼모로 갔다고 하는 419년은 볼모 복호가 고구려로부터 귀국한 다음해가 되어 『삼국유사』의 연대에 의문이 생긴다. 더욱이 라-5의 『삼국유사』에서 복호와 미사흔의 송환 연대를 눌지왕 10년(426) 을축년이라 하였다. 을축년은 눌지왕 9년(425)이므로 『삼국유사』의 기년은 정확성이 떨어지며, 상대적으로 『삼국사기』의 기년에 신빙성이 두어진다.

---

90) 동권45, 열전5 박제상전.

91) 『일본서기』 권9, 신공기 섭정전기 중애 9년 10월조.

내용상으로 볼 때도 라-5 ㉯의 『삼국유사』 기록에서 박제상이 고구려에 가서 왕자 복호를 송환해 올 때, 마치 군사작전을 방불케 하는 치밀한 계책을 세워 탈출해온 것으로 서술하고 있다. 반면에, 라-7 ㉯의 『삼국사기』 기록에는 별다른 문제가 없이 박제상의 능숙한 외교술로 복호를 귀국시킨 것으로 서술되어 있다. 양 사서의 기록과 당시 고구려·신라의 관계를 감안해 볼 경우 양국이 밀접한 친선관계를 유지하고 있었으므로, 군사적인 방법이 아닌 외교적인 방법으로 해결되었다고 보는 『삼국사기』 쪽의 기록이 보다 타당할 것이다. 그리고 라-7의 『삼국사기』에는 '실성왕은 일찍이 내물왕이 자기를 고구려에 볼모로 보낸 것을 원한으로 여겨 그 아들에게 원한을 풀려고 한 까닭으로 볼모 요청을 기절하지 않고 보냈다'고 하여 복호와 미사흔을 외국에 볼모로 보낸 이유를 명시하였는데, 이는 실성왕이 눌지를 고구려로 보내면서 죽이려 한 기록[92]과 일맥상통한 것이다. 반면에 라-5의 『삼국유사』에는 아무런 이유도 없이 굳이 미사흔을 왜국에 보내었다고 하여 직접적인 인과관계를 해명하지 않았다. 일반적으로 알려져 있듯이 『삼국유사』의 내용처럼 5세기 전후 신라와 고구려는 동맹관계에 있었음에도 볼모를 송환하기 위해 치밀한 작전을 짠 것처럼 되어 있으나, 이는 사실로 받아들이기 어렵다. 또한 라-7의 『삼국유사』에는 지명의 문제가 있다. 복호가 고구려에서 탈출하여 박제상과 만나기로 한 高城이라는 지명은 원래 達忽이었다가 8세기 중엽 경덕왕 때에 개칭된[93] 것으로 『삼국유사』의 원전은 8세기 중엽 이후의 것으로 볼 수 있다. 따라서 이 부분의 내용에 대해서는 『삼국사기』가 보다 사실성이 있다고 할 수 있다.

또한 미사흔의 구출에 대한 서술도 아울러 살펴보아야 할 것이다. 먼저 라-5 ㉰의 『삼국유사』 기록에서 박제상의 망명 원인에 대해 신라왕이 부형 등 박제상의 가족을 죽인 것이라고 말하고, 왜왕이 이를 그대로 믿었다고

---

92) 『삼국사기』 권3, 신라본기 눌지마립간 즉위조.

93) 동권35, 지리지2 명주 고성군조.

하였다. 이에 비하여 라-7 ㉰의 『삼국사기』 기록에서 적대국인 왜국을 속이기 위해 치밀한 계획을 세웠다. 박제상이 집에 들르지도 않고 곧장 왜국으로 갔으나 왜국왕이 의심하여 백제 사신을 통하거나 순라선을 신라로 보내어 신라 국내의 정황을 알게 되자 드디어 박제상을 신뢰하였다고 하였다. 다음 미사흔의 탈출과정에 대해 전자의 『삼국유사』 기록에서는 신뢰를 받아 머물게 된 박제상 일행이 미사흔을 탈출시켰다고 하여 단순한 계획을 보인 반면에, 후자의 『삼국사기』 기록에서는 왜가 신라의 정황을 탐색하는 과정에서 고구려 군대의 공격을 받았고 왜가 이에 대응하기 위해 신라를 공격하려고 박제상을 길잡이로 삼아 바다의 섬 즉 쓰시마로 진군하였다는 것이다. 전자의 기록을 보면 왜국의 위치가 분명하게 나타나지 않아 마치 쓰시마가 왜국으로 볼 오해의 소지가 있고[94] 라-5 ㉰ 기록의 후반부가 주로 박제상의 충절에 대한 강조만을 과대하게 드러내고 있을 뿐이다. 후자의 기록에서는 신라 변경 가까이에 쓰시마가 위치하고 있음에서 왜국이 따로 설정되어 있음을 알 수 있다. 전자와 같이 쓰시마가 왜국이라면 적대국인 신라에게 위협이 될 정도로 강력한 세력은 될 수 없다. 신라에게 위협이 될 만한 세력은 규슈왜와 야마토왜가 있었는데, 쓰시마와 밀접한 관련을 가지고 있었던 세력은 규슈왜라 여겨진다. 『삼국사기』 신라본기의 왜 관계기사에 등장하는 대부분의 왜는 백제와 밀접한 관계를 맺었던 야마토왜가 아니라 바로 가야와 오랜 관계를 가진 규슈왜이기 때문이다.[95]

이상과 같이 종합적으로 검토해 보아도 라-5의 『삼국유사』 기록보다 라-7의 『삼국사기』 기록이 더욱 신빙성이 가는 것이므로, 라-4와 라-6의 신라본기 연대를 기준으로 하여 내물왕 아들들의 연령에 대해 살펴보기 위해 잠시

94) 강구려는 신라 사신으로서 왜국에 체재하고 있다가 박제상이 미사흔을 탈출시키기 위해 부른 인물이라고 하였는데, 과연 왜국에 온 사절을 재빨리 불렀다고 한 점은 그곳이 쓰시마왜인 것처럼 보이고 있다.

95) 선석열, 「삼국사기 신라본기에 보이는 왜의 실체」 『人文學論叢』 13-1, 2008, 19쪽.

미사흔의 출생시기에 대해 언급해 두겠다.

먼저 라-5의 『삼국유사』에서 미사흔이 390년에 10살의 나이로 왜국으로 가서 30년간 억류되었다고 하였으나, 425년에 탈출한 것으로 되어 억류된 기간은 30년간이 아니라 35년이 지난 일로 된다. 미사흔이 381년 출생으로 본다면 425년 탈출할 때에 나이가 45세가 되며 사망한 433년에[96] 나이가 53세가 된다. 미사흔이 귀국한 후에 45세가 넘은 나이로 박제상의 딸과 혼인하고, 그들이 낳은 딸이 자비왕 4년(461)에 왕비가 되었다[97]는 것도 의문이다. 그리고 왜국에 볼모로 갔을 때 10살이라는 나이를 사실로 보아두고 해당 시기를 라-4의 『삼국사기』와 같이 402년으로 보면 393년생이고 418년에 귀국할 당시 미사흔의 나이가 26살이며 433년 사망할 당시는 41세가 된다. 즉 미사흔이 귀국한 후에 26세가 넘은 나이로 박제상의 딸과 혼인하고, 그 낳은 딸이 자비왕 4년(461)에 왕비가 되었다고 볼 수 있다. 즉 『삼국유사』와 같이 미사흔이 중년을 넘은 나이에 낳은 딸이 젊은 국왕과 혼인하였다는 것은 무리가 따르므로, 『삼국사기』의 기년이 보다 타당할 것이다.

이에 기초하여 본론으로 돌아가서 내물왕 아들들의 연령에 대해 언급해 보겠다. 먼저 다-7의 『삼국유사』에서 막내 미사흔이 390년에 10살의 나이이므로, 381년 출생으로 기준하여 연령을 추정할 경우이다. 미사흔은 실성왕이 즉위한 402년에 22세가 되어 장남 눌지를 비롯한 내물왕 아들들은 어린 나이가 아니라 모두 장성한 성년이다. 문헌 기록과 같이 내물왕은 356년에 즉위한 것으로 볼 경우, 그때 나이가 15세 전후라고 본다면 342년에 태어난 것이다. 따라서 막내 미사흔을 40세에 낳은 것이고 장남 눌지의 경우에도 36세 전후에 낳은 것으로 합당하게 보이지만, 『삼국유사』의 기록 자체의 문제가 의문이므로 받아들일 수 없다.

다음 『삼국사기』의 경우 막내 미사흔이 볼모로 간 402년에 10살이었다면,

---

96) 『삼국사기』 권3, 신라본기3 눌지마립간 17년 5월조.

97) 동권3, 자비왕 4년 2월조.

393년에 출생한 것으로 볼 수 있다. 내물왕의 세 아들이 2살 터울로 본다면 장남 눌지는 389년에 태어난 것이므로 402년에 적어도 14살 이상이었을 것이다. 문헌 기록과 같이 내물왕은 356년에 즉위한 것으로 볼 경우, 그때 나이가 15세 전후라고 본다면 342년에 태어난 것이다. 따라서 막내 미사흔을 52세라는 고령에 낳은 것으로 되며, 장남 눌지의 경우에도 48세 전후에 낳은 것으로 되어 의문이 남는다.

필자의 상고기년 수정론에 입각하면 내물왕은 378년에 즉위하였을 것이고,[98] 그때 나이가 20세 전후라고 본다면[99] 359년에 태어난 것이 되므로 막내 미사흔을 35세에 낳은 것이 된다. 장남 눌지의 경우에도 30세 전후에 낳은 것으로 되지만, 적어도 장남은 20대에 낳은 것으로 보아야 할 것이다.

따라서 『삼국유사』를 근거로 하면 라-3의 실성왕 즉위 이유는 전혀 성립될 수 없으며, 『삼국사기』의 경우로 보더라도 마찬가지이다.

이제 실성왕이 즉위할 수 있었던 배경에 대해 언급하겠다. 라-3의 기록에서 보는 바와 같이 실성왕은 내물왕의 후사가 나이가 어리지도 않았음에도 불구하고, 나이가 어려서 국인들의 추대로 왕위에 즉위한 것이라는 기록은 사실이라 할 수 없다. 실성왕의 즉위과정에는 다른 정치적인 배경이 내포되어 있었을 것으로 보이는데, 그와 관련된 기록을 제시하면 다음과 같다.

라-8 37년(392) 봄 정월에 高句麗에서 사신을 보내니, 왕은 고구려가 강성하기 때문에 伊湌 大西知의 아들 實聖을 볼모로 보냈다.

라-9 45년(400) 겨울 10월에 왕이 타던 대궐 안 외양간의 말이 무릎을 꿇고 눈물을 흘리면서 슬피 울었다.

라-10 46년(401) 가을 7월에 高句麗에 볼모로 갔던 實聖이 돌아왔다.

라-11 47년(402) 봄 2월에 왕이 세상을 떠났다.[100]

---

98) 宣石悅, 앞의 책, 2001, 43~44쪽 및 55~58쪽.

99) 내물이 미추왕을 이어 사위로서 왕위를 계승하였다면, 이미 혼인한 이후가 되므로 15세보다는 적어도 20세 이상의 나이였을 것이다.

라-12 옛적에는 新羅寐錦이 몸소 [高句麗에] 와서 보고를 하며 청명을 한 일이 없었는데, 國岡上廣開土境好太王代에 이르러 [이번의 원정으로 신라를 도와 왜구를 격퇴하니] 신라 매금이 … 하여 (스스로 와서) 조공하였다.[101]

라-8·7·8·9·10 일련의 기사는 내물왕대의 급변하는 정세 속에서 일어난 사건이다. 370년대에 이르러 신라는 고구려와 동맹을 맺었고, 고구려를 매개로 중국의 전진과 교섭하여 신라의 국제적 위상을 높였다. 당시 고구려와 적대관계에 있었던 백제가 가야 및 왜와 동맹을 맺고 신라를 견제하여 고구려는 우방인 신라를 지원하면서 관계를 돈독히 하기 위해 볼모를 요구한 것이 라-8의 기사로, 신라 내물왕은 자신의 라이벌인 실성을 고구려에 볼모로 보내었다. 라-12에서 보듯이 신라왕에 대한 불만을 드러내었는데, 이는 고구려에 의해 신라왕이 교체될 수 있음을 예견하는 것이다.

이러한 상황은 라-9에서 드러나는데, 왕이 타던 말이 슬피 울었다고 하여 내물왕에게 어떠한 변고가 있었던 것이다. 라-10에서 이듬해 고구려는 자국에 와있던 실성을 귀국시켜 신라 정계에 변화를 야기하였다. 라-11에 보이듯이 그 다음해에 내물왕이 사망하였는데, 그것은 다름 아닌 고구려의 간섭에 의해 내물왕에서 실성왕으로 신라국왕이 교체된 것이다.[102] 이는 고구려의 볼모 출신인 실성왕이 고구려와의 관계를 더욱 돈독히 할 수 있을 것으로 판단했기 때문일 것이다.[103]

---

100) 이상 『삼국사기』 권3, 신라본기3 내물이사금조.

101) 盧泰敦, 「광개토왕릉비」 『역주 한국고대금석문』 I, 가락국사적개발연구원, 1992, 12쪽.

102) 李弘稙, 「新羅의 勃興期」 『韓國古代史의 硏究』, 신구문화사, 1971, 444~446쪽 ; 申瀅植, 「新羅王位繼承考」 『柳洪烈博士華甲紀念論叢』, 탐구당, 1971, 72쪽 ; 李文基, 「6세기 新羅 '大王'의 成立과 그 國際的 契機」 『新羅文化祭學術發表會論文集』 9, 1988, 335~336쪽 ; 朱甫暾, 「朴堤上과 5세기초 新羅의 政治變動」 『慶北史學』 21, 1998, 837~841쪽 ; 장창은, 『신라 상고기 정치변동과 고구려 관계』, 신서원, 2008, 89~96쪽.

103) 宣石悅, 앞의 논문, 2003, 97~98쪽.

이상에서 살펴본 바와 같이 내물왕 사후 그의 장자인 눌지가 '幼少'하여 내물왕의 동서이며 미추왕의 여서로서 실성이 왕위를 계승한 것처럼 되어 있다. 이는 석씨왕실 집단의 지원뿐만 아니라 특히 고구려의 지원에 의해 가능하였을 것이고, 이때 내물왕은 고구려에 의해 축출된 것으로 보인다. 비록 실성왕은 고구려의 지원에 의해 왕위에 올랐다 할지라도, 신라 고유의 계승원리를 깨뜨린 것은 아니었다.

실성왕의 왕위계승은 전왕인 내물왕과의 관계로 본다면 김씨왕통상의 방계계승으로 볼 수 있을 것이지만, 전왕보다 앞의 왕과의 관계도 염두에 두어야 할 것이다. 내물왕에게 장성한 아들들이 있었으며 실성왕 다음으로 왕의 후손이 왕위를 이어야 하는데 그 뒤를 잇는데 실패하였다. 내물왕의 후손들이 왕위를 이었으므로, 실성왕의 왕위계승을 방계계승이라 할 수 없는 것이다. 미추왕과의 관계로 볼 경우에는 여서계승으로 인정할 수 있으므로, 내물왕의 아들이 있더라도 왕위계승상의 합리성을 확보하게 된다. 이는 고구려가 신라의 내정간섭을 통해 미추왕의 사위 실성을 왕위에 올렸고, 그 후에는 실성왕을 실각시키면서 전왕의 사위인 눌지왕을 왕위에 올린 사실도 흥미를 끌고 있기도 하다.

이와 같이 김씨왕통 초기에 나타난 여서계승은 왕위를 둘러싼 갈등이 치열해짐으로써 적자계승에 의한 왕위세습체제보다 왕권이 강화되지 못하게 되었다. 박씨왕통을 이어받아 개창된 김씨왕통은 처음 왕위에 오른 미추왕이 아들이 없음으로 인해 후사 문제를 둘러싸고 권력투쟁이 발생하게 되었고, 이후 고구려의 내정간섭에 의해 적자계승이 되지 못하고 미추왕－내물왕·실성왕－눌지왕으로 여서계승이 지속됨으로써 왕권의 약화를 초래하게 되었다. 그 뿐만 아니라 지배층의 분열까지 나타나게 되어 고구려는 한동안 신라의 내정에 깊숙이 관여하고 영향력을 증대시켜갔던 것이다.

2) 직계계승

실성왕을 이어 왕위에 오른 왕족은 눌지왕이었다. 눌지왕이 어떻게 즉위하였는가에 대해서는 다음의 기록을 통해 살펴보겠다.

마-1 奈勿王 37年 實聖을 高句麗에 볼모로 보내었다. 實聖이 돌아와 왕이 됨에 이르러, 奈勿王이 자기를 외국[고구려]에 볼모로 보낸 일을 원망하여 奈勿王의 아들들에게 원한을 갚고자 하였다. [실성왕은] 사람을 보내어 자신이 高句麗에 있을 때 서로 알고 지낸 사람을 불러, 몰래 訥祗를 보거든 죽이라고 알렸다. 드디어 訥祗를 고구려에 가게 했는데, 가는 도중에 만났다. 高句麗 사람은 訥祗의 모습과 기상이 밝고 단아하여 군자의 기풍이 있음을 보고, 이윽고 訥祗에게 알리기를, "그대 나라의 왕이 나에게 그대를 해치라고 하였으나, 지금 그대를 보니 차마 해칠 수가 없다"고 하고 돌아가 버렸다. 訥祗가 그것을 원망하여 도리어 실성왕을 죽이고 스스로 왕위에 즉위하였다.[104)]

마-2 實聖王은 전왕의 태자 訥祗가 덕망이 있음을 꺼려하여 해치고자 高句麗 군사를 청하여 거짓으로 訥祗를 맞이하게 하였다. 高句麗 사람들이 訥祗가 현명한 행실이 있음을 알아차리고 창을 거꾸로 하여 실성왕을 죽이고 이내 訥祗를 세워 왕으로 삼고는 돌아갔다.[105)]

사료 마-1과 마-2는 눌지왕의 즉위 사정을 전하고 있는데, 양 기록은 실성왕을 축출한 주체에 대해 상반된 내용을 전하고 있다. 즉 마-1의 『삼국사기』 기록에는 고구려의 도움으로 눌지가 실성왕을 축출한 것으로 되어 있다. 이에 반해 마-2의 『삼국유사』 기록에는 고구려가 실성왕을 축출하고 눌지를 왕위에 옹립한 것으로 되어 있다. 신라 우월주의에 입각하여 통일기 신라인들이 편찬한 원전을 전거로 하여 편찬된 『삼국사기』와 달리, 『삼국유사』는 삼국 당시의 금석문 등과 같은 원사료를 인용하는 등 『삼국사기』 보다 객관적인 기록의 자세를 보이고 있는 경우도 있다.

---

104) 『삼국사기』 권3, 신라본기3 눌지마립간 즉위조.
105) 『삼국유사』 권1, 기이1 실성왕조.

이와 같이 당시 신라에 대한 고구려의 내정간섭은 왕위계승에까지 미치게 되었다. 이는 고구려가 광개토왕의 남정 이후 신라에 대한 영향력이 더욱 강화되었음을 반영하는 것으로 실성왕대 이후에도 내정간섭은 지속되었는데, 그 중에서 가장 대표적인 것이 눌지왕의 자립사건이었다.

비록 눌지왕이 고구려의 지원에 의해 왕위에 올랐을지라도, 실성왕의 즉위와는 사정이 다른 것이다. 뒤에서 살펴보듯이 내물왕의 뒤를 이어 즉위한 실성왕은 전왕 내물왕과는 동서 사이였으므로, 아들들이 있는 내물왕을 이어 왕이 될 자격이 없었으나 고구려의 지원에 의해 왕위에 올랐던 것이다. 반면에 눌지왕은 아들이 없고 딸만 있는 실성왕의 여서로서 왕위를 계승할 수 있었을 뿐 아니라, 내물왕의 장자로서 왕위를 이을 자격도 갖추고 있었던 것이다. 눌지왕은 고구려의 지원이 있든 없든 그에 관계없이 왕위를 계승할 수 있었던 것이며, 고구려 쪽에서도 이와 같은 여건을 감안하여 실성왕을 축출하고 눌지를 왕위에 옹립하였던 것이다.[106] 다시 말하면 눌지왕은 실성왕을 이어 왕위에 오른 점은 여서계승이라고 볼 수 있겠지만, 내물왕의 적자라는 점이 보다 중요한 요인이었다고 할 수 있다.

그리고 눌지왕은 고구려의 지원 이외에 자립사건 당시 국내 지배층의 지지도 얻었다고 할 수 있는데, 그것은 다음과 같다.

마-3 實聖王 원년(402) 봄 3월에 왜국과 통해서 우의를 맺어, 奈勿王의 아들 未斯欣을 볼모로 보냈다.[107]

마-4 11년(412)에 奈勿王의 아들 卜好를 고구려에 볼모로 보냈다.[108]

마-5 訥祗王이 즉위하자 변사를 얻어 왕의 아우들을 맞이해 오도록 하고자

106) 눌지가 고구려의 지지를 얻는데 일조를 한 인물은 412년 고구려에 볼모로 가 있던 동생 복호의 역할이 있었을 것이라는 견해도 주목된다(윤진석, 앞의 논문, 2009, 82쪽).

107) 『삼국사기』 권3, 신라본기3 실성이사금 원년조.

108) 동권3, 실성이사금 11년조.

> 하였다. 水酒村干 伐寶靺·一利村干 仇里迺·利伊村干 波老 세 사람이 현명하고 지혜가 있다는 것을 알고 불러 물었다. … 세 사람이 함께 말하기를 "신들이 듣기로는 歃良州干 朴堤上은 굳세고 용감하며 지모를 가지고 있어 전하의 근심을 해결해낼 수 있을 것입니다."고 하였다. … 제상을 왜왕에게로 데리고 가서 목도로 귀양을 보냈다가 얼마 후에 사람을 시켜 나무에 불을 질러 온 몸을 태운 후에 목을 베었다. 눌지왕은 이 소식을 듣고 슬퍼하여 대아찬을 추증하고, 그 가족에게 후한 상을 내리고, 미사흔에게 제상의 둘째딸을 아내로 삼게 하여, 그 은혜를 갚게 했다.[109)]

눌지왕은 즉위하자 외국에 볼모로 가서 돌아오지 못하고 있는 아우 미사흔과 복호를 송환하고자 하여 국내의 지원세력을 규합하였다. 처음에는 마-5에서 보는 바와 같이 수주촌(경북 예천)·일리촌(경북 성주)·이이촌(경북 영주) 등 지방세력이 참여하였는데, 이들을 중앙으로 소집하는데 매개 역할을 담당한 것은 중앙지배층이었을 것이다.[110)]

왕제의 송환 임무를 담당한 인물은 박제상이었다. 기존의 견해에는 박제상의 출자에 대해 왕경인으로 보는 일반적인 견해와 지방민으로 보는 견해가 있어 왔다. 김용선은 『삼국사기』 신라본기의 초기기록에 의문이 많은 점을 들어 박제상의 출자 기록도 믿을 수 없는 것으로 규정하고 그를 지방세력가로 보고 있다.[111)] 즉 파사왕과 그 5세손인 박제상 사이의 현격한 연대차이에 의문을 가지고, 박제상은 원래 지방세력이었으나 왕경에 와서 경위를 수여받

---

109) 동권45, 열전5 박제상전.

110) 『삼국유사』의 내물왕 김제상조에 의하면 '왕은 아우들을 송환하기 위해 여러 신하와 나라 안의 호협들을 소집하여 친히 연회를 베풀었는데, 이때 백관들이 삽라군 태수 박제상을 천거하였다'(『삼국유사』 권1, 기이1 내물왕 김제상조)고 하였다. 이 기록은 『삼국사기』 박제상전에서 지방 촌주가 박제상을 추천하였다는 내용과 다르다. 국왕이 중앙지배층과 정사를 논의하는 것이 일차적이라는 필수적임을 고려하면, 논의 과정을 추론하면 먼저 중앙지배층이 지방 촌주를 천거하였을 것이고 그 다음으로 촌주들이 박제상을 적임자로 추천하였다고 보는 것이 보다 타당할 것이다.

111) 金龍善, 「朴堤上 小考」 『全海宗紀念論叢』, 일조각, 1979, 601~604쪽.

은 것으로 해석한 것이다. 한편 주보돈은 박제상이 신라에 복속되어 있다가 정치적인 이유로 중앙에 사민되어 정착한 존재로 파악하였다.[112] 이는 신라왕실의 계보기록을 불신하고 관련 기록을 간과한 때문이다. 특히 박제상이 내마라는 관등을 보유하고 양산지역의 지방관이었다라고 전하는 기록만 중시한 것이 박제상을 재지세력가로 본 잘못된 요인이었다.

그러나 박제상은 부인이 치술로서 실성왕의 딸이었으므로,[113] 실성왕의 부마이자 눌지왕의 동서였다. 이러한 사실을 참고해 보면 다음과 같은 사실을 추측해 볼 수 있다. 박제상의 출자에 대한 기록을 참조해 보면, 『삼국사기』에는 파사왕의 5세손으로[114] 『삼국유사』에는 실성마립간이 '王郎鵄述之父'[115]라 하여 그의 부인 치술이 실성왕의 딸로 되어 있다. 실성왕의 부마였을 당시에 박제상은, 내물왕이 축출되고 고구려의 볼모 생활을 하다가 귀국한 실성왕이 마립간으로 즉위하였다가 고구려에 의해 축출당할 때까지 실성왕을 지원한 세력으로 활동하였다. 눌지왕이 즉위한 직후 박제상은 삽라군 태수 즉 신라의 변경인 양산지역의 관리로 추방되었다가 신라 중앙세력집단의 추천에 의해 다시 중앙정계로 복귀하여 고구려에 간 볼모 복호와 왜국에 간 볼모 미사흔을 구출하였다.[116]

실성왕 축출 이후 신라 지배층은 고구려의 내정간섭에 국가적인 위기를 절실히 인식하게 되었을 것이다. 위에서 살펴보았듯이 중앙뿐만 아니라 지방의 지배층을 포함하여 신라의 지배층은 결속하게 되었던 것이다. 한때 실성왕의 사위로서 눌지왕의 정적이었던 박제상마저 눌지왕을 지원하여 외국에 볼모로 가 있던 왕제들을 송환할 정도로 국가의 위기를 타개하기

112) 朱甫暾, 앞의 논문, 1997, 818~820쪽.
113) 『삼국유사』 권1, 왕력 제18 실성마립간조.
114) 『삼국사기』 권45, 열전5 박제상전.
115) 『삼국유사』 권1, 왕력1 제18 실성마립간조.
116) 宣石悅, 「朴提上의 出自와 관등 奈麻의 의미」 『慶大史論』 10, 1998/앞의 책, 2001, 254~264쪽.

위해 신라의 거의 모든 지배층은 일치단결하게 되었던 것이다.

다시 말하면 눌지왕이 지배층으로부터 지원을 받아 왕위에 오를 수 있는 가장 큰 요인은 여서계승으로서가 아니라 직계계승이라는 점이었던 것이며, 이후의 왕위계승도 내물왕계의 직계계승으로 나아갔다.[117)]

마립간시기에 적자로서 왕위를 계승한 왕은 자비왕과 소지왕이 있다. 먼저 자비왕의 왕위계승에 대해 다음의 기록을 통해 살펴보겠다.

마-6 慈悲麻立干이 왕위에 올랐다. 왕은 訥祗王의 맏아들이며, 어머니 김씨는 實聖王의 딸이다.[118)]

마-7 慈悲麻立干은 金氏로 아버지는 訥祗이고, 어머니는 阿老夫人[세주 : 혹은 次老夫人이라고도 한다]으로 實聖王의 딸이다. … 왕비는 巴胡葛文王[세주 : 혹은 未叱希 角干 혹은 未斯欣 角干의 딸이라고도 한다]의 딸이다.[119)]

마-8 未斯欣이 죽으니, 舒弗邯을 추증하였다.[120)]

마-9 舒弗邯 未斯欣의 딸을 맞아들여 王妃로 삼았다.[121)]

마-10 斯羅의 喙 斯夫智王과 乃智王 두 왕이 敎示를 내려 珍而麻村의 節居利로 써 증거를 삼아 그로 하여금 재물을 얻게 하라고 하셨다.[122)]

자비왕은 눌지왕의 적자로서 아버지를 이어 왕위에 올라 직계계승을 하였

---

117) 만약 실성왕에 의해 사위 눌지가 제거당하였다면 또 다른 사위인 박제상이 그의 후계자로 되었을까는 부정적이다. 미추왕의 즉위 이후 박씨왕통이 단절되고 김씨왕통이 왕위를 계승하게 되었는데, 실성왕의 사후 박제상이 여서로서 박씨가 왕위를 계승하는 것은 당시 김씨왕실이나 중앙정계에서는 받아들일 수 없을 것이다. 실성왕이 고구려군에 의해 축출당하게 된 요인 중의 하나가 바로 이러한 돌발적인 상황을 감안한 것이 아닐까 한다. 고구려는 신라를 자신의 영향력 아래 두기 위해서는 신라왕실이나 정계의 반발을 최소화하려 하였을 것이다.

118) 『삼국사기』 권3, 신라본기3 자비마립간 즉위조.

119) 『삼국유사』 권1, 왕력1 제20 자비마립간조.

120) 『삼국사기』 권3, 신라본기3 자비마립간 17년 5월조.

121) 동권3, 자비왕 4년 2월조.

122) 盧重國, 「영일냉수리신라비」 『역주 한국고대금석문』 2, 가락국사적개발연구원, 1992, 12쪽.

다. 왕비는 숙부 미사흔의 딸이므로, 자비왕과는 사촌관계로 근친혼이었다. 일반적인 신라왕과 달리 자비왕의 혼인에 대해 기록이 명확하게 전하는데, 마-9에서 보듯이 자비왕은 재위기간에 혼인한 바, 미혼으로 왕위에 오른 것이라는 점이 주의를 끈다. 눌지왕이 어려 왕이 되지 못하고 방계의 실성왕이 즉위하였다는 기록과는 배치되는 것으로, 이는 눌지왕대에 추진된 왕권강화책을 기반으로 가능한 것이었다.

마립간시기 초기의 왕위계승 변화는 김씨왕실 집단 내부의 갈등과 고구려의 내정간섭에 기인한 것이었다. 이후 신라의 당면한 과제는 고구려의 내정간섭을 극복하고 왕위계승체계를 확립하는 데에 있었다. 눌지왕은 왕실의 안정과 왕권의 강화를 위하여 葛文王制를 개편하였다.

이전의 갈문왕은 王母의 父·王妃의 父·王의 父가 사망 후에 추봉된 것이 일반적이었으나,[123] 마립간시기에 이르러 새로운 갈문왕이 존재하였음이 6세기 초엽에 건립된 금석문에서 알려지게 되었다. 이에 대한 관련 자료로서는 냉수리비·봉평비·천전리서석 등이 있는데, 이를 표로 작성하면 <표 9>와 같다.

〈표 9〉 6세기 초엽 신라 금석문에 보이는 국왕과 갈문왕

금석문	냉수리비			봉평비		천전리서석	
직명	國王	(葛文)王	葛文王	國王(寐錦王)	葛文王	國王(太王)	葛文王
인명	乃智王	斯夫智王	至都盧	牟卽智	徙夫智	牟卽智	徙夫智
소속부	喙部	喙部	沙喙部	喙部	沙喙部	喙部	沙喙部

이들 금석문에는 斯夫智葛文王 즉 習寶葛文王(복호)과 至都盧葛文王(지증왕), 그리고 徙夫智葛文王(立宗) 등이 등장하고 있다. 습보갈문왕과 지도로갈문왕, 그리고 지도로갈문왕과 사부지갈문왕이 각각 부자관계로 되어 있어 주목된다. 마-8 및 마-9의 미사흔과 마-10 냉수리비의 사부지갈문왕은 눌지왕

123) 李基白, 앞의 논문, 1973/앞의 책, 1974, 10~11쪽.

의 동생들이다. 이 두 인물 모두 갈문왕으로 전하고 있다. 먼저 마-7의 『삼국유사』에 의하면 미사흔은 파호갈문왕 혹은 미흔 각간이라고 하였는데, 마-8의 『삼국사기』에 의하면 그가 사망하자 서불한을 추증하였다고 한 점에서 생존하였을 때에는 갈문왕이 아니었음을 알 수 있다. 미사흔이 사망한 후에도 서불한 즉 각간이었고, 갈문왕으로 된 것은 왕비의 아버지로서 추봉된 것이며,[124] 乃智王과 함께 공론한 斯夫智王은 다른 인물임을 알 수 있다.

다음 눌지왕의 아우 중에 남은 인물은 복호이다. 斯夫智王은 마립간시기의 어느 왕에도 해당되지 않아 표기의 유사성에서 추적하여 實聖王,[125] 昭知王,[126] 習寶葛文王[127] 등으로 보는 견해가 있어 왔다. 앞 절에서 살펴본 바와 같이 斯夫智王은 습보갈문왕으로 비정할 수 있다. 지증왕의 아버지로 전하는 습보갈문왕[128]과 기보갈문왕[129] 가운데 기보갈문왕의 '期'는 '斯'의 오기로 이해되므로, 斯夫智王은 눌지왕의 아우 복호를 가리키는 것이다.

자비왕 왕비의 아버지로서 추봉된 미사흔과 달리, 냉수리비에 눌지왕과 함께 등장한 갈문왕인 사부지(갈문)왕 즉 복호는 눌지왕대에 책봉된 갈문왕이었다. 눌지왕대부터는 추봉 갈문왕 외에 王弟를 갈문왕에 책봉하는 새로운 제도를 마련하였으며 부자관계로 계승되었다. 책봉된 갈문왕은 국왕의 유고가 있을 경우 왕위에 즉위할 수도 있었다. 마립간시기에는 마립간과 갈문왕이 왕권을 분장하였는데, 마립간이 정치·군사권을 장악한 반면 갈문왕은 주로 제사권을 관장하였다.[130]

이와 같이 자립한 눌지왕은 왕권을 강화하기 위해 외국에 볼모로 가 있던

---

124) 宣石悅, 앞의 논문, 2003, 110쪽.
125) 金永萬, 앞의 논문, 1990 ; 文暻鉉, 앞의 논문, 1990.
126) 武田幸男, 앞의 책, 1990.
127) 선석열, 앞의 논문, 1990.
128) 『삼국사기』 권4, 신라본기4 지증마립간 즉위조.
129) 『삼국유사』 권1, 왕력 제22 지정마립간조.
130) 宣石悅, 앞의 논문, 2003, 93~111쪽.

왕제들을 귀환시켜 왕실을 안정시키고 갈문왕제를 개혁하여 왕권을 확립함으로써 김씨집단 내부의 경쟁세력을 압도하고 내물왕계 중심의 왕위계승체계를 구축하여 직계 적자계승체제를 전개하여 그의 적자 자비왕이 왕위를 이었던 것이다.

자비왕을 이어 왕위를 계승한 인물은 그의 아들 소지왕이다. 관련 기록을 제시하여 소지왕의 왕위계승에 대해 살펴보겠다.

마-11 炤知麻立干[세주 : 혹은 毗處라고도 한다]이 왕위에 올랐다. 慈悲王의 맏아들이다. 어머니 김씨는 舒弗邯 未斯欣의 딸이며, 왕비 善兮夫人은 乃宿 伊伐飡의 딸이다. 소지가 어려서 부모를 잘 섬기고, 겸손하고 공경하여 자신의 분수를 지켰으므로 사람들이 모두 그에게 감복했다.[131]

마-12 毗處麻立干[세주 : 혹은 炤知王이라고도 한다]은 金氏로 慈悲王의 셋째 아들이며 어머니는 未斯欣 角干의 딸이다. … 왕비는 期[習][132]寶葛文王의 딸이다.[133]

이들 두 왕에 대한 기록을 살펴보면, 『삼국사기』와 『삼국유사』의 내용이 다르게 되어 있다. 마-11 『삼국사기』의 경우 소지왕이 자비왕의 장자로 되어 있으나, 마-12 『삼국유사』의 경우에 소지왕은 자비왕의 셋째아들로 되어 있다. 소지왕의 어머니는 자비왕 4년(461)에 왕비가 되었으므로,[134] 소지왕이 자비왕의 장남이라면 479년에 즉위했을 때의 나이는 18세 전후였을 것이다. 셋째아들이라면 2살 터울로 보더라도 14세 전후가 되므로, 실성왕 즉위의 이유에서 보듯이 '幼少'한 것으로 되어 즉위에 문제가 될 수 있다. 따라서 『삼국사기』의 기록과 같이 소지왕은 장남으로서 장년층은 아니지만, 15세

131) 『삼국사기』 권3, 신라본기3 소지마립간 즉위조.

132) 宣石悅, 앞의 논문, 2002, 208~209쪽.

133) 『삼국유사』 권1, 왕력1 제21 비처마립간조.

134) 『삼국사기』 권3, 신라본기3 자비마립간 4년 2월조.

이상의 성년이 되어 왕위를 이을 수 있었던 것으로 보아야 한다.

위의 기록에서 보듯이 소지왕은 왕비가 두 명이었다. 앞서 살펴본 바와 같이 습보갈문왕의 딸이 선혜부인보다 앞 세대로 연장자로 볼 수 있으므로 선비이고, 내숙 이벌찬의 딸 선혜부인은 후비였다. 두 왕비 모두 내물왕의 후손으로서 소지왕과 근친혼을 하였으므로, 소지왕은 내물왕계 내부의 결속으로 순조롭게 왕위를 이었던 것이다. 이에 대해 구체적으로 살펴보겠다.

마-13 斯羅의 喙[部]의 斯夫智王과 乃智王 두 왕이 敎示를 내려 珍而麻村의 節居利로써 증거를 삼아 그로 하여금 재물을 얻게 하라고 하셨다. 癸未年 9월 25일, 沙喙[部]의 至都盧 葛文王·斯德智 阿干支·子宿智 居伐干支와 喙[部]의 尒夫智 壹干支·只心智 居伐干支와 本彼[部]의 頭腹智 干支와 斯彼[部]의 暮斯智 干支, 이 7王들이 함께 共論하여 교시하였으니, 前世의 두 王의 교시로써 증거를 삼아 財物을 모두 절거리로 하여금 얻게 하라고 하셨다.[135]

마-14 甲辰年 정월 15일에 喙部의 牟卽智 寐錦王 沙喙部의 徙夫智과 葛文王 本波部의 □夫智 干支 岑喙部의 美昕智 干支 沙喙部의 而粘智 太阿干支 吉先智 阿干支 一毒夫智 一吉干支 喙[部]의 勿力智 一吉干支 愼宍智 居伐干支 一夫智 太奈麻 一尒智 太奈麻 牟心智 奈麻 沙喙部의 十斯智 奈麻 悉尒智 奈麻 등이 교시하셨다.[136]

먼저 습보갈문왕은 복호로서 내물왕의 아들이자 눌지왕의 아우이며 지증왕의 아버지이다. 마-13의 냉수리비에는 前世二王으로 등장한 斯夫智王이 습보갈문왕을 가리키는 것으로, 내지왕 즉 국왕인 눌지왕과 함께 국론을 결정하고 있다. 추봉된 미흔갈문왕과 달리 습보갈문왕은 418년 귀국한 이후 복호가 갈문왕으로 책봉된 칭호이다. 습보갈문왕은 눌지왕과 함께 협력하여

135) 盧重國, 「영일냉수리신라비」『역주 한국고대금석문』 2, 가락국사적개발연구원, 1992, 12쪽.

136) 李明植, 「울진봉평신라비」, 위의 책, 1992, 15쪽.

국가지배체제를 정비함으로써 내물왕계 왕권을 강화하는데 커다란 역할을 수행하였다. 지증이 갈문왕 시절이었던 485년에 왕릉의 수묘호를 증치하고[137] 487년에 신궁을 설치하는데[138] 주도적인 역할을 수행하였듯이,[139] 특히 435년에 신라 역대 원릉을 수리 정비하는데 주도적인 역할을 담당하여 왕실의 권위와 위엄을 드높였다. 눌지왕 이후 내물왕 직계가 왕위를 세습하는 체제를 구축할 때에도 일정한 역할을 담당하였다. 자비왕이 미사흔의 딸과 혼인하여 소지왕을 낳았고, 습보갈문왕의 딸은 소지왕과 혼인하여 선비가 되었다. 소지왕 후비의 아버지 내숙은 거칠부의 할아버지로서[140] 내물왕의 증손이다. 486년에 내숙은 이벌찬으로 국정에 참여한 것으로[141] 되어 있다.

이와 같이 마립간시기의 내물왕계 왕실은 내부에서 눌지왕대부터 소지왕대까지 근친혼을 행하여 왕실의 결속과 안정을 도모하였던 것이며, 왕실의 결속에 의해 소지왕의 왕위계승이 이루어졌고 왕권을 유지할 수 있었던

---

137) 『삼국사기』 권3, 신라본기3 소지마립간 7년 4월조.

138) 동권3, 소지마립간 9년 2월조 및 동권32, 제사지.

139) 신라본기의 기록을 중시하는 소지왕 9년 신궁설치설과 제사지의 기록을 중시하는 지증왕대 신궁설치설로 나뉘어져 있으나, 이들 두 기록은 전혀 상반된 것이 아니라 소지왕 9년에 지증왕이 신궁의 설치를 주도한 것으로 이해할 수 있다.

㈎ 소지왕 9년 신궁설치설

邊太燮, 「廟制의 變遷을 通하여 본 新羅社會의 發展過程」 『歷史教育』 8, 1964 ; 이병도, 『역주 삼국사기』, 1996(개정판) ; 崔光植, 「新羅의 神宮設置에 대한 新考察」 『韓國史研究』 43, 1983/「신라의 신궁제사」 『고대한국의 국가와 제사』, 한길사, 1983 ; 辛鍾遠, 「三國史記 祭祀志 研究」 『史學研究』 38, 1984/「新羅 祀典의 成立과 意義」 『新羅初期佛教史研究』, 민족사, 1994 ; 崔在錫, 「新羅의 始祖廟와 神宮의 祭祀」 『東方學志』 50, 1986/『韓國古代社會史研究』, 일지사, 1987 ; 姜鍾薰, 「神宮의 設置를 통해 본 麻立干時期의 新羅」 『韓國古代史論叢』 6, 1994 ; 宣石悅, 앞의 논문, 2002.

㈏ 지증왕대 신궁설치설

申瀅植, 「新羅史의 時代區分」 『韓國史研究』 18, 1977 ; 浜田耕策, 「新羅の神宮と百座講會と宗廟」 『東アジア世界における日本古代史講座』 9, 學生社, 1982 ; 吉光完祐, 「中國郊祀の周邊國家への傳播」 『朝鮮學報』 108, 1983 ; 李鐘泰, 「新羅 智證王代의 神宮設置와 金氏始祖認識의 變化」 『擇窩許善道先生停年紀念韓國史學論叢』, 일조각, 1992.

140) 『삼국사기』 권44, 열전4 거칠부전.

141) 동권3, 소지마립간 8년 2월조.

것이다.

지증왕의 왕위계승은 내물왕계 직계가 아니라 방계였으므로, 방계계승이라 할 수 있다. 자세한 왕위계승과정에 대해서는 중고 왕통의 시조에 해당하므로, 장을 바꾸어 살펴보도록 할 것이다.

V. 중고시기의 왕위계승

1. 왕실계보

1) 지증왕의 계보 문제

마립간시기에는 내물왕부터 소지왕까지 내물왕의 직계가 왕위를 세습하였는데, 지증왕은 직계가 아니라 방계로서 소지왕을 이어 왕위에 올랐다. 다음은 마립간시기의 마지막 왕인 지증왕에 대해서인데, 그 계보에 대해서는 관련 사료를 통해 살펴보겠다.

가-1 智證痲立干이 왕위에 올랐다. 성은 김씨요, 이름은 智大路[세주 : 혹은 智度路라 하고, 또 智哲老라고도 한다]다. 내물왕의 증손자요, 習寶葛文王의 아들이며, 炤知王의 재종제이다. 어머니는 金氏 鳥生夫人으로 눌지왕의 딸이요, 왕비는 朴氏 延帝夫人으로 登欣 伊湌의 딸이다. 왕은 몸이 크고 담력이 남보다 뛰어났다. 先王이 세상을 떠나자, 아들이 없으므로 왕위를 이으니 이때 나이가 예순네 살이었다.[1]

가-2 제22대 智訂痲立干[세주 : 혹은 智哲老 또는 智度路王이라고도 한다]은 金氏로 아버지는 訥祗王의 동생 期[習]寶葛文王이고, 어머니는 鳥生夫人으로 訥祗王의 딸이다. 왕비는 迎帝夫人으로 儉攬代漢只 登許[세주 : △△] 角干의 딸이다.[2]

1) 『삼국사기』 권4, 신라본기4 지증마립간 즉위조.
2) 『삼국유사』 권1, 왕력1 제22 지정마립간조.

가-3 第22대 智哲老王의 성은 김씨요, 이름은 智大路 또는 智度路라 했고, 謚號는 智證이라 했다. 시호는 이때부터 시작되었다. 또 우리말에 왕을 麻立干이라 한 것도 지철로왕 때부터 시작된 것이다. 왕은 永元 2년 庚辰(500)에 왕위에 올랐다[세주 : 혹은 辛巳라고도 하니 그렇다면 영원 3년(501)이 된다]. 왕은 음경의 길이가 1자 5치였으므로, 좋은 짝을 찾기가 어려워 사자를 三道로 보내어 구하였다. 사자가 牟梁部의 冬老樹에 이르러 … 그[모량부 相公]의 집을 찾아가 살펴보니 상공의 딸의 키가 7척 5촌이었다. 이 사실을 왕에게 보고하니, 이에 왕이 수레를 보내 그녀를 맞이하여 皇后로 봉하였다.[3)]

지증왕의 계보를 살펴보면 검토해야 할 부분이 상당히 많은데 다음과 같이 살펴보겠다.

첫째, 지증왕의 인명표기에 대해서이다. 두 사서의 세 가지 기록에서 智哲老 智大路 智度路라고 표기되어 있는데, 냉수리비에서는 至都盧葛文王이라 하여 세 가지 표기 가운데 智度路와 흡사하다. 智大路의 경우 가-3에 왕의 음경이 길다는 뜻에 가까우며, 智哲老 또는 智哲老王이라는 표기는 지증왕이 64세의 노년에 왕이 되고 현명하게 정치를 행하였다는 의미가 되므로 처음의 이름이 아니라 노년에 붙여진 존칭으로 보아야 할 것이다.

둘째, 지증왕 아버지의 경우인데, 이 문제를 밝혀내게 되면 지증왕의 계보를 정확히 알 수 있게 된다. 가-1의 『삼국사기』에는 지증왕의 아버지를 '習寶葛文王'이라는 이름만 전할 뿐이지만, 가-2의 『삼국유사』에는 '期寶葛文王'이라 하면서 눌지왕의 동생이라고 밝히고 있다. 앞서 살펴보았듯이 습보갈문왕과 기보갈문왕은 동일 인물이므로, 마립간시기 당시의 표기인 '斯'가 『삼국유사』에서 '期'로 잘못 표기한[4)] 데서 드러난 혼동이었을 뿐이다.[5)] 앞장에서 살펴보

3) 동권1, 기이1 지철로왕조.

4) 『삼국유사』에 나타난 인명표기의 경우 표기의 잘못은 목판을 새길 때 잘못 새겨진 데서 발생한 오각일 경우도 더러 있을 것이다.

5) 본서에서 신라왕실 인물의 인명표기를 살펴보겠지만, 『삼국사기』와 『삼국유사』에

았듯이 습보갈문왕은 눌지왕의 동생인 복호의 갈문왕 칭호이며, 냉수리비에는 사부지왕으로 되어 있다. 해당 비문에 '斯羅喙斯夫智王乃智王二王敎'[6]라 하여 사부지왕이 내지왕 즉 눌지왕과 함께 교시하였다고 한다. 그런데 그의 아들 지도로갈문왕이나 손자 徙夫智葛文王은 모두 사탁부 소속으로 되어 있으나, 사부지왕은 탁부로 되어 있어 이에 대한 해명이 필요하다. 사탁부가 탁부에서 분화되었다고 보는 견해[7]에 따른다면, 습보가 갈문왕으로 존재한 시기는 사탁부가 분화되기 이전으로 보아야 한다. 일반적으로 왕경육부가 성립되는 시기를 자비왕 12년(469)으로 보고 있는데,[8] 이를 참고하면 469년이 습보가 갈문왕으로 존재한 하한이 되는데,[9] 이 이전에 이미 지증이 갈문왕이 되었을 것으로 보인다.

그러므로 지증왕의 계보는 내물왕－습보갈문왕(복호)－지증왕으로 되는데, 위의 두 문헌의 문제점을 해결할 수 있다. 『삼국사기』의 경우 지증왕이 내물왕의 증손이라는 계보전승은 잘못된 것이지만, 내물왕－습보갈문왕－지증왕이라는 인명표기상의 전승은 정확한 것이다. 『삼국유사』의 경우 습보를 기보라고 인명이 잘못 전승된 결함은 있으나, 계보전승만은 확실한 것이라 할 수 있다.

위와 같이 검토해 볼 때 기록상에서와 같이 지증왕은 즉위시의 나이가 64세였음을 참고하면 소지왕과 같은 세대로 보기는 어려우며, 소지왕의

이와 같은 혼동은 많이 나타나고 있는 것이 다반사이다.

6) 盧重國, 「영일냉수리신라비」 『역주 한국고대금석문』 2, 가락국사적개발연구원, 1992, 12쪽.

7) 朱甫暾, 앞의 논문, 1992, 11~16쪽.

8) 이에 대한 연구사적 정리로서 다음의 논고가 참고된다. 李基東, 「新羅 骨品制 硏究의 現況과 그 課題」 『歷史學報』 1977/『新羅 骨品制社會와 花郎徒』, 일조각, 1984 ; 李文基, 「蔚珍鳳坪新羅碑와 中古期 六部問題」 『韓國古代史硏究』 3, 1990 ; 宣石悅, 「新羅 六部制의 成立過程」 『國史館論叢』 69, 1996.

9) 사부지갈문왕은 양로의식을 거행하여 국가 주요지배층에게 斯夫智의 갈문왕 책봉을 의결하여 승인받았던 것이다(선석열, 「신라 금석문을 통해 본 葛文王」 『新羅文化祭學術論文集』 13, 2002, 227쪽).

재종제도 아니고 재종형이라고 보는 수정된 견해[10]도 합당하지 않다. 가-2의 『삼국유사』에서 지증왕의 아버지가 눌지왕의 동생이라 한 기록이 옳지 않을까 생각되므로,[11] 소지왕의 종숙부라고 보는 것이 타당하다. 냉수리비에 근거해 볼 때 또 하나 주목되는 것은 지증왕이 갈문왕으로 존재하였다는 점이다. 즉 지증왕은 갈문왕으로 존재하다가 소지왕이 아들 없이 사망하자 왕위를 계승한 것이며, 그 이전에 습보가 갈문왕으로 책봉되었다가 그의 아들인 지도로에게 갈문왕이 계승되었던 점은 새롭게 이해되고 있는 것이다.[12]

셋째, 어머니의 경우이다. 가-1의 『삼국사기』에는 지증왕의 어머니를 조생부인이라 하고 눌지왕의 딸이라 하였으며, 가-2의 『삼국유사』에는 오생부인이라 하면서 눌지왕의 딸이라고 밝히고 있다. 조생과 오생으로 다르게 표기했으나, 둘 다 눌지왕의 딸이므로 동일인물이다. 지증왕의 아버지 습보갈문왕은 형의 딸이자 조카인 조생부인과 혼인한 것이다. 이와 같이 삼촌과 조카가 혼인한 근친혼의 예는 입종갈문왕이 그의 형 법흥왕의 딸 지소부인과 혼인한[13] 사실도 참조된다.

넷째, 지증왕의 왕비의 경우이다. 가-1의 『삼국사기』에는 지증왕의 왕비를 박씨 延帝夫人이라 하고 登欣 伊湌의 딸이라 하였으며, 가-2의 『삼국유사』에는 성씨가 없이 迎帝夫人이라 하면서 儉攬代漢只 登許 角干의 딸이라고 밝히고 있다. 延帝夫人과 迎帝夫人으로 延자를 迎으로 다르게 표기했는데, 둘 다 등흔의 딸로 전하고 있으므로 동일인물이다. 왕비의 아버지에 대해서도 두 사서에서 각기 등흔과 등허로 달리 표기되어 있다. 신라의 인명표기에서

---

10) 윤진석, 「신라 至都盧葛文王의 '攝政'」 『韓國古代史硏究』 55, 2009, 77쪽.

11) 李基東, 「新羅 奈勿王系의 血緣意識」 『歷史學報』 53·54합집, 1972/앞의 책, 1984, 63~74쪽.

12) 宣石悅, 「迎日冷水里新羅碑에 보이는 官等·官職 問題」 『韓國古代史硏究』 3, 1990, 195쪽.

13) 『삼국사기』 권4, 신라본기4 진흥왕 즉위조.

보면 欣자를 쓰는 것이 일반적이므로 등흔이 타당한 것으로 생각된다.[14] 『삼국유사』에서는 왕비 아버지의 소속부를 명시하고 있다. 가-2의 왕력편에서는 '儉攬代漢只'라고 하였으나, 가-3의 기이편에서는 모량부라고 하여 차이가 난다. '儉攬代漢只'라는 표현이 무엇인지는 밝혀져 있지 않으나, 漢只는 漢只伐部로 본다면 한지부로 이해될 수 있겠지만, 儉攬代의 뜻이 무엇인지 알 수 없어 속단하기는 어렵다. 지증왕의 왕비에 대한 두 사서의 기록이 다른 점을 토대로 연제부인은 지증왕의 선비이고 모량부 상공의 딸은 후비라고 보는 견해가 있다.[15]

먼저 지증왕의 혼인설화를 살펴보면 음경이 커서 배필을 구하기 어려웠다고 한 것은 지증왕의 혼인이 일반인들보다 늦었다는 것을 말해줄 뿐이므로, 지증왕의 아들인 법흥왕과 입종은 5세기 후반 470년대 이후에 태어났을 것이다. 보다 구체적인 사안 즉 지증왕의 아들 법흥왕과 입종의 계보문제에 대해서는 뒤의 진흥왕의 계보에서 다루겠다. 가-3의 지증왕 혼인설화를 따라 보면 박씨집단과 관련 있는 모량부로 보는 쪽이 나을 것이다.

다섯째, 가-3의 혼인설화에서 지증왕이 모량부 상공의 딸을 맞이하여 황후로 봉하였다고 한 점이다. 일반적으로 신라에서 왕의 비에 대해 왕비라고 표현하였는데, 황후라고 칭한 점은 오류라고 보기 힘들다. 신라통일기에 황태후라고 쓴 예가 있기 때문이다. 경덕왕 17년(758)에 건립된 갈항사석탑기에 의하면 '照文皇太后'라는 표기가 등장한다.[16] 따라서 혼인설화가 황후로 기록된 시기는 8세기 중엽 이후라고 볼 수 있다.

여섯째, 지증왕의 즉위 연대에 대해서이다. 가-3에서 지증왕이 永元 2년

---

14) 『삼국사기』에서 延자와 欣자가 『삼국유사』에서 각각 迎자와 許자로 표기된 것은 誤刻일 가능성이 크다.

15) 盧重國, 「新羅時代 姓氏의 分枝化와 食邑制의 實施」 『韓國古代史硏究』 15, 1999, 200~202쪽.

16) 鄭炳三, 「葛項寺 石塔記」 『譯註 韓國古代金石文』 Ⅲ, 가락국사적개발연구원, 1992, 277쪽.

庚辰(500)에 왕위에 올랐다고 하거나, 혹은 辛巳年 즉 영원 3년(501)에 즉위했다고 전하고 있다. 『삼국유사』에는 『삼국사기』와 다른 즉위 연대가 상당수 보이는데, 지증왕의 경우는 간단히 넘어가기는 힘들다. 냉수리비에 의하면 문헌에서 지증왕 재위 4년인 503년 9월에 아직 갈문왕으로 존재한 것으로 되어 있고, 최근에 발견된 중성리비에 의하면 지증왕 재위 2년인 501년 10월[17] 이전에 지증왕 혹은 지도로갈문왕이 등장하지도 않고 있다. 가-3의 500년이나 501년에는 지증왕이 국왕이 아니라 갈문왕으로 존재한 것이므로, 국왕으로 즉위한 것은 아니다. 중성리비에 의거해 볼 경우 500년에 소지왕이 폐위된 것이라 하더라도 지증왕은 정치 전면에 등장하지 않고 있었으며, 다른 세력에 의해 정변이 일어나 집권을 하였던 것으로 추측해 볼 수 있다. 501년에 즉위하였다고 한 것은 중성리비가 건립된 10월 이전까지는 지증왕이 정치 전면에 나서지 못하고 있다가 501년 10월 이후부터 12월 사이에 갈문왕으로서 권력을 장악하게 된 것으로도 이해할 수 있지 않을까.[18]

2) 지증왕계의 왕실계보

앞서 살펴보았듯이 지증왕은 습보갈문왕의 아들이므로 습보갈문왕계로 간주할 수 있으나, 습보갈문왕이 왕위에 오르지 못하고 지증왕이 왕위에 올라 그 후손에 의해 중고시기의 왕통을 성립하였으므로 이후의 왕실은 지증왕계로 보아야 할 것이다. 지증왕 다음으로 세습한 법흥왕은 지증왕계로 간주된다. 관련 기록을 통해 법흥왕의 계보를 검토하겠다.

나-1 法興王이 왕위에 올랐다. 이름은 原宗[세주 : 『冊府元龜』에는 姓은 募이고, 이름은 泰로 나와 있다]으로 智證王의 맏아들이다. 어머니는 延帝夫人

---

17) 포항중성리비 제1행에 '辛巳△△△中'이라 기재되어 있는데, 이를 辛巳年몇月中이라고 추정해 볼 수 있다. 月 앞에 글자가 1자만 들어갈 수 있으므로, 10월 이전의 어느 달로 볼 수 있다.

18) 이에 대해서는 별도의 과제로 삼겠다.

이며 왕비는 朴氏 保刀夫人이다. 왕은 키가 7자나 되었고, 너그럽고 후하며 사람들을 사랑했다.[19]

나-2 第23대 法興王은 이름이 原宗이고 성은 金氏이다[세주 : 『冊府元龜』에는 姓은 募이고, 이름은 秦으로 나와 있다]. 아버지는 智訂이고 어머니는 迎帝夫人이다. 法興은 諡號로서 시호가 여기서 비롯되었다. … 왕비는 巴刀夫人으로 출가한 법명은 法流로서 영흥사에 머물렀다.[20]

앞 장에서 살펴보았듯이 법흥왕의 아버지는 지증왕이고 어머니는 박씨 연제부인이다. 법흥왕의 왕비 또한 박씨였다. 그런데 왕비의 인명에 대해 나-1의 『삼국사기』에는 보도부인으로 되어 있고, 나-2의 『삼국유사』에는 파도부인이라고 전하고 있어 표기상에 차이가 보인다. 천전리서석의 乙巳年 追銘에는 '另卽知太王妃夫乞支妃'이라 하여 무즉지태왕 즉 법흥왕 왕비의 인명을 부걸지라 표기하고 있다. 표기상으로 '保'와 '巴'는 음이 비슷하며, 부걸지와도 유사한 표기라 할 수 있다. 『삼국사기』의 중고기의 인명표기는 대부분 당시의 표기방식과 같지만, 『삼국유사』의 경우 후대의 표기방식으로 전하는 예가 많은 점도 참조된다. 따라서 파도부인보다 보도부인이 원래의 표기에 가깝다고 본다.

마립간시기부터 왕비의 성씨를 보면, 내물왕 실성왕 눌지왕 자비왕 소지왕까지 모두 김씨이고 지증왕만 박씨였을 뿐이다. 미사흔은 박제상의 딸과 혼인함으로써 부인이 박씨였고[21] 습보갈문왕도 눌지왕의 딸과 혼인하였으므로,[22] 마립간시기 김씨왕실의 왕비들은 거의 대부분 김씨였다. 마립간시기의 왕들이나 갈문왕은 모두 근친혼을 행하였던 점도 주목된다.

그런데 지증왕은 김씨와의 근친혼이 아니라 박씨와 혼인하였고, 법흥왕도

---

19) 『삼국사기』 권4, 신라본기4 법흥왕 즉위조.
20) 『삼국유사』 권1, 왕력1 제23 법흥왕조.
21) 『삼국사기』 권45, 열전5 박제상전 및 『삼국유사』 권1, 기이1 내물왕김제상조.
22) 『삼국사기』 권4, 신라본기4 지증마립간 즉위조.

박씨 보도부인과 혼인하여 지증왕계는 족외혼을 행한 점이 이채롭다. 마립간 시기에 내물왕계 왕실 내부에서 왕위계승권 내에 있는 인물들은 근친혼을 하였고, 즉위 사정에서 보면 지증왕은 왕위계승의 후보는 아니었으므로 족외혼을 하였던 것으로 생각된다. 이러한 현상은 내물왕계 김씨왕실의 직계가 김씨왕족 내부의 근친혼을 통하여 김씨왕족 내부의 결속을 다져 왔던 한편으로, 방계는 박씨와 석씨[23] 가운데 주로 박씨와 혼인하여 왕실의 지원세력을 구축하였던 것으로 이해된다.

법흥왕의 인명은 중국에도 알려져 있다. 『양서』 신라전에 '(신라)王募名秦'이라[24] 하여 법흥왕의 이름 募秦을 전하고 있다. 신라 금석문인 봉평비에도 '牟卽智寐錦干'이라는[25] 칭호가 나다나고 있으며, 전전리서석의 己未年 追銘(539년)에는 另卽智太王이라고[26] 표기하고 있다. 중국 梁에서 표기한 募秦과 신라에서 표기한 牟卽智 및 另卽智는 음이 같은 것으로 법흥왕을 가리키는 것이다. 나-1·2의 기록에는 모두 『책부원구』의 기록을 언급하여 성과 이름을 募泰 또는 募秦이라 하여 두 가지로 전하였다. 『책부원구』는 중국 北宋 때인 1013년에 편찬된 것인 반면에, 『양서』는 중국 唐 때인 636년에 편찬된 것으로 521년 신라가 양에 사신을 보내어[27] 직접 전한 것이므로 『양서』의 표기가

---

23) 아래의 계보는 『삼국유사』 권3, 흥법 제3 염촉멸신조의 본문과, 주석에 보이는 김용행이 찬술한 아도비를 토대로 작성한 것이다.

〈이차돈의 계보 전승〉

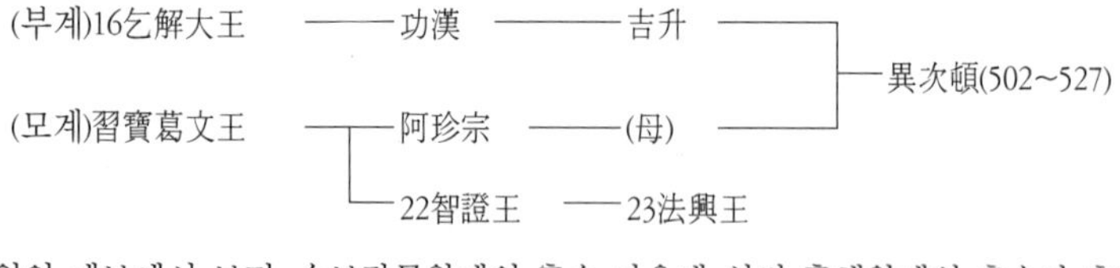

위의 계보에서 보면, 습보갈문왕계의 후손 가운데 석씨 흘해왕계의 후손과 혼인을 맺고 있었음을 예로 들 수 있다.

24) 『양서』 권54, 열전 48 제이 신라전.

25) 李明植, 「蔚珍 鳳坪碑」 『韓國古代金石文』 Ⅱ, 가락국사적개발연구원, 1992, 15쪽.

26) 李文基, 「蔚州 川前里書石」 위의 책, 1992, 160쪽.

27) 『삼국사기』 권4, 신라본기4 법흥왕 8년조.

보다 정확하다고 할 수 있다. 그리고 신라 금석문의 표기에 따르면 募秦이 음에 가까운 것으로 판단된다.

3) 진흥왕계

법흥왕 다음으로 왕위를 계승한 인물은 진흥왕이다. 진흥왕은 앞 왕 즉 법흥왕의 아들이 아님에도 왕위에 올랐다. 진흥왕의 아버지는 법흥왕의 동생인 입종갈문왕이다. 진흥왕의 계보는 지증왕계라기보다는 입종갈문왕계라고 하는 것이 보다 정확하겠지만, 법흥왕 사후 왕이 되었던 왕족은 입종갈문왕의 후손들 가운데서도 모두 진흥왕의 후손이므로 지증왕계 내부에서도 진흥왕계로 규정하는 것이 보다 타당하겠다.

다-1 眞興王이 왕위에 올랐다. 이름은 彡麥宗[세주 : 혹은 深麥夫라고도 한다]이며, 그때 나이는 7살로 法興王의 아우 葛文王 立宗의 아들이다. 어머니 金氏는 법흥왕의 딸이요, 왕비는 朴氏 思道夫人이다.[28]

다-2 제24대 眞興王은 이름이 彡麥宗[세주 : 혹은 深麥夫라고도 한다]이며, 성은 金氏이다. 아버지는 法興王의 아우 立宗葛文王이다. 어머니는 只炤夫人[세주 : 혹은 息道夫人이라고도 한다]으로 牟梁里 英失 角干의 딸이다. 왕은 세상을 떠날 때에 머리를 깎고 돌아갔다.[29]

다-3 제24대 眞興王은 왕위에 올랐는데, 이때 나이가 15살이어서 太后가 攝政을 했다. 태후는 바로 法興王의 딸로서 立宗葛文王의 왕비였다. 왕은 세상을 떠날 때에 머리를 깎고 법의를 입고 돌아갔다.[30]

위의 기록에도 나타나 있듯이 진흥왕의 아버지 입종갈문왕은 법흥왕의 딸 지소부인과 혼인하여 심맥부 즉 진흥왕을 낳았다. 마립간시기의 왕실에서 그러했듯이 입종갈문왕은 형인 법흥왕의 딸 즉 조카와 혼인하여 근친혼을

---

28) 동권4, 진흥왕 즉위조.

29) 『삼국유사』 권1, 왕력1 제24 진흥왕조.

30) 동권1, 기이1 진흥왕조.

행하였는데, 이와 달리 아들 진흥은 박씨와 혼인하여 왕위에 올랐다. 이는 지증왕과 같은 예라고 할 수 있다.

진흥왕의 어머니에 대해서는 인명이 두 가지가 전해진다. 다-1의 『삼국사기』에는 인명이 전하지 않고 있으나, 다-2의 『삼국유사』 왕력에 지소부인 혹은 식도부인으로 전하고 있다. 천전리서석의 을사년 추명에 참고할 수 있는 기록이 보인다.

다-4 過去乙巳年六月十八日昧沙喙」
部徙夫知葛文王妹於史鄒安郞」
三共遊來以後 …」
… 丁巳年王過去其王妃只沒尸兮妃」
愛自思己未年七月三日 …」
… 另卽知太王妃夫乞」
支妃徙夫知王予郞深△夫知共來」[31)]

위 석각의 명문을 해석하면 다음과 같다.

지난 을사년(법흥왕 12년/525) 6월 18일 새벽에 사탁부의 사부지갈문왕과 누이와 어사추안랑 3인이 함께 놀러 온 이후에 …[32)] 정사년(법흥왕 24년/537)에 [갈문]왕이 사망하자, 그[사부지갈문왕]의 왕비 지몰시혜비는 사랑하여 스스로 그리워하였다. 기미년(법흥왕 26년/539) 7월 3일에 … 무즉지태왕비 부걸지비와 사부지[갈문]왕의 아드님 심[맥]부지가 함께 [이곳에] 왔다.

위 명문의 내용을 살펴보면 사부지갈문왕(입종갈문왕)의 비인 지몰시혜는

31) 李文基, 「蔚州 川前里書石」 『韓國古代金石文』 II, 가락국사적개발연구원, 1992, 160쪽.

32) 이 부분의 '△年八巳年過去妹王考」 妹王過人'에 대한 해석은 석각 자체가 불분명하므로 거의 불가능하다. △년의 년자는 다른 년자와 다른 자형이므로 의문이며, 八巳年의 경우도 정확한 의미를 파악할 수가 없다. 여기서는 석각의 해석에 대한 문제가 아니므로 해석을 유보해 둔다.

음운상으로 문헌 기록의 식도부인과 지소부인 가운데 전자보다 음이 비슷한 후자의 지소부인으로 보아야 할 것이다. 그러므로 다-2 『삼국유사』의 기록 가운데 '어머니는 只炤夫人[세주 : 혹은 息道夫人이라고도 한다]으로 牟梁里 英失 角干의 딸이다'라는 계보는 '어머니는 只炤夫人이며, 왕비는 △△夫人[세주 : 혹은 息道夫人이라고도 한다]으로 牟梁里 英失 角干의 딸이다'라고 고쳐야 한다. 식도부인은 다-1의 『삼국사기』의 진흥왕의 비인 사도부인을 가리키는 것으로 볼 수 있다.[33] 앞서 일성왕의 계보에서 언급했듯이 『삼국유사』에는 세주가 오류를 드러내는 경우가 여기서도 보이고 있다.

진흥왕의 인명표기에 대해서도 천전리서석에서 검토해 볼 수 있다. 양사서 모두 삼맥종이라 하고 세주에 심맥부라고 하였는데, 천전리서석에는 심맥부지라고 표기하고 있는 점에서 세주의 심맥부가 당시의 표기이고 심맥종은 후대의 표기방식으로 판단된다.

진흥왕의 왕비에 대해 다-1의 『삼국사기』에는 박씨 사도부인이라고 하였으나, 다-2의 『삼국유사』에는 왕비에 대한 기록이 없다. 그런데 진흥왕의 어머니에 대한 기록에는 '지소부인으로 모량리 영실 각간의 딸이라고 하고 세주에 혹은 식도부인이라고도 한다'고 소개하여 지소부인과 식도부인이 모두 진흥왕의 어머니에 대한 이름인 것처럼 되어 있어 왕비에 대한 계보가 누락되어 있는 것처럼 되어 있다.

일반적으로 각 왕의 계보를 기록할 때 『삼국사기』 『삼국유사』 두 사서에는 각기 기술 순서가 있다. 두 사서는 모두 왕의 이름과 성씨를 필두로 하여 부모와 왕비를 서술하였으나, 그 방법이 약간 달랐다.

먼저 『삼국사기』는 부모의 경우 '누구의 아들이며 어머니는 △△부인이고 누구의 딸이다'라고 기록하며, 다음 왕비는 '△△부인인데 △△의 딸이다'라고 기록하였다. 전왕과 후계왕의 계승이 직계일 경우에는 왕비를 기록하지

33) 金龍善, 「蔚州 川前里書石 銘文의 研究」 『歷史學報』 81, 1979, 15~17쪽.

않고 다음 왕의 어머니로 기록했으며, 방계이거나 조손 계승의 경우 부모와 왕비를 모두 기록하였다.

『삼국유사』는 왕의 이름과 성씨 기록 다음에 '아버지는 △△이며 어머니는 △△부인인데 △△의 딸이다'고 기록하며, 다음 왕비는 '△△부인이다' 또는 '△△의 딸이다'라고 기록하였다. 어머니와 왕비에 대해 살펴보면 전왕과 후계왕의 계승이 직계일 경우에 어머니와 왕비를 모두 기록하거나 왕비를 기록하지 않고 다음 왕의 어머니로 기록하는 경우도 있다. 방계이거나 조손 계승의 경우에는 어머니와 왕비를 모두 인명과 △△의 딸임을 기록하였다.

위에서 진흥왕의 어머니에 대해 살펴보았듯이 다-2의 지소부인 외의 식도부인은 다-1의 사도부인과 음이 비슷하므로, 『삼국유사』의 '어머니는 只炤夫人[세주 : 혹은 息道夫人이라고도 한다]으로 牟梁里 英失 角干의 딸이다'라는 기록은 다음과 같이 분리해야 할 것이다.

'어머니는 只炤夫人이고, 왕비는 息道夫人으로 牟梁里 英失 角干의 딸이다'라고 하여 법흥왕의 직계가 아닌 진흥왕의 어머니와 왕비를 모두 기록한 것으로 이해해야 할 것이다. 뒤에서 살펴보듯이 식도부인은 진지왕의 어머니 즉 진흥왕의 왕비로 전하는 점과[34] 일치하므로, 『삼국유사』의 계보 기록이 오류였음을 다시 한 번 확인할 수 있다.

또 하나 검토해야 할 것은 입종의 계보 문제이다. 다-4의 금석문에서 보듯이 입종은 徙夫智葛文王이라고 하는데, 봉평비에는 喙部 牟卽智寐錦王과 沙喙部 徙夫智葛文王 즉 법흥왕과 나란히 입종갈문왕이 등장하고 있다. 이들은 각기 탁부와 사탁부로 소속부가 다르게 되어 있으나, 문헌 기록에는 형제로 되어 있다. 6세기 초반 탁부와 사탁부의 독자성 여부에 대해 검토하면서 입종을 법흥왕의 이복동생이나 사촌동생일 가능성을 언급한 견해도 제시되었으나,[35] 그의 아들이 법흥왕의 뒤를 이어 왕위에 올랐으므로 그렇게 보기

34) 『삼국유사』 권1, 왕력1 제25 진지왕조.

35) 姜鳳龍, 「新羅 上古期 中央政治體制의 基本原理와 '部'」 『李元淳敎授停年紀念歷史學論

어렵다.[36] 의문의 실마리는 지증왕의 출생연대인 437년과 다-1의 진흥왕의 출생연대 534년의 차이와 지증왕의 혼인설화 때문이다.

다-3 지증왕의 혼인설화를 살펴보면 음경이 커서 배필을 구하기 어려웠다고 한 것은 지증왕의 혼인이 일반인들보다 늦었다는 것을 말해줄 뿐이므로, 지증왕의 아들인 법흥왕과 입종은 5세기 후반 470년대 이후에 태어났을 것이다. 또한 이 설화로 인해 지증왕은 선비와 후비가 있었던 것으로 보는 견해[37]에 대해 살펴보겠다. 즉 같은 『삼국유사』의 기록 가운데 가-2의 왕력에서 '儉攬代漢只 登許角干'이라 한 기록과 가-3의 기이에서 '牟梁部 相公'이라 한 기록의 동일성 여부이다. 상공은 모량부 소속임에 반해 등흔 이찬은 『삼국유사』 왕력에서는 '儉攬代漢只登許角干'으로도 기록되어 있으므로, 한지부 소속일 가능성이 높다는 점[38]에 주목하면 양자가 별개의 인물일 가능성도 있다. 그리고 둘 다 같은 인물을 가리키는 것으로, 즉 모량부 소속으로서 연제부인의 아버지인 등흔 이찬이라고 해석했다.[39]

전자의 견해를 수용하고 천전리서석의 기록을 분석하여 법흥왕은 선비의 소생이고 입종갈문왕은 후비의 소생으로서 둘은 이복형제 관계로 보고 있다.[40] 가-2의 '儉攬代漢只登許角干'의 의미를 풀어야 하는 과제도 남아 있지만, 해결의 요건은 진흥왕의 출생 시기에 대한 이해의 문제이다. 천전리서석에서 드러나듯이 법흥왕과 마찬가지로 입종갈문왕도 아들을 낳지 못하였으므로, 후사를 얻으려고 노력하여 534년에 심맥부 즉 진흥왕을 낳았던 것이다. 입종갈문왕은 서석곡을 찾아가는 등 각고의 노력 끝에 진흥왕을 낳고 4, 5년만에 사망하였던 점과 둘째 숙흘종까지 낳았던 점에서 젊은 나이가 아니었

叢』, 교학사, 1991, 47~49쪽.

36) 全德在, 『新羅六部體制硏究』, 일조각, 1996, 64쪽.

37) 盧重國, 앞의 논문, 1999, 200~202쪽.

38) 三品彰英, 『三國遺事考證』 上, 塙書房, 1975, 176쪽.

39) 李喜寬, 「新羅上代 智證王系의 王位繼承과 朴氏王妃族」 『東亞硏究』 20, 1990, 75~78쪽.

40) 윤진석, 「5~6세기 신라의 정치운영과 갈문왕」, 계명대 박사학위논문, 2013, 69~71쪽.

다. 입종갈문왕이 580년 전후에 출생한 것으로 본다면 50대라는 노년의 나이에 아들을 얻은 것이므로, 전자와 달리 법흥왕과 이복형제가 아니라 할 수 있어 후자의 동복형제로 볼 수 있다.

진흥왕의 사후 왕위를 계승한 인물은 진지왕이었다. 진흥왕의 태자는 566년에 책봉된 동륜이었으나[41] 572년에 사망하였으므로,[42] 진흥왕의 둘째 아들 舍輪이 방계로 즉위하였다.[43] 진지왕은 태자 동륜이 아버지 진흥왕의 생전에 일찍 사망함으로써 왕위에 올랐다. 진지왕의 계보에 대해 관련 기록을 검토하겠다.

다-5 眞智王이 왕위에 올랐다. 이름은 舍輪[세주 : 혹은 金輪이라고도 한다]이며, 眞興王의 둘째아들이다. 어머니는 思道夫人이고, 왕비는 知道夫人이다. 太子가 일찍 죽었으므로 진지가 왕위에 올랐다.[44]

다-6 제25대 眞智王은 이름이 舍輪[세주 : 혹은 金輪이라고도 한다]이며, 金氏이다. 아버지는 眞興王이고, 어머니는 朴英失 角干의 딸 息途[세주 : 혹은 色途라고도 한다]夫人 朴氏이다. 왕비는 知刀夫人이며 起烏公의 딸 朴氏이다.[45]

다-7 제25대 舍輪王의 시호는 眞智大王이니, 성은 金氏이며 왕비는 起烏公의 딸 知刀夫人이다. 大建 8년 병신(576)에 왕위에 올랐는데[세주 : 古本에는 11년 己亥라 했으니 잘못이다], 나라를 다스린 지 4년 만에 政事는 어지러워졌고, 또 주색에 빠져 있었으므로 나라사람이 그를 폐위시켰다.[46]

다-8 이에 앞서 沙梁部의 庶女로서 자색이 곱고 아름다워서 당시에 桃花娘이라고 불렀다. 왕이 이 소문을 듣고 궁중에 불러들여 은총을 베풀고자 하였다. … 왕은 그 여자를 놓아 보내주었다. 이 해(576)에 왕이 폐위되어 죽었는데,

---

41) 『삼국사기』 권3, 신라본기3 진흥왕 27년 2월조.

42) 동권3, 진흥왕 33년 3월조.

43) 『삼국사기』 권4, 신라본기4 진지왕 즉위조.

44) 동권4, 진지왕 즉위조.

45) 『삼국유사』 권1, 왕력1 제25 진지왕조.

46) 동권1, 기이1 도화녀 비형랑조.

> 2년 후에 도화랑의 남편도 죽었다. … 그리고는 딸을 방으로 들어가게 하였다. 왕은 7일 동안 머물러 있었다. 늘 오색구름이 집을 덮었고 향기가 방안에 가득하더니, 7일 후에 홀연히 왕의 자취가 사라졌다. 여자는 이 일로 인해 태기가 있었다. 달이 차서 해산을 하려 하는데, 천지가 진동하면서 남자 아이 하나를 낳았다. 이름을 鼻荊이라고 하였다.[47)]

진지왕의 아버지에 대해서는 진흥왕으로 두 사서 모두 일치하고 있으나, 어머니에 대해서는 약간의 차이를 보이고 있다. 다-5의 『삼국사기』에는 진지왕의 어머니를 사도부인이라 전하고 있다. 『삼국유사』의 기록 가운데 다-6에는 박영실 각간의 딸 식도부인 혹은 색도부인이라고 전하고 있다.

앞서 상세히 검토했듯이 진흥왕의 어머니에 대한 기록에서 '지소부인으로 모량리 영실 각간의 딸이라고 하고 세주에 혹은 식도부인이라고도 한다'고 소개하여 지소부인과 식도부인이 모두 진흥왕의 어머니에 대한 이름인 것처럼 되어 있어 왕비에 대한 계보가 누락되어 있는 것처럼 되어 있지만, 『삼국유사』의 계보 기록방식과 같이 '어머니는 只炤夫人으로 왕비는 息道夫人으로 牟梁里 英失 角干의 딸이다'라고 하여 법흥왕의 직계가 아닌 진흥왕의 어머니와 왕비를 모두 기록한 것이라고 보았다. 진지왕의 어머니에 대한 인명표기가 사도부인 식도부인 색도부인으로 되어 있으나 표기상에서 차이일 뿐이며, 『삼국사기』의 표기방식이 『삼국유사』보다 원명에 가까우므로 사도부인이 원래의 표기라고 볼 수 있다.

진지왕의 왕비에 대해 다-5의 『삼국사기』에는 知道夫人이라고 하였으나, 다-6·7의 『삼국유사』에는 박씨로서 知刀夫人이며 기오공의 딸이라 전하여 약간의 차이를 보이고 있다. 법흥왕 비 保刀夫人의 경우 천전리서석에서 夫乞支妃라 표기한 점과 '道'를 '刀'라고 표기한 점 등을 참조하면 '道'와 '刀'의 차이는 '길'과 '갈[걸]'의 차이이므로, 同音異子로 볼 수 있다. 그 계보전

---

47) 동권1, 도화녀 비형랑조.

승은 『삼국유사』가 보다 더 상세하다.

김씨왕조의 왕실에서 보면 마립간시기 내물왕 이후 혼인관계는 직계와 방계의 혼인에 차이가 존재하였다. 직계는 자비왕을 제외하고 모두 김씨와 근친혼을 행하였고, 방계는 근친혼을 행한 습보갈문왕을 제외하고 모두 족외혼을 행하였다.

반면에 지증왕계의 왕실은 직계의 경우 지증왕·법흥왕·진흥왕은 족외혼을 행하고 동륜태자·진평왕·선덕여왕은 근친혼을 행하였다. 방계의 경우 입종갈문왕·진정갈문왕·용춘 등은 근친혼을 행하고 만명부인·진지왕 등은 족외혼을 행하였다. 중고 초기에 족외혼을 행한 것은 지증왕부터 지속되어온 것이지만, 점차 근친혼도 늘어났다. 중고 후기 진흥왕계는 진흥왕을 제외하고는 모두 극심한 근친혼을 행하였고, 그 결과 왕통이 단절되어 진지왕의 손자 김춘추가 왕위에 즉위함으로써 무열왕계가 왕통을 이어받아 중대 왕실이 등장하게 되었던 것이다.

그런데 여기서 보다 구체적으로 검토해야 할 점은 다-8에서 보듯이 진지왕과 관계를 맺은 도화녀와 그 사이에 낳은 비형랑에 대한 것이다. 먼저 도화녀에 대해서 사량부의 서녀라고 기록되어 있으나, 실제로는 진골 귀족이고 그녀가 낳은 비형랑이 김용춘이라고 보는 견해가 있다.[48] 이에 따라 도화녀를 진지왕의 왕비 지도부인에 비정하고, 사량부의 서녀라고 기록된 것은 진지왕의 폐위 이후 출궁당하였기 때문이라 하였다.[49] 이에 대해서는 의문이다.

진덕왕이 654년에 사망한 후 김춘추가 왕위에 올라 8년 동안 나라를 다스리다가 사망한 661년에 그의 나이가 59세였다[50]는 사실에 기준을 두고 7세에 즉위한 진흥왕에서부터 소급하여 아버지 김용춘과 어머니 천명부인의 나이

48) 金基興, 「桃花女·鼻荊郎 설화의 역사적 진실」 『韓國史論』 41·42합집, 1999/『천년의 왕국 신라』, 2000, 281~283쪽.

49) 金德原, 「金龍春의 生涯와 活動」 『明知史論』 11·12합집, 2000, 153쪽.

50) 『삼국유사』 권1, 기이1 도화녀 비형랑조.

를 추적해 보겠다.

진흥왕은 540년 7세에 즉위했음을 볼 때,[51] 534년생이다. 진흥왕이 39세였던 572년에 사망한 태자 동륜은 백정·국반·백반 등의 아들 3명이 있었으므로 572년 이전에 이들은 모두 태어나 있어야 한다. 동륜은 태자로 책봉되었을 때 나이가 15세 전후였을 것으로[52] 볼 경우, 552년생이 되어야 하나 문제가 남는다. 아들 진평왕이 즉위하였을 때의 나이가 13세였다고 하는 것은 섭정이 있어야 하나 해당 기록이 없으므로, 적자계승의 원칙을 지킨 진지왕의 폐위 이유를 납득하기가 어렵다. 즉 진흥왕이 550년 17세에 장남 동륜을 낳고 사륜을 19세에 낳은 셈이다.[53] 23세에 사망한 동륜은 565년부터 세 아들을 차례로 낳았다면, 각각 18세 20세 22세 무렵에 낳은 것으로 되어 565년생의 진평왕은 579년에 15세의 나이로 왕이 되었다고 할 수 있다. 따라서 진평왕의 딸 천명부인은 579년 이후 무렵에 태어났다고 볼 수 있다.

그런데 다-8의 기록을 참고할 때 김용춘이 비형랑이라면 581년에 태어난 셈이 되는데, 5촌 당숙과 혼인한 천명부인이 579년 전후 무렵에 태어났다고 하는 점과 비교하면 당숙이 조카보다 늦게 태어난 것으로 되어 타당하지 않다. 김용춘은 570년대 중반기에 태어나 600년 전후 20대 초반에 천명부인과 혼인한 것으로 보아야 할 것이며, 다-8에서 보듯이 581년경 진지왕과 도화녀와의 사이에 관계를 맺어 비형랑이 태어났다는 것과는 차이가 난다. 따라서 도화녀를 진지왕의 왕비 지도부인으로 보거나 그의 소생 비형랑을 김용춘으로 보는 것은 타당하지 않는 것이다.

진지왕 다음으로 즉위한 인물이 동륜태자의 아들 진평왕이며, 진흥왕－동륜태자－진평왕으로 진흥왕계의 왕통이 이어진 것이다. 진평왕의 계보를

51) 『삼국사기』 권4, 신라본기4 진흥왕 즉위조.

52) 申瀅植, 「武烈王系의 成立과 活動」 『韓國史論叢』 2, 1977/『韓國古代史의 新研究』, 일조각, 1984, 113쪽 ; 金德原, 「신라 中古期 舍輪系의 政治活動」 『白山學報』 52, 1999, 241쪽.

53) 일반적으로 다둥이를 출산할 경우 대개 두 살 터울로 됨을 염두에 두기로 한다.

제시하면 다음과 같다.

다-9 眞平王이 왕위에 올랐다. 이름은 白淨이며, 眞興王의 太子 銅輪의 아들이다. 어머니는 金氏 萬呼夫人[세주 : 혹은 萬內라고도 한다]으로 葛文王 立宗의 딸이다. 왕비는 金氏 摩耶夫人으로 葛文王 福勝의 딸이다. 왕은 나면서 기이한 용모를 가졌다. 몸이 크고 의지가 침착하여 굳세며, 지혜롭고 사리에 밝았다.54)

다-10 第26대 眞平王은 이름이 白淨이며, 아버지는 銅輪[세주 : 혹은 東輪이라고도 한다]太子이다. 어머니는 金氏 萬呼[세주 : 혹은 萬寧이라고도 한다]夫人이며 바르고 점잖은 행실로 이름났다. 先妃는 金氏 摩耶夫人으로 이름은 福肹△이다. 後妃는 僧滿夫人 孫氏이다.55)

진평왕의 아버지 동륜태자는 입종갈문왕의 딸 만호부인과 혼인하여 백정 즉 진평왕을 낳았다. 마립간시기의 왕실에서 그러했듯이 동륜태자는 입종갈문왕의 딸 즉 고모와 혼인하여 근친혼을 행하였으며, 아들 진평왕도 같은 김씨와 혼인하여 근친혼이었다.

진평왕의 왕비 마야부인은 다-9의 『삼국사기』에는 복승갈문왕의 딸이라고만 전하고 있으나, 다-10의 『삼국유사』에는 왕비의 아버지에 대해 언급이 없고 원래 이름이 福肹△라고 전해지고 있다.56) 마야부인의 아버지 복승갈문왕에 대해서는 진흥왕의 아우이며 숙흘종의 형으로서 진흥왕의 창녕척경비에 나오는 △△智葛文王으로 비정하기도 한다.57) 앞서 다-4의 울주천전리서석 명문의 분석에서 보았듯이 입종갈문왕은 539년 이전에 사망하였는데, 534년에 맏아들 삼맥부 즉 진흥왕을 낳고 그 다음 숙흘종을 낳았는데, 그

54) 『삼국사기』 권4, 신라본기4 진평왕 즉위조.

55) 『삼국유사』 권1, 왕력1 제26 진평왕조.

56) '福肹△'를 마야부인의 아버지인 갈문왕 복승의 오기로 보는 견해도 있으나(정구복 외, 『역주 삼국사기』 3(주석편 상), 한국정신문화연구원, 1997, 127쪽), 따르지 않는다.

57) 윤진석, 앞의 학위논문, 73쪽.

사이에 복승을 낳을 수 있다고 보기 어렵다. 그 외 관련된 기록이 없어 복승갈문왕의 계보는 알 수 없다. 복승갈문왕은 습보갈문왕-지도로갈문왕-사부지갈문왕과 같이 책봉 세습된 갈문왕이 아니라, 왕비의 아버지로서 생전에 책봉되거나 사후에 추봉된 것으로 볼 수 있다. 그런데 다-10의 『삼국유사』에는 『삼국사기』에 전하지 않은 또 한 명의 왕비가 전하고 있다. 선비 마야부인 다음에 후비 손씨 승만부인이 소개되어 있으나, 관련된 기록이 없어 그 계보를 알 수 없다. 마립간시기 소지왕의 예에서 보았듯이 진평왕은 아들이 없어 왕비를 두 번이나 맞아들였음을 알 수 있다. 소지왕이 변경지방의 유력자와 혼인관계를 맺은 것과 달리 왕경의 귀족 출신과 혼인을 맺었다. 후비의 성씨인 손씨는 모량부 소속의 성씨로 나오고 있는데,[58] 앞의 왕비 가운데 지증왕의 왕비 연제부인, 진흥왕의 왕비 사도부인 등 박씨가 모두 모량부 소속으로 되어 있음에서 손씨집단을 포함한 모량부가 탁부와 사탁부에 버금가는 세력이었음도 알 수 있다.

진평왕은 두 명의 왕비를 맞이하고서도 아들이 없어 맏딸 승만이 왕위에 올랐다. 선덕여왕의 계보에 대해 관련 기록을 검토하겠다.

다-11 善德王이 왕위에 올랐다. 이름은 德曼으로 진평왕의 맏딸이며, 어머니는 金氏 摩耶夫人이다. 덕만은 성품이 너그럽고도 어질며 총명하고 민첩했다. 왕이 세상을 떠나고 아들이 없자, 나라사람들이 덕만을 왕으로 세우고 칭호를 올려 聖祖皇姑라 했다.[59]

다-12 제27대 善德女王은 이름이 德曼이며, 아버지는 眞平王이다. 어머니는 麻耶夫人으로 金氏이다. 聖骨 남자가 없었으므로 여왕이 즉위하였다. 왕의 배필은 △飮[伯飯][60]葛文王이다.[61]

---

58) 『삼국사기』 권1, 신라본기1 유리이사금 9년 봄조.

59) 동권5, 선덕왕 즉위조.

60) 『삼국유사』의 판본에는 분명히 飮葛文王이라고 판각되어 있으나(민족문화추진회, 『三國遺事』, 1973, 20쪽), 필자는 飮자가 飯자의 오각이라 판단된다. 飮葛文王은 伯飯과 國飯 중의 한 사람으로 보아야 하고, 진덕여왕의 아버지가 국반갈문왕이므로, 선덕여

다-13 第27대 德曼[세주 : 혹은 萬으로도 쓴다]의 諡號는 善德女大王이니 성은 金氏이고, 아버지는 眞平王이다.[62)]

선덕여왕의 부모에 대해서는 각각 진평왕과 마야부인으로 두 사서 모두 일치하고 있다. 아버지 진평왕이 김씨 마야부인과 손씨 승만부인 두 왕비를 두었는데, 두 왕비가 모두 아들을 낳지 못해 성골 남자가 소멸되어 선덕여왕이 왕위를 이었던 것이다. 두 왕비 가운데 선덕여왕의 어머니를 마야부인이라 한 점에서 성골 남자가 소멸된 이후 진평왕의 딸 가운데 승만부인도 딸을 낳았을 것이지만, 선덕여왕만 왕이 되고 진평왕의 동생 국반갈문왕의 딸 진덕여왕이 왕위를 계승한 점은 승만부인의 골품이 낮아 그 소생은 왕이 될 수 없었음을 말해주고 있다.

그런데 다-11의 『삼국사기』에는 여왕의 배필이 전해지지 않고 있음에 반해, 다-12의 『삼국유사』에는 여왕의 배필이 백반갈문왕임을 전하고 있다. 백반갈문왕은 진평왕의 동생으로서 579년에 아우 國飯과 함께 각각 眞正葛文王과 眞安葛文王으로 책봉되었다[63)]는 기록에서 보면 원래 이름이 伯飯이므로, 백반갈문왕이라는 『삼국유사』의 전승은 잘못이며 진정갈문왕이 타당하다. 진정갈문왕 백반은 선덕여왕의 삼촌으로 조카와 결혼하였다. 이러한 근친혼은 입종갈문왕과 법흥왕의 딸 지소부인의 결혼의 예와 같이 김씨왕실에서 왕의 후사가 없을 때에 나타나고 있는 현상이다. 더욱이 선덕여왕의 경우에는 앞 시기인 진평왕의 재위기간에 백반과 국반 이외에 성골 남자가 없어 여왕은 삼촌과 결혼하였던 것이다.

선덕여왕 사후에도 역시 성골 남자가 없어 선덕여왕의 사촌 진덕여왕이

왕의 남편은 백반갈문왕이라 이해해야 할 것이다. 선덕여왕의 남편이 국반갈문왕이라면, 사서에서 진덕여왕이 선덕여왕의 딸이자 진평왕의 손녀라고 했을 것이다.

61) 『삼국유사』 권1, 왕력1 제27 선덕여왕조.

62) 동권1, 기이1 선덕왕지기삼사조.

63) 『삼국사기』 권3, 신라본기3 진평왕 원년 8월조.

왕위를 계승하였다. 진덕여왕의 계보에 대해 관련 기록을 검토하겠다.

다-14 眞德王이 왕위에 올랐다. 이름은 勝曼으로 眞平王의 동복동생 國飯[세주 : 혹은 國芬이라고 한다]葛文王의 딸이다. 어머니는 朴氏 月明夫人이다. 승만은 타고난 자질이 풍만하고 고우며, 키는 7자나 되고 손을 내리면 무릎 아래까지 내려갔다.[64]

다-15 제28대 眞德女王은 이름이 勝曼이고 金氏이다. 아버지는 眞平王의 동생 國其安[國飯][65]葛文王이며, 어머니는 阿尼夫人으로 奴追△△△葛文王의 딸이다. 혹은 月明이라고도 하나 잘못이다.[66]

진덕여왕의 아버지에 대해서는 국반갈문왕으로 두 사서 모두 일치하고 있으나, 어머니에 대해서는 차이를 보이고 있다. 다-14의 『삼국사기』에는 진덕여왕의 어머니를 박씨 월명부인이라 전하고 있음에 반해, 다-15의 『삼국유사』에는 奴追△△△葛文王의 딸 아니부인이라고 전하고 있다. 여기서 여왕의 외할아버지에 대한 기록인 奴追△△△葛文王의 부분에 대해서는 모두 인명으로 볼 것인지, 아니면 인명을 2자로 보아 △△葛文王으로 보아야 할 것인지 불분명하다. 판본에는 奴追△△△葛文王의 △△△ 부분이 雛肅大로[67] 되어 奴追雛肅大葛文王라 한다면, 인명이 奴追雛肅으로 불러야 하므로 '大葛文王'이라는 칭호는 있을 수 없다. 또한 奴와 追 사이가 한 칸 비어 있어 奴△追△△△葛文王으로도 될 수 있으므로, 전체를 인명으로도 볼 수 없다. 지증왕 비의 아버지 儉攬代漢只登許角干의 표기도 儉攬代 漢只 登許角干으로 판독하여 인명은 登許이고 儉攬代漢只의 의미가 불명확한 경우와 마찬가지로

64) 동권5, 진덕왕 즉위조.

65) 『삼국유사』의 판본에는 분명히 國其安이라고 판각되어 있으나(민족문화추진회, 『三國遺事』, 1973, 20쪽), 이는 其자가 飠자와 反자가 合字되지 않았음에서 나온 오각이라 판단된다. 따라서 國其安은 國飯의 잘못으로 이해해야 할 것이다.

66) 『삼국유사』 권1, 왕력1 제28 진덕여왕조.

67) 민족문화추진회, 『三國遺事』, 1973, 20쪽.

奴△追△ 혹은 奴追까지를 떼고 인명이 △△인 葛文王으로 보아야 할 것이다. 다-15의 『삼국유사』에는 여왕의 어머니가 아니부인이며 월명이 아니라고 하였는데, 일반적으로 어머니를 두 명으로 보기 어렵고 阿尼의 경우 비구니의 인명으로도 볼 수 있으므로 월명부인이 본명이고 노후에 비구니가 되었을 것이라고 생각된다.

진덕여왕의 어머니 월명부인의 아버지가 葛文王으로 되어 있는데, 이 당시 박씨가 갈문왕이었다는 데서 주목된다. 김씨왕조가 개창된 마립간시기 이후 갈문왕으로 등장한 인물은 습보갈문왕 파호갈문왕 지도로갈문왕 입종갈문왕 복승갈문왕 진정갈문왕 진안갈문왕 등인데, 모두 김씨이다. 이 중 추봉된 갈문왕은 지비왕의 장인인 파호갈문왕과 진평왕의 장인인 복승갈문왕은 왕비의 아버지로서 추봉된 것이며, 습보갈문왕 지도로갈문왕 입종갈문왕 진정갈문왕 진안갈문왕은 생전에 책봉된 것이다. △△葛文王은 국반갈문왕의 장인이기도 하지만, 갈문왕의 장인으로서 갈문왕에 추봉된 것이 아니라 여왕의 외할아버지로서 추봉된 이례적인 것이다.

2. 왕위계승

이 시기에는 7인의 왕이 신라국왕으로 즉위하였다. 마립간의 왕호를 마지막으로 사용한 지증왕은 내물왕계의 방계로서 왕위를 계승하였는데, 앞 왕인 소지왕이 '無子'였기 때문에[68] 지증이 갈문왕으로서 왕위를 이었던 것이다.[69]

---

68) 『삼국사기』 권4, 신라본기4 지증마립간 즉위조. 그런데 소지왕은 아들이 있었다고 하는데(동권3, 조지마립간 23년 3월조), 그 아들은 소지왕이 지방의 호족 출신의 여자와 혼인하여 낳았으므로 골족이 아니어서 왕위를 계승할 자격이 없었던 것으로 생각된다.

69) 지증왕이 503년 9월까지 갈문왕이었다는 사실은 1989년에 발견된 냉수리비에서 "沙喙至都盧葛文王"이라 기재되어 있는 점에서 처음 확인되었다.

이후의 왕위계승은 내물왕의 방계인 지증왕의 후손 즉 지증왕계가 왕위를 이었다. 그것을 도표로 작성해 보면 다음의 <표 10>과 같다.

1) 방계계승

본 절에서는 적자가 아닌 방계에 의한 왕위계승은 전왕과 신왕의 혈연관계가 부자관계나 조손관계가 아닌 경우에 한정한다. 전왕과 신왕 사이의 계승관계상에서 장자나 적자에 의해 계승되었다가, 그 왕이 훙거한 이후에 그 왕의 적자가 아닌 형제나 조카가 왕위를 계승한 경우는 방계계승에 해당한다. 그보다 혈연관계가 멀어진 왕족이 왕위를 계승한 경우도 방계계승의 범주에 둘 수 있다.

중고시기의 첫 왕인 지증왕은 내물왕의 직계가 아닌 방계로서 왕위를 계승하였으므로, 먼저 방계계승을 살펴보겠다. 이 시기의 방계계승에는 지증왕 진흥왕 진평왕 등이 있다. 우선 지증왕의 경우 모두 내물왕을 기준으로 계보가 전승되고 있는 점은 공통되지만, 그 전승이 불분명하게 되어 있어 논란이 되고 있다. 이에 관한 자료를 제시하면 <표 10>과 같다.

라-1 斯羅의 喙[部]의 斯夫智王과 乃智王 두 왕이 敎示를 내려 珍而麻村의 節居利로써 증거를 삼아 그로 하여금 재물을 얻게 하라고 하셨다. 癸未年 9월 25일, 沙喙[部]의 至都盧 葛文王·斯德智 阿干支·子宿智 居伐干支와 喙[部]의 尒夫智 壹干支·只心智 居伐干支와 本彼[部]의 頭腹智 干支와 斯彼[部]의 暮斯智 干支, 이 7王들이 함께 共論하여 교시하였으니, 前世의 두 王의 교시로써 증거를 삼아 財物을 모두 절거리로 하여금 얻게 하라고 하셨다.[70)]

라-2 辛巳[년] △(月)中에 折盧艹 喙部의 習智 阿干支와 沙喙[部]의 斯德智 阿干支가 沙喙[部]의 尒抽智奈麻와 喙部의 本智 奈麻에게 敎하였다. …

---

70) 盧重國, 「영일냉수리신라비」 『역주 한국고대금석문』 Ⅱ, 가락국사적개발연구원, 1992, 12쪽.

〈표 10〉 중고시기의 왕위계승표

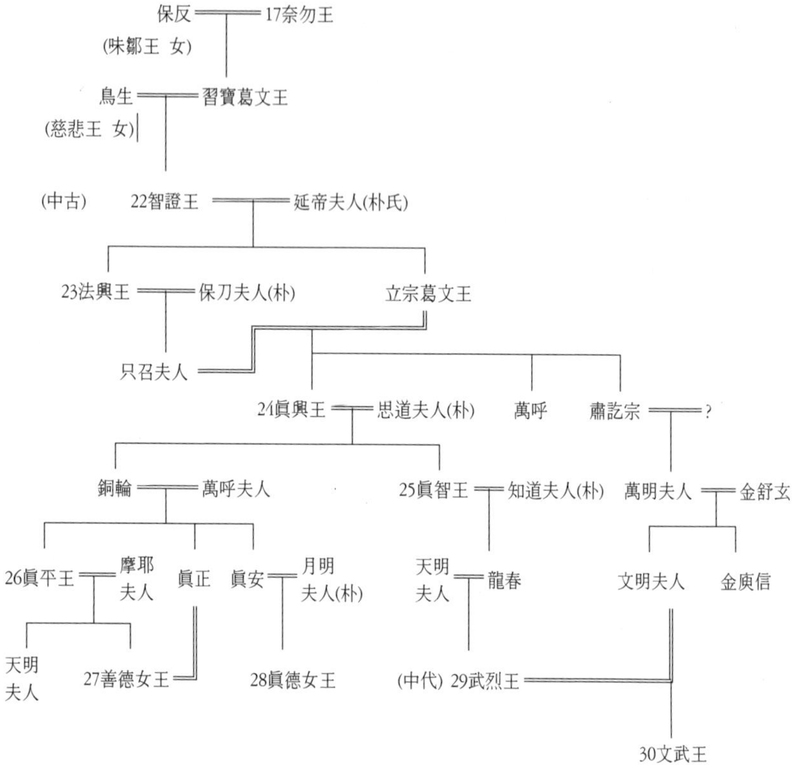

옛날에 말하기를, '豆智 沙干支의 宮과 日夫智의 宮이 빼앗았다.'고 하였는데, 이제 다시 (그것을) 牟旦伐에게 돌려주라. 喙(部)의 作民 沙干支의 使人인 果西牟利가 알리기를 '만약 後世에 다시 말썽을 일으키는 사람이 있으면 重罪를 준다.'라고 하였다. 典書인 與牟豆가 이런 까닭에 기록한다. 沙喙 心刀里가 △한다(새긴다).[71]

라-3 10월에 여러 신하들이 아뢰기를 "始祖께서 나라를 세우신 이래 나라 이름을 정하지 않아 혹은 斯羅라고도 칭하고 혹은 斯盧 또는 新羅라고도

71) 宣石悅, 「포항중성리신라비의 금석학적 위치」『浦項 中城里新羅碑 발견기념 학술심포지엄』, 경주문화재연구소, 2009, 12쪽.

칭하였습니다. 신들의 생각으로는 新은 '德業이 날로 새로워진다.'는 뜻이고, 羅는 '四方을 망라한다.'는 뜻이므로, 이를 나라 이름으로 삼는 것이 마땅하다고 여겨집니다. 또 살펴보건대 옛날부터 국가를 가진 이는 모두 帝나 王을 칭하였는데, 우리 시조께서 나라를 세운 지 지금 22대에 이르기까지 단지 방언만을 칭하고 높이는 호칭을 정하지 못하였으니, 이제 여러 신하들이 한 마음으로 삼가 新羅國王이라는 칭호를 올립니다."라고 하였다. 왕이 이에 따랐다.[72]

앞서 지증왕의 계보를 살펴보았듯이 그 계보는 내물왕－습보갈문왕(복호)－지증왕으로 되어 있다. 앞 절 가-1에서 지증왕은 내물왕계의 직계인 소지왕이 아들이 없었으므로, 내물왕계의 방계로서 왕위를 이었다고 전한다.

라-1과 라-2의 금석문 기록에 보이듯이 지증왕은 503년 9월 말까지 즉 문헌기록상 재위 4년에도 여전히 갈문왕으로 존재하고 있었으며, 라-3의 문헌기록에서 보듯이 그해 10월에 신라국왕이라는 존호를 사용하게 되었다고 하였다. 국호의 제정과 사용에 대해『삼국사기』에는 기림이사금대에 국호를 다시 신라라 하였으며,[73]『삼국유사』에도 기림이사금 때에 신라로 국호를 정하였다고 하면서 국호 제정이 지증왕 또는 법흥왕 때의 일이라는 설도 함께 기록되어 있다.[74] 신라라는 국호는 내물왕대에도 사용되고 있었으며,[75] 고구려 광개토왕릉비와 중원고구려비에 '新羅寐錦'이라[76] 하여 신라 국호가 계속 사용되고 있었다. 라-3의 신라국왕 칭호의 제정이란 지증왕이 503년 9월까지 갈문왕으로 있다가 그해 10월에 정식 국왕으로 즉위하면서

72)『삼국사기』 권4, 신라본기4 지증마립간 4년조.

73) 동권2, 기림이사금 10년조

74)『삼국유사』 권1, 왕력 제15대 기림이사금조.

75)『자치통감』 권104, 동진기 무제 태원 2년(377) 봄조 ;『삼국사기』 권3, 신라본기3 내물이사금 26년(381)조 ;『태평어람』 권781, 사이부 동이 신라전 소인.

76) 盧泰敦,「광개토왕릉비」 및「중원고구려비」『역주 한국고대금석문』Ⅰ, 가락국사적개발연구원, 1992, 12쪽 및 34쪽.

가지게 되었던 것으로 기림왕대에 신라라는 국호를 사용하였다는 기록과는 다른 의미를 가지고 있었던 것이다.

이들 기록을 통해 볼 때 지증왕의 즉위는 순탄치 않아 우여곡절을 겪었던 것을 엿볼 수 있는데, 이에 대해 구체적으로 살펴보겠다.

앞서 가-1에서는 500년에 소지왕이 사망할 때 아들이 없었으므로 지증왕이 왕위를 이었다고 하였으나, 라-2의 중성리비에 보이는 501년의 사건처리과정에 탁부와 사탁부 소속의 아찬 2명이 내마 2명에게 교시를 내리고 있었음에서 보아 문헌기록상 지증왕 재위 2년에 해당하는 해에는 지증왕이 국정을 수행하지 않고 있었다. 더욱이 라-1의 냉수리비에 보이는 503년 9월의 사건처리과정에 탁부와 사탁부를 비롯하여 본피부와 습비부 소속의 7왕들이 공론하여 교시를 내리고 있었음에서 보아 문헌기록상 지증왕 재위 4년에 해당하는 해에 지증왕이 아닌 갈문왕으로서 국정을 수행하고 있었다.

다시 말하면 501년을 전후한 시기에 지증왕은 정치 일선에 등장하지 않았고 503년 9월에서조차도 국왕이 아닌 갈문왕으로서 국정을 수행하고 있었으며, 라-3과 같이 503년 10월에야 신라국왕의 칭호를 받았던 것이다. 문제의 발단은 500년 소지왕의 사망을 전후하여 일어난 것으로 다음의 기록이 주목된다.

라-4 가을 9월에 왕이 捺已郡에 행차하였다. 고을사람 波路에게 딸이 있어 碧花라고 하였는데, 16세로 나라 안의 절세미인이었다. 그 아버지가 [딸에게] 수놓은 비단을 입혀 수레에 태우고 색깔있는 명주로 덮어 왕에게 바쳤다. 왕은 음식을 보낸 것으로 생각해 열어보니 어린 소녀가 있어 이상히 여겨 받지 않았다. 왕궁으로 돌아왔는데 [그 여자의] 생각이 그치지 않아 두세 차례 몰래 그 집에 가서 그녀를 왕의 침석에 들게 했다. … 왕이 이를 듣고 크게 부끄럽게 여겨 그녀를 몰래 맞아들여 별실에 두었는데 한 아들을 낳기에 이르렀다.[77]

---

77) 『삼국사기』 권3, 신라본기3 소지마립간 22년조.

전왕이 사망하자 신왕이 즉위한 것으로 기록되어 있는 경우가 일반적이다. 위의 기록에서는 500년 9월에 소지왕이 사망하였다는 표현이 없었으나, 같은 500년의 기록인 가-1에서 소지왕이 아들이 없이 사망하자 지증왕이 왕위를 이었다고 하여 소지왕의 사망이 비정상적이었음을 암시하고 있다. 라-1과 라-2의 기록을 보면 501년에도 국왕의 존재가 나타나지 않고 심지어 갈문왕조차도 등장하지 않고 있다가 503년에야 국정을 수행하고 있었음은 500년 9월에서 503년 사이에 정변이 일어났음을 알려주고 있다.

기존의 견해에 의하면 지도로갈문왕이 주도적으로 정변을 일으켰다고 보는 시각이 일반적이며, 이를 좀 더 적극적으로 해석하여 지도로가 500년 11월에 즉위하였으나 소지왕의 장례의례를 고려하여 즉위의례를 3년간 미루게 된 것으로 이해한 견해도 제기된 바 있었다.[78] 당시 국왕의 장례의식은 3년이더라도 햇수가 3년이기는 하지만, 500년 9월 소지왕의 사망에서부터 503년 10월 지증왕에게 '新羅國王'의 존호를 올리기까지 3년 1개월이라는 기간이 소요된 것과 같이 만 3년이 넘는 것은 아니었다. 또한 당시 지도로의 나이가 64세라는 점을 감안해야 하며, 만일 즉위가 예정된 집권이었다면 오히려 무리를 해서라도 바로 즉위하려 하지 않았을까 한다.[79]

또 한 가지 중요한 사실은 중성리비가 발견되면서 501년 전반기에 지증왕은 국정에 등장하지 않았음이 밝혀졌다. 냉수리비에서도 나타나듯이 이찬이라는 고위 귀족들이 존재하고 있었음에도 불구하고, 포항중성리비에는 아찬이라는 지위가 낮은 중견 귀족이 국정을 수행하고 있었던 점도 참조된다. 이 사실을 통해 볼 때 지증왕이 정변을 일으켰다고 볼 수 없다.

라-4의 기록에서 드러나듯이 500년 9월에 일어난 정변은 변경지역 유력자

---

78) 金羲滿, 「新羅 智證·法興王代의 政治改革과 그 性格」『慶北史學』 23, 2000, 9~11쪽 ; 張彰恩, 「新羅 智證王의 執權과 對高句麗 防衛體系의 확립」『韓國古代史硏究』 45, 2007, 106쪽.

79) 윤진석, 앞의 논문, 2009, 86~87쪽.

의 딸 벽화를 맞아들인 사건 때문에 소지왕을 폐위시키기 위한 것이다.[80] 소지왕은 先妃와 後妃를 맞아들이고도 아들을 낳지 못하자 벽화를 맞아들여 왕의 아들을 낳아 후계로 삼으려 한 데서 정변의 발단이 되었을 것이다. 가-1에서 '前王이 돌아가고 아들이 없으므로'라고 언급하였는데, 이것은 지증왕의 비상한 즉위를 정당화하기 위한 수식이라고 볼 수도 있을 것이다. 보다 적확하게 말하자면 이는 변경 출신인 벽화의 아들이 골품 상으로 미천한 신분이기 때문에 왕위계승과는 무관한 존재였으므로, 왕위계승의 자격을 갖춘 왕자가 없다는 의미로 받아들일 수 있다.[81] 다만, 기사의 내용대로 벽화가 아들을 낳은 것이 라-4의 기년대로 소지왕 22년(500)이라면, 그의 아들은 유복자이거나 태어나자마자 소지왕이 돌아갔을 것으로 볼 수 있다. 그러나 500년 9월 전후에 정변이 터졌다고 볼 경우 그 이유는 벽화의 아들이 태어났다고 반발한 것이라기보다는 500년 무렵에 소지왕이 그 아들을 후계자로 지목한 것으로 보는 것이 보다 타당할 것이다.

500년 9월 전후의 정변은 누구에 의해 추진되었는가에 대해서는 기록이 전하지 않아 잘 알 수가 없으나, 벽화의 아들이 소지왕의 후계로 지목될 경우 이의를 제기하여 반발할 가능성이 가장 큰 대상은 왕위계승상에서 유력한 인물이었을 것이다. 만약 내물왕의 직계 후손이 소멸하였을 경우 지도로갈문왕의 왕위계승이 정상적인 것이라고 보고 왕위계승서열이 가장 앞섰기 때문에 집권하였을 것이라는 견해,[82] 마땅한 왕위계승자가 없을 때는 갈문왕이 왕위계승 1순위였을 것이라는 견해[83] 등도 제기된 바 있다.

---

80) 박성천, 「新羅 智證王의 卽位過程에 대한 硏究」『慶州文化硏究』 6, 2003, 7~11쪽 ; 張彰恩, 위의 논문, 2009, 101~111쪽.

81) 신라의 골품제가 확립된 것은 법흥왕 7년의 율령반포 이후이기는 하나, 골품 가운데 왕족에 대한 골족의식은 신라 초기부터 있어왔던 것임은 왕위계승의 원리에서 보더라도 상식적인 것이다.

82) 金羲滿, 「迎日 冷水碑와 新羅의 官等制」『慶州史學』 9, 1991, 4~11쪽.

83) 宣石悅, 앞의 논문, 2002, 206쪽 ; 박남수, 「新羅 和白會議에 관한 再檢討」『新羅文化』 21, 2003, 27쪽.

위에서 구체적으로 살펴보았듯이 500년 9월 이후 지도로는 국왕으로 즉위하지도 않았고 여전히 갈문왕으로 존재하였음은 지도로가 정변의 주역이 아니었음을 방증한다. 소지왕 이후 왕위계승에 문제가 생겼을 경우, 이에 적극 대응한 것은 내물왕의 방계가 아니라 왕위계승의 범위에 들어있었던 직계의 후손 즉 눌지왕의 후손들이었을 것이다.

눌지왕의 후손들에 대해서는 아들 자비왕과 손자 소지왕 이외에 전하는 바가 없으나, 다음의 기록에서 어떤 단초를 찾아볼 수 있다.

라-5 異斯夫의 성은 김씨로 奈勿王의 4세손이다.
라-6 居柒夫의 성은 김씨로 奈勿王의 5세손이다. 할아버지는 仍宿 角干이고, 아버지는 勿力 伊飡이다.[84)]

내물왕의 후손으로서 6세기 전반에 권력의 핵심 인물인 이사부와 거칠부의 계보 기록을 검토해 볼 때, 거칠부는 할아버지와 아버지의 계보가 전승되어 있다. 이에 반해 이사부는 내물왕의 4세손이라고만 전해지고 있어 매우 이례적인 전승 형태를 보이고 있다. 일반적으로 내물왕의 후손 진골의 계보는 증조부부터 전승되거나[85)] 최소한 아버지를 언급하고[86)] 있는데, 이사부만 예외적인 점이 주목된다. 이에 참조되는 전승으로서는 이차돈의 계보를 들 수 있다.

다음 <표 11>의 계보에서 보듯이 부계가 석씨이고 모계가 김씨라고 전하고 있음에도,[87)] 석씨왕실의 후예인 이차돈을 박씨라고 전한 것은 눌지왕

84) 이상 『삼국사기』 권44, 열전4.
85) 동권44, 열전4 김양전.
86) 동권44, 사다함전.
87) 『삼국유사』의 본문에서는 걸해대왕 즉 흘해왕이 증조할아버지로 되어 있고 할아버지는 아진종이라 하면서 아버지는 미상하다고 하였으나, 세주에 보이는 아도비문에 의하면 증조할아버지가 습보갈문왕이고 할아버지가 공한이며 아버지는 길승이라 하였다. 두 전승 가운데 아버지가 전해지는 석씨계가 부계이므로, 아버지가 미상하다

의 자립사건에서 실성왕을 지지한 석씨왕통이 흘해왕을 끝으로 소멸됨으로써 이후 석씨왕실의 계보전승은 은폐되었던 데 원인이 있다. 이와 유사하게 이사부의 집안도 어떤 계기로 인하여 계보전승이 전해지지 않았을 것으로 볼 수 있다. 그것은 다름아닌 소지왕 말년의 정변과 관련된 것으로 추측된다. 500년 당시 소지왕은 적자가 없으므로 그 후계는 내물왕 직계 후손이 되어야 할 것이다. 그 중에서도 유력한 인물은 이사부의 할아버지나 아버지였을 것이므로, 소지왕의 후계 지명에 크게 반발하게 되었을 것이다. 그러나 이 정변은 실패하여 이사부 집안에서 국왕이 되지 못하였고 결과적으로는 내물왕 방계인 지증왕이 즉위하였으므로, 이사부의 가계 전승이 은폐되었을 것임은 추정할 수 있다.

〈표 11〉 이차돈의 계보 전승[88]

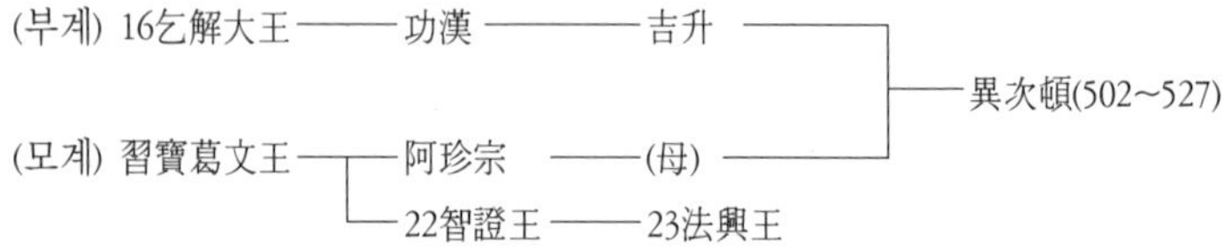

라-2의 중성리비에 501년의 사건처리과정에 교시를 내린 2명의 아간지 가운데 주목되는 인물은 사탁부의 사덕지 아간지이다. 더욱이 사덕지는 라-3의 냉수리비에도 503년 9월의 사건처리과정에 탁부와 사탁부를 비롯하여 본피부와 습비부 소속의 7왕들 가운데 지도로갈문왕 다음으로 등장하고 있다. 사덕지는 적어도 501년부터 503년 9월 사이의 위기 정국에서 신라 국정의 핵심적인 역할을 수행하고 있었던 것이다. 특히 사덕지는 지도로갈문왕과 같은 사탁부 소속임이 주목되는데, 501년부터 정국을 수습하여 503년 10월 지도로갈문왕이 신라국왕으로 오르기까지 중대한 역할을 수행하였음을

는 김씨계는 모계로 볼 수 있을 것이다(宣石悅, 앞의 책, 혜안, 2001, 37~38쪽).

88) 『삼국유사』 권1, 흥법3 원종흥법 염촉멸신조 및 동 所引 김용행 찬 아도비문.

추측할 수 있다. 이 과정에서 사덕지를 비롯한 사탁부 세력이 정국을 주도하여 지도로갈문왕이 왕위에 오를 수 있게 되었던 것이다.

내물왕계 가운데 직계가 소지왕을 끝으로 왕위를 계승할 수 없게 되었고, 방계인 습보갈문왕계의 지증왕이 왕위에 올랐다. 지증왕의 즉위 이후 신라국왕은 지증왕의 후손들에 의해 장악되었던 것이며, 이를 중고시기라고 한다. 따라서 중고시기는 지증왕계의 왕통이라 할 수 있다.

다음은 진평왕의 왕위계승에 대하여 살펴보겠다. 진흥왕의 태자 동륜의 아들인 진평왕은 방계계승으로 볼 수 있다. 아버지 동륜이 진흥왕의 재위기간인 566년에 사망하여[89] 576년 삼촌인 진지왕이 왕위를 계승함으로써[90] 이후 왕위계승은 사륜계로 바뀌었기 때문이다. 그 후 579년 정변으로 진지왕이 폐위되었다.[91] 진지왕이 폐위되지 않았다면 그 후계는 용춘 등의 적자가 계승하였을 것이지만, 진평왕이 그 뒤를 이어 사륜계가 아닌 동륜계로서 왕위를 계승하였던 것이다. 진지왕의 손자인 태종무열왕은 선덕여왕과 진덕여왕 이후에 진골신분으로 왕위를 계승하였다. 태종무열왕은 진지왕의 폐위로 인하여 왕실의 방계로 되고 진골로 족강되어[92] 왕위를 계승할 권리가 없었는데, 진평왕의 적자가 소멸됨으로써 國人의 추대에 의해 왕이 되었으므로 왕실의 방계로서 계승한 것이라 할 수 있다.

동륜이 진흥왕 27년(566)에 태자로 책봉된[93] 사실에 대해 신라가 언제부터 태자제도가 정착되었는가에 논란이 있는데, 여기서 잠시 언급해 두고자 한다. 동륜의 태자책봉 사실에 대해 중고기의 태자책봉 기사는 진흥왕대뿐이며 아들이나 손자 외에 딸·사위·외손도 왕위를 계승할 수 있었음을 지적하면

---

89) 『삼국사기』 권4, 신라본기4 진흥왕 33년 3월조.

90) 동권4, 진지왕 즉위조.

91) 『삼국유사』 권1, 기이1 도화녀비형랑조.

92) 崔鉛植, 「聖住寺 朗慧和尙塔碑」 『譯註 韓國古代金石文』 Ⅲ, 고대사회연구소 편, 1997, 100쪽.

93) 『삼국사기』 권4, 신라본기4 진흥왕 27년조.

서, 신라에 중국의 태자제도가 도입되었다 하더라도 형식적·일면적으로만 존재했으며 비부계적인 고유의 제도가 신라 말까지 유지되었다고 보았다.[94] 이에 반하여 진흥왕 이후의 중고기 왕들이 폐위, 무자, 여왕 등의 이유로 태자제도를 운용할 수 없는 조건에 있었을 뿐, 태자제도를 정착시킬 수 없었던 것은 아니라고 주장하는 시각도 있다.[95]

진흥왕대의 태자책봉 기사는 이전과는 다르게 명확한 시기가 남아있고, 그 후 19명의 태자가 책봉되어 사망하지 않는 한 거의 모두 왕위에 올랐다. 진흥왕대의 태자는 다음 왕위계승자로서의 태자를 의미하지만, 진흥왕 다음의 진지왕이 아들이 있음에도 태자로 책봉하지 않았으며, 이후 진평왕·선덕여왕·진덕여왕에 이르기까지 아들이 없어 태자제도는 시행되지 못하였다. 태자가 책봉된 것은 그로부터 89년이 지난 655년이었는데, 즉 김법민이 무열왕의 후계로서 태자에 책봉되어 왕위를 이은 이후 중대 왕실이 태자제도를 본격적으로 시행하였다.[96] 동륜을 태자로 책봉하였다고 해서 신라에서 태자제도가 진흥왕대에 성립된 것이[97] 아니라,[98] 중대 무열왕이 장자 김법민을 태자로 책봉하여 왕위를 계승한 이후 지속되어 갔으므로 무열왕대에 성립되어 정착·유지되었다고 할 수 있다.[99]

---

94) 崔在錫, 「古代三國의 王號와 社會」『三佛金元龍敎授停年紀念論叢』 2, 일지사, 1987, 594쪽.

95) 金瑛河, 『韓國古代社會의 軍事와 政治』, 고려대학교 민족문화연구원, 2002, 247쪽.

96) 김병곤, 「신라의 태자 책봉제 수용 과정 고찰」『韓國古代史硏究』 64, 2011, 409쪽.

97) 이승현, 「新羅의 東宮制度」『한국고대사연구』 55, 2009, 215쪽.

98) 三池賢一, 「新羅內廷官制考(下)」『朝鮮學報』 62, 1972, 53~54쪽.

99) 한편 『삼국사기』 신라본기의 초기기록에도 태자가 존재한 것으로 되어 있다. 이에 대해 사실에 의문을 가지는 견해(李鍾旭, 『新羅上代王位繼承硏究』, 영남대출판부, 1980, 177쪽)와 인정하는 견해가 있으나(曺凡煥, 「新羅 上代 太子制의 運營과 東宮의 設置」『新羅文化』 35, 2010, 5쪽), 신라의 왕권이 확립되기 시작한 시기가 적어도 5세기 김씨 눌지왕대 이후로 볼 수 있으므로 인정하기 어렵다고 생각된다.

2) 직계계승

중고시기의 직계계승은 8왕 가운데 법흥왕과 진지왕만 직계계승이었을 정도로 의외로 적다. 먼저 아버지 지증왕을 이어 즉위한 법흥왕에 대해 살펴보겠다.

> 마-1 甲辰年正月十五日 喙部 牟卽智寐錦王, 沙喙部 徙夫智葛文王, 本彼部 □夫智 干支, 岑喙部 美昕智 干支, 沙喙部 而粘智 太阿干支, 吉先智 阿干支, 一毒夫智 一吉干支, 喙[部] 勿力智 一吉干支, 愼宍智 居伐干支, 一夫智 太奈麻, 一尒智 太奈麻, 牟心智 奈麻, 沙喙部 十斯智 奈麻, 悉尒智 奈麻 등이 교시하셨다.[100]

지증왕은 법흥왕과 입종, 그리고 진종[101] 등의 아들이 있었는데, 진종에 대해서는 달리 기록을 찾을 수 없어 자세히 알 수 없다. 그 중에서 지증왕의 갈문왕 지위를 계승한 자는 입종인데, 입종이 언제 갈문왕의 위에 올랐는지를 알아보아야 하겠다. 앞서 살펴보았듯이 지증은 503년 9월까지 갈문왕의 지위에 있다가 그해 10월에 마립간으로 즉위하였다. 이때 갈문왕의 지위는 아들 입종에게 물려준 것으로 볼 수 있다. 마-1에서 보듯이 사부지왕 즉 입종은 사탁부 소속으로 되어 있는 데 반해, 형인 모즉지는 국왕으로서 탁부 소속으로 되어 형제 사이에 소속부가 다르게 되어 있음이 흥미롭다. 여기서 볼 때 국왕의 소속부는 탁부이며 갈문왕은 사탁부임을 알 수 있다.

---

100) 李文基, 「蔚珍 鳳坪碑」 『韓國古代金石文』 II, 가락국사적개발연구원, 1992, 15쪽.

101) 1814년(순조 14)에 건립된 「新羅敬順王殿碑」에 의하면 시조 알지로부터 11세인 지증왕의 아들이 12세 진종이라 하고 19세 원성왕을 거쳐 28세가 경순왕이라고 하여(『朝鮮金石總攬』 下, 朝鮮總督府, 1919, 265쪽), 경순왕의 중시조는 지증왕의 아들로서 법흥왕이나 입종갈문왕이 아닌 진종이라 인식하고 있다. 본비는 동일인인 복호와 습보가 부자관계로 되어 있으면서 둘 다 추봉된 것으로 보고 있는 오류를 범하는 등의 문제가 있으나, 전체적인 내용으로 보면 후대의 과장된 표현이 없는 점에서 볼 때 사료적 가치는 높은 편이라 할 수 있다.

지증왕의 경우에도 갈문왕으로 존재했을 동안에는 사탁부 소속으로 있다가 국왕으로 즉위한 이후부터는 탁부 소속으로 옮겨 갔을 것으로 생각된다. 지증왕의 즉위 이전에 아들 입종과 법흥은 함께 사탁부에 소속되어 있었다. 지증왕의 즉위 직후 입종은 갈문왕의 지위를 계승하면서 그대로 머물렀으나, 지증왕과 함께 법흥은 왕의 후계자로 지목되어 탁부로 소속을 옮긴 것으로 보인다.

그렇다면 동생 입종이 갈문왕의 지위를 물려받았다면, 맏아들 법흥 즉 무즉지는 어떠한 지위를 가지고 있다가 왕위를 이었을까 궁금하지 않을 수 없다. 일반적으로 왕위계승자를 태자라고 부르는데, 사료에는 '元子'라고 표현하고 있다. 원자란 왕의 장남 또는 태자로 정식 책봉되기 이전의 후계자를 가리키는 말이다. 503년 10월 지증왕이 마립간에 즉위하면서 법흥은 장남으로서 후계자로 지목되었을 것이고, 차남 입종은 갈문왕의 지위를 이어받게 되었다.

앞서 살펴보았듯이 지증왕은 갈문왕으로 존재하다가 내물왕 직계의 소멸로 인해 방계로서 마립간에 올랐다. 지증왕은 새로운 왕실의 기반을 다져놓을 필요가 있었으므로, 장남을 원자로 삼고 차남을 갈문왕의 지위를 잇게 하여 후계 구도를 확고하게 마련해 두었던 것이다. 또한 여러 가지 정책을 실시하여 왕권을 강화하고자 하였고, 백제와의 동맹을 강화하여 국가의 위상을 드높였다. 이러한 기반 위에 법흥왕은 지증왕의 적장자로서 왕위에 올랐던 것이다.

다음으로 적자 직계계승을 한 왕은 진흥왕의 차남 진지왕이었다.

> 마-2 眞智王이 왕위에 올랐다. [銅輪]太子가 일찍 죽었으므로 진지가 왕위에 올랐다.[102)]
>
> 마-3 3월 王太子 銅輪이 사망하였다.[103)]

---

102) 『삼국사기』 권4, 신라본기4 진지왕 즉위조.

103) 동권4, 진흥왕 33년 3월조.

마-2에서 태자가 일찍 죽었기 때문에 아우인 진지왕이 왕위를 이었다고 하였는데, 마-3 기록을 보면 동륜이 진흥왕 27년(566)에 태자로 책봉된[104] 후 6년만에 사망하였다고 전하고 있다. 이후 576년에 진흥왕이 사망하자 장손 백정 즉 진평왕이 있음에도 둘째아들 진지왕이 계승하였는데, 이에 대해서는 동륜태자계와 진지왕계 즉 사륜계 사이의 갈등 여부를 둘러싸고 여러 가지 견해가 있다.

진지왕 폐위 때에 이르러 두 가계 사이에 갈등이 있었다거나,[105] 그 갈등이 귀족세력 사이의 이해관계와 결부되었다고 보기도 한다.[106] 보다 범위를 넓힌 시각에서 범내물왕계와 지증왕계의 갈등설,[107] 갈등 부정설,[108] 그리고 부자상속제의 원칙 아래 양 계파의 갈등 속에서 진흥왕의 장손 백정이 어려 진지왕이 부당하게 계승하게 되었다는 견해[109]와 장손의 연령을 추정하여 연장자 또는 경륜을 쌓은 우수자의 원리에 의해 진지왕이 정당하게 왕위에 올랐다는 견해[110]로 나누어지는 데, 부정적인 견해가 대부분이다. 그런데 왕위계승이 부자상속제의 원칙을 준수한 것이라고 본다면, 진지왕은 진흥왕

---

104) 『삼국사기』 권4, 신라본기4 진흥왕 27년조.

105) 申瀅植, 앞의 논문, 1977/앞의 책, 1984, 113쪽.

106) 金瑛河, 「新羅 中古詩의 政治過程詩論－中代王權成立의 理解를 위한 前提－」『泰東古典硏究』 4, 1988/『韓國古代社會의 軍事와 政治』, 高麗大 民族文化硏究院, 247쪽.

107) 朱甫暾, 「毗曇의 亂과 善德王代 政治運營」『李基白先生古稀記念 韓國史學論叢』 상, 일조각, 1994, 221쪽 ; 朴海鉉, 「新羅 眞平王代 政治勢力의 推移－王權强化와 관련하여－」『全南史學』 2, 1988, 2~3쪽.

108) 文暻鉉, 「武烈王體制의 成立」『新羅文化祭學術發表會論文集』 8, 1987/『(增補) 新羅史硏究』, 도서출판 춤, 2000, 375쪽.

109) 三池賢一, 「金春秋小傳」『駒澤史學』 15·16·17, 1968·1969·1970/『古代の朝鮮』, 學生社, 1974, 118~119쪽 ; 申瀅植, 위의 책, 112~113쪽 ; 鄭孝雲, 「新羅 中古時代의 王權과 改元에 관한 硏究」『考古歷史學志』 2, 1986, 7쪽 ; 文暻鉉, 위의 책, 374~375쪽 ; 金瑛河, 앞의 책, 247~265쪽 ; 李明植, 「新羅 中古期의 王權强化過程」『歷史敎育論集』 13·14합집, 1990/『新羅政治史硏究』, 형설출판사, 1992, 104쪽.

110) 沈隅俊, 「新羅王室의 婚姻法則」『趙明基博士華甲記念佛敎史學論叢』, 중앙출판사, 1965, 319쪽.

의 적자로서 즉위한 것으로서 정당한 것이다. 일반적으로 부자상속제의 원칙이라 하면 왕위계승이 적장자가 우선한다는 고정관념을 가지는 경우가 많은데, 이는 조선시대 정통론에 입각한 적장자상속이라는 속성에서 나온 관념일 뿐이고 정실인 왕비의 소생이면 누구나 왕위를 계승할 수 있는 것이 부자간의 적자상속제의 원리이다.

진흥왕계의 경우 7세에 즉위한 진흥왕을 비롯하여 진평왕에 이르기까지 중년이 아닌 어린 나이에 왕위에 올랐던 것이 논의의 초점이 되었는데, 여기서 잠시 해당 왕족의 연령을 추정해 보도록 하겠다.

진흥왕은 540년 7세에 즉위했음에서 534년생이므로 신라 독자의 연호를 開國이라 바꾼 551년에 18세로서 섭징에서 친정으로 전환하였는데,[111] 신라 중고 왕실에서는 15세나 18세의 연령이 중요한 의미를 지닌다고 볼 수 있다.[112] 572년에 사망한 태자 동륜은 백정·국반·백반 등의 아들 3명이 있었으므로 아버지 동륜이 사망한 572년 이전에 이들은 모두 태어나 있어야 한다. 할아버지 진흥왕이 534년생인 점에 기준을 두고 보면, 아버지 동륜이 사망한 572년에 39세의 나이였다.

먼저 동륜은 태자로 책봉되었을 때 나이가 15세였을 것으로[113] 볼 경우 552년생이 되므로, 진흥왕이 19세에 장남 동륜을 낳고 사륜을 21세에 낳은 셈이다.[114] 21세에 사망한 동륜은 세 아들을 각각 16세(567년) 18세 20세 무렵에 낳은 것으로 되어 567년생의 백정은 579년 13세에 왕이 되었다고 할 수 있다. 그런데 554년생인 사륜이 576년 23세에 정상적으로 왕위에 올랐다가 4년 뒤에 폐위되고 즉위한 진평왕의 나이가 13세였다고 하는 것은 적자계승의 원칙을 지킨 진지왕의 폐위 이유로는 납득하기가 어렵다. 진지왕

---

111) 李丙燾, 「眞興大王의 偉業」『韓國古代史硏究』, 박영사, 1976, 669쪽.
112) 李基東, 「新羅 花郞徒의 社會學的 考察」『歷史學報』 82, 1979/앞의 책, 340쪽.
113) 申瀅植, 앞의 책, 1984, 113쪽 ; 金德原, 앞의 논문, 1999, 241쪽.
114) 일반적으로 다둥이를 출산할 경우 대개 두 살 터울로 됨을 염두에 두기로 한다.

이 정치를 어지럽히고 문란하였다고 하더라도 차기 계승자가 13세라면 섭정이 있어야 하나 해당 기록이 없다. 진지왕 후계의 진평왕은 적어도 15세 이상의 나이가 되어야 하므로, 백정은 565년 이전 출생이어야 하고 동륜은 550년 전후에 태어난 것이다.

진흥왕의 나이를 기준으로 하여 추정해 보면 아들 동륜과 사륜이 각각 18세 20세에 낳았고 손자들은 각각 37세 39세 41세에 태어난 것이며, 15세였던 진평왕은 폐위된 진지왕을 이어 왕위에 올랐다고 보는 편이 타당할 것이다. 즉 진지왕은 태자 동륜의 아들이 유소하였던 상황에서 적자로서 정당하게 왕위에 올랐던 것이다. 그렇다 하더라도 진지왕은 신라 중앙귀족들 가운데 지지하는 세력이 있어야 왕위에 오를 수 있었다. 기존의 연구에 의하면 거칠부의 지원으로 왕위에 오를 수 있었다는 견해[115]와 거칠부 외에 김무력을 비롯한 가야계 세력의 지원이 있었을 것으로 보는 견해[116]가 있다. 진지왕을 옹립한 세력의 중심은 거칠부였음은 진지왕의 즉위년인 576년에 상대등이 되어 국사를 맡은[117] 사실에서 알 수 있다. 상대등은 귀족세력의 대표자로서 왕권을 견제한[118] 것이 아니라, 귀족회의를 주재하여 왕권을 옹위하는 역할을 맡았기[119] 때문이다.

열전 기록에 의하면 거칠부는 내물왕의 5세손으로서 545년에 왕명을 받아 『國史』를 편찬하였고 551년에 대각간 구진을 비롯한 8명의 장군과 더불어 죽령 이북 고현 이내의 10군을 탈취하였으며, 진지왕이 즉위하자 상대등에

---

115) 申瀅植, 앞의 책, 1984, 112~116쪽 ; 金瑛河, 앞의 논문, 1988, 11~12쪽 ; 李晶淑, 「眞平王의 卽位를 전후한 政局動向」『釜山史學』 27, 1994/『신라 중고기 정치사회 연구』, 혜안, 2012, 62쪽.

116) 선석열, 「신라사 속의 가야인들－金海金氏와 慶州金氏－」『한국고대사 속의 가야』, 혜안, 2001, 535~536쪽 ; 金德原, 앞의 논문, 1999, 241쪽.

117) 『삼국사기』 권4, 신라본기4 진지왕 원년조.

118) 李基白, 「上大等考」『歷史學報』 19, 1962/『新羅政治社會史硏究』, 일조각, 1974, 89~128쪽.

119) 李泳鎬, 「新羅 貴族會議와 上大等」『韓國古代史硏究』 6, 1992, 112~113쪽.

임명되었다가 진지왕이 4년만에 폐위되었을 때 거칠부는 정계에서 은퇴하여 78세에 사망하였다[120]고 한다. 내물왕계의 주요 인물 가운데 이사부를 이어 등장한 거칠부는 진흥왕 후반기에 왕권강화에 중요한 역할을 수행하여 정계의 핵심 인물로서, 진지왕이 즉위하는데 중요한 역할을 맡고 왕권을 유지할 수 있도록 상대등이 되었다. 진지왕의 즉위를 전후하여 동륜계와 사륜계의 갈등이 있었다는 시각에 대해서는 동의할 수 없다. 진흥왕 사망 당시 왕실 가족 가운데 왕위계승이 가능한 왕족들의 연령은 사륜이 가장 연장자였고 동륜계는 15세 미만의 어린 나이였으므로, 사륜의 즉위에 반발할 수 있는 상황이 아니었다.

『삼국유사』에 보이듯이 진흥왕은 말년에 출가하였는데, 『삼국사기』에서는 '一心奉佛'하였다고[121] 구체적으로 서술되어 있다. 진흥왕의 즉위 사정에서 나타났듯이 법흥왕 말년부터 지속된 왕위계승의 난항 속에서 동륜태자의 죽음은 진흥왕에게 커다란 충격이었을 것이다. 더욱이 이를 계기로 자신이 정복군주로서 수행한 전쟁의 와중에 있었던 수많은 살상에 대해 업보로 받아들이게 되어 출가를 단행하게 되었던 것이다.[122]

이에 따라 진흥왕의 둘째 아들 사륜에게 양위하고 섭정하였을 것이며, 이로써 왕실은 사륜을 중심으로 명맥을 유지해나갔던 것으로 생각한다. 즉 갈등이 표면화되었다면 진지왕의 즉위 이후 동륜계는 세력을 유지하기 힘들었을 것이며, 진평왕이 재위기간에 사륜계의 세력을 중용하지도 않았을 것이다. 중고기 전반기의 왕권강화책에 대해 귀족세력의 입지가 약화되어 가는 상황에 대한 반발이 진지왕의 폐위로 나타났던 것이다.

동륜태자의 사후 왕실은 직계가족들이 나이가 어림으로 인해 장차의 왕위

---

120) 『삼국사기』 권44, 열전4 거칠부전.

121) 동권4, 진흥왕 37년 8월조.

122) 박용국, 「新羅 眞智王의 廢位와 眞平王 初期의 政治的 性格」 『大丘史學』 85, 2006, 7~8쪽.

유지에 위기의식을 느끼고 결집하게 되었으며, 그 후견인으로서 거칠부가 왕실 지지세력을 규합하여 연장자인 진지왕을 옹립하였다고 생각된다. 그 중에서 대표적인 세력이 김무력을 비롯한 가야계 세력이었다. 거칠부－김무력－진지왕, 김서현－김용춘, 김유신－김춘추의 3대에 걸친 세력 결합이 이를 방증해 주고 있다.

이상에서 살펴본 바와 같이 진지왕의 계승 사정에 대해 여러 가지 정치적인 이유가 있었다고 하더라도, 진흥왕 훙거 이후 장손인 진평이 '유소'하였기 때문에 전왕의 적자라는 자격으로 왕위를 계승할 수 있었던 것으로 이해된다.

3) 여서계승

다음 진흥왕의 계승관계는 약간 복잡하게 되어 있다. 진흥왕은 입종갈문왕의 아들이고, 법흥왕의 딸이 어머니이므로, 법흥왕 사후에 계승한 진흥왕의 경우는 어떻게 해석해야 할 것인가. 진흥왕은 모계의 입장에서 보면 법흥왕의 외손으로서 왕위를 계승한 것으로 해석되며, 부계의 입장에서 보면 갈문왕의 아들로서 왕위를 계승한 셈이 된다. 이렇게 보면 진흥왕은 모계계승으로 보아야 타당할 것으로 생각하겠지만, 신라의 왕위계승에서 보면 모계계승은 찾아지지 않는다는 점이다. 그러므로 진흥왕은 갈문왕의 아들로서 왕위를 계승한 것으로 볼 수 있는데, 이에 대하여 잠시 살펴보도록 하겠다.

> 바-1 眞興王이 왕위에 올랐다. … 왕은 나이가 어리므로 왕태후가 대리로 정사를 돌보았다.[123]
> 바-2 제24대 眞興王이 왕위에 올랐는데, 이때 나이가 15살이어서 太后가 攝政을 했다.[124]

---

123) 『삼국사기』 권4, 신라본기4 진흥왕 즉위조.
124) 『삼국유사』 권1, 기이1 진흥왕조.

먼저 진흥왕이 즉위할 당시에 연령이 어떠한가를 알아보겠다. 위의 기록 가운데 진흥왕의 즉위시 나이에 대해 달리 전하고 있다. 바-1의 『삼국사기』에는 진흥왕이 7세에 즉위하였다고 한 반면에, 바-2의 『삼국유사』에는 15세에 즉위하였다고 하여 커다란 차이를 보이고 있어 논란이 되었다. 『삼국사기』의 기록을 존중하여 7세에 즉위하였다고 주장한 견해[125)]와 『삼국유사』의 기록대로 15세에 즉위하였다고 견해[126)]로 나누어져 있다. 진지왕의 왕위계승에서 상세히 살펴보았듯이 진흥왕이 15세에 즉위하였다면 동륜태자의 사후에도 장손의 나이가 어리지 않게 되어 진지왕이 즉위하지 못하고 백정이 즉위하였을 것이므로, 진흥왕 사후의 후계구도는 그다지 문제가 야기되지 않았을 것이다.

다음은 진흥왕의 왕위계승이 적자계승인가 아닌가에 대해 구체적으로 검토해 보겠다. 앞 절의 진흥왕 계보에 대해 살펴보았듯이 진흥왕의 왕위계승의 성격이 어떠한가에 대해서는 계보상으로 매우 복잡하게 얽혀 있어 난감한 문제이기도 하다. 법흥왕을 이어 즉위한 진흥왕은 모계로 보면 외할아버지를 이어 외손으로 왕위를 계승한 것으로 볼 수 있으나, 부계로 보면 큰 아버지의 조카로서 방계계승을 한 것으로 되는 것이다. 이를 해결할 자료를 제시해 보면 다음과 같다.

바-3 지난 乙巳年 6월 18일 새벽에 沙喙部의 徙夫智葛文王과 누이와 於史鄒安郎 3인이 함께 놀러 온 이후에 … 丁巳年에 [갈문]왕이 사망하자, 그[사부지갈문왕]의 왕비 只沒尸兮妃는 사랑하여 스스로 그리워하였다. 기미년(법흥왕 26년/539) 7월 3일에 … 另卽知太王妃 夫乞支妃와 徙夫智[갈문]왕의

---

125) 李丙燾, 앞의 책, 1976, 669쪽 ; 村上四男, 「新羅眞興王と其の時代」『朝鮮學報』 81, 1976/『朝鮮古代史硏究』, 開明書院, 1978, 86쪽 ; 李基東, 앞의 책, 1984, 340쪽 ; 李基白, 「皇龍寺와 그 創建」『新羅時代 國家佛教와 儒教』, 한국연구원, 1978/『新羅思想史硏究』, 일조각, 1986, 65쪽 ; 鄭孝雲, 앞의 논문, 1996, 73쪽.

126) 金龍善, 앞의 논문, 1979, 21쪽 ; 李晶淑, 앞의 책, 2012, 23쪽 ; 金昌謙, 「신라 진흥왕의 즉위과정」『한국상고사학보』 23, 1996.

아드님 深△夫知가 함께 [이곳에] 왔다.[127)]

첫째, 진흥왕이 법흥왕의 조카 즉 방계로서 왕위를 계승하였는가에 대해서이다. 즉 진흥왕은 법흥왕의 동생 입종갈문왕의 아들로서 왕위를 계승한 것으로 되는 것이며, 이와 유사한 예는 지증왕의 왕위계승이 참조된다. 앞서 살펴보았듯이 지증왕은 갈문왕인 습보의 아들로서 갈문왕의 지위를 계승하였다가 소지왕 사후 그의 아들이 없어 신라국왕의 왕위를 계승하였다. 천전리 서석에 徙夫智葛文王이 등장하고 있지만, 그 당시 왕실의 상황에 대해 구체적인 이해는 그다지 진전되지 못하였다. 그 후 1988년에 발견된 봉평비를 통해 지증왕의 두 아들 법흥과 입종은 각각 신라의 매금왕 즉 국왕과 갈문왕의 지위를 계승하였음을 알 수 있었다. 이는 5세기의 마립간시기에 새로운 갈문왕제도가 마련되면서 갈문왕은 신라국왕의 유고 때에 왕위를 계승할 수 있게 되었던 것이다.[128)] 이러한 전통은 진흥왕의 왕위계승에서도 지켜지고 있었다고 생각된다. 즉 지증왕은 갈문왕으로서 소지왕을 계승한 것이 아니라 소지왕 사후에 일어난 왕위계승분쟁에 유력한 후보로서 개입한 것이 아니었다. 3년이 지나는 동안 사태가 수습되어 더 이상 내물왕계의 직계 후손이 없었으므로, 그 방계 후손으로서는 가장 유력한 후계가 되어 왕위에 올랐던 것이다. 따라서 진흥왕은 단순히 갈문왕의 아들이라는 자격으로는 왕위에 오를 수 없었다.

둘째, 진흥왕은 법흥왕의 외손으로서 왕위를 계승한 것인가에 대해서이다. 바-3에 의하면 진흥왕의 어머니 지몰시혜비 즉 지소부인은 법흥왕의 딸이므로, 법흥왕과 진흥왕의 계보관계는 외할아버지와 외손의 관계로 된다. 신라의 왕위계승에서 외손으로서 왕위에 오른 왕은 선덕왕이 있는데, 아버지 효방이 성덕왕의 딸 사소부인과 혼인하였고[129)] 무열왕 직계의 마지막 왕인 혜공왕이

127) 李文基,「蔚州 川前里書石」『韓國古代金石文』Ⅱ, 1992, 160쪽.
128) 宣石悅, 앞의 논문, 2002, 217~220쪽.

시해됨으로써[130] 성덕왕의 외손으로 왕위에 올랐던 것이다. 다음 장에서 살펴보듯이 선덕왕이 사망을 앞두고 후계로 지목된 인물은 무열왕계의 방계인 김문왕의 5대손인 김주원이었음에서 혜공왕 사후 무열왕 직계 후손이 소멸되자 왕위에 오를 수 있는 인물로 거론되었던 것은 김양상 즉 선덕왕뿐이었다. 외손의 왕위계승은 여서적인 존재로서 왕위를 계승하였다고 할 수 있다.

그러나 진흥왕의 왕위계승은 선덕왕의 경우와는 다르다. 선덕왕은 중대 무열왕 직계 적자가 소멸되자 왕위에 올랐던 것임에 반해, 진흥왕은 법흥왕의 조카이자 외손이었으므로 다른 후계자가 있을 수 있기 때문이다. 지증왕은 법흥왕과 입종, 그리고 진종[131] 등의 아들이 있었다고 전하는데, 540년 법흥왕이 사망하였을 때 입종갈문왕도 사망하였으나 진종은 생존하고 있었을 가능성이 크다. 진종이 법흥왕을 이어 왕위를 계승한다면 형제관계로서 방계계승이 되므로, 진종보다 계승순서상으로 우위에 있는 인물이 있을 것이다. 물론 지증왕계의 인물이 아닌 보다 범위가 넓은 내물왕계의 후손 즉 이사부와 거칠부 등의 가계를 거론할 수도 있겠지만,[132] 이들은 지증왕과 법흥왕으로 이어지는 지증왕계 왕실의 성립 이후에는 왕위계승 범위에서 제외되어 중고 왕권과의 관계를 통해 권력을 유지할 수 있는 정도였다. 즉 중고시기에 이르면 내물왕계 후손은 이미 왕위계승의 범위에서 제외되었던 것이다. 왕위계승의 범위 내에 있는 지증왕계 직계 가운데 유력한 인물은 진흥왕을 비롯하여 동생 숙흘종[133] 정도로 모두 입종갈문왕의 아들들이므로, 진흥왕이

---

129) 『삼국사기』 권9, 신라본기9 선덕왕 즉위년조.

130) 동권9, 혜공왕 16년 4월조

131) 「新羅敬順王殿碑」 『朝鮮金石總攬』 下, 朝鮮總督府, 1919, 265쪽. 하대 왕실의 중시조라 할 수 있는 진종의 실재에 대해 의문이 있는 것은 사실이지만, 문헌 기록에서 왕실가족의 계보가 모두 전하지 않고 있는 점을 감안하면 하대 왕실의 계보기록을 전혀 무시할 수 없다(이기동, 앞의 책, 76쪽).

132) 朴成熙, 「신라 眞興王 즉위 前後 정치세력의 동향」 『한국고대사연구』 22, 2001, 173쪽.

가장 유력하였다.

법흥왕의 사후에 뚜렷한 왕위계승 후보가 없는 상황에서 진흥왕은 법흥왕의 외손이자 조카로서 또한 입종갈문왕의 아들로서 왕위를 계승할 수 있었다. 법흥왕이 아들이 없었고 진흥왕조차 7세였으므로, 왕위계승은 형제에게로 이어질 가능성이 컸다. 그 중에서도 입종갈문왕이 가장 유력한 후보였으나, 539년 이전에 이미 사망하였다. 숙흘종의 예와 같이 진종의 경우에도 갈문왕이라든지 왕위계승과 관련된 직함을 가지고 있지 않았으므로, 왕위계승을 할 수는 없었다. 진흥왕은 법흥왕의 외손이자 조카 그리고 입종갈문왕의 아들이라는 조건이 당시 상황에서 가장 유력한 후보였다. 두 가지 조건 가운데 입종갈문왕의 아들이라는 조건이 매우 유리하게 작용하였을 것이다. 입종은 법흥왕의 동생이면서도 법흥왕의 부마였던 점이 아들 진흥왕의 왕위계승에 중요하였다. 후사가 없던 법흥왕의 사후 왕위계승은 진종보다 입종으로 이어질 가능성이 컸는데, 입종이 계승하였다면 방계계승과 여서계승이라는 원리가 적용되었을 것이다. 마립간시기 새로운 갈문왕의 등장은 눌지왕이 고구려의 내정간섭에 의한 왕실의 위기에 대처하기 위한 것으로서, 갈문왕이었던 지증왕이 왕위에 오르게 되는 계기가 마련되었고, 지증왕 즉위 후에 두 아들을 원자와 갈문왕으로 존속하게 되어 왕실의 안정을 도모하게 되었던 것이다.[134]

따라서 진흥왕은 법흥왕의 외손이라기보다 조카로서 그리고 법흥왕의 부마인 입종갈문왕의 아들이라는 조건을 가진 가운데 이를 복합한 요건을 갖추고 있었는데, 법흥왕 사후 왕위계승의 범위 내에 있었던 지증왕계 왕족 중에서 가장 유리한 조건을 가지고 법흥왕의 부마인 입종갈문왕의 아들로서

---

133) 『삼국사기』 권41, 열전1 김유신전 상.

134) 지증왕이 즉위할 때 나이가 64세였음을 고려하면, 법흥왕과 입종도 당시의 나이가 40세 전후였을 것이다. 법흥왕의 경우 더 이상 아들을 낳을 수 없었을 것이므로, 지증왕은 두 아들을 각기 후계자와 차선책의 갈문왕으로 책봉하였을 것이라 생각된다.

왕위에 오르게 되어 여서적 계승으로 볼 수 있다. 여서계승은 박씨왕통의 일성왕, 석씨왕통의 조분왕 등이 해당되지만, 특히 김씨왕통의 경우 미추왕 사후 내물왕과 실성왕의 왕위계승에서 이루어졌던 것이다. 진흥왕의 왕위계승은 보다 복합적인 요건으로 이루어졌으므로, 중대 선덕왕의 예를 비롯하여 이후 왕위계승의 전례로서 적용되었을 것이다.

4) 여왕계승

중고시기에는 특이하게도 주목되는 부분이 여왕계승이다. 진평왕의 후계로서 선덕여왕과 진덕여왕이 왕위를 계승하고 있다. 먼저 선덕여왕의 왕위계승에 대해 살펴보도록 하겠다.

> 사-1 5월에 이찬 柒宿과 아찬 石品이 반란을 꾀하였다. 왕이 그것을 알아차리고 칠숙을 붙잡아 東市에서 목베고 아울러 구족을 멸하였다. 아찬 석품은 도망하여 백제 국경에 이르렀다가 처와 자식을 보고 싶은 생각에 낮에는 숨어 있고 밤에는 걸어 叢山에까지 돌아와, 한 나무꾼을 만나 옷을 벗고 해어진 나무꾼의 옷으로 갈아입고 나무를 지고서 몰래 집에 이르렀다가 잡혀 처형당하였다.[135]

앞서 살펴보았듯이 다-2에서 성골의 남자가 없었다고 하여 선덕여왕이 즉위한 배경으로 설명하고 있다. 진흥왕계 내부에 성골신분으로 동륜계와 사륜계 두 가계집단이 있었으나, 진지왕이 폐위됨으로써 사륜계는 진골신분으로 족강을 당하여[136] 성골왕족은 동륜계의 가족밖에 없었다. 진지왕이 폐위됨에 따라 왕위에 오른 진평왕은 즉위 초인 579년에 국반과 백반 두 아우를 갈문왕에 책봉하였다.[137] 이때 이미 왕위계승의 자격을 가진 제한된

---

135) 『삼국사기』 권4, 신라본기4 진평왕 53년 5월조.
136) 李鍾旭, 앞의 책, 1980, 11쪽.
137) 『삼국사기』 권4, 신라본기4 진평왕 원년 8월조.

골품신분인 성골이 극소수로 매우 제한되어 있었기 때문에, 장차 예견된 성골왕족의 부족에 대비하기 위한 조치였다. 진평왕 말년에 이르러 두 아우마저 사망하자 딸 선덕을 후계자로 지목하게 되었던 것이다.

사-1의 반란은 진평왕 말년 631년에 일어난 것인데, 이 반란은 신라사상 최초의 반란 기록이라 할 수 있다. 모반사건의 원인에 대해서는 씨족의 집단주의 이념과 왕자지배의식 사이의 갈등,[138] 왕위계승 문제를 둘러싼 왕권과 귀족회의의 대립,[139] 여왕을 후계자로 지목한 데 대한 지배계급의 반발[140] 등의 견해가 있다.

그 이전에도 왕권 중심의 지배체제 강화가 계속 추진되어 왔으나 이에 대한 귀족들의 반란은 보이지 않는 점이 주목된다. 신라사회에서 일어난 정변은 진평왕 이전에도 눌지왕의 자립사건을 비롯하여 지증왕의 왕호 개정, 진지왕의 폐위 사건 등이 있었는데, 그 이후에도 모두 왕위계승을 둘러싼 정치적 사건이 지속적으로 일어났다. 위의 반란은 진평왕이 말년에 왕위를 계승할 후사가 없어 '聖骨男盡'한 상황에서 진골 왕족 가운데 후보를 선정하지 않고, 선덕을 후계자로 내정한 데에 대한 반발이었던 것으로 생각된다. 물론 진평왕은 즉위 초부터 두 왕제를 갈문왕으로 책봉하여 후계자에 대한 해결을 시도하였고,[141] 선덕을 伯飯 즉 眞正葛文王과 혼인시켜 성골 왕족 내에서 후사의 유지를 도모하였다. 이 또한 실패하게 되자 진평왕은 말년에 이르러 성골신분의 여자인 선덕을 후계자로 내정하였던 것이다.

이제 모반 사건에 대한 원인을 재검토하기 위해 진평왕대의 주요한 정치과정을 통해 분석해 보겠다. 그 이전부터 동륜계의 폐쇄적인 조치에 대한 반발이 있었다. 587년에 귀족 자제인 대세와 구칠이 노장사상을 배우려는

138) 李基東, 앞의 책, 1984, 83쪽.

139) 丁仲煥, 「毗曇·廉宗亂의 原因考－新羅政治社會의 轉換期에 관한 一試考」『東亞論叢』 14, 1977, 10쪽.

140) 李鍾旭, 앞의 책, 1980, 20쪽.

141) 『삼국사기』 권4, 신라본기4 진평왕 원년 8월조.

목적을 가지고 중국으로 망명하였고,[142] 621년에는 설계두가 골품제의 모순에 대한 불만을 가지고 외국에서 자신의 능력을 발휘하여 입신출세를 하고자 당나라로 망명하는[143] 등의 소극적인 반발이 일어나기 시작하였던 것이다. 진평왕대에 동륜계의 가족만이 성골로 잔존하였던 터이므로, 귀족사회 내부에서는 소수의 가족만을 특정 신분으로 존속한 상황에 대한 반발이 있었을 것이다.

당시 진평왕은 왕권강화를 위해 중국 왕조들로부터 많은 제도를 수용하여 관부조직·관직체계 등 관료제도의 개혁을 시도하고 있었으므로, 왕위계승을 비롯한 왕실제도의 개혁도 바라고 있었을 것이다. 진평왕은 왕실제도 개혁의 일환으로서 내성의 체계를 개혁하였다. 622년에 김용춘을 왕궁의 업무를 관장하는 내성의 사신으로 임명하였다.[144] 그 이전에는 대궁과 양궁, 사량궁 3궁에 각각 사신을 두어 3명이 있었으나, 이때부터는 내성에 사신 1인을 두어 3궁을 모두 관장하게 했던 것이다. 이 조치는 왕권을 더욱 강화하기 위한 조치였을 뿐이므로, 귀족 가운데 왕실과 친연관계를 맺을 수 있는 기회마저 차단해 버린 것이라 할 수 있다. 진평왕의 정치개혁이 국가체제를 확대 강화하고 귀족들에게 개방하는 방향으로 전개되고 있었으나, 왕실제도만은 더욱 더 폐쇄적인 방향으로 나아가고 있었던 것이다.

이러한 조치는 초기에 진골귀족뿐 아니라 하급귀족에게도 정치적 진출의 기회를 확대하는 방향으로 인식되었다. 한편으로, 최고귀족들의 입장에서 보면 왕실제도 등이 자신들의 권력 확보를 차단해버린 방향으로 변했던 것으로 인식되었을 것이다. 진평왕의 후계 구도가 성골신분에 한정시킬 수 없는 상황에서 왕실과의 친연관계가 가장 가까운 사륜계를 통합된 내성사신에 임명하여 왕실관리를 맡기고 여왕을 후계로 삼으려는 사태로 치닫게

---

142) 『삼국사기』 권4, 신라본기4 진평왕 9년 7월조.

143) 동권47, 열전7 설계두전.

144) 동권4, 진평왕 44년 2월조.

되었던 것이다.

사륜계 세력은 김용춘을 비롯하여 그와 연계된 집단들이 있었다. 사륜계의 세력 연계는 진지왕대부터 지속되었는데, 그들은 진지왕과 거칠부 그리고 금관가야계의 김무력이었다. 진평왕대에 이르러 김용춘을 비롯한 사륜계와 김서현을 비롯한 금관가야계의 결집이 이루어져 왕실의 외호역할을 하게 되었던 것이다. 먼저 김용춘은 진평왕의 딸인 천명부인과 결혼하고 내성사신이 됨으로써 병부령까지 겸직하게[145] 되어 왕실과 가장 가까운 세력으로 부상하게 되었다. 다음 김용춘과 짝을 이루는 김서현은 입종갈문왕의 손녀인 만명부인과 혼인함으로써 왕실과 가까운 친연관계를 맺었던 것이다. 김서현의 혼인설화에서 장인 숙흘종의 반대가 심하였던 점에서 그 혼인은 매우 이례적인 것이라 할 수 있다. 혼인 당시 김서현은 군태수 직급에 해당하는 지위가 낮은 진골이었을 뿐이었으나, 629년 김서현은 대장군으로서 김용춘과 함께 고구려의 낭비성을 공격해 함락시켰을[146] 정도로 성공적인 진골세력으로 부상하였다. 진평왕은 친연관계를 중심으로 세력을 결집하고 왕권 강화를 추진하면서 여왕을 후계로 내세웠던 것이다. 칠숙을 비롯한 일부 진골귀족들은 소극적인 반발에서 벗어나 진평왕을 몰아내려는 반란을 시도하게 되었던 것이다.

선덕여왕의 왕위계승은 아버지 진평왕이 추진한 국가체제를 확대하여 왕권을 더욱 강화하면서 친연관계에 있는 사륜계를 왕실의 외호세력으로 확보하였으나, 성골남진의 형편으로 치닫게 되자 왕실제도만은 더욱 더 폐쇄적인 방향으로 나아가고 있었던 상황에서 이루어진 것이다. 동륜계가 성골신분의 왕실 남성을 유지하려고 노력하였음에도 불구하고, 진평왕을 끝으로 성골의 남성이 소멸되어 버리고 성골의 여성만 남게 되었다.

한편 진골귀족의 입장에서는 진평왕의 일반적인 개혁이 관청과 관직을

145) 동권38, 직관 상 병부조 ; 申瀅植, 앞의 책, 157~158쪽.
146) 동권4, 진평왕 51년 8월조.

많이 확보하는 방향으로 나아가게 되면서 성골남진의 결과로 나타나자 왕위계승에 대한 개혁을 바랐을 것이나, 예상 밖으로 성골 여성이 후계자로 등장하자 불만이 표출되어 모반까지 일어나게 되었던 것이다. 선덕여왕의 계승은 신라의 국법상으로 볼 때 왕위계승의 원칙을 무시한 처사라 할 수 있다.

지금까지 추구해 왔듯이 왕위계승의 원리는 적자 직계의 계승, 여서계승, 방계계승으로 이루어져야 했다. 진평왕은 아들이 없고 딸이 있었으므로, 후계는 딸의 남편 즉 사위로 계승되어야 했다. 딸 선덕은 숙부 백반갈문왕과 혼인하고 천명은 진지왕의 아들 김용춘과 혼인하였다. 천명부인의 남편 김용춘은 아버지 진지왕의 폐위로 진골로 족강당하여 여서계승의 대상에서 제외되었을 것이고, 선덕의 남편 백반갈문왕은 진평왕 사망 당시에 성골남진이라 했음에서 진덕여왕의 아버지 국반갈문왕과 함께 이미 사망하였다. 즉 여서계승도 이루어질 수 없었으므로, 새로운 후계자가 필요하였던 것이다.

선덕여왕의 즉위에 즈음하여 대신 을제가 국정을 총리케 하였다고[147] 하였으나, 636년에 이찬 수품을 상대등으로 삼은[148] 점에서 보아 을제가 상대등[149]이라기보다 비정상적으로 즉위한 여왕에 대한 후견자 역할의 대리정치를 통해[150] 정국의 분위기를 쇄신하기 위한 방편이었을 것이다.

진덕여왕은 선덕여왕을 이어 신라 역사상 두 번째로 국왕이 되었는데,

---

147) 동권5, 선덕왕 원년 2월조.

148) 동권5, 선덕왕 5년 정월조.

149) 李基白, 앞의 논문, 1962/앞의 책, 1974, 97쪽 ; 全鳳德, 「新羅最高官職上大等論」『韓國法制史研究』, 서울대학교출판부, 1968, 323쪽 ; 金瑛河, 「新羅中古期의 政治過程 試論－中代王權成立의 理解를 위한 前提」『泰東古典硏究』 4, 1989, 26~27쪽 ; 朴海鉉, 「新羅眞平王代 政治勢力의 推移」『歷史學硏究』 2, 1988, 20쪽 ; 朴勇國, 「善德王代의 政治的實狀」『慶北史學』 23, 2000. 267쪽.

150) 李明植, 앞의 책, 1992, 106~107쪽 ; 高慶錫, 「毗曇의 亂의 성격 문제」『韓國古代史論叢』 7, 1994, 265쪽 ; 朴淳敎, 「金春秋의 執權過程 硏究」, 경북대박사학위논문, 1999, 233쪽 ; 金炳坤, 「新羅 中古期 末의 政治 狀況에 대한 非葛藤論的 理解」『한국 고대사 연구의 현단계』, 주류성출판사, 2009, 488~489쪽.

그와 관련된 기록을 제시하면 다음과 같다.

사-2 眞德王 원년 정월 17일에 毗曇을 목을 베어 죽였는데, 연루되어 죽은 사람이 30명이었다.[151)]

사-3 善德王 12년 9월 당나라에 사신을 보내 다음과 같이 말하였다. “고구려와 백제가 저희 나라를 침범하기를 여러 차례에 걸쳐 수십 개의 성을 공격하였습니다. … 바라건대 약간의 군사를 내어 구원해 주십시오.” … 이에 황제가 말하였다. “①내가 변방의 군대를 조금 일으켜 契丹과 靺鞨을 거느리고 遼東으로 곧장 쳐들어가면 그대 나라는 저절로 풀려 1년 정도의 포위는 느슨해질 것이다. 그러나 이후 이어지는 군대가 없음을 알면 도리어 침략을 멋대로 하여 너희 나라가 함께 소란해질 것이니, 그대 나라도 편치 못할 것이다. 이것이 첫 번째 계책이다. ②나는 또한 너에게 수천 개의 붉은 옷과 붉은 깃발을 줄 수 있는데, 두 나라 군사가 이르렀을 때 그것을 세워 진열해 놓으면 그들이 보고서 우리 군사로 여겨 반드시 모두 도망갈 것이다. 이것이 두 번째 계책이다. ③백제국은 바다의 험난함을 믿고 병기를 수리하지 않고 남녀가 어지럽게 섞여 서로 즐기며 연회만 베푸니, 내가 수십 수백 척의 배에 군사를 싣고 소리없이 바다를 건너 곧바로 그 땅을 습격하려고 한다. 그런데 그대 나라는 여자를 임금으로 삼고 있으므로 이웃 나라의 업신여김을 받게 되고, 임금의 도리를 잃어 도둑을 불러들이게 되어 해마다 편안할 때가 없다. 내가 왕족 중의 한 사람을 보내 그대 나라의 왕으로 삼되, 자신이 혼자서는 왕노릇을 할 수 없으니 마땅히 군사를 보내 호위케 하고, 그대 나라가 안정되기를 기다려 그대들 스스로 지키는 일을 맡기려 한다. 이것이 세 번째 계책이다. 그대는 잘 생각해 보라. 장차 어느 것을 따르겠는가?”

사-4 善德王 14년 11월 이찬 비담을 상대등으로 삼았다.

사-5 善德王 16년 정월 毗曇과 廉宗 등이 말하기를 “여자 임금은 나라를 잘 다스릴 수 없다.”고 하여 반역을 꾀하여 군사를 일으켰으나 이기지 못하였다. 8일에 왕이 죽었다. 시호를 善德이라 하고 狼山에 장사지냈다.[152)]

151) 『삼국사기』 권5, 신라본기5 진덕왕 즉위조.

사-2와 같이 진덕여왕이 즉위하게 된 직접적인 계기는 비담의 반란으로 인한 선덕여왕의 죽음이다. 그 동안의 주요 정치과정을 보면, 사-3의 643년 당 태종의 여왕불가론 제기와 사-4 및 사-5의 비담의 등장 및 반란 진압으로 요약할 수 있다.

먼저 사-3의 여왕불가론은 선덕여왕 즉위 이후에도 지속된 백제 고구려의 공격이 점차 거세어졌다. 더욱이 백제 고구려 양국이 당항성을 공격하여 당으로 통하는 통로마저 차단당할 위기에 빠졌다.[153] 이는 신라가 당에 여러 번 사신을 파견한 것에 대한 대응이었다. 특히 642년 백제가 대야성을 함락하자 김춘추가 고구려에 구원을 요청하였다가 실패하여,[154] 신라로서는 당의 협력을 바랄 수밖에 없는 지경에 이르렀다. 이에 당 태종은 "너희 나라는 부인을 왕으로 삼아 인접 국가로부터 업신여김을 받으니, 주인을 잃고 도적을 불러들여 편안한 해가 없는 것이다."라는 외교적 발언에서 보이듯이 신라의 허약함을 여왕체제에 있는 것으로 판단하여 제시한 세 가지 계책 가운데 하나로서 당의 왕족으로 신라왕으로 삼으라고 제안하였던 것, 즉 당 왕족의 신라왕 책동이었다.

그에 앞서 사-3에서와 같이 당 태종이 제시한 당군의 고구려 백제 정벌안은 5년 뒤에 이루어진 김춘추와 당 태종의 밀약으로 나당동맹이 성사될 수 있는 계기라고도 하겠다. 이 제안은 당이 고구려 백제를 동서 양면으로 협공하고자 하는 전략적 의도이기도 하였다. 당시 이 제안과 유사한 전략이 645년에 실행되어 당 태종의 고구려정벌에 신라가 3만군을 파견하였으나, 오히려 백제군의 습격을 받게 되었던 것이다.[155] 신라측에서 보면 이 상황은 사-3 ①②와 같은 제안이 효과가 없는 것이다.

---

152) 동권5, 선덕왕본기.
153) 동권5, 선덕왕 15년 5월조.
154) 동권5, 선덕왕 11년 겨울조.
155) 동권5, 선덕왕 14년 5월조.

사-3③과 같이 당 태종의 여왕불가론 내에서 제시한 당 왕족의 신라왕 책동이라는 이 대안은 신라 정계에 커다란 파장을 일으켰다. 이 책동은 신라로서는 도저히 용납할 수 없는 것이어서 여왕폐위론이 일어나게 되었을 것이다. 그 대표적인 세력은 비담으로서 사-4와 같이 645년 11월에 상대등으로 등장하게 되었고, 사-5와 같이 두 달 만에 반란을 일으켰다. 당의 업신여김에 비담과 염종은 '여자 임금이 나라를 잘 다스리지 못한다(女王不能善理)'고 하면서 군사를 일으켜 그녀를 폐위시키고자 하니, 왕은 스스로 왕성 안에서 그들을 방어하였다. 비담 등은 명활성에 주둔하였고 왕의 군대는 월성에 진영을 두었는데, 공격과 방어가 10일이 지나도록 멈추지 않았고 17일만에야 반란이 진압되었다.[156] 사-5에서 날짜까지 언급하듯이 그 와중인 정월 8일에 선덕여왕이 시해당하고 진덕여왕이 즉위하였던 것이다.

상대등 비담의 난에 대한 원인으로 여러 가지 견해가 있어 왔다. 퇴위를 요구하는 화백회의의 결정에 대한 선덕여왕의 거절,[157] 구귀족의 상대등 왕위추대운동,[158] 김유신의 여왕 옹호,[159] 국제적 계기설[160] 등이 있다. 또한 시각을 달리하여 진덕여왕의 추대에 대한 반발로,[161] 김춘추 김유신의 진덕여왕 옹립에 대한 계승예정자 비담의 반발로 보았다.[162] 이들의 견해는 모두 김춘추 김유신을 비롯한 신귀족과 기존 구귀족의 대립구도로 보았다.

앞서의 관련 기록을 검토해 보았듯이 비담의 난이 어느 한 쪽에 치우쳐 일어난 것으로 치부하기에는 주저될 정도로 당시의 정세는 매우 복합적으로

---

156) 동권41, 열전1 김유신전 상.
157) 井上秀雄,『新羅史基礎硏究』, 東出版, 1974, 440~441쪽.
158) 李基白, 앞의 논문, 1971/앞의 책, 1974, 101쪽.
159) 李基東, 앞의 책, 1984, 84쪽.
160) 武田幸男,「新羅"毗曇の亂"の一視角」『三上次男博士喜壽記念論文集』, 雄山閣, 1985, 364쪽.
161) 朱甫暾, 앞의 책, 1994, 564쪽.
162) 鄭容淑,「新羅 善德王代의 정국동향과 毗曇의 亂」『李基白先生古稀紀念 韓國史學論叢(上)-古代篇·高麗時代篇-』, 일조각, 1994, 256쪽.

얽혀져 반란이 일어난 것으로 볼 수 있다. 선덕여왕 당시 국정을 총괄한 귀족의 대표는 수품으로서 636년 정월부터 645년 11월까지 상대등으로 재임하였는데, 후반기인 640년대 전반기에 위기가 닥쳐 그 국면을 수습하지 못하여 물러나고 비담으로 교체되었다. 상대등 비담이 재임하여 반란을 일으킬 때까지 1년 2개월 동안에 어떤 일이 있었는지는 기록이 없어 알 수 없으나, 당시 비담이 주창한 것은 '女王不能善理'라는 구호였다. 이 구호에서 볼 때 언뜻 선덕여왕을 부정하는 의미로 이해되기도 한 것이지만, 반란이 진압된 이후에 국인의 추대로 즉위한 인물은 여전히 진덕이라는 여왕이었다. 당시 '聖骨男盡'의 상황 속에서 선덕여왕과 같이 진덕여왕이 성골신분의 여성으로서 왕위를 이었다는 점은, 어떻게 보면 귀족들의 의사를 대변한 비담의 반란 구호가 무색할 정도로 귀족세력의 무력함을 드러낸듯하게 보인다. 또한 국인의 추대라는 점에서 진덕의 부모가 동륜의 직계비속이 아닌 3남 국반과 박씨 월명부인이기 때문에 성골의 범주에 들어갈 수 있는지조차 의심스럽게 인지될 수도 있겠지만,[163] 『삼국사기』에서 진덕여왕까지 성골이라 하고[164] 『삼국유사』에도 역시 성골이라 명기되어 있으므로,[165] 진덕여왕까지는 성골신분이었음은 틀림없다.

사-5에서 드러나듯이 김춘추 김유신 등 여왕을 옹위하는 신세력에 비해 반란의 규모가 매우 컸다는 점에서 그 이유에 대해 주목해야 할 것이다. 먼저 외부로부터의 위협에 대해서는 진평왕대부터 지속된 고구려 백제의 침략이었으므로 그것이 선덕여왕의 실정으로만 치부될 수 없고, 당 태종의 책동과 같은 수치를 당하고도 성골 여왕이 지속되어 간다는 상황에 대한 귀족들의 반발로 판단된다.

그러나 신라 국가체제 상의 왕위계승은 김춘추를 비롯한 왕실세력에 의해

---

163) 金炳坤, 「신라의 태자 책봉제 수용 과정 고찰」 『韓國古代史研究』 64, 2011, 429쪽.
164) 『삼국사기』 권5, 신라본기5 진덕여왕 8년 3월조 및 동권31, 연표 하.
165) 『삼국유사』 권1, 왕력 제28 진덕여왕조.

골품신분체제를 고수하고자 성골 여자인 진덕여왕으로 왕위는 계승되어 갔다. 뒷장에서 상세히 논하듯이 골품제의 고수는 왕권을 유지해나가는데 중요한 원칙이었으며, 이를 고수함으로써 왕실과 가장 가까운 김춘추가 왕위계승후보로서는 유력하게 될 것이기 때문이다.

VI. 중대시기 무열왕계의 왕위계승

1. 중대시기의 왕실계보

1) 무열왕 직계

무열왕계는 중고시기의 진지왕계에서 나왔다. 입종갈문왕계인 진흥왕의 둘째아들인 사륜이 태자 동륜이 일찍 사망하는 바람에 진지왕으로 즉위하여 새로운 왕실을 열었으나, 즉위 4년만에 폐위 당하였다. 이로 인해 진지왕의 아들들은 왕위에 오르지 못하고 동륜의 아들 진평왕이 즉위하여 진지왕계는 소멸되었다. 그러나 입종갈문왕계의 성골 왕실이 더 이상 아들을 낳지 못하고, 성골 여성이 왕위를 이었으나 그마저도 소멸되어버렸다. 이후 진골귀족들 가운데 왕위를 계승하게 되었는데, 성골 소멸 이후 최초로 진골귀족 가운데 왕위에 오른 인물이 김춘추였다. 김춘추의 후손들이 왕위를 세습함으로써 중대 왕통을 열게 되었던 것이다. 먼저 중대 왕실의 개조인 김춘추 즉 태종무열왕의 계보를 살펴보겠다.

가-1 太宗武烈王이 왕위에 올랐다. 이름은 春秋이며 眞智王의 아들인 龍春[세주 : 일설에는 龍樹라고도 한다]의 아들이다[『唐書』에는 眞德의 아우라고 했으나, 이는 잘못이다]. 어머니 天明夫人은 眞平王의 딸이요, 王妃 文明夫人은 舒玄 角飡의 딸이다. 왕은 용모가 영준하고 장대하였다. 어려서부터 세상을 다스릴 뜻이 있었다. 眞德王을 섬겨 직위는 伊飡을 지냈고 唐의

황제가 特進을 제수하였다.[1)]

가-2 제29대 太宗大王은 이름이 春秋이고, 성은 金氏이다. 眞智王의 아들인 龍春角干 [卓]文興葛文王[2)]의 아들이다[세주 : 龍春은 혹은 龍樹라고도 한다]. 어머니는 天明夫人이며 시호는 文貞太后로 眞平王의 딸이다. 왕비는 訓帝夫人이며 謚號는 文明皇后로 庾信의 누이동생이고 어릴 적 이름은 文姬이다.[3)]

가-3 제29대 太宗大王은 이름이 春秋이고, 성은 金氏이다. 龍樹[세주 : 혹은 龍春이라고도 한다] 角干으로서 추봉된 文興大王의 아들이요, 어머니는 眞平大王의 딸인 天明夫人이다. 왕비는 文明皇后 文姬이니 곧 庾信公의 누이동생이다.[4)]

무열왕의 계보는 부모 외에 할아버지 진지왕부터 전해지고 있는데, 그것은 무열왕의 할아버지 진지왕이 폐위당하여 아버지 김용춘이 왕위를 계승하지 못했기 때문이다. 무열왕의 부모에 대해서는 다른 전승이 없으나, 두 사서에서 약간 다른 내용이 기록되어 있다.

먼저 무열왕의 아버지에 대해 살펴보면 가-1의 『삼국사기』에는 용춘 또는 용수라고 하였으나, 가-2의 『삼국유사』에는 용춘 각간 문흥갈문왕이라고 하였다. 그리고 『삼국유사』의 또 다른 전승인 가-3에는 용수 각간이라 하면서 문흥대왕이라는 추봉된 칭호를 더하여 가-1의 『삼국사기』에서 용춘 또는 용수라고 한 인명 가운데 용수를 언급하고 가-2에서 언급한 칭호인 문흥갈문왕 대신에 추봉된 대왕호로 기록하였다.

---

1) 『삼국사기』 권5, 신라본기5 태종왕 즉위년조.

2) 『삼국유사』의 판본 가운데 임신본에 '龍春 卓文興葛文王'이라 되어 있어 이를 일반적인 것으로 보아왔으나, 여러 판본 가운데 정확한 것으로 평가된 파른본에서는 '龍春角干 文興葛文王'으로 판독되어 '卓'이 角干의 오독으로 판명되고 있다(하일식, 「『삼국유사』 교감, 역주의 현황」 『삼국유사의 세계』 한국고대사학회 제28회 합동토론회, 2015, 59쪽).

3) 『삼국유사』 권1, 왕력1 제29 태종무열왕조.

4) 동권1, 태종춘추공조.

그 가운데 무열왕의 아버지 이름을 용춘 또는 용수라고 한 데 대해 『삼국유사』 중에 가-2 왕력에서 용춘만을 언급하고 가-3 기이에서는 용수만을 언급하였다. 두 인명 가운데 용수는 인도 불교 중관학파의 창시자로서 중국 화엄종의 시조로 추앙받았으며, 불교신앙에서는 용수보살로 부르기도 한다. 신라에 화엄종이 들어온 것은 의상에 의해서인데, 화엄종의 개조인 의상이 당에서 귀국한 것은 670년이다. 신라에 불교가 공인된 이후 신라왕실에서는 불교식 인명을 사용하였는데, 진평왕의 백정과 왕비 마야부인 등이 그 예이다. 진골신분인 무열왕의 아버지를 보살 명칭인 용수라고 한 것은 670년 이후의 일로 보아야 하므로, 원래의 이름은 용춘으로 볼 수 있다.

무열왕이 즉위한 654년 원년에 아버지를 문흥대왕으로 어머니를 문정태후로 추봉하였다[5]고 한다. 같은 『삼국유사』의 기록에서 가-2의 왕력에는 갈문왕으로 전하고 가-3의 기이에는 『삼국사기』의 기록과 같이 문흥대왕으로 전하고 있다. 여기서 무열왕이 자신의 아버지를 추봉한 칭호가 갈문왕인지, 아니면 대왕호인가를 밝히는 것이 문제가 된다. 신라는 전통적으로 왕위에 오르지 못한 왕의 아버지를 갈문왕으로 추봉한 전례가 있었다. 그리고 신라 하대에는 왕위에 오르지 못한 왕의 아버지를 대왕으로 추봉하였다.[6] 중고 말기에는 아직 대왕호를 추봉 칭호로 사용한 예가 없고 중대에 등장하므로, 무열왕은 아버지 용춘을 갈문왕으로 추봉하였을 것이다.

무열왕의 어머니 천명부인의 시호 문정태후는 문제가 되지 않지만, 왕비의 경우는 약간의 검토가 필요하다. 두 사서에 공통적인 인명은 문명으로 되어 있지만, 가-2의 『삼국유사』에는 훈제부인으로 기재되어 있으며, 시호는 문명황후로 되어 있다. 훈제라는 인명표기는 원래의 인명인지 아니면 무열왕의 전처를 가리키는지가 불분명하며, 김유신의 동생 문희의 왕비 칭호는 문명으

5) 『삼국사기』 권5, 신라본기5 태종왕 원년 4월조.

6) 李基白, 「新羅時代의 葛文王」 『歷史學報』 58, 1973/『新羅政治社會史硏究』, 일조각, 1974, 25~26쪽.

로 보아야 할 것이다. 또한『삼국유사』에서만 황후라는 칭호로 표현하고 있는데, 그 후의 왕비들도 모두 夫人 칭호를 사용하고 있음에서 황후라는 칭호는 후대에 이르러 존숭한 것으로 볼 수 있을 것이다.

661년 무열왕 사후 왕위를 계승한 왕족은 655년 태자로 책봉되었던[7] 무열왕의 元子 문무왕이다. 문무왕의 계보에 대해 관련 기록을 검토하겠다.

가-4 文武王이 왕위에 올랐다. 이름은 法敏이며 太宗王의 元子이다. 어머니는 金氏 文明王后로서 蘇判 舒玄의 막내딸이며, 金庾信의 누이동생이다. … 왕비는 慈儀王后로서 波珍飡 善品의 딸이다. 법민은 용모가 영특하게 생겼으며, 총명해서 슬기로운 계략이 많았다. 永徽 초기에 唐에 갔는데, [唐] 高宗이 大府卿을 제수하였으며, 태종 원년(654)에는 波珍飡으로 兵部令이 되었다가 곧 太子로 책봉되었다. 顯慶 5년(660)에 태종이 唐의 장수 蘇定方과 백제를 평정할 적에 법민도 종군하여 큰 공을 세웠으며, 이때에 이르러 왕위에 올랐다.[8]

가-5 제30대 文武王은 이름이 法敏이고, 太宗의 아들이다. 어머니는 訓帝夫人이며, 왕비는 慈義[세주 : 혹은[慈]訥王后라고도 한다]로 善品 海干의 딸이다.[9]

문무왕의 부모 가운데 아버지에 대해서는 두 사서의 기록이 동일하지만, 앞에서 살펴보았듯이 어머니에 대해서는 다르게 되어 있다. 왕비에 대해서는 두 사서가 자의왕후로 모두 일치하고 있으면서도 가-5의『삼국유사』의 세주에 눌왕후 또는 자눌왕후라고도 전하고 있다. 문무왕은 상세하고 방대한 본기 기록에서 자의왕후 외에 혼인한 기록이 보이지 않으므로, 같은 인물로 볼 수 있다. 무열왕대까지는 왕비의 칭호를 부인이라 하였으나, 문무왕 이후부터 왕후라고 기록하여 제도적인 변화가 있었음을 알 수 있다. 왕비의 아버지

7)『삼국사기』권5, 신라본기5 태종왕 2년 3월조.
8) 동권6, 문무왕 즉위년조.
9)『삼국유사』권1, 왕력1 제30 문무왕조.

선품의 관등을 가-4의 『삼국사기』에는 파진찬으로 기록한 데 반해 가-5의 『삼국유사』에는 해간이라고 표기하고 있어 표기상에 차이를 보이고 있다. 신라 관등의 표기방식의 변화과정에서 볼 때 파진찬은 7세기 당시에 사용한 표기방식이지만, 해간은 후대에 파진찬의 별칭으로 썼던 것으로 이해된다.

문무왕을 아버지 무열왕의 원자라고 한 점에 대해 살펴보겠다. 가-4의 『삼국사기』에는 원자라고 하였으나, 『삼국유사』에는 아들이라고만 기록되어 있다. 무열왕은 김유신의 동생 문희 즉 문명부인과의 혼인이 첫 결혼은 아니었다. 여기서 간단한 예만 언급하면 655년 무열왕의 딸 지소부인이 김유신과 혼인하였다[10]고 한다. 지소부인이 문명부인의 딸이라면 외삼촌과 조카가 결혼하게 되므로, 이와 같은 패륜적인 혼인은 성사될 수 없다. 655년 무열왕은 30세인 원자 법민을 태자로 삼고 서자들에게 고위 관등을 수여한 사실[11] 등에서 무열왕의 자녀들은 문명부인 소생 외에 그 이전에 전처의 소생이 있었을 것으로 추정되기 때문이다. 훈제부인이 무열왕의 전처일 가능성도 배제할 수 없다. 여기서 잠시 생존기간이 확실한 무열왕과 문무왕의 경우를 통해 살펴보도록 하겠다. 먼저 문무왕은 626년에 태어나[12] 681년 56세의 나이로 사망하였다. 아버지 무열왕은 문무왕의 어머니인 문희 즉 문명부인 외에 전처가 있었으므로,[13] 이는 23세인 626년 이전에 혼인한 것이다.[14]

---

10) 『삼국사기』 권5, 신라본기5 태종왕 2년 10월조.

11) 동권5, 태종왕 2년 3월조.

12) 崔光植, 「文武王陵碑」 『역주 한국고대금석문』 Ⅱ, 가락국사적개발연구원, 1992, 130쪽.

13) 末松保和, 「新羅三代考」 『史學雜誌』 57-5·6합집, 1949/『新羅史の諸問題』, 東洋文庫, 1954, 510쪽, 미주8) ; 黃善榮, 「新羅 武烈王家와 金庾信家의 嫡庶問題」 『釜山史學』 9, 1985, 7~8쪽.

14) 『삼국유사』에 의하면 김춘추는 문희 소생외에 아들 딸 5명을 두었다고 함에서(동권1, 기이1 태종 춘추공조) 맏아들인 김법민보다 나이가 많은 인물도 있겠지만, 무열왕의 나이를 감안해 볼 때 전처 외에 나이가 어린 첩실의 소생의 존재도 염두에 두어야 할 것이다.

681년 문무왕 사후 왕위를 계승한 왕족은 665년 태자로 책봉되었던[15] 문무왕의 맏아들 신문왕이다. 신문왕의 계보에 대해 관련 기록을 검토하겠다.

> 가-6 神文王이 왕위에 올랐다. 이름은 政明[세주 : 明之라고도 하며 字는 日炤이다]이며 文武大王의 맏아들이다. 어머니는 慈儀王后[세주 : 혹은 義로도 쓴다]이며, 왕비는 金氏로서 蘇判 欽突의 딸인데, 왕이 太子가 되어 맞아들였으나 오래도록 아들이 없었다. 후에 아버지가 난을 일으킴에 연좌되어 궁중에서 쫓겨났다. 文武王 5년(665)에, 정명은 세워져 태자가 되었다가 이때에 이르러 왕위를 이었다. 唐의 高宗은 사신을 보내어 책립하여 新羅王으로 삼고 인하여 先王의 官爵을 이어받게 했다.[16]
>
> 가-7 제31대 神文王은 金氏로 이름은 政明이며 字는 日炤이다. 아버지는 文虎(武)王이며, 어머니는 慈訥王后이다. 왕비는 神穆王后로 欽運公[17]의 딸이다.[18]

신문왕의 부모 가운데 아버지에 대해서는 두 사서의 기록이 동일하지만, 앞에서 살펴보았듯이 어머니에 대해서는 자의왕후와 자눌왕후로 칭호가 다르게 표기되어 있다. 왕비에 대해서는 두 사서가 서로 보완하고 있다. 가-6의 『삼국사기』에는 先妃에 대해 이름이 전하지 않고 김흠돌의 딸로만 전하고 665년 태자가 된 이후에 혼인하여 아들이 없었는데, 681년 國舅가 반란을 일으킴[19]에 연좌되어 출궁 당하였다고 전하고 있다. 가-7의 『삼국유사』에는 왕비가 김흠운의 딸 신목왕후라고 하여 先妃의 출궁 이후 683년에 새로이 後妃를 성대하게 맞이하였음[20]을 전하고 있다. 先妃가 출궁당한 이유에 대해 그 기록대로 받아들이거나[21] 無子 때문이라고 보는 견해[22]들이

15) 『삼국사기』 권6, 신라본기6 문무왕 5년 8월조.
16) 『삼국사기』 권8, 신라본기8 신문왕 즉위년조.
17) 김흠운은 태종무열왕의 사위이다(『삼국사기』 권47, 열전7 김흠운전).
18) 『삼국유사』 권1, 왕력1 제31 신문왕조.
19) 『삼국사기』 권8, 신라본기8 신문왕 원년 8月 8일조.
20) 동권8, 신문왕 3년 2월조.

있는데, 기록을 존중해 보면 先妃가 아들을 낳지 못하자 출궁당하였을 때 정치적 불만을 가지고 있었던 아버지 김흠돌이 지원세력을 규합하여 반란을 일으킨 것으로 보는 편이 타당할 것이다.

다음 후비는 가-7의 『삼국유사』에서 김흠운의 딸이라고 하였다. 가-6의 『삼국사기』에는 언급이 없으나, 신문왕 재위 3년 즉 683년에 일길찬 김흠운의 딸인 신목왕후를 새 왕비로 맞아들였다고 전하므로,[23] 양 사서의 기록이 일치한다.

692년 신문왕 사후 왕위를 계승한 왕족은 691년 태자로 책봉되었던[24] 신문왕의 맏아들 효소왕이다. 효소왕의 계보에 대해 관련 기록을 검토하겠다.

> 가-8 孝昭王이 왕위에 올랐다. 이름은 理洪[세주 : 혹은 恭이라고도 쓴다]이며 神文王의 太子이다. 어머니의 성은 金氏로서 神穆王后이니, 一吉湌 金欽運[세주 : 혹은 雲이라고도 쓴다]의 딸이다.[25]
>
> 가-9 제32대 孝昭王은 이름이 理恭[세주 : 혹은 洪이라고도 쓴다]이며 김씨이다. 아버지는 神文王이고, 어머니는 神穆王后이다.[26]

효소왕의 부모에 대해서는 두 사서의 기록이 동일하다. 앞에서 살펴보았듯

---

21) 朱甫暾,「新羅時代의 連坐制」『大丘史學』 25, 1984, 37쪽 ; 辛鐘遠,「新羅 五臺山事蹟과 聖德王의 卽位背景」『崔永禧先生華甲紀念 韓國史學論叢』, 탐구당, 1994, 10쪽 ; 朴海鉉,「新羅 中代의 성립과 神文王의 王權 强化」『호남문화연구』 24, 1996/『신라 중대 정치사 연구』, 국학자료원, 2003, 46쪽 ; 李泳鎬,「新羅 中代의 政治와 權力構造」, 경북대 박사학위논문, 1995, 166쪽.

22) 李丙燾,『韓國史－古代篇』, 을유문화사, 1959, 645쪽 ; 井上秀雄,「新羅政治體制の變遷過程」『古代史講座』 4, 1961/『新羅史基礎硏究』, 東出版, 1974, 455쪽 ; 李基白·李基東,『韓國史講座 Ⅰ－古代篇』, 일조각, 1982, 312쪽 ; 金壽泰,「新羅 神文王代 專制王權의 確立과 金欽突亂」『新羅文化』 9, 1992/『新羅中代政治史硏究』, 일조각, 1996, 13~14쪽.

23) 『삼국사기』 권8, 신라본기8 신문왕 3년 2월조.

24) 동권8, 신문왕 11년 3월 1일조.

25) 동권8, 효소왕 즉위년조.

26) 『삼국유사』 권1, 왕력1 제31 효소왕조.

이 어머니에 대해서는 『삼국유사』보다 『삼국사기』가 약간 상세히 전하고 있다. 가-6의 『삼국사기』에는 김흠돌의 딸이며 아들이 없었고 출궁당한 先妃와 나-10의 『삼국유사』에 나오는 김흠운의 딸이며 後妃인 신목왕후 가운데 신목왕후가 소왕의 어머니임을 두 사서에서 전하고 있다. 그러나 효소왕의 왕비에 대해서는 전하는 기록이 없어 알 수 없다.

2) 성덕왕계

702년 효소왕이 사망하였으나 아들이 없어 왕위를 계승한 왕족은 신문왕의 둘째아들 성덕왕이다. 중대 왕통의 개창자 무열왕 이후 직계로 문무왕 신문왕 효소왕으로 왕위를 이었으나, 효소왕이 아들이 없어 동생 성덕왕이 왕위에 올랐다. 큰 범주에서 보면 성덕왕과 그 아들 효성왕은 무열왕계로 볼 수 있으나, 장자로 왕위를 세습한 효소왕을 끝으로 무열왕 직계가 소멸된 점에서 성덕왕은 방계라 할 수 있다. 성덕왕 이후에 왕위를 계승한 왕은 효성왕 경덕왕 혜공왕, 그리고 선덕왕이 있다. 경덕왕대부터 성덕왕비의 건립과 성덕대왕신종의 주성 등 성덕왕에 대한 추앙작업이 시작되어 무열왕 직계와 달리하는 성덕왕을 중심으로 하는 혈연의식이 존재하였으므로, 왕위계승의 원리를 명확히 밝히기 위해 여기서는 무열왕계의 방계로서 성덕왕계로 분류하겠다. 성덕왕의 계보에 대해 관련 기록을 검토하겠다.

나-1 聖德王이 왕위에 올랐다. 이름은 興光인데, 본래 이름 隆基는 唐의 玄宗의 이름과 같으므로, 先天 연간(712)에 고쳤다[세주 : 『唐書』에는 金志誠이라 했다]. 왕은 神文王의 둘째아들이며 孝昭의 동복동생이다. 효소왕이 세상을 떠나고 아들이 없었으므로, 나라사람들이 그를 왕으로 세웠다.[27)]

나-2 제33대 聖德王은 이름이 興光인데, 본래 이름은 隆基이다. 첫 왕비는 陪昭王后로 諡號는 嚴貞이니 元大 阿干의 딸이다. 後妃는 占勿王后로 諡號

27) 『삼국사기』 권8, 신라본기8 성덕왕 즉위년조.

는 炤德으로 順元 角干의 딸이다.[28)]

성덕왕의 부모 가운데 아버지는 신문왕으로 두 사서가 모두 동일하지만, 성덕왕의 형 효소왕의 계보와 마찬가지로 어머니가 누구인지에 대해서는 전하지 않는다. 나-1에서 성덕왕이 효소왕의 동복동생이라 한 사실에서 보아 신문왕의 후비인 김흠운의 딸 신목왕후가 어머니라 할 수 있다. 나-1의 『삼국사기』에는 왕비에 관한 전승이 없고, 나-2의 『삼국유사』에 두 명의 왕비인 先妃와 後妃의 계보를 전하여 『삼국사기』의 계보 전승을 보완하고 있다. 먼저 『삼국유사』에 先妃 배소왕후는 원대 아간의 딸이고 시호를 엄정왕후라고 하였으나, 『삼국사기』에는 성정왕후라고 하고 김원태 소판 즉 잡찬의 딸이라고 하였다. 성정왕후는 성덕왕 3년(704)에 왕비로 맞아들여[29)] 태자 중경[30)]과 선덕왕의 어머니 사소부인[31)]을 낳았으나 716년에 출궁 당하였다.[32)] 다음 『삼국유사』에 後妃 점물왕후는 순원 각간의 딸이고 시호를 소덕왕후라고 하였으나, 『삼국사기』에는 이찬 순원의 딸이라고만 하였다. 왕후는 성덕왕 19년(720)에 왕비로 맞아들여[33)] 효성왕[34)]과 경덕왕[35)]을 낳았고 724년에 사망하였다.[36)]

그런데 나-1의 성덕왕의 본명 융기는 당 현종의 이름과 같으므로, 先天 연간에 고쳤다고 하고, 그 세주에 '『唐書』에는 金志誠이라 했다'고 기록되어

28) 『삼국유사』 권1, 왕력1 제33 성덕왕조.
29) 『삼국사기』 권8, 신라본기8 성덕왕 3년 5월조.
30) 715년에 중경을 태자로 책봉하였고(동권9, 성덕왕 14년 12월조) 이듬해에 선비 성정왕후를 출궁시켰다고 함에서 중경의 어머니는 성정왕후로 볼 수 있다.
31) 동권9, 선덕왕 즉위년조 및 『삼국유사』 권1, 왕력1 제37 선덕왕조.
32) 동권8, 성덕왕 15년 3월조.
33) 동권8, 성덕왕 19년 3월조.
34) 동권9, 효성왕 즉위년조 및 『삼국유사』 권1, 왕력1 제34 효성왕조.
35) 동권9, 경덕왕 즉위년조 및 『삼국유사』 권1, 왕력1 제35 경덕왕조.
36) 동권8, 성덕왕 23년 12월조.

있어 본문과 세주의 기록이 달라 문제이다. 여기서 『당서』를 근거로 하여 성덕왕의 이름을 '김지성'이라고 하였으나 오류이다. 이에 관련된 중국측 기록은 『당서』가 아니라 『冊府元龜』로서 신룡 원년(705) 3월에 신라 왕 김지성이 사신을 보내와 조공하였다고 기록되어 있으나,[37] 김지성은 견당사라고 해야 옳을 것이기 때문이다.[38] 즉 김지성은 일길찬 김인장의 아들로[39] 중아찬으로서 집사시랑을 역임하였고, 성덕왕대 견당사로서 입당하여 당으로부터 尙舍奉御의 관작을 받고 돌아온 인물이다.[40] 『삼국사기』에 의하면 성덕왕 11년(712)에 당나라 사신 노원민이 신라에 와서 성덕왕의 이름을 고칠 것을 요구한[41] 기록이 있는데, 『舊唐書』 新羅傳에 '興光(聖德王)本名與太宗同, 先天中, 則天(武后)改焉'[42]이라 한 것은 너무도 상식에 어그러진 두찬이다.[43] 성덕왕의 본명이 당 태종과 같아서 측천무후가 그것을 바꾸도록 했다고 하나, 선천 연간(713)은 당 현종의 연호이고 융기도 현종의 이름으로 이는 잘못이므로,[44] 성덕왕의 본명이 당 현종의 이름과 같아서 713년에 흥광으로 개명하였다고 보아야 타당하다.

737년 성덕왕 사후 왕위를 계승한 왕족은 둘째아들 효성왕이다. 첫째아들 중경은 성덕왕 14년(715) 태자에 책봉되었으나,[45] 717년에 사망하였다.[46] 둘째아들 승경은 724년 태자에 책봉되어[47] 737년 성덕왕이 사망하자 왕위를

---

37) 『책부원구』 권970, 外臣部 朝貢3 中宗 神龍 元年 3月條에 '新羅王金志誠遣使來朝'이라 했는데, 이 기록은 '新羅王遣使金志誠來朝'로 되어야 옳다.
38) 이병도, 『역주 삼국사기』 상, 을유문화사, 1996, 207쪽 주 28).
39) 『삼국유사』 권3, 탑상4 남월산조.
40) 정구복 외, 『역주 삼국사기』 3(주석편 상), 한국정신문화연구원, 1997, 260쪽.
41) 『삼국사기』 권8, 신라본기8 성덕왕 11년 3월조.
42) 『구당서』 권199, 열전149, 신라전.
43) 이병도, 앞의 책, 1996, 207쪽 주 27).
44) 정구복 외, 앞의 책, 1997, 259쪽.
45) 『삼국사기』 권8, 신라본기8 성덕왕 14년 12월조.
46) 동권8, 성덕왕 16년 6월조.
47) 동권8, 성덕왕 23년 춘조.

이었다. 효성왕의 계보에 대해 관련 기록을 검토하겠다.

나-3 효성왕이 왕위에 올랐다. 이름은 承慶이다. 聖德王의 둘째아들이며, 어머니는 炤德王后이다.[48]

나-4 제34대 孝成王은 김씨이고 이름이 承慶이다. 아버지는 聖德王이며, 어머니는 炤德王后이다. 왕비는 惠明王后로 眞宗 角干의 딸이다.[49]

효성왕의 계보 기록에서 성덕왕의 부모 가운데 아버지는 신문왕이고 어머니는 후비 소덕왕후라고 하여 두 사서가 모두 동일하다.[50] 나-3의 『삼국사기』 기록에서 왕비에 대한 기록이 없으나, 나-4의 『삼국유사』에는 각간 진종의 딸 혜명왕후라 전하고 있다. 『삼국사기』에서는 각 왕의 즉위년조에 왕비의 계보가 기록되는 경우가 많은데, 이는 왕이 되기 이전에 혼인하였을 경우에 해당된다. 효성왕은 젊은 나이에 왕위에 즉위하였으므로, 나-3의 즉위년조에는 왕비에 관한 기록이 없고 나-6에 왕 재위 3년조에 혼인한 사실이 기재되어 있다. 효성왕의 혼인에 대해서는 효성왕 재위 중에 보이는데 관련 기록을 제시하면 다음과 같다.

나-5 동왕 2년(738) 봄 2월에 唐 玄宗은 聖德王이 세상을 떠난 것을 듣고 오랫동안 슬퍼하고는 左贊善大夫 邢璹을 보내어 鴻臚少卿으로서 가서

48) 동권9, 효성왕 즉위년조.

49) 『삼국유사』 권1, 왕력1 제34 효성왕조.

50) 효성왕의 어머니를 소덕왕후가 아닌 엄정왕후로 보는 견해가 있는데, 또한 효성왕의 이름 승경이 엄정왕후의 아들 중경과 이름이 유사한 점이나 성덕대왕신종명에서 경덕왕이 성덕왕을 추존하면서도 효성왕에 대해 전혀 언급하지 않은 점을 근거로 제시하였다(박해현, 「新羅 孝成王代 政治勢力의 推移」 『歷史學硏究』 12 1993/『신라중대 정치사 연구』, 국학자료원, 2003, 86쪽). 그러나 이복형제라도 이름이 유사할 수 있으며 성덕대왕신종이 성덕왕을 추숭하기 위함이므로 효성왕을 굳이 언급할 필요가 없을 것이며, 두 사서에서 효성왕의 어머니를 소덕왕후로 명시한 점을 무시할 수는 없다고 생각한다.

조상하여 제사지내도록 하고, 太子太保의 벼슬을 추증하였다. 또 왕위를 이은 孝成王을 책봉하여 開府儀同三司新羅王으로 삼았다. … 唐이 사신을 보내어 詔命으로 王妃 朴氏를 책봉하였다. 3월에 金元玄을 唐에 보내어 새해를 하례하였다. 여름 4월에 唐 사신 형숙은 老子의 『道德經』 등 서책을 왕에게 바쳤다.

나-6 동왕 3년(739) 봄 정월에 祖考廟에 참배하였다. 中侍 義忠이 죽으므로, 伊飡 信忠을 중시로 삼았다. 善天宮이 이룩되었다. 邢璹에게 황금 30냥, 베 50필, 인삼 1백 근을 내렸다. 2월에 왕의 아우 憲英을 임명하여 波珍飡으로 삼았다. 3월에 伊飡 順元의 딸 惠明을 맞아 왕비로 삼았다. 여름 5월에 파진찬 헌영을 봉하여 太子로 삼았다.

나-7 동왕 4년(740) 봄 3월에 唐에서 사신을 보내어 夫人 金氏를 책봉하여 王妃로 삼았다. … 가을 7월에 緋依를 입은 여인이 隷橋 밑에서 나와 조정의 정치를 비방하며 孝信公의 문 앞을 지나갔는데 별안간 보이지 않았다. 8월에 波珍飡 永宗이 반역을 도모하다가 참형을 당하였다. 이보다 앞서 영종의 딸이 後宮으로 들어오자 왕은 그녀를 매우 사랑하여 은총이 날로 더하였다. 왕비는 이를 질투하여 일가 사람들과 함께 모의하여 죽였으므로, 영종은 왕비의 宗黨을 원망하고 있었는데 이로 인해 반역했던 것이다.[51)]

나-4와 나-6의 기록을 비교해 보면 효성왕의 왕비는 혜명왕후로 되어 있으나, 왕비의 아버지에 대해 각기 다르게 전하고 있다. 혜명왕후의 아버지에 대해 『삼국유사』의 나-4에는 진종이라 하였으나, 『삼국사기』의 나-6에는 순원이라고 전하고 있어 대조하여 살펴보아야 한다.

나-4의 진종은 활동 기록이 전혀 보이지 않아 그 계보에 대해 알 수 없고 진종을 후궁의 아버지인 영종으로 보는 견해도 있으나,[52)] 나-6에 739년 효성왕이 혼인하여 맞이한 혜명왕후의 아버지가 김순원으로 명기되어 있는 점에 유의해야 할 것이다. 두 사서의 기록 가운데 혜명왕후의 혼인과정에 대한

51) 이상 『삼국사기』 권9, 신라본기9 효성왕 본기.

52) 井上秀雄, 「新羅朴氏王系の成立」 『朝鮮學報』 47, 1968/앞의 책, 1974, 351~353쪽.

기록이 제시된 『삼국사기』의 기록을 통해 혜명왕후의 아버지는 김순원으로 보는 편이 타당할 것이다.

그런데 또 하나 남겨진 문제는 나-5에 보이는 효성왕의 박씨왕비에 대한 기록이다. 효성왕 2년에 당이 사신을 보내어 왕을 책봉하고 이어 박씨왕비까지 책봉하였다고 하였다. 효성왕의 왕비가 박씨인가[53] 아닌가[54]에 대해 논란이 있으므로 이들 사료를 구체적으로 분석해 보아야 할 것이다.

이 두 기록만을 보면 효성왕의 왕비가 박씨이고 당의 승인을 받은 것으로 여겨지지만, 다음해에 효성왕은 다시 왕비를 맞이하고(나-6) 그 다음해에 당으로부터 또다시 부인 김씨를 왕비로 책봉한 것으로(나-7) 되어 있다. 선비와 후비가 있는 왕의 경우 선비를 출궁한 다음에 후비를 맞이하는 것이 일반적이지만, 효성왕의 경우 선비의 출궁 기록이 없이 2명의 왕비를 연이어 책봉한 것이 되므로 다른 왕의 예와 비교하더라도 전례가 없는 일이다.

더욱이 당이 신라왕을 책봉할 경우 신라국왕만을 책봉하거나 왕비를 국왕과 함께 책봉하며, 후비일 경우에만 따로 책봉하는 것이 일반적이다. 나-5에서 738년 2월에 당의 사신 형숙이 신라에 파견되어 왕을 책봉하고, 그 달에 다시 한 번 당이 사신을 보내어 왕비를 책봉하는 것은 외교의 형식으로 보더라도 의례에 어긋나는 것이다. 해당 중국정사의 경우 성덕왕의 훙거와 효성왕의 즉위에 즈음하여 당에서 사신을 보낸 사실에 대해 『신당서』의 신라전에만 개원 25년(737)에 '俄冊其妻朴爲妃'라 하여 박씨왕비를 책봉한 기록은 있지만[55] 『신당서』의 본기에는 파견 기록이 없고, 나-5의 『삼국사기』

---

53) 末松保和, 「新羅王代考略」『青丘學叢』 9, 1932/앞의 책, 1954, 183쪽 ; 金壽泰, 앞의 책, 1996, 88쪽 ; 朴海鉉, 앞의 책, 2003, 106쪽 ; 曺凡煥, 「王妃의 交替를 통하여 본 孝成王代의 政治的 動向」『韓國史硏究』 154, 2012, 41쪽.

54) 李基白·李基東, 앞의 책, 1982, 310~311쪽 ; 文暻鉉, 「新羅 朴氏의 骨品에 대하여」『歷史敎育論集』 13·14합집, 1990/『增補 新羅史硏究』, 경북대학교출판부, 2000, 282쪽 ; 李泳鎬, 「新羅의 王權과 貴族社會－중대 국왕의 혼인 문제를 중심으로－」『新羅文化』 22, 2003/『신라 중대의 정치와 권력구조』, 2014, 52쪽 ; 井上直樹, 「八世紀中葉の新羅·唐關係－孝成王代を中心に」『唐代史硏究』 12, 2009, 18쪽.

기록보다는 1년이 빠르다. 『구당서』에는 개원 25년(737) 2월에 사신을 파견한 것으로 되어 있으나 왕비를 책봉한 기록은 없다.[56] 그 외 『당회요』에서 개원 28년 즉 효성왕 4년에 박씨를 신라 왕비로 책봉했다고 하고 『책부원구』에서는 같은 연대에 김씨를 책봉했다고 하는 점에서 효성왕 2년의 박씨 왕비 책봉 기록은 오류로 보이며, 사실은 효성왕 2년에 효성왕을 책봉한 다음 4년에 김씨 혜명왕후를 왕비로 책봉한 사실로 보아야 할 것이다.

또한 당의 사신 형숙은 효성왕 2년 2월 신라에 와서 동왕 3년 정월에 황금 30냥과 포 50필을 받았다는 기록[57]으로 보면, 당의 사신이 1년 동안 장기간 신라에 머물렀던 것이 되어 의문이다. 더욱이 그 다음해에 김씨 왕비를 맞이하였음에도 당이 사신을 보내어 책봉하였다는 것은 기록에 모순이 있음을 드러내고 있는 것이다. 기록대로 인정한다면 박씨 왕비는 효성왕이 유일하지만, 김순원 가문이 성덕왕과 효성왕에게 납비한 사실에서 미루어 보아도 효성왕을 옹립하고 박씨를 왕비로 맞아들인다는 것은 납득할 수 없는 것이다.

그리고 후궁에 관한 기록을 전하고 있어 흥미롭다. 740년에 파진찬 영종이 반란을 일으켰다. 그 이유는 영종의 딸이 후궁이 되어 왕의 총애를 받자 왕비 혜명이 이를 질투하여 족당과 더불어 모살하자 이에 분노한 영종은 반란을 일으켰으나 실패하여 처형되었던 것이다.[58] 후궁의 아버지 영종의 관등이 파진찬이라고 하여 전하는 영종의 딸이 원래의 왕비로서 박씨였다고[59] 본다면, 기록상에 전하지는 않았으나 중대에 김씨가 아닌 박씨 왕비가 등장한 셈이다. 이러한 논의가 나온 배경에는 『삼국유사』에서 혜명왕후의 아버지로 전해진 진종을 후궁의 아버지 영종과 동일인으로 본 시각이 있었던

55) 『신당서』 권220, 열전145 신라전.
56) 『구당서』 권9, 본기9 현종 하 개원 25년 2월조.
57) 『삼국사기』 권9, 신라본기9 효성왕 3년 정월조.
58) 동권9, 효성왕 4년 8월조.
59) 井上秀雄, 앞의 책, 1974, 353쪽.

것이다. 양 사서에서 효성왕의 왕비는 혜명왕후가 유일하게 전승되고 있으며 『삼국사기』에서 그 왕후의 아버지가 순원임과 혼인과정을 전하고 있음에서 박씨왕비와 후궁을 동일시 할 수 없다.

아마도 효성왕의 후궁은 혜명왕후를 왕비로 맞아들이기 이전에 이미 효성왕과 혼인을 맺었던 것이며, 혜명왕후와 혼인한 후에도 계속 왕의 총애를 받게 되자 이에 반발한 왕비의 집단이 그들을 응징한 것으로 볼 수 있다. 이와 같은 일련의 사건은 효성왕대에 이르러 왕실을 둘러싼 권력투쟁이 일어난 상황을 말해주는 것이다. 결국 효성왕은 왕비와 후궁을 두고도 후사를 이을 수 없었던 것이다.

742년 효성왕 사후 왕위를 계승한 왕족은 성덕왕의 셋째아들 경덕왕이다. 효성왕은 아들이 없었으므로 743년 동생 헌영을 태자로 삼아[60] 그 뒤를 이어 경덕왕이 즉위하였다. 경덕왕의 계보에 대해 관련 기록을 검토하겠다.

나-8 景德王이 왕위에 올랐다. 왕의 이름은 憲英이며 孝成王의 동복동생이다. 효성왕은 아들이 없어 헌영을 세워 太子로 삼았으므로, 왕위를 잇게 된 것이다. 왕비는 伊湌 順貞의 딸이다.[61]

나-9 제35대 景德王은 金氏로 이름은 憲英이다. 아버지는 聖德이며, 어머니는 炤德王后이다. 先妃 三毛夫人은 궁중에서 쫓겨나 후사가 없다. 後妃는 滿月夫人으로 謚號는 景垂王后[세주 : 垂는 혹은 穆이라고도 쓴다]이며, 依忠 角干의 딸이다.[62]

경덕왕의 부모에 대해서는 두 사서가 모두 일치하고 있다. 효성왕의 예에서도 보았듯이 왕비에 대해서도 전승이 혼동을 빚고 있다. 나-8의 『삼국사기』에는 왕비가 이찬 순정의 딸 한 사람만 언급하고 있으나, 나-9의 『삼국유사』에는

60) 『삼국사기』 권9, 신라본기9 효성왕 3년 5월조.
61) 동권9, 경덕왕 즉위년조.
62) 『삼국유사』 권1, 왕력1 제35 경덕왕조.

先妃 삼모부인과 後妃 만월부인 두 사람을 전하고 있다. 나-10의 『삼국사기』 혜공왕 계보와 나-12의 『삼국유사』에는 혜공왕의 어머니 즉 경덕왕의 왕비를 後妃인 만월부인이라 하여 일치하고 있다. 왕비의 아버지에 대해 나-9의 依忠 각간과 나-10의 義忠 서불한은 각간과 서불한은 같은 관등 명칭이고 인명의 한자 표기가 다를 뿐인 점에서 두 이름은 같은 인물을 가리키는 것이다. 따라서 나-9의 先妃와 나-8의 순정의 딸은 같은 인물로 여겨지므로, 경덕왕의 先妃는 2년 743년 여름 4월에 납비한 순정의 딸 삼모부인이고, 후비는 의충의 딸 만월부인으로 정리된다.

765년 경덕왕 사후 왕위를 계승한 왕족은 경덕왕의 적자 혜공왕이다. 혜공왕의 계보에 대해 관련 기록을 검토하겠다.

나-10 惠恭王이 왕위에 올랐다. 이름은 乾運이며 景德王의 嫡子이다. 어머니 金氏 滿月夫人은 舒弗邯 義忠의 딸이다. 왕이 왕위에 올랐을 때 나이가 8살이었으므로, 太后가 대리로 정무를 보았다.[63]

나-11 16년 여름 4월에 上大等 金良相이 이찬 敬信과 함께 군사를 일으켜 김지정 등을 죽였는데, 왕과 왕비는 난병들에게 살해되었다. 양상 등은 왕을 諡號하여 惠恭王이라 하였다. 元妃 新寶王后는 이찬 維誠의 딸이요, 次妃는 이찬 金璋의 딸인데, 궁중에 들어온 연월은 역사책에서 빠져버렸다.[64]

나-12 제36대 惠恭王은 金氏로 이름은 乾運이다. 아버지는 景德王이고, 어머니는 滿月王后이다. 先妃는 神巴夫人으로 魏正 角干의 딸이다. 後妃는 昌昌夫人으로 金將 角干의 딸이다.[65]

혜공왕의 부모에 대해서는 두 사서가 모두 일치하고 있다. 『삼국사기』의 기록 가운데 나-10의 혜공왕 즉위년조의 기록에는 왕비에 대한 언급이 없으나,

63) 『삼국사기』 권9, 신라본기9 혜공왕 즉위년조.
64) 동권9, 혜공왕 16년조.
65) 『삼국유사』 권1, 왕력1 제36 혜공왕조.

나-11의 말년 기사에 元妃 신보왕후와 次妃 명칭이 없이 이찬 김장의 딸이라고만 언급하고 있다. 나-12의 『삼국유사』에는 先妃 신파부인과 後妃 창창부인으로 전하고 있다. 元妃 즉 先妃을 각각 신보와 신파로 표기하였으나, '寶'와 '巴'는 같은 것이므로 두 사서가 모두 일치하고 있다. 次妃 즉 後妃는 두 사서에서 왕비의 아버지가 인명의 한자 표기가 다를 뿐 같은 인물이므로 나-12에 보이는 창창부인임을 알 수 있다.

780년 혜공왕이 96각간의 난으로 시해당한 후 후사가 없었으므로, 왕위를 계승한 왕족은 성덕왕의 외손 선덕왕이다. 선덕왕의 계보에 대해 관련 기록을 검토하겠다.

> 나-13 宣德王이 왕위에 올랐다. 성은 金氏이고, 이름은 良相이며 奈勿王의 10世孫이다. 아버지는 海飡 孝芳이요, 어머니 金氏 四炤夫人은 聖德王의 딸이다. 왕비 具足夫人은 角干 良品의 딸이다[세주 : 또는 阿飡 義恭의 딸이라고도 한다]. 죄수들을 대사하고, 아버지를 추봉하여 開聖大王이라 하고, 어머니 김씨를 높여서 貞懿太后라 하고, 아내를 왕비로 삼았다. 伊飡 敬信을 임명하여 上大等으로 삼고, 阿飡 義恭을 侍中으로 삼았다.[66]
>
> 나-14 제37대 宣德王은 성이 金氏이고 이름이 亮相이다. 아버지는 孝方 海干인데, 추봉하여 開聖大王이라 하였다. 어머니는 四炤夫人으로 謚號는 貞懿太后이며, 聖德王의 딸이다. 왕비는 具足夫人으로 良品 角干의 딸이다.[67]

선덕왕의 계보를 내물왕 10세손이라고 언급하고 부모의 계보를 기록하고 있는데, 두 사서에 표기상의 차이가 있을 뿐 일치하고 있다. 아버지 효방은 당에 가서 숙위하고 있다가 성덕왕 33년(734) 당에서 사망하였으며,[68] 선덕왕이 즉위한 이후 부모를 대왕과 왕후로 추봉하여 오묘에 배향하였다. 선덕왕

---

66) 『삼국사기』 권9, 신라본기9 선덕왕 즉위년조.
67) 『삼국유사』 권1, 왕력1 제37 선덕왕조.
68) 『삼국사기』 권8, 신라본기8 성덕왕 33년 정월조.

의 아버지에 대해 나-13의 『삼국사기』에는 孝芳이라 하고 『삼국유사』에는 孝方이라 하여 두 사서에 그 이름이 모두 일치하는 것이라고 할 수 있다.[69] 선덕왕의 어머니는 성덕왕의 딸 사소부인이며 두 사서 모두 일치하고 있다. 선덕왕 왕비의 계보도 두 사서 모두 일치하며, 선덕왕은 고령으로 왕위에 올랐기 때문에 즉위 이전의 부인을 왕비로 책봉하였다.

문헌기록 가운데 『삼국유사』는 무열왕부터 경순왕까지를 下古로 보아[70] 下代의 시작을 下古의 중반기로 보고 있으나, 『삼국사기』는 혜공왕 사후 선덕왕부터 경순왕까지를 下代로 보아[71] 문헌기록에서는 혜공왕에서 선덕왕으로의 계승 시기가 정치적으로 중요한 것이었음을 나타내고 있다. 문헌기록에서 제시한 것과 달리 혜공왕이 내란으로 사망하고 김양상과 김경신 등이 이를 수습하는 과정에서 각기 왕위에 오르게 되면서 무열왕계는 소멸되고 새로운 왕통이 등장하게 됨으로써 시대는 변화하게 되었다. 즉 중대에서 하대로 전환하게 되었는데, 그 시점에 대해서는 다양한 견해가 있다.

김양상이 상대등으로 임명된 혜공왕 10년(774)을 하대의 시작으로 보거나[72] 김옹이 시중으로 등장하는 경덕왕 19년(760)을 분기점으로 보기도 한다.[73] 이와 같은 견해의 시각은 중대 왕권에 대한 반발이 본격화되어 전제왕권이 붕괴되어 가는 시기가 언제부터였는가에 따라 견해가 나누어진 것이다. 이들 견해의 논점은 혜공왕대를 전후하여 결집한 세력들이 어떠한 성향을 가지고 있었는가에 초점을 맞추고 있다.

이상과 같이 선덕왕의 등장을 전후한 시기를 둘러싸고 하대로의 전환

---

69) 위의 성덕왕 33년의 기록에는 金孝方이라 하였는데, 나-13의 『삼국사기』 선덕왕 즉위년조에는 孝芳이라 하여 표기가 다르게 되어 있다. 『삼국유사』에는 孝方이라 함에서 같은 인물의 이름을 약간 다르게 표기된 것으로 추정된다.

70) 『삼국유사』 권1, 왕력 제28대 진덕여왕조.

71) 『삼국사기』 권12, 신라본기12 경순왕 9년조 말미 三代 기사.

72) 李基白, 「新羅 惠恭王代의 政治的 變革」 『社會科學』 2, 1958/앞의 책, 1974.

73) 金壽泰, 「統一新羅期 專制王權의 崩壞와 金邕」 『歷史學報』 99·100합집, 1983.

시점에 대해 문헌기록이나 연구자들은 나름대로의 견해를 제시하고 있다. 필자는 왕위계승의 원리에 초점을 맞추어 중대에서 하대로 전환하는 시기에 대해 의견을 피력하고자 한다. 중대는 성덕왕을 전후하여 무열왕계 내부에서 분화가 일어난다. 성덕왕 이전 효소왕까지의 왕위계승은 무열왕계의 직계에 의해 이루어졌다. 성덕왕 이후의 왕위계승은 성덕왕의 후손에 의해 이루어졌는데, 특히 형인 효성왕을 이어 경덕왕은 성덕왕을 추앙하는 비와 신종을 만들어 성덕왕을 중심으로 왕실을 인식하였다. 경덕왕의 아들 혜공왕이 일련의 반란으로 시해되고 선덕왕이 즉위하였다. 선덕왕의 아버지는 성덕왕의 딸 사소부인과 혼인하였으므로, 선덕왕은 성덕왕의 외손이 된다.

선덕왕을 이어 즉위한 원성왕은 어느 견해에서 보더라도 하대에 속하는 왕이었다. 원성왕이 오묘를 개정할 때 성덕대왕과 선덕왕의 아버지 개성대왕을 철훼하고 시조대왕·태종대왕·문무대왕을 그대로 두고 할아버지 흥평대왕·아버지 명덕대왕을 포함시켰다.[74] 그 증손 애장왕대에 이르러서는 태종대왕과 문무대왕의 2묘마저 따로 세우고 시조대왕을 그대로 두고 고조 明德大王·증조 元聖大王·할아버지 惠忠大王·아버지 昭聖大王으로 오묘를 개정하여[75] 중대 왕실과는 확연히 다른 왕실을 인식하였음을 알 수 있다. 이에 반하여 선덕왕은 아버지 개성대왕만 오묘에 배향, 즉 시조대왕·태종대왕·문무대왕·성덕대왕·개성대왕의 오묘로 설정하였다.[76] 여기서 볼 때 원성왕과 달리 선덕왕은 성덕대왕을 그대로 두어 중대 왕실의 혈연의식을 유지하고 있었음을 명확히 하고 있었던 것이다.

따라서 선덕왕은 성덕왕의 외손으로서 무열왕계의 방계인 성덕왕계의

74) 『삼국사기』 권10, 신라본기10 원성왕 원년 2월조.

75) 동권10, 애장왕 2년 2월조.

76) 선덕왕이 아버지 김효방을 개성대왕으로 추봉하고 오묘에 배향했다는 기록은 없다. 성덕왕의 경우도 오묘에 배향했다는 기록이 없고 원성왕대의 기록에서 성덕왕과 선덕왕의 아버지 개성대왕을 철훼했다는 기록을 통해 알 수 있을 뿐이다. 이 기록에서 선덕왕이 즉위하여 아버지를 개성대왕으로 추봉하고 오묘에 배향했음을 알 수 있다.

왕으로 볼 수 있으며, 중대는 선덕왕까지 지속되었던 것이라고 보아야 할 것이다. 다시 말하면 무열왕부터 선덕왕까지 중대로 보아야 하고, 선덕왕 사후 신라국왕이 된 원성왕 이후부터 하대로 규정할 수 있다.

2. 무열왕계의 왕위계승

중대시기는 김춘추가 화백회의의 추대에 의해 왕위를 계승한 것에서 시작하였는데, 이후의 왕통을 중대 무열왕계라고 하였다. 중대 무열왕계의 왕위계승은 문무왕 신문왕 효소왕 효성왕 혜공왕 등 5왕이 직계계승이며, 무열왕

〈표 12〉 중대 무열왕계의 왕위계승표

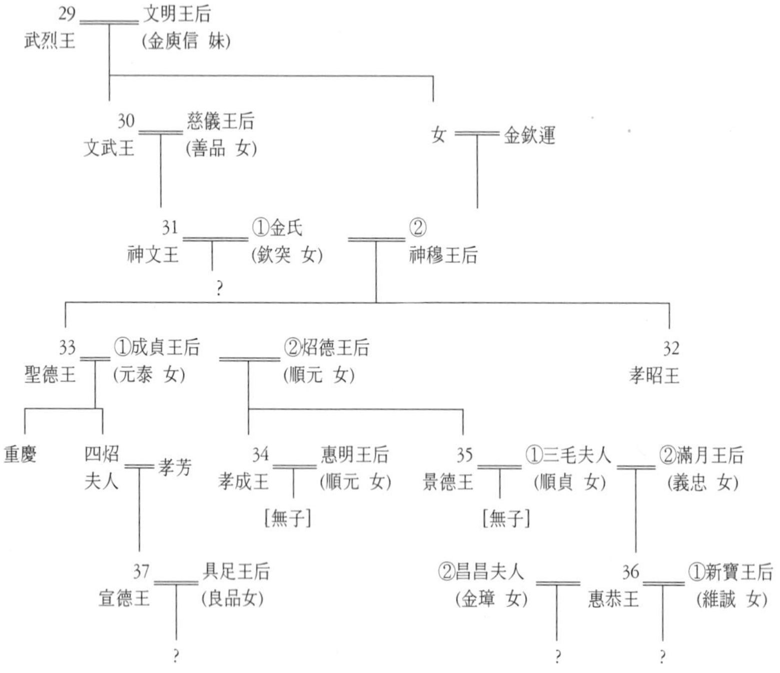

성덕왕 경덕왕 등이 방계계승이고 선덕왕은 여서계승에 해당된다. 중대 왕위계승을 도표로 작성하면 <표 12>와 같다.

1) 직계계승

이제 중대의 왕들 가운데 직계 적자계승으로 즉위한 경우를 살펴보겠다. 앞서 살펴보았듯이 중대에 이르러 태자의 책봉은 655년 태종무열왕이 법민(문무왕)을 태자로 책봉하면서[77] 제도적으로 실시되었는데, 이는 직계 적자계승 체계의 확립을 위한 제도적 장치였다.

김법민은 영휘 연간 초기 즉 650년에 당에 갔을 때 당의 고종이 대부경을 제수하였으며,[78] 654년에는 파진찬으로서 병부령이 되었다가 곧 태자로 책봉되었다.[79] 660년에 태종무열왕이 당의 소정방과 함께 백제를 평정하였을 때에 법민도 종군하여 병선 1백 척을 이끌고 소정방을 영접하고 나당군의 합동작전을 재확인하는[80] 등 큰 공을 세웠다. 이외에도 김법민은 654년에 책봉된 태자로서 아버지 무열왕을 측근에서 수행하면서 661년 왕위를 이을 때까지 복잡다단한 정치과정을 경험하였을 것이다. 이러한 정치경험을 바탕으로 문무왕은 661년부터 681년까지 재위하면서 삼국통일전쟁과 나당전쟁, 그리고 전후처리 문제까지 훌륭하게 수행할 수 있었던 것이다.[81] 문무왕은 이와 같은 정치과정 속에서 태자로 책봉되어 직계 적자로서 왕위를 계승하였다.

다음 문무왕을 이어 신문왕이 왕위를 계승한 것에 대해 살펴보겠다.

---

77) 『삼국사기』 권5, 신라본기5 태종왕 2년 3월조.

78) 『삼국사기』 권5, 신라본기5 진덕왕 4년 6월조.

79) 태자로 책봉된 이후에도 김법민은 병부령으로 재직하였을 것으로 생각된다.

80) 『삼국사기』 권5, 신라본기5 태종왕 7년 6월 21일조.

81) 문무왕의 활동에 대한 연구는 일일이 열거할 수 없을 정도로 많으므로, 가장 기본적인 고찰로는 다음의 논고가 참고된다. 申瀅植, 「武烈王系의 成立과 活動」『韓國史論叢』 2, 1977/『韓國古代史의 新硏究』, 일조각, 1984, 121~125쪽.

신문왕은 665년에 태자로 책봉되어[82] 복잡한 정치과정을 거쳐 681년에 왕위를 계승하였다. 신문왕 즉 김정명이 태자로 있던 문무왕대에는 귀족들의 반발을 진압하게 되었는데, 그것을 열거하면 다음과 같다.

진주·진흠·수세 등은 661년 총관으로 임명된 자들이었다.[83] 문무왕 2년 즉 662년에 대당 총관 진주와 남천주 총관 진흠이 거짓으로 병을 핑계삼아 한가로이 지내며 나라 일을 돌보지 않았으므로 그들을 목베고 아울러 그 일족을 멸하였다.[84] 이후 귀족들은 당과 결탁하여 왕권에 대항하였다. 670년에는 한성주 총관 수세가 백제 저쪽으로 가려다가 발각되어 처형당하였다.[85] 박도유는 668년 고구려 평양성 함락의 공을 논할 때 파진찬에 제수되고 이후 한성주도독에 올랐는데, 이에 불만을 가진 것을 알아챈 백제부흥군이 백제 여인을 그에게 시집보내어 모반을 꾀하게 하였다. 670년경 박도유는 신라의 무기를 훔쳐 내어 백제부흥군에게 넘겨주고 당과 연합하여 신라를 공격하려 하였으나 사전에 발각되어 처형되었다.[86] 673년 아찬 대토가 모반하여 당에 붙으려 하다가 일이 탄로나 처형당하고 처와 자식들은 천인으로 만들었다.[87]

위의 기록을 통해 볼 때, 이러한 모반을 꾀하도록 유도한 것은 신라마저 손에 넣으려던 당나라의 계책이었던 것으로 생각된다.[88] 이들 친당귀족세력이 무열왕계 왕권에 반발하게 된 연원은 비담의 반란을 촉발시켰던 643년 당 태종의 여왕불가론을 제기한 시기로 거슬러 올라간다.[89] 그 반란을 진압한 세력은 김춘추를 지지하는 김유신이었으며, 이 사건을 계기로 김춘추 세력은

---

82) 『삼국사기』 권6, 신라본기6 문무왕 5년조.
83) 동권6, 문무왕 원년 7월조.
84) 동권6, 문무왕 2년 8월조.
85) 동권6, 문무왕 10년 12월조.
86) 『삼국사기』 권7, 신라본기7 문무왕 12년 7월조 「答薛仁貴書」.
87) 동권7, 문무왕 13년 7월조.
88) 井上秀雄, 앞의 책, 1974, 451~452쪽.
89) 이상 『삼국사기』 권5, 신라본기5 선덕왕본기.

정계를 주도하면서 진덕여왕을 선덕여왕의 후계로 추대하고 654년에는 화백회의에서 알천을 추대하였음에도 김춘추가 왕위에 올라 중대 왕통을 열었던 것이다. 이후 중대 왕권은 당의 율령제도를 적극 수용하여 왕권 중심의 체제를 구축하면서 삼국통일전쟁을 수행하는 과정에서 반대세력을 숙청하고 권력기반을 강화하여 갔던 것이다. 중대 왕권에 반대한 귀족세력은 당과의 연계를 모색하면서 왕권을 무너뜨리려 하였으나, 귀족세력은 크게 결집되지 못하여 각개격파 당하였던 것이다.

한편 648년 김춘추가 당에 들어가서 당 태종과 맺었던 나당동맹은 당이 백제 고구려뿐 아니라 신라마저 복속하려는 의도가 깔려 있었으며, 위기를 감지한 김유신[90] 등의 신라 지배층은 국가의 보전을 위해 왕권을 중심으로 자주적인 대응을 전개하여 마침내 당군을 대동강-원산만 이북으로 축출시키는 데 성공하였던 것이다. 무열왕은 즉위 초에 이방부의 격 60여 조를 고치게 하였다.[91] 즉 법률·소송·형옥 등을 담당한 이방부는 진덕여왕 5년인 651년에 설치되어 운영해 왔으며, 무열왕 때에 형법을 개정한 것은 유교적 정치이념을 통해 합법적인 왕권으로 더욱 강화하였던 것이다.[92] 또한 율령의 강화책은 반대 세력을 숙청하기 위한 목적도 내포되어 있었던 것으로서 귀족의 반발에 강력히 대응하기 위한 것이며, 그 정치적 효과는 문무왕대에 일어난 반란을 적발하고 진압할 수 있었던 것이다.

이와 아울러 문무왕은 679년에 태자가 따로 거처하는 동궁을 설치하여[93] 동궁 즉 왕위계승권자의 권위를 높이고, 관사 조직을 정비 보완하여 왕위계승 체제를 강화하였다. 그렇더라도 계속 일어나는 반란을 진압하기 위한 보다 강력한 법적 조치를 마련하기 위해 문무왕은 681년 다시 율령의 시행세칙을

90) 文暻鉉, 「三國統一과 新金氏家門－金庾信 祖孫 四代의 貢獻－」 『軍史』 2, 1981, 57쪽.
91) 『삼국사기』 권5, 신라본기5 태종무열왕 원년 5월조.
92) 李基東, 「新羅 中代의 官僚制와 骨品制」 『震檀學報』 50, 1980/『新羅骨品制社會와 花郎徒』, 일조각, 1984, 120~121쪽.
93) 『삼국사기』 권6, 신라본기6 문무왕 19년 8월조.

개정하도록 하였다.[94] 곧이어 문무왕 사후 태자 김정명은 부왕을 이어 왕위에 올랐던 것이다. 신문왕의 즉위는 직계 적자계승을 추구한 것이며, 이는 무열왕－문무왕－신문왕－효소왕으로 이어지는 직계 적자계승의 원칙을 확고히 한 계기라 할 수 있다.

다음 신문왕을 이어 효소왕이 왕위를 계승한 것에 대해 살펴보겠다.

다-1 봄 2월, 順知를 中侍로 삼았다. 一吉飡 金欽運의 작은 딸을 맞아들여 夫人으로 삼으려고, 우선 伊飡 文穎과 波珍飡 三光을 보내 기일을 정하고, 大阿飡 智常을 보내 納采하게 하였는데, 예물로 보내는 비단이 15 수레이고 쌀·술·기름·꿀·간장·된장·포·젓갈이 135 수레였으며, 벼가 150 수레였다. 여름 4월, 평지에 눈이 한 자나 내렸다.[95]

다-2 元子가 태어났다.[96]

다-3 王子 理洪을 太子로 책봉하였다.[97]

다-2·3에서 보듯이 효소왕은 687년에 태어나 691년 5세에 태자로 책봉되었으며, 앞의 가-8과 같이 692년 6세의 어린 나이로 왕위를 이었다. 효소왕의 어머니는 신문왕의 후비인 신목왕후인데, 무열왕의 사위인[98] 김흠운의 딸로 첫 번째 왕비였던 김흠돌의 딸이 아버지의 반란에 연좌되어 출궁시켰기[99] 때문에 다시 후비로 맞이하였던 것이다. 다-1에서 보듯이 신문왕은 두 번째 왕비를 정계의 주요 관료들을 동원하고 성대한 절차를 통해 맞이하여 왕실의 위엄을 과시하였다. 692년 신문왕이 사망하자 태자 이홍은 6살이라는 어린 나이에 왕위를 계승하였으므로, 효소왕의 왕위계승과 향후의 정국에서 누가

94) 동권6, 문무왕 21년「文武王遺詔」.
95)『삼국사기』권8, 신라본기8 신문왕 3년조.
96) 동권8, 신문왕 7년 2월조.
97) 동권8, 신문왕 11년 3월조.
98) 김흠운은 태종무열왕의 사위이다(『삼국사기』권47, 열전7 김흠운전).
99) 최홍조,「神文王代 金欽突 亂의 재검토」『大丘史學』58, 1999, 60~63쪽.

어떠한 역할을 하였을까 하는 것이 궁금하다.

우선 어린 왕을 대신하여 누군가 섭정을 하였을 것인데, 이는 효소왕을 추대한 세력과도 밀접한 관련이 있을 것이다. 효소왕의 섭정에 대해서는 어머니 신목왕후라고 보는 견해가 있다.100) 모후가 섭정하였다면 진흥왕이나 혜공왕의 모와 같이 섭정에 대한 기록이 보여야 하는데, 기록이 보이지 않는 것은 결국 실제 섭정 사실이 없었기 때문이라 할 수 있다.101) 물론 가장 적극적으로 추진한 인물은 다름 아닌 어머니 신목왕후였다. 신문왕 때에 신목왕후가 아들을 낳아 태자로 책봉하고 왕위를 이을 때까지 협력세력과 연계되어 있었을 것이다. 가장 먼저 주목되는 것은 다-1에 보이듯이 신목왕후가 신문왕과 혼인할 때 이를 추진한 관료들이다.

신문왕은 이 반란을 전화위복의 기회로 삼아 김흠돌 세력을 대대적으로 숙청함으로써 왕권에 반대하거나 도전할만한 정치세력의 상당수를 제거할 수 있었다.102) 다만, 이러한 탄압의 대상이 진골귀족세력 자체는 아니었다고 생각된다. 진골귀족인 진복을 새로운 상대등에 임명했다는 점에서 더욱 그러하다.103) 즉, 왕의 장인으로써 왕권에 부담이 될 정도로 정치적 영향력을

---

100) 金壽泰, 「新羅 孝昭王代 眞骨貴族의 動向」『國史館論叢』 24, 1991/앞의 책, 1996, 42쪽 ; 金英美, 「聖德王代의 專制王權에 대한 一考察－甘山寺 彌勒像·阿彌陀像銘文과 관련하여－」『梨大史苑』 22·23 합집, 1988, 377쪽.

101) 박해현, 앞의 책, 2003, 68쪽. 『삼국유사』 권3, 탑상4 대산오만진신조와 명주오대산보질도태자전기조의 기록을 들어 효소왕의 왕위계승에 있어 이복형제들이 있었고 효소왕과 이들 사이에 왕위계승투쟁이 있었을 것으로 생각하고 있으나(신종원, 「新羅 五臺山事績과 聖德王의 卽位背景」『崔永禧先生華甲紀念 韓國史學論叢』, 탐구당, 1987, 110~117쪽), 해당 설화의 신빙성에는 의문을 제기되어 있다(李基白, 「浮石寺와 太白山」『三佛金元龍博士 停年紀念論叢』, 1987 ; 김수태, 앞의 책, 1996). 설화를 근거로 하는 견해의 제시는 보다 신중해야 할 것이다.

102) 주보돈, 「新羅의 達句伐遷都 計劃과 金氏集團의 由來」『白山學報』 52, 1998, 571쪽.

103) 眞福은 문무왕 5년 2월부터 왕 8년 3월까지 집사부 시중에 재임했다. 그의 중시 취임 6개월 뒤 신문왕은 태자로 책봉되었다. 태자 책봉이 중시의 주요 업적의 하나임은 경덕왕대에서도 찾을 수 있는데, 진복이 중시 출신으로는 처음 상대등에 취임한 배경은 여기에 있었다. 이후 진복이 효소왕 3년(694)까지 장기간 상대등에 재임한

확대했던 김흠돌 중심의 정치세력을 제압하는 과정이었던 것이다. 다-1의 後妃 납비를 추진한 세력은 김삼광 김문영 등 김유신과 관련이 깊은 세력으로서 김유신 등이 문무왕대의 반당세력의 반란을 진압하여 왕권을 유지 강화하였던 사실과 그 궤를 같이하고 있었다.

다시 말하면 이들 추진 세력은 선비를 출궁시키고 그 아버지 김흠돌의 반란을 진압한 세력으로서 後妃의 납비를 추진하였으며, 그 후의 후계구도를 추진하였던 것이다. 무열왕 이후 중대 왕실의 직계 적자계승을 통한 왕권의 정당성 확보의 일환으로 이루어진 것이므로, 어린 나이에도 불구하고 효소왕은 신문왕의 직계 적자로서 왕위를 계승한 것이다.

다음 성덕왕을 이은 효성왕의 왕위계승에 대해 살펴보겠다.

> 다-4 王子 重慶을 봉하여 太子로 삼았다.[104]
> 다-5 成貞王后[혹은 嚴貞이라고 한다]를 궁에서 내보냈는데, 채색 비단 5백 필과 밭 2백 결, 벼 1만 섬과 집 1채를 주었는데, 그 집은 康申公의 옛 집을 사서 준 것이다.[105]
> 다-6 王子 承慶을 봉하여 太子로 삼았다.[106]

효성왕은 성덕왕의 둘째 아들로 형인 중경이 다-4와 같이 715년에 태자가 되었다가 717년에 사망하였으므로,[107] 다-6과 같이 724년 태자로 책봉되었다가 737년에 왕위를 계승하였다. 다-5의 성정왕후는 성덕왕의 선비로서 704년에 왕비가 되어[108] 태자 중경을 낳았으나 716년에 출궁 당하였다. 성정왕후가

것을 보면 그는 신문왕과 밀착된 股肱의 臣으로 신문왕의 측근 중 한 사람으로 파악된다(李泳鎬, 「新羅의 遷都 문제」『韓國古代史硏究』 36, 2004/앞의 책, 2014 386~387쪽).

104) 『삼국사기』 권8, 신라본기8 성덕왕 14년 12월조.

105) 동권8, 성덕왕 15년 3월조.

106) 동권8, 성덕왕 23년 봄조.

107) 동권8, 성덕왕 16년 2월조.

출궁당한 이유에 대해 뚜렷한 기록이 없어 잘 알 수 없다.

기존의 연구에 성정왕후가 출궁당할 때 아들 중경이 태자로 있었다는 점에 주목하여 성정왕후의 출궁은 정치적인 세력관계에서 이해하는 견해에서[109] 그 출궁을 왕권과 진골 귀족세력의 대립으로 보고 성정왕후를 지지하는 진골귀족세력은 중경이 태자로 책봉되는 715년부터 세력을 회복하려 하였다가 출궁 당하자 몰락하고, 김순원 등 왕당파 세력으로 교체되었다고 보거나,[110] 성정왕후의 아버지인 김원태 세력이 김순원 세력과의 각축에서 패배하면서 정국의 주도권이 김순원에게 넘어가 성정왕후가 출궁되었으며, 김순원의 딸이 왕비가 되었다는 견해도 있다.[111] 그러나 715년 성정왕후를 궁에서 내보냈고 716년에 태자 중경이 죽었는데,[112] 4년 뒤인 720년에 김순원의 딸이 납비되어 후비 즉 소덕왕후가 되었다.[113] 이로써 볼 때 위의 견해들은 순서가 도치되어 있는 해석이다.

성정왕후가 716년 3월에 출궁당한 이유는 기록상으로는 잘 알 수 없으나, 아들 중경태자와 관련된 것으로 보인다. 다-14에서 보듯이 성정왕후는 출궁할 때 노후를 살아갈 저택과 농토 외에 많은 물품을 준 점에서 신문왕의 선비처럼 아버지 김흠돌과 같이 반란을 일으킨 때문에 출궁당한 것도 아니다. 성정왕후는 딸 사소부인과 아들 중경을 낳았으나 외아들이었던 중경태자가 717년에 사망한 점에서 미루어 보아, 성정왕후가 출궁당한 716년 2월에 태자 중경의 병이 회복할 수 없을 정도로 깊었으므로, 성덕왕은 후사를 세우기 위해 새로운 왕비를 맞이하려는 의도에서 더 이상 출산이 어려운 선비를 출궁시켰던 것으로 이해할 수 있다. 효성왕의 어머니인 소덕왕후는 김순원의 딸로

108) 동권8, 성덕왕 3년 5월조.
109) 李基白·李基東, 앞의 책, 1982, 312~313쪽.
110) 金壽泰, 앞의 책, 1996, 78~80쪽.
111) 박해현, 앞의 책, 2003, 117쪽.
112) 『삼국사기』 권8, 신라본기8 성덕왕 16년 6월조.
113) 동권8, 성덕왕 19년 3월조.

4년 뒤 720년에 후비가 되었다.[114] 그리고 역시 김순원의 딸 혜명이 739년에 효성왕의 비가 되었다.[115] 여기서 주목되는 점은 김순원이 두 딸을 성덕왕과 효성왕에게 각각 납비한 점인데, 일반적으로 신라에서는 이전까지 외척이 두 왕에 연이어 납비한 일은 없었다는 점이다.

다시 말하면 김순원 세력의 대두는 716년 성정왕후가 출궁당할 때 중경태자가 회복할 수 없는 상태에 이른 상황에서부터 720년 딸이 후비로 납비될 때까지이며, 이후 효성왕에게까지 납비하게 되면서 권력을 장악하였던 것으로 생각된다.

이로써 볼 때 효성왕의 즉위과정을 살펴볼 수 있을 것이다. 중경태자가 중병에 걸려 사망하면서 후사가 문세로 부각되자 720년에 김순원이 딸 소덕을 납비하였고, 소덕왕후가 낳은 승경이 724년 태자로 책봉되어 737년에 아버지 성덕왕을 이어 효성왕으로 즉위하였던 것이다. 뒤에서 살펴보듯이 방계로 즉위한 성덕왕은 중대 왕실의 직계 적자계승의 전통을 고수하기 위해 선비를 출궁시키고 후비를 맞이하면서까지 직계 적자의 후사를 낳아 적자로서 왕위를 잇게 하였던 것이라 할 수 있다.

효성왕의 즉위에 큰 역할을 한 것은 물론 김순원이었는데, 딸을 후비로 납비하여 성덕왕의 후사를 잇게 함으로써 정치적 지위가 크게 상승하였을 것이다. 김순원은 효성왕의 즉위에도 결정적인 후견인 역할을 맡았을 것임은 효성왕 재위 3년에 다시 딸을 납비하여 신라사 상에서 최초로 두 왕에게 연이어 납비한 점에서 엿볼 수 있다. 효성왕은 적장자가 아니었지만, 선비의 아들인 중경태자가 먼저 사망한 이후 다시 태자로 책봉되어 왕위를 계승하였으므로 전왕과의 계승관계에서도 직계 적자계승이라 할 수 있다.

다음 경덕왕을 이어 즉위한 혜공왕의 왕위계승에 대해 살펴보겠다.

---

114) 동권8, 성덕왕 19년 3월조.

115) 동권9, 효성왕 3년 3월조.

다-7 근래에 효성스런 후계자인 景德大王께서 세상을 다스리실 때 큰 왕업을 이어 지켜 뭇 정사를 잘 보살폈으나, 일찍이 어머니를 여의어 세월이 흐를수록 그리움이 일어났으며 거듭 아버지를 잃어 텅빈 대궐을 대할 때마다 슬픔이 더하였으니, 조상을 생각하는 정은 점점 슬퍼지고 명복을 빌려는 마음은 더욱 간절하여졌다. 삼가 구리 12만 근을 희사하여 1장이나 되는 종 1구를 주조하고자 하였으나, 그 뜻이 이루어지기도 전에 문득 세상을 떠나셨다. 지금의 우리 성군께서는 행실이 조상에 부합하고 그 뜻이 지극한 도리에 부합되어 빼어난 상서로움이 과거보다 기이하며 아름다운 덕은 현재의 으뜸이다. 온 거리의 용이 궁궐의 계단에 음덕의 비를 뿌리고 온 하늘의 천둥이 대궐에 울렸다. 쌀이 열매달린 숲이 변방에 축축 늘어지고 연기가 아닌 색이 서울에 환히 빛났다. 이러한 상서는 곧 태어나신 날과 정사에 임한 때에 응답한 것이다. 우러러 생각건대 태후[滿月夫人]께서는 은혜로움이 땅처럼 평평하여 백성들을 어질게 교화하시고 마음은 하늘처럼 맑아서 부자[景德王과 惠恭王]의 효성을 장려하셨다. 이는 아침에는 왕의 외숙[元舅]의 어짐과 저녁에는 충신의 보필을 받아 말을 가리지 않음이 없으니 어찌 행동에 허물이 있으리오. 이에 유언을 돌아보고 드디어 옛 뜻을 이루고자 하였다. … 檢校使 兵部令 겸 殿中令 司馭府令 修城府令 監四天王寺府令이자 아울러 檢校眞智大王寺使 上相 大角干 臣 金邕, 檢校使 肅政臺令 겸 修城府令 檢校感恩寺使인 角干 臣 金良相, 副使 執事部의 侍郞인 阿飡 金體信, 判官 右司祿館使인 級飡 金忠得, 判官인 級飡 金忠封, 判官인 大奈麻 金如芿庾, 錄事인 奈麻 金一珍, 錄事인 奈麻 金張幹, 錄事인 大舍 金□□[116]

다-8 왕이 하루는 表訓 大德을 불러 말하기를, "짐이 복이 없어 아들을 두지 못했으니, 원컨대 대덕께서 上帝께 청하여 아들을 두게 해주시오"라고 하였다. 표훈이 天帝에게 올라가 고하고 돌아와서 아뢰기를, "상제께서 말씀하시기를, 딸을 구한다면 가능하나 아들은 합당하지 못하다고 하셨습니다"라고 하였다. … 표훈이 돌아와 천제의 말로써 왕을 깨우쳤으나, 왕은 말하기를, "나라는 비록 위태로울지라도 아들을 얻어서 뒤를 잇는다

116) 南東信, 「聖德大王神鍾銘」『韓國古代金石文』Ⅲ, 가락국사적개발연구원, 1992, 386 및 388~389쪽.

> 면 족하겠소"라고 하였다. 이리하여 만월왕후가 태자를 낳으니 왕이 매우 기뻐하였다. 태자가 8세 때에 왕이 돌아가 왕위에 오르니, 이가 곧 惠恭大王이다. 나이가 어렸으므로 태후가 조정에 나섰으나 정사가 다스려지지 못하고, 도적이 벌떼처럼 일어나 미처 막을 수가 없었던바 표훈 스님의 말이 맞았다. 어린 왕은 이미 여자로서 남자가 되었으므로 돌날 때부터 왕위에 오를 때까지 언제나 여자들이 하는 장난을 하고, 비단주머니 차기를 좋아하며 道流와 어울려 희롱하였다.[117]

혜공왕은 경덕왕의 적자로서 760년 태자에 책봉되었다가[118] 5년 뒤인 765년에 아버지 경덕왕을 이어 왕위를 계승하였다. 성덕왕뿐만 아니라 경덕왕도 후사 문제가 심각하게 대두하게 되있다. 또한 신라본기에는 동궁에 대한 경덕왕의 관심이 보인다. 745년에 동궁을 수리하였고[119] 752년에는 동궁아관을 설치하였다.[120] 혜공왕은 760년에 태자로 책봉되기[121] 이전의 일이어서 후계 아들에 대한 경덕왕의 관심이 얼마나 컸던가를 알 수 있다. 경덕왕 자신이 효성왕의 無子를 이유로 왕이 되었던 상황에서 후계자 아들이 없는 상황에 대해 강한 위기의식을 느꼈기 때문이다.[122] 삼모부인을 출궁시킨 것 역시 이와 같은 염원과 관련되어 이해할 수 있다.[123] 다-8에서 경덕왕이 표훈 대덕에게 상제에게 아들 얻기를 청하도록 요청하여 만월왕후가 태자 건운을 낳았다는 고사가 전하고 있다. 또한 다-7의 명문과 같이 경덕왕이 성덕왕을 기려 성덕대왕신종 주성을 시도함으로써 상서로움이 나타나 혜공왕이 태어났다고 한다. 경덕왕은 아들 혜공왕을 얻기 위해 심혈을 기울였던

---

117) 『삼국유사』 권2, 기이2 경덕왕 충담사 표훈대덕조.
118) 『삼국사기』 권8, 신라본기9 경덕왕 19년 7월조.
119) 동권9, 경덕왕 4년 7월조.
120) 동권9, 경덕왕 11년 8월조.
121) 동권9, 경덕왕 19년 7월조.
122) 李基白·李基東 共著, 앞의 책, 1982, 312쪽.
123) 金壽泰, 앞의 책, 1996, 112쪽.

것이다.

이들 기록을 통해 볼 때 혜공왕의 계승과정에서 주도적인 역할을 한 것은 김순정 세력이었다. 뒤의 경덕왕의 왕위계승에서 자세히 다룬 바와 같이 김순정 세력은 김순정-김의충·삼모부인-만월부인·김옹의 혈연관계를 통해 혜공왕의 아버지 경덕왕의 왕위계승을 주도하여 두 왕대에 걸쳐 실권을 장악한 외척 세력으로 대두하였다. 즉 외척 권력의 연장선에서 혜공왕의 왕위계승도 주도하였다. 8세의 어린 나이에 즉위한 혜공왕을 대신하여 모후인 만월태후가 섭정하였는데, 앞에 보이듯이 혜공왕이 즉위한 지 11년이고 18세가 되는 775년에 친정을 개시하기[124] 이전인 혜공왕대의 전반기에 태후의 동생[125] 김옹이 섭정의 실권자로서 존재하였다. 특히 김옹은 760년 염상의 뒤를 이어 이찬으로 시중이 되었고[126] 763년에 면직되었으나,[127] 다-7에서 드러나듯이 771년 성덕대왕신종이 완성될 때에 검교사 병부령 전중령 사어부령 수성부령 감사천왕사부령과 아울러 검교진지대왕사사도 겸하면서 상재상으로서 최고의 정치적 실권을 장악한 외척의 대표로 존재하고 있었다.

이로써 볼 때 혜공왕은 경덕왕의 적자로서 왕위를 계승하였다. 중대의 왕통은 직계 적자계승의 원칙이 지켜지고 있기는 하였으나, 혜공왕의 경우 외척에 의해 권력을 전횡되어 정치적인 혼란이 가중되어 갔다.

2) 방계계승

중대 왕통의 방계계승은 무열왕 성덕왕 경덕왕 등이 있었다. 먼저 무열왕은 진덕여왕 사후 성골 왕족이 소멸되자 화백회의의 추대에 의해 왕위를 계승하여 소위 중대 왕권을 열었는데, 이에 대해서는 이미 앞서 살펴보았다.

---

124) 李文基,「新羅 惠恭王代 五廟制 改革의 政治的 意味」『白山學報』52, 1999, 816~817쪽.

125) 朴海鉉,「惠恭王代 貴族勢力과 中代 王權」『全南史學』11, 1997, 29쪽.

126)『삼국사기』권9, 신라본기9 경덕왕 19년 4월조.

127) 동권9, 경덕왕 22년 8월조.

성덕왕은 형인 효소왕이 無子였기 때문에 후사가 없어 나라사람들의 추대에 의해 동모제로서 왕위를 계승하였다. 『삼국유사』에 의하면 성덕왕이 즉위한 702년에 나이가 22세라고 전한다.[128] 이로 인해 효소왕이 6세의 나이에 왕위에 올라 702년 16세의 나이로 죽었으므로 성덕왕은 효소왕과 이복형제로 보기도 하지만,[129] 『삼국사기』의 나-1 기록에서 성덕왕이 효소왕과 동복형제로 되어 있는 점에서 타당하지 않다. 따라서 성덕왕 즉위시의 나이도 15세가 넘지 않았으므로,[130] 효소왕과 마찬가지로 어린 나이에 즉위하였던 것이다.

어린 성덕왕의 왕위 추대를 주도한 인물이 누구였을까에 대해서는 개원으로 보고 있다.[131] 개원은 태종무열왕의 여섯째아들이자 문희의 소생으로서[132] 668년 6월에는 대당총관에 임명되고 671년 1월에는 이찬으로서 중시에 임명되었다.[133] 695년에 상대등이 되었다가[134] 701년 아들이 없는 효소왕 사후에 어린 성덕왕을 추대하였는데, 683년에 개원은 김흠운의 딸 즉 신목왕후를 신문왕 후비로 납비하는 의례를 주관하였음에서[135] 왕실과 긴밀한 관계를 유지하고 있으면서 성덕왕을 추대하는 데 결정적인 역할을 한 것으로 생각된다. 그것은 신왕이 즉위하면 전왕의 상대등이 신임으로 교체되어야 하는데[136] 개원은 706년 인품으로 교체될 때까지[137] 재임한 사실에서 엿볼 수 있다.

---

128) 『삼국유사』 권3, 탑상4 대산오만진신조.

129) 辛鍾遠, 앞의 논문, 1987, 122~128쪽.

130) 皇福寺石塔金銅舍利函記에 의하면 '聖曆三年庚子六月一日 神睦太后遂以長辭 高昇淨國'이라고 기록되어 있음에서(鄭炳三, 「皇福寺 金銅舍利函記」 『譯註 韓國古代金石文』 Ⅲ, 가락국사적개발연구원, 1992, 347쪽) 성력 3년(700) 경자년 6월 1일에 신목태후가 세상을 떠났던 점에서 성덕왕은 12세에 즉위한 것으로 보기도 한다(李基東, 「新羅聖德王代의 政治와 社會-君子國의 內部事情-」 『歷史學報』 160, 1998, 5쪽).

131) 金英美, 「聖德王代 專制王權에 대한 一考察-甘山寺 彌勒像·阿彌陀像銘文과 관련하여-」 『梨大史苑』 22·23합집, 1988, 375쪽.

132) 『삼국유사』 권3, 탑상4 남월산조.

133) 『삼국사기』 권6, 신라본기6 문무왕 7년 7월조 및 동왕 11년 정월조.

134) 동권8, 효소왕 4년 정월조.

135) 동권8, 신문왕 3년 5월조.

136) 李基白, 「上大等考」 『歷史學報』 19, 1962/앞의 책, 1974, 127쪽.

성덕왕은 아들이 없는 동복형 효소왕을 이어 왕위에 즉위하였는데, 국인들의 추대로 즉위하였다고 한 점에서 왕위계승의 방식은 방계계승이라 할 수 있다. 이는 앞서 언급하였듯이 성덕왕 이후 그 후손들이 왕위를 계승하였을 뿐 아니라 그들 왕은 성덕왕 추숭의례를 지속적으로 추진한 점에서도 그 인식이 달랐던 것이라 할 수 있다.

효성왕을 이어 즉위한 왕은 동생 경덕왕이었는데, 경덕왕의 왕위계승에 관련된 자료를 제시하면 다음과 같다.

라-1 2월에 왕의 아우 憲英을 임명하여 波珍湌으로 삼았다. 3월에 伊湌 順元의 딸 惠明을 맞아 왕비로 삼았다. 여름 5월에 파진찬 헌영을 봉하여 太子로 삼았다.[138]

라-2 신라 제35대 景德大王이 天寶 13년 갑오년(754)에 皇龍寺의 종을 鑄成하였는데, 길이[높이]가 1장 3촌이고 두께가 9촌이고 무게가 49만 7,581근이었다. 시주는 孝貞 伊王[필자주 : 伊干]과 三毛夫人이다.[139]

라-3 이날 新羅國使 禮部卿 沙湌 金三玄 이하 235인이 大宰府에 도착하여 묵었다. … 그들이 내조한 이유를 물으니 … 김삼현이 말하기를 "金順貞이 본국의 上宰였을 때 배와 노가 서로 이어서 항상 職貢을 닦았다. 지금 그의 손 邕이 지위를 이어 장권을 잡아 가문의 명성을 좇아 …"[140]

앞서 나-8에서 보았듯이 경덕왕은 전왕 효성왕이 無子로 사망하였기 때문에, 전왕의 동모제로서 왕위를 계승하였다.[141] 라-1에서 보듯이 경덕왕은 동모형인 효성왕에 의해 739년 2월에 파진찬으로 임명되었다가 5월에 태자로 책봉되었던[142] 점은 특이하다. 이는 우선 효성왕이 앞 시기의 효소왕이

137) 『삼국사기』 권8, 신라본기8 성덕왕 5년 정월조.
138) 동권9, 효성왕 3년조.
139) 『삼국유사』 권3, 塔像4, 皇龍寺鐘·芬皇寺藥師如來佛·奉德寺鍾.
140) 『속일본기』 권33, 보구 5년 3월 계묘조
141) 『삼국사기』 권5, 신라본기5 성덕왕 즉위년조.
142) 동권9, 혜공왕 즉위년조.

無子인 채로 사망하였을 때처럼 예상되는 정치적 혼란을 미연에 방지하기 위한 방편에서 취해야 했던 조치로 이해할 수 있다.

효성왕이 헌영을 태자로 책봉하게 되었을 때 이를 지원한 것은 김순정 세력이었는데, 그들은 김순정－김의충·삼모부인－만월부인·김옹의 혈연관계로 나타난다. 이에 대해 언급하기에 앞서 이들의 계보 문제에 대해 살펴보아야 경덕왕 즉위의 상황을 이해할 수 있다.

먼저 라-3에서 김순정은 신라의 재상으로 존재하였다고 하며, 나-9에 의하면 김순정은 선비 삼모부인의 아버지로 되어 있고 헌영이 태자로 책봉되면서 그 딸 삼모부인과 혼인이 이루어졌다.[143] 그러나 삼모부인은 아들을 낳지 못하여 출궁당하고 경덕왕은 후비 만월부인을 맞이하였다. 그 시기에 대해 『삼국사기』에는 경덕왕 2년(743)으로 되어 있다.[144] 라-2에서는 아들을 낳지 못해 출궁당한 삼모부인이 효정과 함께 경덕왕 13년(754)에 황룡사의 종을 주조하는데 시주로 등장하고 있어 주목된다. 이는 김순정 세력이 경덕왕의 재위시기에도 여전히 왕실의 외척으로 존재하고 있었음을 보여준다.

다음 효정은 성덕왕대인 714년부터 718년까지 중시를 역임한[145] 인물로 관련 기록이 없어 계보는 자세히 알 수 없으나, 삼모부인과 함께 황룡사종을 주성할 때 시주로 등장하고 있어 같은 일족으로[146] 볼 수 있다.

라-3에 의하면 김옹은 김순정의 손으로 되어 있다. 위의 기록에 등장하는 인물 가운데 김옹을 중심으로 하여 김순정·삼모부인·만월부인·김의충의 혈연관계에 대해서는 논란이 있어 잠시 검토가 필요하다. 김옹의 계보에

143) 浜田耕策, 「新羅 聖德王代神鐘と中代の 王室」 『呴沫集』 3, 1981/『新羅國史の硏究』, 吉川弘文館, 2002, 182쪽 ; 朴海鉉, 「新羅 景德王代의 外戚 勢力」 『한국고대사연구』 11, 1997/앞의 책, 2003, 122쪽 ; 申政勳, 「新羅 景德王代 王權强化策의 性格」 『東西史學』 제6·7합집, 2000, 14쪽 ; 李泳鎬, 앞의 논문, 2003/앞의 책, 2014, 80쪽.

144) 『삼국사기』 권10, 신라본기10 혜공왕 2년 4월.

145) 동권8, 聖德王 13년 정월 및 동왕 17년 정월조.

146) 金壽泰, 앞의 논문, 1983, 137~138쪽.

대해서는 라-3의 『속일본기』 기록에 대한 신빙성 여부를 두고 논란이 있는데, 기록 그대로 김순정의 손자로 보고 김순정－김의충·삼모부인－만월부인·김옹의 혈연관계로 파악하는 견해,[147] 그리고 그 기록에 의문을 가지고 김순정의 아들로 보아 김순정－삼모부인·김옹으로 간주하여 김의－만월부인의 계보와 다르다고 보는 견해[148]에서 비롯된다.

그런데 앞의 다-7에 의하면 혜공왕 7년(771)에 완성된 성덕대왕신종의 주성을 발의하였을 때 태후 만월부인과 元舅 즉 왕의 외숙이 주관한 것으로 되어 있다. 나-9의 김순정과 그의 딸 삼모부인, 그리고 라-3에 보이는 김순정과 김옹의 혈연관계를 주목해 보면 신종의 주성을 주관한 인물 가운데 혜공왕의 외숙이 되는 인물은 김옹뿐이다. 나-9에서 삼모부인이 경덕왕 초년에 출궁을 당하였던 사실에 주목하여 친왕파였다가 반왕파로 정치적 성격이 변화하였다고 추측해 볼 수도 있겠지만,[149] 그 근거로 들고 있는 신문왕의 왕비는 신문왕 원년(681) 장인 김흠돌의 난에 연좌되어 출궁을 당하였을 뿐이고 아들을 낳지 못해 출궁을 당하였다고 보는 것은[150] 타당하지 않다.

김옹이 원구 즉 혜공왕의 외숙으로서 경덕왕의 후비이자 혜공왕의 모후인 만월부인과 함께 불사를 수행한 것은 만월부인과 혈연적으로 매우 가까웠음을 보여주고 있으므로, 전자의 김순정－김의충·삼모부인－만월부인·김옹의 혈연관계를 인정할 수 있다. 황룡사종을 주성한 경덕왕 12년(753)에서 성덕대왕신종을 주성한 혜공왕 7년(771)까지 김순정 가문이 왕실과 밀접하게 연계되어 있었다. 이러한 사실에서 볼 때, 이 시기부터 김순정 가문이 외척으로서

147) 浜田耕策, 앞의 논문, 1981/앞의 책, 2002, 186쪽 ; 鈴木靖民, 「金順貞·金邕論－新羅政治史の一考察」 『朝鮮學報』 45, 1967/『古代日韓關係の硏究』, 吉川弘文館, 1988, 320~321쪽 ; 李泳鎬, 앞의 논문, 2003/앞의 책, 2014, 80쪽.

148) 今西龍, 「聖德大王神鍾之銘」 『新羅史硏究』, 近澤書店, 1933, 533쪽 ; 李昊榮, 「聖德大王神鍾銘의 解釋에 관한 몇 가지 문제」 『考古美術』 125, 1975, 13쪽 ; 金壽泰, 앞의 논문, 1983, 127쪽 주9).

149) 金壽泰, 위의 논문, 135~137쪽.

150) 李丙燾, 『韓國史－古代篇』, 을유문화사, 1958, 645쪽.

입지를 굳히게 되었던 것이다.

이상의 검토를 통해 볼 때 김순정 가문은 효성왕대(737~742)에 후일 경덕왕이 되는 김헌영과 삼모부인이 혼인을 맺어 중대 왕실과 연계된 이후, 혜공왕대까지 왕실의 외척으로 존재하였던 것이다.

경덕왕은 효성왕의 동모제로서 739년에 아들이 없었던 효성왕에 의해 태자로 책봉되었으며, 효성왕이 사망하자 왕위를 이었다. 경덕왕은 국인의 추대보다는 태자로서 왕위에 올랐으며, 이를 지지한 외척 김순정 세력의 지원에 의해 그다지 어렵지 않게 왕위에 오를 수 있었다. 그렇더라도 경덕왕은 전왕의 無子로 인해 직계 적자계승을 할 수 없어 방계로서 계승을 하였다고 할 수 있다.

3) 여서계승

780년 혜공왕의 시해[151] 이후 왕위를 계승한 왕은 선덕왕이었는데, 관련 자료를 제시하면 다음과 같다.

> 마-1 봄 정월에 누른빛의 안개가 끼었다. 2월에 흙비가 내렸다. 왕은 어려서 왕위에 올랐는데, 장년이 되자 노래와 여색[聲色]에 빠져 각처로 돌아다니며 노는 것이 절제하지 못하였고, 기강이 문란해져 천재와 지이가 여러 차례 나타나므로 인심은 이반하고 나라는 편안하지 않았다. 이에 伊飡 金志貞이 배반하여, 무리를 모아서 궁궐을 포위하여 침범했다. 여름 4월에 上大等 金良相이 이찬 敬信과 함께 군사를 일으켜 지정 등을 죽였는데, 왕과 왕비는 난병들에게 살해되었다. 양상 등은 왕을 諡號하여 惠恭王이라 하였다.[152]

앞서 다-8에서 '어린 왕은 이미 여자로서 남자가 되었으므로 돌날 때부터

151) 『삼국사기』 권9, 신라본기9 혜공왕 16년 4월조.
152) 동권9, 혜공왕 16년조.

왕위에 오를 때까지 언제나 여자들이 하는 장난을 하고' 마-1에 의하면 재위 말년에 이르기까지 '임금이 어린 나이에 왕위에 올라 장성하자 음악과 여색에 빠져 돌아다니며 노는 것을 절제하지 않았고 기강이 문란해지니 재난과 이변이 자주 발생하여 인심이 이반되고 사직이 위태로워져 이찬 김지정이 반란을 일으킬'[153] 정도라고 서술하고 있다. 이렇듯이 혜공왕은 775년 친정한 이후에도 국왕으로서의 위엄을 가지거나 권력을 행사하지 못하였다. 즉 혜공왕대 전반에 걸쳐 실권을 외척이 장악하고 있었다. 마-1의 기록에서 보듯이 혜공왕대의 마지막 반란인 780년의 김지정의 난으로 왕이 시해당하였고, 이 반란을 진압한 김양상과 김경신 가운데 김양상 즉 선덕왕이 왕위에 오르게 되었다.

김양상은 경덕왕 때인 764년부터 혜공왕 때인 768년까지 시중을 역임하였고,[154] 라-3의 성덕대왕신종 명문에 보이듯이 771년에 검교사 숙정대령 겸 수성부령 검교감은사사 각간으로서 대각간 김옹과 함께 권력의 중핵에 있었다. 774년부터 왕권을 보완하는 역할을 가진[155] 상대등으로 임명되었다.[156]

김양상의 정치적 성격을 살펴보면 경덕왕대의 7명의 시중 중에서 유일하게 아찬으로서 시중이 된 인물이었다. 김양상의 어머니인 사소부인이 성덕왕의 딸로서 경덕왕과는 이복남매 관계임에서 김양상이 경덕왕과 관계가 가까웠던 것이며, 외척 세력의 발호가 매우 두드러진 시기에 김양상이 시중직에 임명되었다는 것은 경덕왕이 외척 중심의 정국 운영을 타개하고자 자신의 지지 세력을 구축하기 위한 시도였다.[157] 라-3의 성덕대왕신종 명문에 보이듯이 외척 김옹과 권력의 중핵에 있으면서 김양상은 경덕왕의 지지 세력으로서

153) 동권9, 혜공왕 16년 2월조.
154) 동권9, 경덕왕 23년 정월조 및 혜공왕 4년 10월조.
155) 하일식, 「신라 정치체제의 운영원리」『역사와 현실』 20, 1996, 20쪽.
156) 『삼국사기』 권9, 신라본기9 혜공왕 10년 9월조.
157) 朴海鉉, 앞의 논문, 1997/앞의 책, 2003, 122쪽 ; 李泳鎬, 「新羅 惠恭王代 政變의 새로운 解釋」『歷史教育論集』 13·14합집, 1990, 345~346쪽.

외척과는 반대되는 세력이었다.

김양상의 정치 활동에 변화가 온 것은 상대등으로 재임하던 중인 777년에 시정을 극론한 점에서[158] 엿볼 수 있는데, 그가 겸한 숙정대의 장관으로서 행한 것이라 할 수 있다. 다-8과 마-1에서 잘 드러나고 있듯이 혜공왕은 성년이 된 이후에도 외척들의 지나친 비호 아래 꼭두각시와 다름없는 존재로 되어버렸고, 정사를 주관할 능력이 없어 외척세력의 전횡이 극에 달하고 있었다.

이러한 상황에 대해 김양상은 외척의 전횡에 대한 비판을 적극적으로 추진하고 반외척세력의 선두에 서게 되었던 것이다. 당시 김옹 다음으로 왕실의 원로였던 김양상이 외척의 전횡을 비판하게 되자 김경신을 비롯한 대부분의 진골귀족은 이에 동조하게 되었을 것이다. 혜공왕 말년에 반외척세력이 결집하고 있는 와중에 터져 나온 것이 780년 김지정의 반란이며, 사태를 방관할 수 없다고 판단한 김양상 등이 이를 진압하여 사태를 수습하고 왕위에 올랐던 것이다.

혜공왕 사후에 왕위계승의 후보로 거론된 인물은 김양상을 비롯하여 김주원과 김경신이었다. 먼저 김주원은 남아있는 무열왕 방계 김문왕의 후손이었다. 기존의 연구에 의하면 무열왕의 아들인 김문왕계의 계보는 문왕－대장－사인－유정－주원으로 나타나는데,[159] 문왕은 무열왕 5년(658)부터 문무왕 2년(662)까지 중시를 역임한 이후 김옹이 시중으로 등장하는 760년 이전까지 그의 자손들은 중시(시중)나 상대등을 역임하여 왕권을 유지하는데 일익을 담당하였다.[160] 다음 김경신은 내물왕의 12세손으로[161] 활동기록이 전하는

158) 『삼국사기』 권9, 신라본기9 혜공왕 13년 4월조.

159) 金貞淑, 「金周元家系의 成立과 그 變遷」 『白山學報』 28, 1984.

160) 여기서는 번잡한 내용을 제시하기보다 이기백의 전론적인 연구를 소개하는데 그친다. 그에 의하면 사공(728~737년)과 사인(745~757년)이 상대등을 역임하였고, 대장(686~688년)과 유정(744~745년)이 중시 또는 시중을 역임하였다고 하였다(앞의 논문, 1962 및 앞의 논문, 1964 : 앞의 책, 1974, 103·156~157쪽의 표 참조).

것은 삼국통일전쟁기의 증조할아버지 의관뿐이다.

이들 가운데 김양상이 중대 왕실과 가장 가까운 친연관계를 가지고 있었다. 혈연관계로 보면 선덕왕의 어머니 사소부인은 성덕왕의 딸이자 경덕왕과 이복남매이고 아버지 효방은 성덕왕의 부마이자 경덕왕의 처남이므로, 김양상은 성덕왕의 외손으로서 무열왕계 직계에서 분지된 성덕왕계 내에 해당된다. 반면에, 김주원은 무열왕계의 방계인 김문왕계로서 중대 왕실 내부에 포함되는 것이 아니다. 무열왕계가 완전히 소멸하지 않는 상황에서, 무열왕계 내부의 직계와 방계 및 여서가 존재하는 경우에는 왕위를 계승하기는 힘든 가문이므로 성덕왕 여서의 아들 김양상보다는 왕위계승권에서 멀리 있었던 것이다. 김양상의 아버지 효방은 성덕왕의 부마로서 중대 왕실의 직계와 방계가 소멸된 상황에서 왕위에 오를 수도 있겠으나, 당에 가서 숙위하고 있다가 734년에 사망하였으므로,[162] 780년 혜공왕 사후의 가장 유력한 왕위계승 후보는 김양상이었다. 따라서 선덕왕은 성덕왕의 외손이자 경덕왕의 이복 甥姪이고 혜공왕의 이복 고종사촌으로서 왕위에 오른 셈이며, 아버지 효방의 여서계승의 연장선으로 여서적 계승이라 할 수 있다.

선덕왕의 왕위계승을 통해 덧붙여 언급해 두고 싶은 것은 다음과 같다. 선덕왕은 성덕왕의 부마의 아들로서 왕위를 계승하였으므로, 여서적 계승으로 보아도 무방할 것이다. 당시 왕위를 계승할 수 있는 귀족으로서는 김주원과 그의 아버지 김유정, 그리고 김양상 정도였을 것이다. 김주원이 왕위계승자로 거론된 시기는 785년 선덕왕의 훙거 이후였으며, 혜공왕이 시해당한 당시에는 거론되지 않았다. 김주원은 무열왕의 아들 가운데 문왕의 후손으로, 무열왕의 직계에서 본다면 무열왕계의 초기부터 왕위계승의 범위에서 벗어난 방계의 인물이었던 반면에, 김양상은 성덕왕 부마의 아들로서 왕위계승의 범위에서 그다지 벗어나 있지 않았기 때문에 여서적인 자격으로 왕위에 오를 수 있었던

161) 『삼국사기』 권10, 신라본기10 원성왕 즉위년조.

162) 동권8, 성덕왕 33년 정월조.

것이다. 또한 선덕왕은 혜공왕 당시 상대등에 재직하고 있었는데, 상대등은 왕권에 대항하는 성격이[163] 아니라 왕권을 보완하는 존재였다.[164] 따라서 선덕왕은 혜공왕의 시해자가[165] 아니라 왕권을 보좌하는 여서적인 존재로서 왕위를 계승하였는데, 이러한 선례는 이후 하대의 왕위계승에서 적용되기도 하였던 것이다.

---

163) 李基白, 앞의 논문, 1962/앞의 책, 1974, 105쪽.
164) 하일식, 앞의 논문, 1996, 20쪽.
165) 『삼국유사』 권2, 기이2 경덕왕 충담사 표훈대덕조.

Ⅶ. 하대시기 원성왕계의 왕위계승

1. 원성왕계의 왕실 계보

1) 원성왕계의 등장 전야

혜공왕이 내란으로 사망하고 김양상과 김경신 등이 이를 수습하는 과정에서 각기 왕위에 오르게 되면서 무열왕계는 소멸되고 새로운 왕통이 등장하게 됨으로써 시대는 변화하게 되었다. 즉 중대에서 하대로 전환하게 되었는데, 그 시점에 대해서는 다양한 견해가 있다. 『삼국유사』는 이 시기에 대해 무열왕부터 경순왕까지를 下古로 보아[1] 下代의 시작을 下古의 중반기로 보고 있으나, 『삼국사기』는 혜공왕 사후 선덕왕부터 경순왕까지 下代로 보아[2] 문헌기록에서는 혜공왕에서 선덕왕으로의 계승 시기가 정치적으로 중요한 것이었음을 나타내고 있다.

문헌기록에서 제시한 것과 약간 달리 하대로의 전환 시점에 대해 연구자들은 나름대로 견해를 제시하고 있다. 김양상이 상대등으로 임명된 혜공왕 10년(774)을 하대의 시작으로 보거나[3] 김옹이 시중으로 등장하는 경덕왕 19년(760)을 분기점으로 보기도 한다.[4] 이와 같은 견해의 시각은 중대 왕권에

---

1) 『삼국유사』 권1, 왕력 제28대 진덕여왕조.
2) 『삼국사기』 권12, 신라본기12 경순왕 8년조 말미 '三代' 기사.
3) 李基白,「新羅 惠恭王代의 政治的 變革」『社會科學』 2(한국사회과학연구회), 1958/『新羅政治社會史研究』, 일조각, 1974.
4) 金壽泰,「統一新羅期 專制王權의 崩壞와 金邕」『歷史學報』 99·100합집, 1983.

대한 반발이 본격화되어 무열왕계 왕권이 붕괴되어 가는 시기가 언제부터였는가에 따라 견해가 나누어진 것이다. 이들 견해의 논점은 혜공왕대를 전후하여 결집한 세력들이 어떠한 성향을 가지고 있었는가에 초점을 맞추고 있다.

전자의 혜공왕 10년설은 후일 선덕왕이 된 김양상의 등장을 계기로 본 것으로 혜공왕 재위 초반기인 768년의 대공·대렴의 반란[5]과 770년의 김융의 모반[6] 등이 친왕파의 집권에 대한 반왕파의 반발에서 일어난 것이며, 혜공왕 11년(775)의 친왕파 김은거가 김양상·김경신 등의 반왕파의 집권에 반발하여 반란을 일으킨 것은 정세가 중대적인 성향에서 하대적인 것으로 변화한 데 대한 것으로 본 것이다. 후자의 경덕왕 19년설은 경덕왕 초년에 先妃 삼모부인의 출궁에 반발한 그의 남자형제 김옹이 시중으로 임명된 시기로서 이후 반왕파가 세력을 결집, 권력을 장악하고 혜공왕대까지 정치를 주도하여 세 번에 걸친 친왕파의 반란을 진압한 뒤 혜공왕을 축출하고 선덕왕이 즉위함으로써 중대 왕통이 단절된 것으로 본 것이다. 이에 대한 중요한 기록이 있어 살펴볼 필요가 있다.

가-1 제35대 景德王은 金氏로 이름은 憲英이다. 아버지는 聖德이며, 어머니는 炤德王后이다. 先妃 三毛夫人은 궁중에서 쫓겨나 후사가 없다. 後妃는 滿月夫人으로 謚號는 景垂王后[세주 : 垂는 혹은 穆이라고도 쓴다]이며, 依忠 角干의 딸이다.[7]

가-2 신라 제35대 景德大王이 天寶 13년 갑오년(754)에 皇龍寺의 종을 鑄成하였는데, 길이[높이]가 1장 3촌이고 두께가 9촌이고 무게가 49만 7,581근이었다. 시주는 孝貞 伊王[伊干]과 三毛夫人이다.[8]

가-3 이날 新羅國使 禮部卿 沙湌 金三玄 이하 235인이 大宰府에 도착하여 묵었다. … 그들이 내조한 이유를 물으니 … 김삼현이 말하기를 "金順貞이

---

5) 『삼국사기』 권10, 신라본기10 혜공왕 4년 7월조.
6) 동권10, 혜공왕 6년 8월조.
7) 『삼국유사』 권1, 왕력1 제35 경덕왕조.
8) 『삼국유사』 권3, 탑상4 황룡사종·분황사약사여래불·봉덕사종조.

본국의 上宰였을 때 배와 노가 서로 이어서 항상 직공을 닦았다. 지금 그의 손 邕이 지위를 이어 장권을 잡아 가문의 명성을 좇아 …"[9)]

가-4 … 태후[滿月夫人]께서는 은혜로움이 땅처럼 평평하여 백성들을 어진 교화로 교화하시고 마음은 하늘처럼 맑아서 부자[景德王과 惠恭王]의 효성을 장려하셨다. 이는 아침에는 왕의 외숙[元舅]의 어짐과 저녁에는 충신의 보필을 받아 말을 가리지 않음이 없으니 어찌 행동에 허물이 있으리오. 이에 유언을 돌아보고 드디어 옛 뜻을 이루고자 하였다. … 檢校使 兵部令 겸 殿中令 司馭府令 修城府令 監四天王寺府令이자 아울러 檢校眞智大王寺使 上相 大角干 臣 金邕, 檢校使 肅政臺令 겸 修城府令 檢校感恩寺使인 角干 臣 金良相, 副使 執事部의 侍郎인 阿飡 金體信, 判官 右司祿館使인 級飡 金忠得, 判官인 級飡 金忠封, 判官인 大奈麻 金如芿庾, 錄事인 奈麻 金一珍, 錄事인 奈麻 金張幹, 錄事인 大舍 金□□[10)]

가-1에서 경덕왕의 왕비는 두 명이 있었다고 한다. 先妃인 삼모부인은 아들을 낳지 못하여 출궁당하고 後妃 만월부인을 맞이하였는데, 그 시기에 대해 『삼국사기』에는 경덕왕 2년(743)으로 되어 있다.[11)] 가-2에서는 출궁당한 삼모부인이 효정과 함께 경덕왕 13년(754)에 황룡사종을 주조하는 데 시주로 등장하고 있어 주목된다. 삼모부인은 김순정의 딸이며, 가-3에서 김옹은 김순정의 손자로 되어 있다. 효정은 성덕왕대인 714년부터 718년까지 중시를 역임한[12)] 인물로 관련 기록이 없어 계보는 알 수 없으나, 삼모부인과 함께 황룡사종 주성의 시주로 등장하고 있어 같은 일족으로 볼[13)] 가능성이 있다. 그러므로 이들 세력을 김순정을 매개로 하여 삼모부인·효정·김옹이 하나의 세력으로 결집되어 있었다. 이에 대해 언급하기에 앞서 이들의 계보 문제에 대해 살펴보아야 위의 상황을 이해할 수 있다.

---

9) 『속일본기』 권33, 보구 5년 3월 계묘조.

10) 南東信, 「聖德大王神鍾銘」 『韓國古代金石文』 3, 가락국사적개발연구원, 385~389쪽.

11) 『삼국사기』 권10, 신라본기10 혜공왕 2년 4월조.

12) 동권8, 성덕왕 13년 정월조 및 동왕 17년 정월조.

13) 金壽泰, 앞의 논문, 1983, 137~138쪽.

위의 기록에 등장하는 인물 가운데 김옹을 중심으로 하여 김순정·삼모부인·만월부인·김의충의 혈연관계에 대해서는 논란이 있어 잠시 검토가 필요하다. 김옹의 계보에 대해서는 가-3의 『속일본기』 기록에 대한 신빙성 여부를 두고 논란이 있는데, 기록 그대로 김순정의 손자로 보고 김순정－김의충·삼모부인－만월부인·김옹의 혈연관계로 파악하는 견해와,[14] 그 기록에 의문을 가지고 김순정의 아들로 보아 김순정－삼모부인·김옹으로 간주하여 김의충－만월부인의 계보와 다르다고 보는 견해에서[15] 비롯된다.

그런데 가-4에 의하면 성덕대왕신종의 주성을 발의한 태후 만월부인과 元舅 즉 왕의 외숙 김옹이 주관한 것으로 되어 있는데, 가-1의 김순정과 그의 딸 삼모부인 및 가-3의 김순정과 김옹의 혈연관계를 주목해 보면 신종의 주성을 주관한 인물 가운데 혜공왕의 외숙이 되는 인물은 김옹뿐이다. 가-1에서 삼모부인이 경덕왕 초년에 출궁당하였던 사실에 주목하여 친왕파였다가 반왕파로 정치적 성격이 변화하였다고 볼 수도 있을 것이지만,[16] 그 근거로 들고 있는 신문왕의 왕비는 동왕 원년(681)에 장인 김흠돌의 난에 연좌되어 출궁당하였을 뿐이고 아들을 낳지 못해 출궁당하였다고 보는 것은[17] 타당하지 않다.

김옹이 元舅 즉 혜공왕의 외숙으로서 경덕왕의 후비이자 혜공왕의 태후인 만월부인과 함께 불사를 수행한 것은 만월부인과 혈연적으로 매우 가까웠음을 보여주고 있으므로, 전자의 김순정－김의충·삼모부인－만월부인·김옹의 혈연관계를 인정할 수 있다. 황룡사종을 주성한 753년에서 성덕대왕신종을

14) 浜田耕策, 「新羅の聖德大王神鍾と中代の王室」 『呴沫集』 3, 1981/『新羅國史の硏究』, 吉川弘文館, 2002, 186쪽 ; 鈴木靖民, 「金順貞·金邕論—新羅政治史の一考察」 『朝鮮學報』 45, 1967/『古代日韓關係の硏究』, 吉川弘文館, 1988, 186쪽 ; 李泳鎬, 「新羅의 王權과 貴族社會」 『新羅文化』 22, 2003/『신라 중대의 정치와 권력구조』, 2014, 52쪽.

15) 今西龍, 「聖德大王神鍾之銘」 『新羅史硏究』, 1933, 近澤書店, 533쪽 ; 李昊榮, 「聖德大王神鍾銘의 解釋에 관한 몇 가지 문제」 『考古美術』 125, 1975, 13쪽 ; 金壽泰, 「統一新羅期 專制王權의 崩壞와 金邕」 『歷史學報』 99·100합집, 1983, 127쪽 주9).

16) 金壽泰, 위의 논문, 135~137쪽.

17) 李丙燾, 『韓國史－古代篇』, 을유문화사, 1958, 645쪽.

주성한 771년까지 김순정 가계가 왕실과 밀접하게 연계되어 있는 사실에서 볼 때, 경덕왕대부터 삼모부인과 만월부인이 왕비가 되어 김순정 가계가 외척으로서 입지를 굳히게 되었다.

> 가-5 惠恭王이 왕위에 올랐다. 이름은 乾運이며 景德王의 嫡子이다. 어머니 金氏 滿月夫人은 舒弗邯 義忠의 딸이다. 왕이 왕위에 올랐을 때 나이가 8살이었으므로, 太后가 대리로 정무를 보았다.[18]

가-5의 혜공왕 즉위 기록에서 왕비가 소개되어 있지 않고 말년인 가-9의 혜공왕 16년(780)조에 기록된 것은 혜공왕이 8세의 어린 나이에 즉위하였으므로 15세 이후 재위 후반기에 혼인한 까닭일 것이다. 김순정 가계는 경덕왕대부터 혜공왕 전반기에 이르기까지 왕실의 외척으로서 정치적 입지를 굳히고 있었던 것이다.

이상의 검토를 통해 볼 때 김순정 가계는 효성왕대(737~742)에 후일 경덕왕이 되는 김헌영과 삼모부인이 혼인을 맺어[19] 중대 왕실과 연계된 이후, 혜공왕대까지 왕실의 외척으로 존재하였다. 무열왕계 내부의 결속을 통해 유지되었던 중대의 왕권은 효성왕대 이후 외척이 등장하여 발호하자 귀족들의 반란이 일어나 이를 견제하여 왕권은 어느 정도 안정되었으나, 경덕왕대 이후에는 김순정 가계가 왕실과 지속적으로 혼인이 전개됨에 따라 외척의 전횡이 심해졌다. 경덕왕의 뒤를 이어 8세의 어린 나이로 즉위한 혜공왕대에 모후 만월부인이 섭정하게 되면서 외척의 전횡은 극에 달하여 귀족들의 반발이 격화되었다.

---

18) 『삼국사기』 권9, 신라본기9 혜공왕 즉위년조.
19) 효성왕이 재위 3년(739)에 혼인하였으므로, 동생 김헌영은 감순정의 딸 삼모부인과 그 후에 혼인하였을 것으로 추정하고 있어 참고된다(李泳鎬, 앞의 논문, 2003/앞의 책, 2014, 52쪽).

가-6 혜공왕 4년(768) 가을 7월에 一吉湌 大恭은 아우인 阿湌 大廉과 함께 배반하여 무리를 모아 왕궁을 33일 동안이나 포위했으나 왕의 군사는 이를 쳐서 평정하고 구족을 죽였다.

가-7 동왕 6년(770) 가을 8월에 大阿湌 金融이 모반하다가 참형을 당했다.

가-8 동왕 11년(775) 여름 6월에 사신을 唐에 보내어 조회하게 했다. 伊湌 金隱居가 모반하다가 참형을 당했다. 가을 8월에 伊湌 廉相은 侍中 正門과 함께 모반하다가 참형을 당했다.

가-9 동왕 16년(780) 봄 정월에 누른빛의 안개가 끼었다. 2월에 흙비가 내렸다. 왕은 어려서 왕위에 올랐는데, 장년이 되자 노래와 여색에 빠져 각처로 돌아다니며 노는 것이 절도가 없고, 법강과 기율이 문란해서 天災와 地異가 여러 차례 나타나므로 인심은 배반하고 나라는 편안하지 않았다. 이에 伊湌 金志貞이 배반하여, 무리를 모아서 궁궐을 포위하여 침범했다. 여름 4월에 上大等 金良相이 伊湌 敬信과 함께 군사를 일으켜 지정 등을 죽였는데, 왕과 왕비는 난병들에게 살해되었다. 양상 등은 왕의 諡號를 惠恭王이라 했다.[20]

가-10 태자는 8살 때에 [景德]王이 세상을 떠났으므로 왕위에 올랐으니, 이가 惠恭大王이다. 왕은 나이가 어려 太后가 대신 정사를 보살피니 정사가 다스려지지 않았다. 도둑이 벌떼처럼 일어나서 미처 막아낼 수 없었으니, 表訓의 말이 그대로 들어맞았다. 왕은 여자로서 남자가 되었으므로 돌날부터 왕위에 오를 때까지 항상 부녀가 하는 짓만 했다. 비단 주머니 차기를 좋아하고 道士들과 함께 희롱했다. 그러므로 나라에 큰 난리가 생겨 마침내 宣德王과 金敬信에게 죽임을 당했다. 그리고 표훈 이후로는 신라에 성인이 나지 않았다 한다.[21]

위의 기록은 혜공왕대에 일어난 일련의 반란에 대한 것이다. 만월부인을 비롯하여 김옹 등 혜공왕의 외척들이 발호하여 권력을 장악하고 전횡하게 되자, 이에 대항하는 반외척파들의 반발이 거세게 일어나게 되었다. 768년

---

20) 이상 『삼국사기』 권10, 신라본기10 혜공왕 본기.

21) 『삼국유사』 권2, 기이2 경덕왕 충담사 표훈대덕조.

대공 형제의 반란은 외척의 전횡에 대한 최초의 대항으로서 33일이나 계속되었다는 것은 반외척파의 대항이 격렬했음을 드러내고 있었다고 할 수 있다. 이 시기에는 혜공왕 외척들이 얼마만큼의 권력을 장악하고 있는지에 대해서는김옹의 관직을 통해 살펴볼 수 있다. 가-4는 혜공왕 7년(771)에 주성된 성덕대왕신종의 명문에 의하면 김옹의 관직을 검교사 병부령 겸 전중령 사어부령 수성부령 감사천왕사부령이자 아울러 검교진지대왕사사 상상 대각간으로 소개하고 있다. 병부령은 군사권을 장악하고 있음을 나타내고 전중령과 사어부령은 국왕의 측근에 있어 왕권을 비호하고 있으며, 수성부령은 왕도의 방어와 관련되어 있다. 감사천왕사부령과 검교진지대왕사사는 왕실과 밀접한 불교의 종교적인 권한까지 장악하고 있고 재상회의에서 최고위를 나타내는 상상의 지위를 가지고 어느 귀족도 부여받을 수 없는 특별한 관등인 대각간을 가지고 있다. 이와 같이 김옹은 왕실의 외척으로서 상대등이나 시중을 능가하는 막강한 권력을 장악하여 국정을 전횡할 수 있었던 것이다. 즉 대공의 반란은 이 같은 외척의 전횡과 횡포에 대대적으로 항거한 것으로 평가된다.

그런데 2년 뒤에 일어난 김융의 반란은 이와는 성격을 달리하는 것으로 보인다. 김융은 김유신의 후손으로 추정되는데, 그것은 다음의 기록을 통해 살펴볼 수 있다.

가-11 제37대 惠恭王 때 大曆 14년 기미(779) 4월에 갑자기 회오리바람이 金庾信公의 무덤에서 일어났다. 그 속에 한 사람은 준마를 탔는데, 장군의 모습과 같았으며, 또한 갑옷을 입고 무기를 든 40명 가량의 사람들이 그 뒤를 따라와서 죽현릉으로 들어갔다. 조금 후에 능 속에서 마치 진동하며 우는 소리가 나는 듯하고 혹은 호소하는 소리도 들렸다. 그 말은 이러했다. "신은 평생에 난국을 구제하고 삼국을 통일한 공이 있었으며, 지금은 혼백이 되어서도 나라를 진호하여 재앙을 제거하고 환란을 구제하는 마음만은 잠시도 변함이 없습니다. 지나간 경술년에 신의 자손이 아무런

> 죄도 없이 죽임을 당했으니, 이는 군신들이 저의 공렬을 생각해주지 않는 것입니다. 그러하오니 신은 다른 곳으로 멀리 옮아가서 다시는 나라를 위하여 애쓰지 않겠사오니 왕께서는 이를 허락하소서." 미추왕은 대답했다. "나와 공이 이 나라를 지키지 않는다면 저 백성들은 어떻게 하겠소. 공은 다시 그전처럼 힘써주시오." 김유신이 세 번이나 청해도 미추왕은 세 번 다 허락하지 않으니, 회오리바람은 이에 돌아갔다. 혜공왕은 이 소식을 듣고 두려워서 대신 金敬信을 보내어 김유신의 능에 가서 사과하고, 김공을 위하여 功德寶田 30결을 鷲仙寺에 내려 명복을 빌게 했다. 이 절은 김공이 평양을 쳐서 평정한 후에 복을 빌기 위해서 세웠기 때문이다. 미추왕의 혼령이 아니었더라면 김유신 공의 노여움을 막지 못했을 것이니, 나라를 진호함이 크다고 아니할 수 없다. 그러므로 나라사람들이 그 덕을 생각해서 三山과 함께 제사지내어 폐지하지 않고서, 서열을 五陵의 위에 두어 大廟라고 불렀다고 한다.[22)]

위의 기록에서 김유신이 '지나간 경술년에 신의 자손이 아무런 죄도 없이 죽임을 당했다'고 한 점에서 보아 경술년 즉 770년 김융의 모반 사건을 가리키므로, 김융은 김유신의 후손으로 볼 수 있다. 김유신계는 중대 왕실의 주요한 지원세력으로서 중대 왕권으로부터 우대받아 왔는데, 성덕왕대 김유신의 손자 김윤중이 진골귀족들에 의해 질시를 받기 시작하였다. 성덕왕대 이후 김유신계는 진골귀족들에 의해 견제를 당하면서도 왕권과 연계되어 있었는데, 위의 사건은 반외척파에 의해 모함을 받아 역모죄를 뒤집어썼던 것으로 이해된다.

가-7의 기록에서 보듯이 775년에는 김은거의 모반과 염상·정문의 반란이 연이어 터졌다. 김은거는 768년부터 770년까지 시중을 역임하였고,[23)] 염상은 758년부터 760년까지 역시 시중을 역임하였으며,[24)] 정문은 김은거를 이어

---

22) 『삼국유사』 권1, 기이1 미추왕죽엽군조.
23) 『삼국사기』 권9, 신라본기9 혜공왕 4년 10월 및 동왕 6년 12월조.
24) 동권9, 경덕왕 17년 정월 및 동왕 19년 4월조.

770년부터 775년까지 시중을 역임하였다.[25] 이들은 모두 시중을 역임한 인물로서 775년에 반란을 일으킨 것은 만월부인·김옹을 중심으로 하는 외척의 전횡에 반발한 것이다. 이들의 반란이 진압되었던 것은 여전히 외척세력이 강하였음을 나타내고 있으며, 780년 김지정의 난은 혜공왕 말년까지 전횡을 휘두르는 외척세력에 대한 강력한 반발이 극에 달하였음을 말해주고 있다. 이같은 사태를 주시하던 김양상과 김경신이 세력을 연합하여 반란을 진압하고 사태를 수습하는 한편, 외척의 비호를 받던 혜공왕을 통해서는 더 이상 체제를 유지하기가 불가능하다고 판단하여 왕을 폐위시켰던 것이다.

김양상은 경덕왕 23년(764)부터 혜공왕 4년(768)까지 시중을 역임하였고,[26] 혜공왕 10년(774)부터 상대등으로 임명되어[27] 780년까지 6년 동안 재임하다가 가-9의 기사와 같이 혜공왕의 유고로 인해 국왕으로 즉위하였다. 김양상이 경덕왕 말년부터 혜공왕 초기에 시중으로 재임한 것은 친왕파로서의 역할을 기대한 경덕왕의 정치적 포석이었다.

기존의 연구에서 보듯이 중대 왕권은 왕실과 친연관계에 있는 외척을 비롯하여 무열왕계 방계인 김문왕계와 김유신계의 인물들을 상대등이나 시중으로 등용하여 왕권을 유지해 왔다. 경덕왕대에 이르러 강화된 왕권을 바탕으로 한화정책을 적극적으로 추진하기 위하여 김사인·김유정 등의 김문왕계와 성덕왕의 외손인 김양상, 그리고 외척인 김옹을 상대등 및 시중으로 등용하여 더욱 더 왕권을 강력하게 구축하려고 하자 대부분의 진골귀족들이 반발하게 되었다.

더욱이 경덕왕은 재위 후반기부터 후계 문제가 대두하게 되자 외척 등 왕실친연세력을 중심으로 정치 구도를 짜게 되었다. 763년 김옹에서 김양상으로 시중을 교체한 것은 정치상황의 변화가 일어난 것이 아니라, 김옹을

25) 동권9, 「 6년 12월 및 동왕 11년 3월조.
26) 동권9, 경덕왕 23년 정월 및 혜공왕 4년 10월조.
27) 동권9, 혜공왕 10년 9월조.

중심으로 아들 혜공왕의 후계를 공고히 하기 위한 포석이었던 것이다. 황룡사종을 주성한(가-2) 경덕왕 12년(753)에서 성덕대왕신종을 주성한(가-4) 혜공왕 7년(771)까지 왕실의 외척인 김순정 가계가 왕실과 밀접하게 연계되어 있었다. 특히 가-4에서 보듯이 김옹의 관직이 왕실의 내정뿐 아니라 군사권 등에 이르기까지 권력의 핵심을 장악하고 있었고, 김양상 또한 감찰권을 장악하고 있었음은 그와 같은 상황을 잘 드러내고 있다.

그러나 김양상의 정치 성향에 변화가 온 것은 상대등으로 재임하던 중인 777년에 시정을 극론한 점에서[28] 엿볼 수 있다. 777년은 혜공왕이 재위한 지 13년째이므로, 20세가 되던 해이다. 가-8·9에서 "장년이 되자 노래와 여색에 빠져 각처로 돌아다니며 노는 것이 절도가 없고, 법강과 기율이 문란해서 天災와 地異가 여러 차례 나타나므로 인심은 배반하고 나라는 편안하지 않았다"고 하거나 "왕은 나이가 어려 태후가 대신 정사를 보살피니 정사가 다스려지지 않았다. 도둑이 벌떼처럼 일어나서 미처 막아낼 수 없었으니, 표훈의 말이 그대로 들어맞았다. 왕은 여자로서 남자가 되었으므로 돌날부터 왕위에 오를 때까지 항상 부녀가 하는 짓만 했다. 비단 주머니 차기를 좋아하고 道士들과 함께 희롱했다"고 한 점에서 잘 드러나고 있다.

다시 말하면 혜공왕은 성년이 된 이후에도 외척들의 지나친 비호 아래 정사를 주관할 능력이 없고 외척세력의 전횡이 극에 달하고 있는 상황에 대해 김양상은 외척의 전횡에 대한 비판을 적극적으로 추진하고 반외척세력의 선두에 서게 되었던 것이다. 당시 김옹 다음으로 왕실의 원로였던 김양상이 외척의 전횡을 비판하게 되자 김경신을 비롯한 대부분의 진골귀족은 이에 동조하게 되었을 것이다. 혜공왕 말년에 반외척세력이 결집하고 있는 와중에 터져 나온 것이 780년 급진적인 김지정의 반란이며, 사태를 방관할 수 없다고 판단한 김양상 등이 이를 진압하여 사태를 수습하였던 것이다. 앞장에서

28) 동권9, 혜공왕 10년 9월조.

살펴보았듯이 혜공왕 사후의 후계는 김양상 즉 선덕왕이었다.

> 가-12 宣德王이 왕위에 올랐다. 성은 金氏이고, 이름은 良相이며 奈勿王의 10世孫이다. 아버지는 海飡 孝芳이요, 어머니 金氏 四炤夫人은 聖德王의 딸이다. 왕비 具足夫人은 角干 良品의 딸이다[세주 : 또는 阿飡 義恭의 딸이라고도 한다]. 죄수들을 대사하고, 아버지를 추봉하여 開聖大王이라 하고, 어머니 김씨를 높여서 貞懿太后라 하고, 아내를 왕비로 삼았다. 伊飡 敬信을 임명하여 上大等으로 삼고, 阿飡 義恭을 侍中으로 삼았다.[29]
>
> 가-13 5년(784) 여름 4월에 왕이 왕위를 사양하려 했으나 여러 신하들이 세 번이나 글을 올려 간하므로 그만두었다.[30]

가-12에서 보듯이 국왕에 즉위한 선덕왕은 직계존속 가운데 부모에 대해서만 대왕호와 태후호를 추봉하였다. 이에 비해 원성왕은 직계존속 고조까지 대왕호를 추봉하는 한편, 기존의 五廟에서 시조대왕·태종대왕·문무대왕의 3묘를 그대로 두고 성덕대왕과 개성대왕의 2묘를 헐고 대신에 할아버지 흥평대왕과 아버지 명덕대왕의 2묘를 5묘로 入祔시켜 오묘제를 개편하였다.[31] 오묘제는 제후의 二昭二穆 및 태조에 합당한 禮制로서 김씨 시조 미추왕을 비롯하여 삼국통일의 큰 공덕을 쌓은 태종대왕·문무대왕까지를 대대로 옮길 수 없는(世世不遷) 신위이고 친묘 2위를 합해 5묘로 한 것이다.[32]

원성왕이 오묘제를 개정할 때 성덕대왕과 개성대왕을 철훼하였는데, 이는 선덕왕이 가-12에서 추봉한 아버지 개성대왕과 외할아버지인 성덕왕을 오묘에 입사한 것이다. 世世不遷의 시조대왕·태종대왕·문무대왕의 3묘 외에 중대 왕실의 2묘를 철훼하고 할아버지와 아버지를 入祔한 원성왕과 달리, 선덕왕이 할아버지가 아닌 외할아버지 성덕왕을 그대로 두었던 사실은 중대 왕통을

29) 동권9, 선덕왕 즉위년조.
30) 동권9, 선덕왕 5년 4월조.
31) 동권10, 원성왕 원년 2월조.
32) 동권32, 잡지1 제사지 종묘조.

부정하지 않고 그러한 연결선상에 있었음을 나타내고 있다. 다시 말하면 선덕왕의 계승도 성덕왕의 외손으로서 중대 왕통의 왕위계승 원리에 입각한 것이므로 중대 왕통이 완전히 단절되었다고 할 수 없다.

그리고 가-13에서 784년 선덕왕이 왕위를 선위하려 한 대상은 김주원이었다. 그의 즉위기반이 귀족들의 추대에 의한 것이며, 동시에 고령인 선덕왕으로서는 험난한 정국을 타개해 나아갈 역량이 부족함으로 인해 귀족들의 양위 압력을 받았기 때문일 것이다. 또한 선덕왕은 후사가 없었으므로 중대 왕실과 혈연관계가 잔존한 김주원을 왕의 족자라는 명분을 세워 생전에 양위하려 하였던 것이다. 선덕왕의 양위 목적은 생전에 김주원을 후계로 정해둠으로써 후계왕의 배후 후원자를 자처하여 안정된 왕위계승을 이루려고 하였으나, 군신들의 반대에 부딪히게 되어 양위하지 못하였던 것이다. 양위를 반대한 쪽은 김경신 일파였을 것이다.

기존의 견해와 같이 하대로의 전환 시점은 경덕왕 19년(760)이나 혜공왕 10년(774)이 아니라, 혜공왕대에 이르러 반외척 투쟁이 일어나면서 하대로의 전환점이 드러나게 되었던 것이다. 780년은 김지정의 난과 이를 진압할 때 핵심적인 역할을 한 김경신이 상대등이 되어 국정을 주도한 해였다. 중대 왕통의 마지막 계승자 선덕왕 사후 후사가 없는 상황에서 김경신이 권력의 핵심에 서서 780년 이후의 정세를 주도하게 되면서 새로운 시대가 도래하게 되었던 것이다.

2) 원성왕계의 성립

앞에서 살펴보았듯이 선덕왕 사후의 후계는 김경신이 즉위하였으며, 이후 그의 후손이 왕위를 세습하여 하대 왕통이 새로이 시작되었다. 혜공왕 말년의 정변으로 왕위를 계승한 선덕왕 사망 이후 왕위에 오를 수 있는 인물은 무열왕계의 방계 후손인 김주원이었으나, 당시 중앙정계의 주도권을 가지고 있던 김경신이 왕위를 차지하였던 것이다. 그에 관한 사정을 기록한 부분을 제시하면 다음과 같다.

나-1 元聖王이 왕위에 올랐다. 이름은 敬信이며 奈勿王의 12世孫이다. 어머니는 朴氏 繼烏夫人이요, 왕비는 金氏로 角干 神述의 딸이다. 처음 혜공왕 말년에 반역한 신하들이 발호하였을 때 前王 宣德이 上大等이 되어 있다가 임금 곁에 있는 악인들을 없애자고 맨 먼저 주창하자, 경신은 여기에 참여하여 난을 평정하는 데 공로가 있었다. 이리하여 선덕왕이 왕위에 오르게 되자 경신은 곧 上大等이 되었던 것이다. 선덕왕이 세상을 떠나자 아들이 없었으므로, 여러 신하들은 의논한 끝에 왕의 族子인 周元을 왕으로 세우려 했다. 그런데 주원의 집은 서울 북쪽 20리에 있었는데 마침 큰비가 내려 閼川의 물이 불어나서 주원은 물을 건너오지 못했다. 어느 사람이 말했다. "人君이 大位에 오르는 것은 진실로 사람의 꾀로 되는 것은 아닙니다. 오늘 갑자기 비가 많이 쏟아지니 하늘이 혹시 주원을 왕으로 세우고자 하지 않는 것이 아닐까? 지금 상대등 경신은 전왕의 아우로서 덕망이 평소부터 높고, 임금의 체모가 있습니다." 이에 뭇사람들의 의견이 합치되어 그를 세워서 왕위를 잇게 했는데, 조금 후에 비가 그쳤으므로 나라사람들은 모두 만세를 불렀다.33)

나-2 高祖父 大阿飡 法宣을 玄聖大王, 曾祖父 伊飡 義寬을 神英大王, 祖父 伊飡 魏文을 興平大王, 아버지 一吉飡 孝讓을 明德大王, 어머니 朴氏를 昭文太后로 추봉하고, 아들 仁謙을 세워 王太子로 삼았다. 그리고 聖德大王과 開聖大王의 2廟를 헐고 始祖大王, 太宗大王, 文武大王 및 할아버지 흥평대왕, 아버지 명덕대왕으로 五廟로 삼았다. 문무백관에게 벼슬 한 등급씩을 더 높이고, 伊飡 兵部令 忠廉을 임명하여 上大等으로 삼고, 伊飡 悌恭을 侍中으로 삼았는데, 제공이 직위에서 물러나므로 伊飡 世强을 시중으로 삼았다.34)

나-3 제38대 元聖王은 金氏로 이름은 敬愼[세주 : 혹은 敬信이라고도 하며, 『唐書』에는 敬則이라 하였다]이다. 아버지는 孝讓 大阿干으로 추봉하여 明德大王이라 하였다. 어머니는 仁□[세주 : 知烏夫人이라고도 한다]이

33) 『삼국사기』 권10, 신라본기10 원성왕 즉위년조.
34) 동권10, 원성왕 원년 2월조.

며, 謚號는 昭文王后[35)]로 昌近 伊己[干]의 딸이다. 왕비는 叔貞夫人으로 神述 角干의 딸이다.[36)]

나-4 伊飡 金周元이 처음에 上宰가 되었고 왕은 角干으로 次宰에 있었는데, 꿈에 幞頭를 벗은 채 흰 갓을 쓰고 十二絃琴을 들고 天官寺 우물 속으로 들어갔다. … 왕은 이에 좌우의 사람을 물리치고 해몽하기를 청하니 아찬은 말했다. "복두를 벗은 것은 다른 이가 공의 위에 앉을 이가 없음이요, 흰 갓을 쓴 것은 면류관을 쓰게 될 징조요, 십이현금을 든 것은 12세손이 대를 이을 징조요, 천관사 우물로 들어간 것은 궁궐로 들어갈 길조입니다." "내 위에 주원이 있으니 어찌 윗자리에 앉을 수 있겠소."라고 하니 "비밀히 北川(閼川)神에게 제사지내면 좋을 것입니다."라고 답하였다. 왕은 그대로 따랐다. 얼마 안 가서 宣德王이 세상을 떠나니 國人이 김주원을 받들어 왕을 삼으려고 장차 왕궁에 맞아들이려 했다. 그러나 그 집이 시내의 북쪽에 있었으므로, 갑자기 비가 와서 냇물이 불어 건너오지 못했다. 때문에 왕이 먼저 궁궐에 들어가서 왕위에 올랐다. 上宰의 무리들이 모두 와서 따르고 새로 위에 오른 임금에게 삼가 치하하였다. 이가 곧 元聖大王인데, 이름은 경신이요, 성은 金氏니 대개 길몽의 응함이었다. 주원은 溟州에 물러가 있고 왕은 임금이 되었다. 이때 여산은 이미 죽었으므로 그의 자손을 불러 벼슬을 주었다.[37)]

위의 두 기록에 의하면 선덕왕이 재위한 지 6년인 785년 정월 13일에 사망하자[38)] 후계자로 김주원을 지목하였으나, 마침 서울에 큰비가 내려 알천의 건너에 있던 김주원이 궁궐에 올 수가 없어 상대등 김경신을 추대하여 왕위를 계승하였다고 전한다. 『삼국사기』에도 원성왕대 나-1의 기록을 제외하면 대부분 4월에서 7월 사이에 大雨·大水·暴雨 등의 기록이 있으므로, 초봄인 정월에 큰비가 내린 상황은 의문이다.[39)] 위의 천재지변 기록은 정변의

35) 갈항사석탑기에는 照文皇太后라 하였다.
36) 『삼국유사』 권1, 왕력1 제38 원성왕조.
37) 동권2, 기이2 원성대왕조.
38) 『삼국사기』 권9, 신라본기9 선덕왕 6년 정월조.

상징적인 의미로 받아들여야 할 것이다.[40] 여기서 잠시 김경신과 김주원의 가계를 비교해 보도록 하겠다.

먼저 김경신의 계보에 대해 나-2의 기록에서 자세히 전하고 있다. 즉 내물왕의 12세손으로 고조할아버지는 대아찬 법선, 증조할아버지는 이찬 의관, 할아버지는 이찬 위문으로 전승되고 있다. 또 나-1에서 보듯이 아버지는 대아찬 효양, 어머니는 계오부인으로 박씨이며 소문태후로 추봉되었고, 왕비는 숙정부인 김씨로 각간 신술의 딸이다. 김경신의 선조들의 경력을 살펴보면 다음과 같다.

고조할아버지 법선은 전하는 기록이 없어 경력을 알 수 없으며, 증조할아버지 의관은 삼국통일전쟁에서 활동한 기록이 전하고 있다. 문무왕 때인 670년에 백제의 유민들이 반란을 일으키자 품일·문충·天官·중신 등의 장군들과 함께 출정하였다가 퇴각하였다는 죄목으로 사형을 면하고 특별사면을 받아 면직되었으며,[41] 680년 신라에 귀복한 보덕국왕 안승에게 둘째딸을 출가시켰다고 전한다.[42] 할아버지 위문은 성덕왕 때인 712년에 이찬으로 중시에 임명되었다가 이듬해에 늙어 퇴직을 하였다고 한다.[43] 아버지 효양은 관등이 일길찬이라고만 전할 뿐 경력에 대한 기록은 없다.

다음 김주원은 무열왕의 둘째아들인 김인문의 5대 손으로 알려져 왔으나,[44] 새로운 연구에 따르면 무열왕의 셋째아들인 김문왕의 5대손이라고 한다. 무열왕계의 방계로서 문왕계의 가계에 대한 연구[45]가 있어 이를 기초로

---

39) 최의광, 「新羅 元聖王의 王位繼承과 國人」『韓國史學報』 37, 2009, 73쪽 주 24) 참조.
40) 李明植, 『新羅政治史研究』, 형설출판사, 1992, 156쪽.
41) 『삼국사기』 권6, 신라본기6 문무왕 10년 7월조.
42) 동권7, 문무왕 20년 3월조 세주 "一云 迊湌金義官之女也".
43) 동권8, 성덕왕 11년 3월조 및 동왕 12년 10월조.
44) 崔柄憲, 「新羅下代 禪宗九山派의 成立」『한국사연구』 7, 1972, 460쪽 ; 李基東, 「新羅下代의 王位繼承과 政治過程」『歷史學報』 85, 1980/『新羅骨品制社會와 花郎徒』, 일조각, 1984, 146쪽 ; 申瀅植, 「新羅兵部令考」『역사학보』 61, 1974/『韓國古代史의 新研究』, 일조각, 1984, 170쪽.

『삼국사기』 및 『삼국유사』의 관련 기록과 비교하여 김주원의 선조들의 경력을 살펴보면 다음과 같다.

김주원의 고조할아버지인 김문왕은 658년 잡찬으로 아버지 무열왕에 의해 중시에 임명되었다가[46] 662년에 문훈으로 교체될 때까지 역임하였고,[47] 665년에 이찬으로 사망하여 왕자의 예로써 장사지냈다고 한다.[48] 증조할아버지인 김대장은 686년 이찬으로 신문왕에 의해 중시에 임명되었다가 688년에 사망할 때까지 역임하였고,[49] 할아버지 김사공은 718년에 파진찬으로서 성덕왕에 의해 시중에 임명되어 720년까지 역임하고,[50] 728년에는 이찬으로 상대등이 되었으며,[51] 732년에 각간으로 장군을 겸임하였고[52] 737년 효성왕에 의해 이찬 정종으로 교체되었다.[53] 그리고 김사인[54]은 732년에 이찬으로 장군에 임명되었고[55] 736년에는 당으로부터 신라의 영토로 공인받은 평양주와 우두주에 가서 지세를 살피고 돌아왔으며,[56] 741년 효성왕의 명으로 弩兵을 검열하였다.[57] 745년 경덕왕에 의해 상대등에 올랐고[58] 756년 천재지변이 빈번히 발생한 이유로 정치의 잘못을 논하였으며[59] 이듬해 병으로 상대등에서 물러났다.[60] 아버지 김유정은 744년에 이찬으로 시중이 되었다가

---

45) 金貞淑,「金周元 世系의 成立과 變遷」『白山學報』28, 1984.
46)『삼국사기』 권5, 신라본기5 태종무열왕 5년 정월조.
47) 동권6, 신라본기6 문무왕 2년 정월조.
48) 동권6, 신라본기6 문무왕 5년 2월조.
49) 동권8, 신라본기8 신문왕 6년 정월조 및 동왕 8년 정월조.
50) 동권8, 신라본기8 성덕왕 17년 정월조 및 동왕 19년 7월조.
51) 동권8, 성덕왕 27년 7월조.
52) 동권8, 성덕왕 31년 12월조.
53) 동권9, 효성왕 원년 3월조.
54) 사공과 사인은 서로 형제이거나 같은 문왕계일 가능성이 크다.
55)『삼국사기』 권8, 신라본기8 성덕왕 31년 12월조.
56) 동권8, 성덕왕 35년 11월조.
57) 동권9, 효성왕 5년 4월조. 기록에는 恩仁이라 하였으나, 思仁의 잘못으로 생각된다.
58) 동권9, 경덕왕 4년 정월조.
59) 동권9, 경덕왕 15년 2월조.

745년 김대정으로 교체되었으며,[61] 그의 딸 신보왕후는 혜공왕의 비가 되었으므로[62] 왕후와 남매간인 김주원은 외척이었다고 할 수 있다.

두 가계를 비교해 보면 김경신의 가문은 내물왕의 먼 방계로서 증조할아버지와 할아버지가 장군이나 시중을 역임한 정도에 그쳤고, 그 이후에는 정계에서 그다지 두각을 나타내지 못하였다. 반면에, 김주원의 가문은 무열왕계의 방계로서 중대 왕실과 밀접하게 연계되어 있었고 고조할아버지부터 아버지 대에 이르기까지 상대등·시중·장군 등의 요직을 역임하면서 중대왕권의 유지 강화에 큰 역할을 담당하였다.

그런데 김주원과 김경신 두 사람 때에 이르러서는 상황이 달라졌다. 김주원은 777년에 이찬으로 시중이 되기[63] 이전의 활동은 보이지 않다가 780년 혜공왕이 시해되고 선덕왕이 즉위하면서 의공으로 교체되었으며,[64] 나-4에서 보듯이 그 후에는 상재가 되었던 것으로 나타난다. 김주원이 언제 상재가 되었는가에 대해서는 알 수 없으나 선덕왕 즉위로 시중직에서 물러난 이후로 추정되는데, 선덕왕 사후 무열왕계 왕실 구성원이 소멸되자 그 방계의 인물로는 김주원이 대표적이었으므로 재상회의의 대표로 되었던 것이라 할 수 있다.

김경신은 771년에 일어난 김융의 난에 대해 779년 김유신 자손들의 신원운동에 참여하였는데, 김유신을 위해 취선사에 공덕보전 30결을 내려 명복을 빌게 하였을 때 이를 주관하였다[65]는 기록에서 처음 등장하고 있다. 이 시점을 전후하여 김경신의 세력은 중앙정계에 다시 대두하게 되었으며,

---

60) 동권9, 경덕왕 16년 정월조.

61) 동권9, 경덕왕 3년 정월조 및 동왕 4년 5월조. 유정을 이어 시중이 된 대정도 유정과 형제 또는 같은 문왕계일 가능성이 크다.

62) 동권9, 혜공왕 16년 4월조.

63) 동권9, 혜공왕 13년 10월조.

64) 동권9, 선덕왕 원년 3월조.

65) 『삼국유사』 권1, 기이1 미추왕죽엽군조.

780년에 김양상과 더불어 김지정의 난을 진압하였다. 이때 시해당한 혜공왕을 이어 김양상이 왕위에 오르는데 기여하여 그 공으로 상대등에 임명되었으며, 나-4에서 보듯이 차재 즉 재상회의의 두 번째 인물이 되었다.

나-4의 기록에 보이듯이 김주원은 선덕왕 당시 상재로서 지위상으로는 김경신보다 우위에 있었으나, 정치적인 서열만으로 실질적인 우위를 차지하고 있었다고 보기 어렵다. 경력상으로 볼 때 김주원은 지위가 시중에 머물렀고 상재라는 지위는 중대 왕실의 원로로서의 예우에 불과하였으나, 김경신은 정치활동을 통하여 정계에서 유력한 세력가로서 점차 두각을 나타내었고 상대등으로 임명되어 정치적 입지를 강화해 나가고 있었다. 김경신은 선덕왕의 재위기간에 상대등과 재상회의의 구성원으로서 존재하였다는 것은 왕실과 중앙정계에서 핵심적인 비중을 차지하고 있었음을 의미한다.

위에서 언급했듯이 김주원과 김경신의 계보를 비교해 볼 경우에는 김주원이 왕위계승의 범위에서 우위를 차지하고 있었다. 선덕왕이 임종에 이르러 김주원을 族子라고 칭하면서까지 후계자로 지명한 것은 무열왕계 왕통을 유지하려는 데에 있었다. 무열왕계가 혜공왕을 끝으로 소멸됨으로써 선덕왕이 성덕왕의 외손으로서 왕위를 이었으며 그의 후사가 없어 무열왕계의 방계인 문왕계의 인물을 염두에 두었던 것이다. 반대로 김경신은 중대 왕실과 혈연관계가 없었으므로, 후계 문제에 대해 언급조차 할 수 없었기 때문이다.

신라는 왕위계승의 원리라는 점에서 보면 적자계승·방계계승·여서계승의 순서로 왕위가 계승되어 왔고,[66] 혜공왕 사후에는 그 원리마저 지킬 수 없는 상황에 이르러 성덕왕의 여서인 효방이 이미 사망한 상황에서 여서의 아들 선덕왕이 왕위를 이었던 지경에 이르렀으며, 후사가 없는 선덕왕은 중대 왕실과 혈연관계가 잔존한 김주원을 왕의 족자라는 명분 아래 후계로 지명하기 위해 생전에 양위하려[67] 하였던 것이다. 선덕왕의 양위 목적은

66) 선석열, 「신라의 왕위계승 원리」 『역사와 세계』 32, 2007, 23쪽.

67) 『삼국사기』 권9, 신라본기9 선덕왕 5년 4월조.

생전에 김주원을 후계로 정해둠으로써 후계왕의 배후 후원자를 자처하여 안정된 왕위계승을 이루려고 하였으나, 군신들의 반대에 부딪히게 되어 양위하지 못하였던 것이다. 양위를 반대한 쪽은 김경신 일파였을 것이다. 선덕왕의 양위와 후계의 계승이 이루어질 경우 당시 권력의 실세로서 선덕왕 당시의 정계를 주도하고 있었던 김경신은 명분상 왕위를 계승하기가 힘들게 될 가능성이 커질 것이기 때문이다.

중국정사에 의하면 김경신을 선덕왕의 종형제[68]라 하거나 종부제[69]라고 하였음에 근거하여 종형제설을 추정하기도 하였다.[70] 이는 외교상에서 신라가 당에 전한 것일 뿐이며 정확한 사실이라 볼 수 없고, 선덕왕을 이어 즉위한 원성왕이 당과의 외교에서 전왕과의 혈연관계를 내세운 것도 왕위계승의 정당성을 확보하고자 한 것이다. 마찬가지로 선덕왕이 혈연관계가 없는 김주원을 자신의 족자로 내세워 후계로 삼으려 한 것도 같은 맥락에서 이해할 수 있다.

나-1과 나-4에서 보듯이 785년 선덕왕이 사망하자 귀족회의에서 김주원을 공식적인 왕위 계승자로 추대하였으나, 알천의 홍수로 인해 천명임을 내세워 김주원 대신에 김경신을 왕위에 오르도록 했다고 전하고 있다. 그러나 홍수 때문에 왕위에 오르지 못하고 다른 유력자가 왕위에 오른 예는 역대 신라왕 중에서는 원성왕을 제외하면 한사람도 없다. 관련 기록을 살펴보면 김경신이 왕위에 오를 것을 예고한 꿈과 북천신의 비호에 대한 설화가 전하는데, 당시 김주원의 집이 북천의 북쪽에 있었다는 것은 사실에 근거한 것이다. 김경신의 즉위가 어떤 신성한 힘에 의해 결정되었다고 하는 것은 당시 원성왕계 왕실이 변칙적인 즉위를 합리화하기 위해 꾸며 낸 내용이다.

나-1에는 "지금 상대등 경신은 전왕의 아우로서 덕망이 평소부터 높고, 임금의 체모가 있습니다"라고 하여 선덕왕과 김경신의 혈연관계를 내세우고

68) 『구당서』 권199, 열전 149 동이 신라전.
69) 『신당서』 권220, 열전 149 동이 신라전.
70) 이병도, 『국역 삼국사기』, 을유문화사, 1996(개정판), 163쪽.

있으나, 이는 『삼국사기』의 지증왕의 예에 보이는 바와 같은 유교적 표현 방식일 뿐이다.[71] 『삼국사기』와 마찬가지로 나-4의 『삼국유사』에도 “김주원의 집이 시내의 북쪽에 있어 갑자기 비가 와서 냇물이 불어 건너오지 못했기 때문에, 왕 즉 김경신이 먼저 궁궐에 들어가서 왕위에 올랐다”고 한 것은, 선덕왕의 사후에 후계문제가 발생하자 김경신 세력이 궁궐을 점령하고 김주원 세력을 제압하였던 것이다. 다음 “상재 즉 김주원의 무리들이 모두 와서 따르고 새로 위에 오른 임금에게 삼가 치하하였다”고 한 것은, 김경신의 쿠데타가 성공함으로 인해 사태가 이미 돌이킬 수 없이 변한 것을 알고 김경신을 후계왕으로 인정하게 되었음을 반영한다. 신라 하대 왕위계승 경쟁에서 보면 쿠데타로 궁궐을 점령하고 왕위에 오르더라도 반대세력의 반발이 일어나는 것이 일반적이다. 그러나 선덕왕과 원성왕의 교체 시기에는 ‘김주원은 溟州에 물러감’으로써 사태는 일단락되었는데, 이는 탈법적인 왕위계승이 이루어지더라도 이에 반발하여 내란이 일어나는 난맥상을 드러내지 않고 그것을 존중하는 마지막 사례라고 할 수 있다. 더욱이 김주원이 중앙정계에서 물러난 이후에도 문왕계의 후손들은 여전히 요직을 차지하고 있었던 점도 아울러 참조된다.

나-2에 의하면 원성왕은 직계존속 고조까지 대왕호를 추봉하는 한편, 기존의 오묘에서 시조대왕·태종대왕·문무대왕의 3묘를 그대로 두고 성덕대왕과 개성대왕의 2묘를 헐고, 대신에 할아버지 흥평대왕과 아버지 명덕대왕의 2묘를 5묘로 入祔시켜 오묘제를 개편하였다.

---

71) 『삼국사기』 권4의 지증마립간 즉위조에 의하면 전왕인 소지왕의 재종제라고 하였다. 지증왕은 내물왕의 손자로서 내물왕의 증손자인 소지왕에게는 재종숙부에 해당한다. 또한 소지왕의 아버지 자비왕이 461년에 혼인하여 소지왕을 낳았고 지증왕은 437년에 출생하였으므로, 지증왕이 소지왕보다 적어도 25세 이상 연상이다. 그럼에도 지증왕이 소지왕의 6촌동생이라고 한 것은 유교적인 왕자의 관념에서 합리화하기 위한 방편에서 나온 것에 불과하며, 이는 잘못이다(선석열, 앞의 논문, 2007, 13쪽).

나-5 2월에 왕이 시조묘에 배알하였다. 太宗大王과 文武大王의 두 사당을 따로 세우고 始祖大王과 왕의 고조부 明德大王, 증조부 元聖大王, 할아버지 惠忠大王, 아버지 昭聖大王으로 五廟를 삼았다.72)

나-5에서 보듯이 원성왕의 증손 애장왕대에 이르면 오묘 가운데 태종대왕과 문무대왕의 2묘마저 따로 세우는 대신에, 시조대왕만 그대로 두고 자신의 직계존속인 고조 明德大王·증조 元聖大王·할아버지 惠忠大王·아버지 昭聖大王을 오묘에 入祔시켰다. 이는 원성왕계의 왕권이 안정되면서 취한 조치로서 중대 왕실과는 확연히 다른 왕실임을 천명하였음을 알 수 있다. 원성왕대의 5묘제 개정은 아직 새로운 원성왕계가 확립되지 않은 상황에서 나온 미봉책이며, 애장왕대에야 원성왕계 왕권의 안정이 이루어지면서 취해진 조처였다. 원성왕에서 애장왕에 이르는 시기에 새로운 5묘제가 확정하게 됨으로써 중대 무열왕계 왕통은 소멸되고 원성왕계 왕통이 제도적으로 확립되었다.

이로써 새로운 왕통이 성립하였다. 즉 원성왕 이후부터 그의 후손이 왕위를 계승하는 소위 하대의 원성왕계가 성립하게 되었던 것이다. 선덕왕 사망 이후 왕위에 오를 수 있는 인물은 김주원이었으나, 중대 왕실과 관련이 없는 김경신이 귀족의 합의에 의해 추대되는 형식을 취하여 왕위를 계승함으로써 하대의 원성왕계가 개창되었다. 중대 왕실의 먼 방계인 김주원이 반드시 왕위를 계승해야 하는 당위성도 없는 것이다. 그러나 원성왕의 즉위는 이전 시기에 왕통을 개창한 지증왕이나 무열왕과는 성격이 다른 것으로 하대의 시작을 알리는 원성왕의 탈법적 왕위계승을 미화한 것에 불과하다.73)

나-6 아들 仁謙을 王太子로 삼았다.74)

나-7 봄 정월에 王太子가 죽으니, 시호를 惠忠이라 하였다.75)

72) 『삼국사기』 권10, 신라본기10 애장왕 2년조.

73) 申瀅植, 『新羅史』, 이대출판부, 1985, 189쪽.

74) 『삼국사기』 권10, 신라본기10 원성왕 원년조.

나-8 8월에 왕자 義英을 太子에 책봉하였다.[76]

나-9 봄 2월에 지진이 났다. 太子 義英이 죽으니, 시호를 憲平이라 하였다.[77]

나-10 원성대왕 원년에 아들 仁謙을 봉하여 太子로 삼았는데, 7년에 세상을 떠나므로 원성왕은 그의 아들을 궁중에서 길렀다. 5년에는 唐에 사신으로 갔다 와서 大阿湌의 벼슬을 받고, 6년에는 波珍湌으로써 재상이 되었으며, 7년에는 侍中이 되었고, 8년에는 병부령이 되었다가 11년에는 태자가 되었는데, 원성왕이 세상을 떠나자 왕위를 이었다.[78]

위의 기록에서 나타나듯이 원성왕은 아들들을 태자로 책봉하였다. 원성왕은 다섯 명의 자손이 있었으니, 혜충태자·헌평태자·예영 잡간·대룡부인·소룡부인 등이 있었다.[79] 그 중에서 두 아들을 태자로 책봉하였다. 나-6·7의 기록에 의하면 큰아들 인겸을 태자로 책봉하였으나 5년만에 사망하였다. 또한 나-8·9의 기록에 의하면 큰아들이 사망한 다음해에 둘째 아들 의영을 태자로 책봉하였으나 역시 2년만에 사망하였다. 나-10에서 보듯이 의영이 사망한 후에는 셋째아들 예영이 아닌 맏손자 준옹을 태자로 책봉하였다.[80] 큰아들이 사망한 후에 곧 바로 맏손자 준옹을 태손으로 책봉하지 않았다. 이는 태손을 책봉한 예가 없었기 때문일 것이며, 원성왕의 세 아들이 모두 사망한 뒤에야 손자를 태자로 책봉하게 된 것이다.[81]

다사다난한 정치과정을 거쳐 국왕이 되었던 원성왕은 재위하는 동안 큰아들을 왕위계승 후보자인 태자로 책봉하여 왕위계승의 분란을 미연에 방지하고자 하였다. 그러나 태자가 일찍 사망함으로써 이와 같은 목적은 실효를

75) 동권10, 원성왕 7년조.

76) 동권10, 원성왕 8년조.

77) 동권10, 원성왕 10년조.

78) 동권10, 소성왕 즉위조.

79) 『삼국유사』 권2, 기이2 원성대왕조.

80) 당시 예영은 의영이 사망한 이후 태자에 책봉되지 못한 것으로 보아 이미 사망하였을 것으로 추정된다.

81) 하대 왕위계승의 원리에서 자세히 언급할 것이다.

거두지 못하였으며, 오히려 직계 장자 외의 다른 왕자를 태자로 책봉함으로써 원성왕계 왕실의 구성원들은 모두 왕위계승을 할 수 있는 정당성을 부여하는 결과를 초래하였다. 이로써 원성왕계 왕실 내부의 분화가 가속화되어 왕위계승 쟁탈전이 야기되는 빌미를 제공하였다고 할 수 있다.

3) 원성왕계의 분류

하대 원성왕계의 왕위계승은 원성왕의 세 아들 가운데 인겸과 예영의 후손들이 이어갔으므로, 크게는 인겸계와 예영계로 나누어진다.[82] 인겸계는 39대 소성왕부터 44대 민애왕까지로 그 사이의 43대 희강왕을 제외하고 5왕이 해당된다. 이 중에서 하대 초기에 원성왕을 이어 그의 아들 인겸이 아버지 원성왕보다 먼저 사망하여 계승하지 못하였으나, 적손이자 인겸의 아들 소성왕이 즉위하였고 그 다음으로 증손 애장왕이 이었다. 애장왕 이후의 후계는 직계 적자가 왕위를 계승하지 못하고 그의 숙부 김언승 즉 헌덕왕과 흥덕왕이 각각 왕위를 이었으며, 44대 민애왕이 우여곡절 끝에 즉위하였다. 원성왕 직계인 소성왕-애장왕까지는 인겸의 직계로 보고, 직계 적자 소성왕의 형제인 헌덕왕·흥덕왕과 충공의 아들 민애왕은 인겸의 방계로 세분할 수 있다.

예영계는 모두 10왕으로 그의 아들들인 헌정과 균정이 왕위에 오르지 못하고 인겸계가 왕위를 차지하였으므로, 원성왕계의 방계라고 할 수 있다. 예영의 손자에 이르러 왕위를 차지하게 되어 43대 희강왕·45대 신무왕·47대 헌안왕 및 증손인 46대 문성왕, 문성왕의 후손으로 신라 마지막 왕인 56대 경순왕, 그리고 희강왕의 손자인 48대 경문왕 이후 5왕이 있었다. 43대 희강왕·44대 민애왕·45대 신무왕의 3대는 왕위계승쟁탈로 인해 하나의 가계가 일정하게 왕위를 세습하지 못하고 혼란상을 보이다가, 경문왕 이후 왕위계승이

82) 의영은 원성왕대에 태자로 책봉되었으나 그 후손의 계보가 전해지지 않을 뿐 아니라 왕위를 계승하지도 못하였으므로 왕실의 가계에서 제외하였다.

그의 후손인 52대 효공왕까지 계속 이어졌으므로 이들 5왕은 경문왕계로 따로 분류한다.

그리고 53대 신덕왕과 그의 아들 54대 경명왕·55대 경애왕은 박씨이므로, 박씨왕계로 분류해둔다.

이상과 같이 하대 왕들의 가계를 크게는 인겸계와 예영계로 나누고 인겸계 가운데 다시 인겸 직계와 방계로 세분하였고, 인겸계와 달리 예영계는 경문왕 이후 5왕을 경문왕계로 세분하였다. 다음 절에서 각 왕의 계보를 살펴보도록 하겠다.

(1) 인겸 직계

여기서 먼저 인겸계의 직계로서 왕위를 계승한 왕들의 계보를 살펴보겠다. 원성왕의 뒤를 이은 왕족은 그의 손자 소성왕인데, 관련 계보기록을 제시하면 다음과 같다.

다-1 昭聖王[세주 : 혹은 昭成이라고도 한다]이 왕위에 올랐다. 이름은 俊邕이니 元聖王의 太子 仁謙의 아들이다. 어머니는 金氏이고, 왕비는 金氏 桂花夫人으로 大阿湌 叔明의 딸이다. 원성대왕 원년(785)에 아들 仁謙을 봉하여 太子로 삼았는데, 7년(791)에 세상을 떠나니 원성왕은 그를 궁중에서 길렀다. 5년(789)에는 唐에 사신으로 갔다 와서 大阿湌의 벼슬을 받고, 6년(790)에는 波珍湌으로써 宰相이 되었으며, 7년(791)에는 侍中이 되었고, 8년(792)에는 兵部令이 되었다가 11년(795)에는 太子가 되었다. 원성왕이 세상을 떠나자 왕위를 이었다.[83)]

다-2 제39대 昭聖王[세주 : 혹은 昭成王으로도 쓴다]은 金氏로 이름이 俊邕이다. 아버지는 惠忠太子이고, 어머니는 聖穆王后이다. 왕비는 桂花王后로 夙明公의 딸이다.[84)]

---

83) 『삼국사기』 권10, 신라본기10 소성왕 즉위조.

84) 『삼국유사』 권1, 왕력1 제39 소성왕조.

다-3 원년(799) 여름 5월에 아버지 惠忠太子를 추봉하여 惠忠大王으로 삼았다. … 8월에 어머니 김씨를 추봉하여 聖穆太后로 삼았다.[85]

다-4 9년[唐 元和 3년] 2월(808) [신라가] 사신 金力奇를 보내어 조공해왔다. 그 해 7월에 역기가 말하기를 "貞元 16년(800) 신의 옛 임금 俊邕[소성왕]을 신라왕으로 삼고 어머니 申氏를 太妃로 하고 아내 叔氏를 왕비로 삼는다는 조책을 받들었습니다. 책봉사 韋丹이 이르는 도중에 준옹이 훙거하였음을 알고 그 책명을 가지고 돌아가서 中書省에 보관해두었습니다. 지금 신이 환국합니다. 엎드려 청하건대 신에게 주셔서 돌아가게 해주십시오."고 하였다. [당 황제가] 조칙을 내려 김준옹 등의 책명은 마땅히 鴻臚寺가 中書省에서 수령하고 [홍려]시에 이르러 김역기에게 수여하도록 하여 받들어 귀국하도록 하라고 하였다. 인하여 왕의 숙부 彦昇과 그 아우 仲恭[충공]에게 門戟을 내리고 본국이 법에 준하여 지급하도록 하였다[세주 : 신씨란 金神述의 딸이므로 神자와 같은 음운인 申을 씨라 칭한 것은 잘못이다].[86]

다-5 [貞元] 16년 4월에 故 開府儀同三司 簡校太尉 使持節充寧海軍使 上柱國 新羅國王 金敬信의 嫡孫 權知國事 俊邕이 할아버지를 승습케 하였다.[87]

소성왕은 원성왕의 장손으로 태자 인겸의 아들이다. 소성왕의 계보를 살펴보면, 두 사서에서 부모의 전승은 서로 보완적이다. 부모 가운데 아버지의 전승은 다-1의 『삼국사기』에는 소성왕의 아버지를 태자 인겸이라 하고 다-2의 『삼국유사』에는 혜충대왕이라고 하였다. 인겸은 원성왕 원년에 태자로 책봉되었다가 동왕 7년에 사망하자 시호를 혜충태자라 하였는데,[88] 소성왕이 즉위한 후 혜충대왕이라 추봉한 것(다-3)을 『삼국유사』에서는 추봉호로 전한 것이다. 소성왕의 어머니에 대해 『삼국사기』 다-1의 애장왕 즉위조의 계보에는 김씨라고만 전하고 인명이 기록되어 있지 않았지만, 다-3에는 소성왕이

85) 『삼국사기』 권10, 신라본기10 소성왕 즉위조.
86) 동권10, 애장왕 9년조.
87) 『책부원구』 권965, 외신부 봉책3.
88) 『삼국사기』 권10, 신라본기10 원성왕 7년조.

즉위한 후 아버지를 추봉하면서 어머니를 성목태후로 추봉한 사실에서 보아 『삼국유사』에서는 추봉호로 전한 것이다. 성목왕후의 계보에 대해서는 김신술의 딸이라는 견해가 있다. 다-4는 『구당서』의 내용[89]을 인용해 둔 기록에 대해 『삼국사기』의 찬자가 주석을 붙인 것이다. 즉 808년에 파견한 견당사 김역기가 책봉을 받아오는 과정에 대해 『삼국사기』 찬자가 왕의 어머니 즉 소성왕의 왕비를 申氏라 칭한 점을 두고 논평하면서 다-4의 세주에서 "申氏란 金神述의 딸이므로 神자와 같은 음운인 申을 씨라 칭한 것은 잘못이라"고 한 점을 근거로 하여 성목왕후를 김신술의 딸로 보는 견해가 있다.[90] 그 근거가 된 다-4의 기록을 구체적으로 검토해 보겠다.

다-4에 의하면 808년(애장왕 9)에 신라가 사신을 보내어 8년 전인 800년(소성왕 2)에 소성왕을 책봉하려다가 왕의 사망으로 중단되었던 것을 당에서 다시 받아왔다는 것이다. 그 문제의 내용은 소성왕을 신라국왕으로 책봉하고 그 어머니 신씨를 태비로 삼고 왕비를 숙씨로 삼는다는 점이다. 여기서 살펴볼 핵심은 어머니 신씨가 누구인가에 대한 것이다. 다-5의 기록과 아울러 살펴보면 전왕과 신왕의 승습을 인정하는 것이므로, 태비와 왕비의 책봉 또한 전왕의 왕비와 신왕의 왕비를 대상으로 책봉하는 것이어야 한다. 소성왕의 아버지 인겸은 국왕이 되지 못하였으므로, 당은 인겸을 책봉하지 않았고 인겸의 부인도 책봉하지 않았다. 당에서 책봉한 태비 신씨는 소성왕의 어머니가 아니라 전왕의 왕비를 가리키는 것이다. 따라서 소성왕의 왕비의 아버지 叔明의 '叔'으로써 왕비의 성씨를 숙씨로 한 것이므로, 신씨는 원성왕의 왕비의 아버지 神述의 '申'을 따서 왕비의 성씨로 하였던 것이다. 다-4의 세주에 보이듯이 『삼국사기』의 찬자 역시 신씨는 김신술의 딸임을 인지하고 있으면서 신씨가 인겸의 부인이었다고 하지 않았으며, 인겸의 딸로 인지하였다면 소성왕 어머니의 아버지에 대해 계보를 기록하였을 것이고 막연히

89) 『구당서』 권199, 동이전 신라전.

90) 金昌謙, 『新羅 下代 王位繼承 硏究』, 경인문화사, 2003, 36~37쪽.

김씨라고 하지는 않았을 것이다. 이는 『구당서』에서 소성왕이 원성왕의 손자임을 간과한 데서 나온 잘못일 뿐이다. 따라서 김신술의 딸은 태비 신씨로서 원성왕의 왕비이고, 소성왕의 어머니가 김신술의 딸은 아니었다.

소성왕의 왕비에 대해 『삼국사기』는 김씨 계화부인으로 대아찬 숙명의 딸이라고 하고, 『삼국유사』도 계화왕후로 숙명공의 딸이라고 하여 양 사서 모두 동일 인물로 전승되고 있다. 왕비의 성씨에 대해서는 『삼국유사』에는 전하지 않고 『삼국사기』에 김씨라고 하였으나, 중국의 『구당서』와 『신당서』에는 숙씨라고 하였다. 이는 당으로부터 책봉을 받기 위해 신라왕실이 같은 김씨끼리 혼인하는 근친혼의 사실을 숨기고 왕비 아버지의 인명을 성씨로 만든 것에 불과하므로, 왕비도 김씨가 타당하다.

소성왕에 대해서는 할아버지 원성왕이 궁중에서 길렀다고 한다. 다-1에 의하면 785년에 원성왕이 아들 인겸을 봉하여 태자로 삼았으나 791년에 사망하자 그의 아들을 궁중에서 길렀다고 함에서 소성왕 즉 김준옹이 어려서 궁중에서 길렀던 것은 아니다. 김준옹의 경력을 살펴보면 다음과 같다. 789년 당에 사신으로 갔다 와서 대아찬이 되었고 이듬해에는 파진찬이 되어 재상으로 활동하였으며, 그 이듬해에는 시중으로 그 이듬해 792년 병부령이 되었다가 795년에는 태자로 책봉되고 799년 원성왕이 세상을 떠나자 왕위를 이었다. 이와 같은 경력으로 보아 김준옹은 아버지를 여읠 때 어린 나이는 아니었다. 그의 아들 애장왕 즉 김청명이 800년에 왕위를 계승할 때 13살임을 고려해 보면 788년에 이미 태어났으므로, 입궁한 791년에 30대 중반의 나이였음에서 알 수 있다. 적손 김준옹이 궁중으로 들어간 것은 김준옹이 재위 2년만에 사망한 점에서 보아 병약하고 원성왕의 증손이자 김준옹의 아들 김청명이 어렸을 뿐 아니라 장남 인겸 다음의 태자로 책봉될 차남 의영도 병약했으므로, 하대 왕실의 적손의 후계를 보호하기 위한 조치라고 이해할 수 있다. 소성왕의 뒤를 이은 왕족은 애장왕이다.

다-6 哀莊王이 왕위에 올랐다. 이름은 淸明으로 昭聖王의 太子이며 어머니는 金氏 桂花夫人이다. 왕위에 오를 때 13살이었으므로 阿飡 兵部令 彦昇이 정사를 대신 맡아보았다.[91)]

다-7 제40대 哀莊王은 김씨로 이름이 重熙[세주 : 혹은 淸明이라고도 한다]이다. 아버지는 昭聖이고, 어머니는 桂花王后이다.[92)]

다-8 6년(805) 정월에 어머니 金氏를 봉하여 大王后라 하고 왕비 박씨를 봉하여 王后로 하였다. 이 해에 唐의 德宗이 붕어하고 새 임금 順宗이 兵部郎中 겸 御史大夫 元季方을 보내 이를 알리고, 또 [소성]왕을 開府儀同三司 檢校太尉 使持節大都督鷄林州諸軍事 鷄林州刺史 겸 持節充寧海軍使 上柱國 新羅王으로 책봉하고, 그 어머니 叔氏를 大妃로 하고[세주 : 왕 어머니의 아버지인 叔明은 내물왕의 13세손이므로, 어머니의 성은 김씨인데, 그 아버지의 이름자를 따서 叔氏라 한 것은 잘못이다], 아내 朴氏를 王妃로 하였다.[93)]

『삼국사기』와 『삼국유사』 양 사서 모두 애장왕의 아버지는 소성왕이라 전하고 있다. 어머니에 대해서는 다-6의 『삼국사기』에 계화부인으로 김씨라 하면서 다-4와 다-8에서 숙씨라 하였으나 김씨인 점은 위에서 살펴본 바이다. 다-7의 『삼국유사』에는 계화왕후라고 하여 『삼국사기』의 계화부인과 달리 왕후로 호칭하고 있으나, 『삼국사기』의 부인 칭호와 『삼국유사』의 왕후 칭호는 각 사서의 일반적인 표현방식일 뿐으로 같은 인물을 가리키는 것이다.

왕비에 대해서는 『삼국유사』에는 전하지 않고 있으나, 다-8의 『삼국사기』에서 805년에 당이 애장왕을 책봉하면서 어머니와 함께 책봉한 왕비를 박씨라 하였고 『책부원구』에도 왕비를 박씨라고 전하고 있다.[94)] 위에서 살펴보았듯이 원성왕의 비인 김씨를 신씨라 하고 소성왕의 비인 김씨를 숙씨라 한

---

91) 『삼국사기』 권10, 신라본기10 애장왕 즉위조.
92) 『삼국유사』 권1, 왕력1 제40 애장왕조.
93) 『삼국사기』 권10, 신라본기10 애장왕 6년조.
94) 『책부원구』 권965, 외신부 봉책3.

점과 같은 목적에서 칭한 것일 뿐이다. 애장왕은 재위 3년에 김주벽의 딸을 후궁을 들였던[95] 점에서 보아 후궁조차 김씨라 하였는데, 박씨를 왕비로 맞이한다는 것은 타당하지 않다. 『신당서』에 의하면 '그 족속은 제1골과 제2골이라 불러 스스로 구별하며 형제 자매 고종 이종 모두가 장가들어 처로 삼는다. 왕족은 제1골이고 아내 또한 그 족속이며 낳은 아들은 모두 제1골이 되어 제2골의 여자를 아내삼지 않는다. 왕성은 김씨이고 귀인의 성은 박씨이다'[96]라고 한 점에서도 알 수 있듯이 당에서도 신라왕실의 혼인은 같은 김씨끼리여서 근친혼이었음을 인지하고 있었으며, 위와 같은 기록은 박씨 등 다른 성씨의 왕비에 대해 특기하였던 것임을 알 수 있다. 그럼에도 『삼국사기』와 『삼국유사』 양 사서를 모두 검토해 보더라도 왕비가 누구인가에 대해서는 알 수 없으며, 적어도 왕비가 김씨였다.

원성왕 사후 손자 소성왕과 증손자 애장왕으로 왕위계승이 이루어졌는데, 이들 왕은 태자 인겸의 장남과 손자로서 직계 후손이다. 원성왕이 장남 인겸을 태자로 책봉하였으나 사망하자 적손 소성왕 김준옹을 궁중에서 길렀다. 이는 원성왕이 겪어온 중대 말기의 왕위계승과정에서 혼란이 야기되어 무열계왕권이 붕괴되었던 사실을 통해 하대 원성왕계 왕통의 왕위계승을 인겸의 후손을 직계로 규정하여 하대 원성왕계는 왕의 직계에 의한 왕위계승 체계를 확립하고자 하였던 것으로 생각된다. 이러한 의도는 소성왕으로 이어졌으나, 병약한 아버지 소성왕을 이은 13살의 어린 애장왕이 삼촌 김언승의 섭정으로 왕권을 유지하는 데 도움을 받는다는 것은 어려웠을 것이다. 김언승은 동생 김수종 등과 협력하고 애장왕을 대신하여 왕권 강화를 위한 정치 개혁을 시도하였으나, 원성왕의 수많은 손자들이 할거하는 상황에서 왕권을 장악하게 되어 직계계승을 유지하려는 원성왕의 계획은 수포로 돌아가고 인겸의 방계가 왕위를 이어나갔다.

---

95) 『삼국사기』 권10, 신라본기10 애장왕 3년 4월조.

96) 『신당서』 권220, 동이전 신라전.

(2) 인겸 방계

애장왕의 뒤를 이은 왕족은 헌덕왕인데, 관련 계보기록을 제시하면 다음과 같다.

다-9 憲德王이 왕위에 올랐다. 이름은 彦昇이며 昭聖王의 동복동생이다. 元聖王 6년(790)에 唐에 사신간 일로 大阿湌의 벼슬을 받고, 7년(791)에는 반역한 신하를 죽인 공으로 迊湌이 되었으며, 10년(794)에는 侍中이 되고, 11년(795)에는 伊湌으로서 宰相이 되었으며, 12년(796)에는 兵部令이 되었다. 哀莊王 원년(800)에는 角干이 되고 御龍省의 私臣이 되었다가 얼마 후에 上大等이 되더니, 이때에 이르러 왕위에 올랐다. 왕비 貴勝夫人은 角干 禮英의 딸이다. 伊湌 金崇斌을 上大等으로 삼았다.

다-10 가을 8월에 죄수들을 대사했다. 伊湌 金昌南 등을 唐에 보내어 전왕의 돌아가심을 알리니, 헌종은 職方員外郎攝御史中丞 崔廷을 사신으로 보내고 볼모로 있던 金士信을 부사로 삼아 부절을 가지고 와서 조상하여 제사하고, 왕을 책립하여 開府儀同三司檢校太尉持節大都督鷄林州諸軍事兼持節充寧海軍使上柱國新羅王으로 삼고, 그 아내 貞氏를 책봉하여 王妃로 삼았다. 大宰相 金崇斌 등 세 사람에게는 門戟을 주었다[세주 : 살펴보건대 王妃는 角干 禮英의 딸인데, 이제 貞氏라 함은 알 수 없다].[97]

다-11 제41대 憲德王은 金氏로 昭聖王의 동복동생이다. 왕비는 貴勝娘으로 諡號는 皇娥王后이며, 忠恭 角干의 딸이다.[98]

『삼국사기』와 『삼국유사』 양 사서 모두 헌덕왕은 소성왕의 동복동생이라 전하므로, 앞서 살펴본 소성왕의 계보와 동일하다. 원성왕의 손자로서 아버지는 태자 인겸이고 어머니는 성목태후로 김씨이다.

왕비에 대해서는 『삼국사기』와 『삼국유사』 양 사서 모두 귀승부인으로 전하고 있으나[99] 왕비의 아버지에 대해서는 각기 달리 전하고 있다. 다-9의

---

97) 이상 『삼국사기』 권10, 신라본기10 헌덕왕 즉위조.

98) 『삼국유사』 권1, 왕력1 제41 헌덕왕조.

『삼국사기』에는 왕비가 원성왕의 아들 예영의 딸로 되어 있지만, 다-11의 『삼국유사』에는 원성왕의 손자이자 태자 인겸의 아들 즉 헌덕왕의 동생인 각간 충공의 딸로 되어 있다. 헌덕왕이 예영의 딸과 혼인한 것이라면 4촌과 혼인한 셈이며, 충공의 딸과 혼인한 것이라면 조카와 혼인한 셈이다. 다-10에서 왕비를 貞氏라고 칭하고 있는데, 앞서 보았듯이 왕비의 성씨를 신씨나 숙씨라 한 것은 왕비의 아버지 이름에서 차용한 것과 같이 볼 수 있다. 예영의 다른 이름이 孝眞이라 한 점[100]과 기록상 '貞'은 '眞'이라고 표기한 점을 염두에 두면 헌덕왕의 왕비의 아버지는 예영으로 판단된다. 또한 다-10의 『삼국사기』 찬자가 서술한 세주에서도 왕비가 예영의 딸로 판단하고 있는 점도 참조된다. 헌덕왕의 태자가 누구인가에 대해서는 알 수 없으나 태자비 정교부인이 충공의 딸이었다고 전하고 있는데,[101] 『삼국유사』에서는 충공의 딸을 헌덕왕의 왕비로 본 것은 이 태자비의 계보를 오인하여 잘못 전승된 것으로 볼 수 있다.

헌덕왕의 뒤를 이은 왕족은 흥덕왕인데, 관련 계보기록을 제시하면 다음과 같다.

다-12 興德王이 왕위에 올랐다. 원래 이름은 秀宗이었는데, 후에 고쳐서 景徽라 했다. 憲德王의 동복동생이다. 겨울 12월에 왕비 章和夫人이 세상을 떠나므로 추봉하여 定穆王后라 했다. 왕은 왕비를 생각하고 잊지 못해 슬퍼하고 즐거워하지 않으므로, 뭇 신하들은 글을 올려 다시 왕비를 맞이하도록 청했다. 왕은 "홀로된 새도 짝을 잃은 슬픔이 있는데, 하물며 훌륭한 배필을 잃고서 어찌 차마 무정하게도 곧 다시 아내를 맞이하겠는가?" 하고 마침내 따르지 않았다. 또한 궁녀들도 가까이하지 않았으며, 좌우에서 심부름하는 사람은

99) 『삼국사기』에는 귀승부인으로 『삼국유사』에는 귀승랑이라 하여 통상적으로 '夫人'이라 부르지만 '娘'이라고 하여 차이가 있으나, 울주천전리서석에 나타나 있듯이 신라에서 왕족이나 귀족의 여성을 娘으로 호칭하므로 다른 인물의 인명일 가능성은 없다.
100) 『삼국사기』 권10, 신라본기10 신무왕 즉위조.
101) 동권10, 헌덕왕 14년 3월조.

오직 환관뿐이었다[세주 : 章和의 성은 金氏이며 昭聖王의 딸이다].

다-13 2년(827) 봄 정월에 왕이 몸소 神宮에 제사지냈다. 唐 文宗은 憲德王이 세상을 떠났다는 말을 듣고서 조회를 폐하고 太子左諭德 겸 御史中丞 源寂에게 명하여, 부절을 가지고 가서 조상하여 제사를 드리게 하고, 왕위를 이은 임금을 책립하여 開府儀同三司 檢校太尉 使持節大都督鷄林州諸軍事 겸 持節充寧海軍使 新羅王으로 삼고, 어머니 朴氏를 大妃, 아내 朴氏를 王妃로 삼았다.[102)]

다-14 제42대 興德王은 金氏로 이름이 景徽이다. 憲德의 동복동생이다. 왕비는 昌和夫人으로 諡號는 定穆王后이며, 昭聖王의 딸이다.[103)]

다-15 [太和] 5년(831) 金彦昇이 죽으니 嗣子 金景徽를 開府儀同三司 檢校太尉 使持節大都督鷄林州諸軍事 겸 持節充寧海軍使 新羅王으로 삼고, 경휘의 어머니 朴氏를 大妃, 아내 朴氏를 王妃로 삼았다.[104)]

다-14의 『삼국유사』에서 흥덕왕은 헌덕왕의 동복동생이라 전하므로, 앞서 살펴본 바 헌덕왕과 마찬가지로 소성왕의 계보와 동일하다. 즉 원성왕의 손자로서 아버지는 태자 인겸이고 어머니는 성목태후로 김씨이다. 『삼국사기』와 『삼국유사』 등 국내 사서에는 흥덕왕이 헌덕왕의 동생이라 전한 것과 달리, 다-15의 『구당서』 등의 중국 사서에서는 김경휘 즉 흥덕왕을 헌덕왕의 嗣子라 하여 아들로 전하고 있다.[105)] 다-13의 『삼국사기』에는 흥덕왕의 책봉이 즉위 2년인 827년으로 되어 있으나, 『구당서』에는 4년이 지난 831년으로 되어 차이가 있다. 또한 헌덕왕의 경우에도 다-10의 『삼국사기』에 809년(즉위 원년)에 당으로부터 책봉을 받은 것으로 되어 있으나, 『구당서』에는 3년이 지난 812년에 책봉한 것으로 되어 있어 차이가 난다.[106)]

---

102) 이상 『삼국사기』 권10, 신라본기10 흥덕왕 본기.
103) 『삼국유사』 권1, 왕력1 제42 흥덕왕조.
104) 『구당서』 권199, 동이전 신라전.
105) 『신당서』 권220, 동이전 신라전 ; 『책부원구』 권965, 외신부 봉책3 ; 『자치통감』 권244, 당기60 문종 상지하.
106) 『구당서』 권199, 동이전 신라전.

애장왕의 경우 다-13의 『삼국사기』에서 재위 6년인 805년에 당으로부터 책봉을 받았고, 『구당서』에도 같은 해인 영정 원년의 일로 되어 있다.[107] 그러나 헌덕왕과 흥덕왕은 두 사서의 연대에 차이가 나고 있는데, 이는 헌덕왕이 쿠데타에 의한 즉위로 인해 책봉이 늦어졌던 것으로 볼 수 있다. 『삼국사기』에서 809년 7월 대아찬 김육진을 당에 보내어 808년(영정 3) 소성왕을 뒤늦게 책봉함에 대한 사은사라고 하였는데,[108] 이는 김언승이 쿠데타를 일으킨 후에 당의 반응을 보기 위한 의도가 본래의 목적이었다고 생각한다.

이후 신라에서는 810년(영정 5)에도 왕자 김헌장을 당에 보내고 812년(영정 7)에야 이찬 김창남을 보내어 김중흥 즉 애장왕이 사망하여 재상 김언승을 왕으로 세웠다고 전하였으며, 그해 7월에 당으로부터 책봉을 받은 것으로 되어 있다.[109] 헌덕왕이 쿠데타로 인해 즉위했기 때문에 신라는 당과의 외교적 교섭이 필요했던 것이다. 이러한 상황은 흥덕왕의 책봉과정에서도 드러나고 있다. 헌덕왕이 826년에 사망하고 흥덕왕이 계승하였으나, 신라가 당에 왕의 사망을 알린 것은 헌덕왕 사후 5년이 지난 831년(태화 5)이다.[110] 812년 이후 신라는 816년(영정 11)·820년·822년(장경 2)·825년(보력 원년)·827년(태화 원년) 등 5회에 걸쳐 당에 사신을 보내었고 831년에야 헌덕왕의 사망 소식을 전하고 있는데,[111] 신라가 당에게 헌덕왕과 흥덕왕의 관계를 부자관계로 알리고 있었던 사정과 연관된다. 이는 신라가 왕의 사망으로 인한 정상적인 왕위계승이 있을 때만 당에 사신을 보낸 것과는 사정을 달리하는 것이다.

흥덕왕의 왕비에 대해서는 다-12의 『삼국사기』 세주와 다-13의 『삼국유사』 양 사서 모두 소성왕의 딸이라 하고 있으나, 『삼국사기』에서는 章和夫人으로,

---

107) 동권199, 동이전 신라전.
108) 『삼국사기』 권10, 신라본기10 애장왕 6년조.
109) 『구당서』 권199, 동이전 신라전.
110) 동권199, 동이전 신라전.
111) 동권199, 동이전 신라전.

『삼국유사』에서는 昌花夫人이라 하여 인명표기가 다르게 되어 있다. '章'과 '昌'은 혼용하여 쓰는 것으로 간주되며, '花'와 '和'도 혼용하여 표기하는 것이 일반적이다. 장화부인은 흥덕왕 즉위 원년 12월에 사망하자 정목왕후로 추봉되었는데, 다-14·15에 흥덕왕이 즉위한 지 2년만에 당으로부터 책봉을 받으면서 그의 모후와 함께 왕비를 모두 박씨로서 책봉하고 있다. 김씨인 모후 성목태후와 왕비 정목왕후가 모두 박씨로 책봉된 것은 당과의 외교관계에서 나온 방편임은 이미 위에서 언급하였다. 흥덕왕의 또 다른 왕비는 보이지 않은데, 다-12에서 보듯이 왕비가 즉위 원년에 사망하자 왕이 재혼을 원하지 않았기 때문이다.

43대 희강왕의 뒤를 이은 왕족은 민애왕인데, 관련 계보기록을 제시하면 다음과 같다.

다-16 閔哀王이 왕위에 올랐다. 성은 金氏이며 이름은 明으로, 元聖大王의 증손자요, 大阿飡 忠恭의 아들이다. 왕은 아버지를 追謚하여 宣康大王이라 하고, 어머니 朴氏 貴寶夫人을 宣懿太后이라 하고, 아내 김씨를 允容王后라 했다.112)

다-17 제44대 閔[세주 : 혹은 敏라고도 쓴다]哀王은 金氏로 이름이 明이다. 아버지는 忠恭 角干으로 追封하여 宣康大王이라 하고, 어머니는 追封한 惠忠王의 딸 貴巴夫人으로 시호는 宣懿王后이다. 왕비는 无容皇后로 永公 角干의 딸이다.113)

다-18 엎드려 생각건대 敏哀大王은 휘가 明이며, 宣康大王의 장남이다.114)

『삼국사기』와 『삼국유사』 양 사서 모두 민애왕은 충공의 아들이라 전하고 있으므로, 양 사서의 아버지 계보는 동일하다. 아버지 충공은 다-5의 소성왕

---

112) 『삼국사기』 권10, 신라본기10 민애왕 즉위조.

113) 『삼국유사』 권1, 왕력1 제44 민애왕조.

114) 金南允, 「閔哀王石塔舍利盒記」 『譯註 韓國古代金石文』 Ⅲ, 가락국사적개발연구원, 359쪽.

책봉기사에서 김언승의 동생으로서 중공이라고도 하였으므로, 민애왕의 할아버지는 태자 인겸이고 증조할아버지는 원성왕이다. 어머니는 『삼국사기』에서 박씨 귀보부인으로 『삼국유사』에서는 귀파부인으로 전해지는데, 인명표기 가운데 '寶'와 '巴'는 혼용하여 표기하는 것이 일반적이다. 다-17의 『삼국유사』에서 어머니 귀파부인은 추봉된 혜충왕의 딸로 되어 있으므로, 외할아버지는 태자 인겸이고 그의 아들 충공은 남매와 결혼한 셈이다. 다-18의 금석문에 의하면 閔哀王을 敏哀王이라고도 하였는데, 『삼국유사』에서는 이를 밝혀두고 있는 점에서 보아 그 계보의 전승은 보다 상세하다고 판단된다. 한편 『삼국사기』에서는 귀보부인의 성이 박씨라고만 전하고 아버지 계보를 상세히 전하지 않고 있다. 이는 『삼국사기』가 왕실의 극심한 근친혼을 전하려고 하지 않은 의도로 보이며 다만 박씨라고 한 점에서 보아 충공의 동복남매는 아니라고 생각된다.

민애왕의 왕비에 대해서는 다-16의 『삼국사기』에서 윤용왕후라 하나 『삼국유사』에서는 각간 영공의 딸 무용황후라고 전하여 약간 다르게 표기하고 있다. 양 사서 가운데 『삼국유사』 무용의 '无'는 『삼국사기』 윤용의 '允'을 잘못 표기한 것으로 생각되지만, 『삼국유사』가 왕비의 아버지를 전하고 있음이 보다 보충적인 전승이라 생각한다.

인겸 직계의 소멸 후에도 헌덕왕과 흥덕왕은 인겸의 아들들로서 왕위를 이었으므로, 원성왕계 내부의 장자계인 인겸계의 방계가 왕위를 계승하였다. 그러나 헌덕왕이 후사가 없어 왕위를 계승하였던 동생 흥덕왕도 후사가 없이 사망하여 인겸 방계조차 마땅한 후계가 없자 예영계의 김제륭이 인겸 방계의 김명 등의 지지로 일시적으로 왕위를 계승하였다. 김명은 정치적 기반을 쌓은 다음 희강왕을 축출하고 왕위를 이었는데, 인겸계로서는 마지막 왕이었다.

(3) 예영계

흥덕왕의 뒤를 이은 왕족은 희강왕인데, 관련 계보기록을 제시하면 다음과 같다.

> 라-1 僖康王이 왕위에 올랐다. 이름은 悌隆[세주 : 혹은 悌邕이라고도 한다]이며, 元聖大王의 손자인 伊湌 憲貞[세주 : 혹은 草奴라고도 한다]의 아들이다. 어머니는 包道夫人이요, 왕비는 文穆夫人인데, 葛文王 忠恭의 딸이다.[115]
>
> 라-2 제43대 僖康王은 김씨이고 이름이 愷隆[세주 : 혹은 悌顒이라고도 한다]이다. 아버지는 憲貞 角干으로 諡號는 興聖大王[세주 : 혹은 翌成]이며, 禮英 匝干의 아들이다. 어머니는 美道夫人[세주 : 혹은 深乃夫人, 혹은 巴利夫人이라고도 한다]으로 諡號는 順成太后이며, 忠衍 大阿干의 딸이다. 왕비는 文穆王后로 忠孝 角干의 딸이다[세주 : 혹은 重恭 角干이라고도 한다].[116]
>
> 라-3 2년(837) 봄 정월에 사형 이하의 옥에 갇힌 죄수들을 대사하였다. 아버지를 추봉하여 翌成大王으로 삼고, 어머니 朴氏를 順成太后로 삼았다.[117]

『삼국사기』와 『삼국유사』 양 사서 모두 희강왕은 헌정의 아들이라 전하고 있으므로, 양 사서의 아버지 계보는 동일하다. 『삼국사기』에서는 아버지 헌정의 계보가 전해져 있지 않지만, 『삼국유사』에서 아버지 헌정은 예영의 아들이라 함에서 원성왕의 손자라고 전하므로 희강왕의 할아버지는 예영이고 증조할아버지는 원성왕이다. 어머니는 『삼국사기』에서 박씨 포도부인으로 『삼국유사』에서는 미도부인 혹은 심나부인 파리부인이라고 전해지고 있어 표기가 다르다. 어머니의 시호가 순성태후라 하고 라-3의 『삼국사기』에서는 희강왕 2년에 아버지와 함께 추봉되어 순성태후라 함에서 두 사서에 다른 이름으로 불리기도 했으나 동일인임을 알 수 있다. 하대 초기의 왕비들

115) 『삼국사기』 권10, 신라본기10 희강왕 즉위조.
116) 『삼국유사』 권1, 왕력1 제43 희강왕조.
117) 『삼국사기』 권10, 신라본기10 희강왕 3년조.

가운데 박씨가 상당수 확인되는 점이 주목된다.

왕비는 양 사서 모두 문목부인 또는 문목왕후로 충공의 딸로 되어 있어 같은 인물이다. 충공은 헌덕왕·흥덕왕과 형제로 인겸계로서 예영계인 희강왕과 5촌 관계이다. 즉 왕비는 태자 인겸이 할아버지이고 원성왕이 증조할아버지가 된다. 왕과 왕비는 6촌 관계로서 근친혼이었으며, 인겸계와 예영계가 결합하였음을 알 수 있다.

44대 민애왕의 뒤를 이은 왕족은 신무왕인데, 관련 계보기록을 제시하면 다음과 같다.

라-4 神武王이 왕위에 올랐다. 이름은 祐徵이며 元聖大王의 손자인 上大等 均貞의 아들이요, 僖康王의 사촌 아우이다. 禮徵 등은 이미 대궐을 깨끗이 하고 예를 갖추어 그를 맞이하여 왕위에 오르게 했다. 할아버지인 伊湌 禮英[세주 : 혹은 孝眞이라고도 한다]을 追尊하여 惠康大王이라 하고 아버지를 成德大王이라 했으며, 어머니 朴氏 眞矯夫人을 憲穆太后라 하고, 아들 慶膺을 세워 太子로 삼았다.[118]

라-5 제45대 神虎[武]王은 金氏로 이름이 祐徵이다. 아버지는 均貞 角干으로 추봉하여 成德大王이라 하고, 어머니는 貞矯夫人이다. 할아버지 禮英을 追封하여 惠康大王이라 하였다. 왕비는 貞從[세주 : 혹은 [貞]繼太后라고도 한다]으로 明海□[필자주 : □明 海干]의 딸이다.[119]

『삼국사기』와 『삼국유사』 양 사서 모두 신무왕은 균정의 아들이라 전하고 있으므로, 양 사서의 아버지 계보는 동일하다. 『삼국유사』에서는 아버지 균정의 계보가 전해져 있지 않다. 『삼국사기』에서는 아버지 균정은 원성왕의 손자라고 전하고, 혜강대왕이라고 추존한 예영을 할아버지라 하고 있다. 즉 신무왕의 증조할아버지는 원성왕이고 할아버지는 예영이므로 신무왕은

118) 동권10, 신무왕 즉위조.

119) 『삼국유사』 권1, 왕력1 제45 신무왕조.

예영계에 속한다. 어머니는 『삼국사기』에서 박씨 진교부인이라고 전해지고 있고, 『삼국유사』에서 정교부인이라고 전해지고 있어 '貞'과 '眞'의 표기가 약간 다르지만 같은 인물이다. 『삼국사기』에서 어머니의 시호가 헌목태후라 하였으나, 『삼국유사』에서는 시호가 전해져 있지 않다.

왕비는 『삼국유사』에서 貞從夫人 혹은 貞繼太后라 하였으나, 라-4의 『삼국사기』에 전하지 않고 라-6의 문성왕 즉위조에서 貞繼夫人 혹은 定宗太后라고 전한다. 인명표기가 약간 다르나 같은 인물로 판단된다. 왕비의 아버지에 대해 『삼국사기』에서는 전하지 않고 『삼국유사』에서 明海□라 함에서 □明海干이라 전하는 것으로 볼 수 있다.

신무왕의 뒤를 이은 왕손은 문성왕인데, 관련 계보기록을 제시하면 다음과 같다.

라-6 文聖王이 왕위에 올랐다. 이름은 慶膺이며 神武王의 太子이다. 어머니는 貞繼夫人[세주 : 혹은 定宗太后라고도 한다]이다.120)

라-7 제46대 文聖王은 金氏로 이름이 慶膺이다. 아버지는 神武王이고, 어머니는 貞從太后이다. 왕비는 炤明太后이다.121)

라-8 3년(841) 가을 7월에 唐 武宗은 칙명으로 본국으로 돌아가는 신라의 관원으로서 앞서 唐에 들어왔던 신라의 宣慰副使充州都督府司馬로서 緋魚袋를 받은 金雲卿을 淄州長史로 삼고, 이내 사신을 삼아 왕을 책봉하여 開府儀同三司檢校太尉使持節大都督鷄林州諸軍事兼持節充寧海軍使上柱國新羅王으로 삼고, 아내 朴氏를 왕비로 삼았다.

라-9 4년 3월에 伊湌 魏昕의 딸을 맞아 왕비로 삼았다.

라-10 9년 8월에 왕자를 봉해 왕태자로 삼았다.122)

『삼국사기』와 『삼국유사』 양 사서 모두 문성왕은 신무왕의 아들이라 전하

120) 『삼국사기』 권11, 신라본기11 문성왕 즉위조.

121) 『삼국유사』 권1, 왕력1 제46 문성왕조.

122) 이상 『삼국사기』 권11, 신라본기11 문성왕본기.

고 있으므로, 양 사서의 아버지 계보는 동일하다. 『삼국사기』에서는 아버지 균정은 원성왕의 손자라고 전하고, 혜강대왕이라고 추존한 예영을 할아버지라 하고 있다. 즉 신무왕의 할아버지는 예영이고 증조할아버지는 원성왕이다. 어머니는 『삼국사기』에서 박씨 진교부인이라고 전해지고 있고, 『삼국유사』에서 정교부인이라고 전해지고 있어 표기가 약간 다르지만 같은 인물이다. 『삼국사기』에서 어머니의 시호가 헌목태후라 하였으나, 『삼국유사』에서는 시호가 전해져 있지 않다.

왕비는 『삼국유사』에서 소명태후라 하였으나, 『삼국사기』의 경우 라-6의 즉위년조에는 전하지 않고 문성왕본기에 개별적으로 전하고 있다. 라-8에서 841년(문성왕 3) 당으로부터 책봉을 받은 왕비가 박씨라고 전하고 있으나, 라-9의 842년에 혼인한 왕비가 이찬 위흔의 딸이라고 전하여 왕비의 계보에 차이가 있다. 위흔은 김양의 자로서 태종무열왕의 9대 손이며, 증조부는 이찬 김주원, 할아버지는 소판 김종기, 아버지는 파진찬 김정여이다.[123] 842년 이전의 왕비의 성씨가 박씨이지만, 842년에 혼인한 왕비의 아버지가 김양이므로 왕비의 성씨가 김씨로 되어 문성왕은 두 명의 왕비가 있었던 것이다.[124] 또한 하대 초기의 왕비들 가운데 박씨가 상당수 확인되는 점이 주목된다.

46대 문성왕의 뒤를 이은 왕족은 헌안왕인데, 관련 계보기록을 제시하면 다음과 같다.

라-11 憲安王이 왕위에 올랐다. 이름은 誼靖[세주 : 혹은 祐靖이라고도 한다]이며 神武王의 이복동생이다. 어머니는 照明夫人이니 宣康王의 딸이다.

123) 동권44, 열전4 김양전.

124) 845년에 왕이 청해진대사 장보고의 딸을 왕비로 맞이하고자 하였으나 조정 신라들의 반대로 좌절되었는데, 이에 846년 장보고가 반란을 일으켰다가 진압되었다. 845년에 왕비가 사망하였기 때문이고, 그렇지 않았다면 문성왕은 세 명의 왕비가 있었을 것이다.

왕은 文聖王의 顧命을 받아 왕위에 올랐다. 죄수들을 대사하고, 伊湌 金安을 임명하여 上大等으로 삼았다.[125]

라-12 제47대 憲安王은 金氏로 이름이 誼靖이다. 神虎[武]王의 동생이며, 어머니는 昕明夫人이다.[126]

『삼국사기』와 『삼국유사』 양 사서 모두 헌안왕은 신무왕의 동생이라 하므로, 아버지는 균정으로 되어 양 사서의 아버지 계보는 동일하다. 『삼국사기』에서는 아버지 균정은 원성왕의 손자라고 전하고, 혜강대왕이라고 추존한 예영을 할아버지라 하고 있다. 즉 신무왕의 할아버지는 예영이고 증조할아버지는 원성왕이다. 어머니는 『삼국사기』에서는 조명부인으로 선강왕 즉 민애왕의 아버지인 충공의 딸이라 전하는데, 『삼국유사』에서 흔명부인이라 하나 아버지에 대해서는 전하지 않는다. 그런데 어머니가 둘이 있을 수 없는 점과 조명부인 혹은 흔명부인이라는 인명표기에서 보아 '照'와 '昕'의 뜻이 같으므로 같은 인물을 가리키는 것이다. 헌안왕의 어머니는 충공이 아버지이고 인겸 태자가 할아버지이므로, 예영계인 아버지 균정과 5촌 관계로서 부모는 근친혼이었다.

헌안왕의 왕비는 두 딸을 낳아 두 딸이 모두 경문왕과 혼인하였음에서[127] 분명히 존재하였으나, 왕비의 기록이 없어 어느 계보에 속하는지는 알 수 없다.

55대 박씨 경애왕의 뒤를 이은 왕족은 경순왕인데, 관련 계보기록을 제시하면 다음과 같다.

라-13 敬順王이 왕위에 올랐다. 이름은 傅이며, 文聖大王의 후손으로 伊湌 孝宗의 아들이다. 어머니는 桂娥太后이다. 원년(927) 11월에 아버지를

125) 『삼국사기』 권11, 신라본기11 헌안왕 즉위조.

126) 『삼국유사』 권1, 왕력1 제47 헌안왕조.

127) 『삼국사기』 권11, 신라본기11 헌안왕 4년 9월조.

추존하여 神興大王이라 하고 어머니를 王太后[桂娥太后]라 했다.128)

라-14 敬順王은 金氏로 이름은 傅이며, 아버지는 孝宗 伊干으로서 추봉된 神興大王이고 할아버지는 官□ 角干으로서 추봉된 懿興大王이다. 어머니는 桂娥[太后]인데, 憲康王의 딸이다.129)

라-15 왕의 이름은 傅이고 신라 사람이며, 시조는 金閼智이다. … 8세는 奈勿王 … 22세는 神武王이고 23세는 文聖王, 24세는 安, 25세는 敏恭이며, 26세 實虹은 懿興王으로 추숭되었고, 27세 孝宗은 神興王에 추숭되었으며 28세가 바로 경순왕이다. … 왕의 前妃 朴氏는 3남 1녀를 낳았고 後妃 王氏는 5남 2녀를 낳았다.130)

라-16 王[고려 태조]이 新羅王과 太后와 竹房夫人, 그리고 相國 裕廉·匝干 禮文·波珍粲 策宮 … 등에게 물품을 차등 있게 보내주었다.131)

『삼국사기』와 『삼국유사』 양 사서 모두 경순왕은 김효종의 아들이라 하므로, 양 사서의 아버지 계보는 동일하다. 『삼국유사』에서 할아버지는 의흥대왕으로 추봉된 官□ 각간이라 하였으며, 『삼국사기』에서 문성왕의 후손이라고만 전하여 그 위의 계보에 대해서는 알 수 없다. 라-15의 『신라경순왕전비』는 조선후기 순조 14년(1814)에 건립된 것으로 경순왕 직계 선조의 계보가 전하고 있는데, 경순왕 김부로부터 김효종－김실홍－김민공－김안－문성왕으로 되어 있다. 즉 경순왕은 문성왕의 6대손으로 예영계에 해당하는데, 두 사서와 『신라경순왕전비』의 기록을 참고하여 문성왕 이후 김효종까지 경순왕 직계 선조들의 경력을 살펴보면 다음과 같다.

고조할아버지 김안은 문성왕의 아들로 857년에 이찬으로서 상대등에 임명되었고, 862년에 김정이 상대등에 임명될 때까지 약 6년간 재임하였다.132)

---

128) 동권12, 경순왕 즉위조.

129) 『삼국유사』 권1, 왕력1 제56 경순왕조.

130) 「新羅敬順王殿碑文」 『朝鮮金石總覽』 下, 조선총독부, 1919, 1264~1265쪽.

131) 『고려사』 권2, 세가2 태조 14년 5월 정축조.

132) 『삼국사기』 권11, 신라본기11 헌안왕 원년조 및 경문왕 2년 정월조.

증조할아버지 김민공은 이찬으로서 880년에 예겸의 후임으로 시중에 임명되었고, 886년에 준흥이 시중에 임명될 때까지 6년 6개월 동안 재임하였다.[133) 할아버지에 대해서는 『삼국사기』에서 서발한 인경으로[134) 『삼국유사』에는 官□ 각간이라 전하였고 『신라경순왕전비』에는 김실홍이라 하여 인명표기가 다르나 같은 인물로 볼 수 있다. 할아버지의 경력은 전하지 않고 경순왕이 의흥대왕으로 추봉하였다. 김효종은 효녀 지은설화에 자세하게 전하는 인물로서[135) 902년에 대아찬으로서 집사성 시중이 되었으며 917년에 김유렴이 시중에 임명될 때까지 약 15년간 재임하였다.[136) 927년에 김효종은 아들 경순왕이 즉위함에 이르러 신흥대왕이라 추봉되었다.[137)

어머니는 계아태후로 김효종이 효녀 지은에게 베푼 선행으로 헌강왕이 딸과 혼인하게 하였으며,[138) 아들 경순왕이 즉위함에 이르러 왕태후로 책봉하였다.[139) 『삼국사기』와 『삼국유사』 양 사서 모두 왕비에 대해서는 전하는 바가 없으나, 라-16의 『고려사』에 죽방부인이라 전해지고 있고 『신라경순왕전비』에 전비를 박씨라고 전하고 있어 왕비의 존재를 알 수 있다.

(4) 예영계로서의 경문왕계

뒤에서 자세히 살펴보겠지만, 경문왕은 헌안왕의 사위로서 왕위를 계승하였고 이후 그의 후손들이 계속 왕위를 이어 갔다. 신라 하대의 왕위계승은

133) 동권11, 헌강왕 6년 2월조 및 정강왕 원년 8월조.

134) 동권48, 열전8 효녀 지은전.

135) 동권48, 열전8 효녀 지은전 ; 『삼국유사』 권5, 효선9 빈녀양모조.

136) 동권12, 효공왕 6년 3월조 및 동권12, 경명왕 원년 8월조. 그 다음 시중의 교체가 15년 뒤에 있었는데, 신라 하대의 시중 가운데 위진이 862년부터 874년까지 12년간 재임한 점과 신라 말기의 정황을 고려할 때 김효종의 재임기간을 인정할 수도 있을 것이다.

137) 동권12, 경순왕 원년 11월조.

138) 동권48, 열전8 효녀 지은전 ; 『삼국유사』 권5, 효선9 빈녀양모조.

139) 동권12, 경순왕 원년 11월조.

원성왕의 후손들에 의해 이루어졌으나, 원성왕 사후 그의 아들이 먼저 사망하여 손자들이 왕위를 이어가면서 복잡한 양상을 띠게 되었다. 원성왕계를 크게 나누면 인겸계와 예영계로 나눌 수 있다. 원성왕의 장자인 인겸계의 후손이 먼저 왕위를 계승하다가 그 왕통이 단절된 다음에 예영계가 왕위를 이은 것이 아니라, 이들 두 계파가 서로 경쟁하여 내란으로까지 비화될 정도로 왕위계승체계가 혼란상을 보였다.

그러나 경문왕 이후에는 왕위계승을 둘러싼 경쟁과 대립이 없이 순조롭게 이어졌으며, 적자가 소멸된 이후에는 사위가 왕위에 올랐다. 그 이전 신라 하대 전반기의 경우와 달리 경문왕 이후 신라 하대 후반기의 왕위계승은 그 후손들에 의해 지속적으로 이루어졌다. 경문왕이 예영의 아들 헌정과 손자 희강왕 그리고 증손 계명의 아들임에서 예영계로 볼 수도 있으나, 경문왕 이후의 왕계는 왕위계승의 양상으로 보면 경문왕계로 분류하는 것이 타당할 것이다.

마-1 景文王이 왕위에 올랐다. 이름은 膺廉[세주 : 膺은 혹은 凝으로도 쓴다]이며 僖康王의 아들 阿湌 啓明의 아들이다. 어머니는 光和夫人[세주 : 혹은 光義라고도 한다]이요, 王妃는 金氏 寧花夫人이다.140)

마-2 제48대 景文王은 金氏로 이름이 膺廉이다. 아버지는 啓明 角干으로 追封하여 義[세주 : 혹은 懿라고도 쓴다]恭大王이라 하였는데, 바로 僖康王의 아들이다. 어머니는 神虎[武]王의 딸 光和夫人이다. 王妃는 文資皇后로 憲安王의 딸이다.141)

마-3 헌안왕 4년(860) 9월, 임금이 臨海殿에 여러 신하들을 모이게 하였는데, 왕족 膺廉이 열다섯 살의 나이로 참석하였다. 임금이 그의 뜻을 알아보려고 갑작스레 물었다. 그리고 사위를 삼을 생각으로 응렴을 돌아보고 말하였다. "그대는 스스로 삼가고 사랑해라. 나에게 딸이 있으니 사위를 삼도록 하겠다." 임금은 다시 술을 가져오게 하여 함께 마시면서 조용히 말했다. "내가 딸이 둘 있는데, 큰 아이는 금년에 스무 살이요, 작은 아이는 열아홉

140) 동권11, 경문왕 즉위조.

141) 『삼국유사』 권1, 왕력 제48 경문왕조.

살인데, 그대의 마음에 드는 사람에게 장가를 들라!" 응렴이 사양할 수 없어 일어나 절을 하며 감사의 뜻을 표하고, 곧 집으로 돌아와 부모에게 이 사실을 말했다. 부모가 말하였다. "듣건대 임금의 두 딸의 얼굴은 언니가 동생보다 못생겼다고 하니, 만약 부득이 장가를 가야 한다면 동생에게 장가를 가는 것이 좋겠다." 그러나 응렴은 망설이며 결정을 내리지 못하다가 興輪寺의 스님에게 물었다. 스님이 말하였다. "언니에게 장가를 들면 세 가지 이익이 있을 것이요, 동생에게 장가를 들면 반대로 세 가지 손해가 있을 것입니다." 응렴이 임금에게 아뢰기를 "제가 감히 스스로 결정을 하지 못하겠사오니 그저 왕의 명령에 따르겠나이다."라고 하였고, 임금이 맏딸을 시집보냈다.142)

마-4 경문왕 3년(863) 11월 눈이 내리지 않았다. 寧花夫人의 동생을 맞이하여 次妃로 삼았다. 다른 날에 임금이 興輪寺의 스님에게 물었다. "대사가 전에 말하였던 세 가지 이로움이란 무엇인가?" 스님이 대답하였다. "당시에 왕과 왕비가 뜻대로 된 것을 기뻐하여서 당신에 대한 사랑이 점점 깊어질 것이니, 이것이 첫 번째 이로움입니다. 이로 인하여 왕위를 잇게 되었으니, 이것이 두 번째 이로움입니다. 그리고 마침내 처음부터 원하던 둘째딸을 취하게 되었으니, 이것이 세 번째 이로움입니다." 임금이 크게 웃었다.143)

마-5 憲康王이 왕위에 올랐다. 이름은 晸이며 景文王의 太子이다. 어머니는 文懿王后이며, 왕비는 懿明夫人이다.144)

마-6 제49대 憲康王은 金氏로 이름이 晸이다. 아버지는 景文王이며, 어머니는 文資皇后이다. 왕비는 懿明夫人[세주 : 혹은 義明王后라고도 한다]이다.145)

먼저 『삼국사기』와 『삼국유사』 양 사서에서 모두 경문왕은 계명의 아들이라 하므로, 양 사서의 아버지 계보는 동일하다. 또한 양 사서에서 모두 할아버지

142) 『삼국사기』 권11, 신라본기11 헌안왕 4년 9월조.

143) 동권11, 경문왕 3년 11월조.

144) 동권11, 헌강왕 즉위조.

145) 『삼국유사』 권1, 왕력1 제49 헌강왕조.

를 희강왕이라 전하므로, 할머니는 충공의 딸인 문목부인 김씨이다.[146] 경문왕의 할아버지 희강왕은 예영의 손자이며 헌정의 아들로서 예영계이고, 경문왕의 할머니 문목부인은 인겸 태자의 손녀이고 충공의 딸로서 인겸계에 해당되며, 혈연관계 상에서 조부모는 서로 6촌간으로 근친혼이다.

경문왕의 아버지 계명은 파진찬으로 848년에 집사성 시중이 되었으며 861년에 아들 경문왕이 즉위하기 이전까지 약 10여 년간 재임하였다.[147] 경문왕의 어머니에 대해 양 사서 모두 동일하지만, 경문왕의 외할아버지에 대해서는 『삼국사기』에 관련 기록이 없고 『삼국유사』에 신호왕 즉 신무왕이라 전하고 있다. 866년에 경문왕이 아버지 계명을 의공대왕으로 추봉하고, 어머니 박씨 광화부인을 광의왕태후로 책봉하였다.[148] 마-1의 『삼국사기』에 어머니를 광화부인 또는 광의부인이라고 전하고 있으나, 광의라는 명칭은 왕태후로 책봉될 때의 명칭이고 마-2의 『삼국유사』와 같이 광화부인이 옳다.

혈연관계를 살펴보면 아버지 계명은 예영의 증손자이자 헌정의 손자이고 희강왕의 아들로서 원성왕의 5대손으로 예영계이다. 어머니 광화부인은 예영의 증손녀이자 균정의 손녀이고 신무왕의 딸로서 같은 예영계에 해당되며, 혈연관계에서 보면 경문왕의 부모는 서로 6촌간으로 근친혼이다. 따라서 경문왕의 할아버지와 할머니, 그리고 아버지와 어머니는 모두 6촌간으로 근친혼임을 알 수 있다.

본서에서 주목하는 왕비에 대해서는 다음과 같은 혼인설화가 전하고 있다.[149] 마-3에 의하면 860년 임해전에서 연회를 베풀었을 때 헌안왕은 15세인

146) 『삼국사기』 권10, 신라본기10 희강왕 즉위조.

147) 동권11, 문성왕 10년 여름조. 그 다음 시중의 교체가 14년 뒤인 862년에 있었는데(동권11, 경문왕 2년 정월조), 계명의 아들 응렴이 헌안왕을 이어 847년에 왕위를 계승함에 따라 시중에서 물러난 것으로 볼 수 있을 것이다. 경문왕이 재위 6년인 866년에 아버지 계명을 의공대왕으로 책봉하였다고 한 점에서 보아 아들이 왕위에 재위하였을 때에도 생존하고 있었음을 알 수 있다.

148) 동권11, 경문왕 6년 정월조.

149) 『삼국사기』에는 연대별로 마-3과 마-4로 나누어 기록하고 있으나, 『삼국유사』에는

응렴이 덕이 있는 것을 알아보고 사위로 삼고자 하여 그의 두 딸, 즉 20세의 맏딸 영화부인과 19세의 둘째딸 중에서 아내를 택하도록 하였다. 응렴은 둘째딸에게 마음이 있었으나 흥륜사의 승려 범교사의 권유로 맏딸에게 장가들게 되었다고 한다. 즉 경문왕은 즉위 이전에 헌안왕의 장녀 영화부인과 혼인하였는데, 마-4에 보이는바와 같이 863년에 다시 헌안왕의 차녀이자 왕비의 동생을 차비로 맞이하였다. 이러한 혼인은 매우 드문 사례이며, 경문왕과 원성왕의 5대손인 두 왕비는 고모뻘인 7촌간으로 근친혼이라 할 수 있다. 경문왕의 두 왕비에 대한 인명은 영화부인 그리고 문자황후 또는 문의왕후라고 전하고 있다. 마-4에서 寧花夫人의 동생을 맞이하여 次妃로 삼았다고 한 점에서 첫째 왕비가 영화부인이다. 866년에 아버지와 어머니를 책봉하면서 함께 왕비를 책봉하여 문의왕비로 하고 후에 헌강왕이 된 태자 정도 책봉하였는데,[150) 『삼국유사』에는 문자황후라고 하여 인명이 다르게 전한다. 경문왕의 아들인 헌강왕의 어머니에 대한 기록에서도 마-5의 『삼국사기』에는 문의황후로 마-6의 『삼국유사』에는 문자황후로 다르게 전하고 있다.

마-7 (가) 景文大王님과 文懿皇后님, 그리고 큰 공주님께서는 불을 밝힐 석등을 세우기를 바라셨다. 唐 咸通 9년(868) 戊子 2월 저녁에 달빛을 잇게 하고자 前任 國子監卿인 沙干 金中庸이 기름의 경비로 3백 석을 날라 오니 승려 靈△가 석등을 건립하였다.

(나) 龍紀 3년[151)](891) 辛亥 10월 어느 날 승려 入雲은 서울에서 보내 준 租 1백 석으로 烏乎比所里의 公書와 俊休에게서 그 몫의 石保坪 大業에 있는 물가의 논 4결[세주 : 논은 5때기로 되어 있는데, 동쪽은 令行의 토지이고 북쪽도 마찬가지다. 남쪽은 池宅의 토지이고 서쪽은 개울이다]과 물가로부터 멀리 있는 논 10결[세주 : 논은 8때기로 되어 있는데, 동쪽은

기이편에 하나의 설화로 편성되어 있다(동권2, 기이2 경문대왕조).

150) 『삼국사기』 권11, 신라본기11 경문왕 6년 정월조.

151) 龍紀라는 연호는 889년 1년간 사용되었으며, 龍紀 3년이란 실은 大順 2년에 해당하고 眞聖女王 5년이다.

令行의 토지이고 서쪽과 북쪽도 같은 토지이다. 남쪽은 池宅의 토지이다]을 영구히 샀다.[152]

위의 『개선사석등기』에 의하면 그 내용은 10행에 걸쳐 글을 새겼는데, 두 단락으로 나누어진다. 1행에서 6행까지의 첫 단락은 868년(경문왕 8)에 경문대왕과 문의황후와 맏공주가 주관하여 개선사의 석등을 건립한 내용을 기술한 것이고, 7행에서 10행까지의 둘째 단락은 891년(진성여왕 5)에 논을 매입한 사실을 기술한 것이다. 그 중에 주목되는 것은 868년의 기록에 文懿皇后라고 표기한 것인데, 경문왕의 왕비를 가리키는 것이다. 『삼국사기』의 기록 가운데 866년 왕비를 책봉할 때에는 文懿王妃라고 칭하고 마-5에는 헌강왕의 어머니 文懿王后라고 표기하고 있어 당시의 금석문에는 왕비 또는 왕후가 아니라 황후라는 칭호를 사용하고 있어 주목된다.[153]

898년에 건립된 『성주사지낭혜화상일월보광탑비』에 의하면 함통 12년(871)에 경문왕이 낭혜화상을 스승으로 삼을 때 君夫人[왕비]과 세자 등의 왕족들이 함께 우러렀다고 한 기록에서[154] 왕비가 생존해 있었다. 첫째 왕비는 1년 전인 870년에 이미 사망하였으므로,[155] 이때의 왕비는 영화부인

---

152) 비문의 원문을 제시하면 다음과 같다(崔鉛植, 「開仙寺石燈記」 앞의 책, 1992, 289~291쪽).
(가) 景文大王主」文懿皇后主大娘主願燈立」炷唐咸通九年(868)戊子中春夕」繼月光前國子監卿沙干金」中庸送上油糧業租三百碩」僧靈□ 建立石燈」
(나) 龍紀三年(891) 辛亥 十月 日 僧入雲 京租一百碩 烏乎比所里 公書 俊休 二人 常買其分石保坪大業渚沓四結[세주 : 五畦 東令行土 北同土 南池宅土] 西川奧沓十結[세주 : 八畦 東令行土 西北同土 南池宅土 南池宅土].

153) 신라통일기에는 천하관이 수용되어 황후 황태후 등의 황제호와 황룡사 황복사 등의 용어를 사용하는 경우가 있는데, 이는 국내에서 사용하였던 것이고 대당외교에서는 사용하지 않았다. 즉 이러한 것을 外王內帝라고 한다.

154) 비문의 원문을 제시하면 다음과 같다(崔鉛植, 「聖住寺址朗慧和尙日月寶光塔碑」, 109~110쪽).
咸通十二年秋 飛鵠頭書 以傳召曰 山林何親 城邑何疎 大師謂生徒曰 遽命伯宗 深慚遠公然道之將行也 時乎不可失, 念付囑 故吾其往矣 欻爾 至轂下 及見 先大王冕服拜爲師君夫人世子旣太弟相國追奉尊謚惠成大王 群公子公孫 環 仰如一

즉 문의황후가 아니라 마-4의 차비이다. 『삼국사기』와 금석문에 경문왕의 왕비를 문의라고 표기하였으나, 『삼국유사』에는 문자라고 표기하여 차이를 보이고 있다. 금석문에 왕자들과 함께 불사를 수행한 군부인이라는 왕비는 첫째 왕비가 아니었으므로, 군부인은 경문왕의 차비를 가리키는 것이다. 그러나 문헌 기록이나 당시의 금석문에도 차비의 인명이나 고유한 호칭이 보이지 않았다는 점이 주목된다.

경문왕의 뒤를 이은 왕족은 헌강왕인데, 관련 계보기록을 제시하면 다음과 같다.

마-8 憲康王이 왕위에 올랐다. 이름은 晸이며 景文王의 太子이다. 어머니는 文懿王后이며, 왕비는 懿明夫人이다.156)

마-9 제49대 憲康王은 金氏로 이름이 晸이다. 아버지는 景文王이며, 어머니는 文資皇后이다. 왕비는 懿明夫人[세주 : 혹은 義明王后라고도 한다]이다.157)

『삼국사기』와 『삼국유사』 양 사서 모두 헌강왕은 경문왕의 아들이라 하므로, 양 사서의 아버지 계보는 동일하다. 앞서 살펴보았듯이 할아버지 계명 등으로 소급하면 예영계이며, 할머니도 광화부인 즉 766년에 책봉된 광의왕태후이고 신무왕의 딸로서 같은 예영계이다. 헌강왕은 좁은 의미에서 경문왕계이다. 866년에 아버지 경문왕이 왕비와 함께 아들 정, 즉 헌강왕을 태자로 책봉하였다. 어머니는 영화부인 김씨로 766년에 책봉되어 문의왕후로서 혹은 문의황후라고도 하는데, 동일 인물이고 문성왕의 후손인 경문왕계이다. 앞서 살펴보았듯이 외할아버지는 헌안왕이고 외할머니는 전해지는 기록이 없다.

왕비는 양 사서 모두 懿明夫人이라고 하면서도 마-9의 『삼국유사』의 세주에

155) 『삼국사기』 권11, 신라본기11 경문왕 10년 5월조.
156) 동권11, 헌강왕 즉위조.
157) 『삼국유사』 권1, 왕력1 제49 헌강왕조.

는 義明王后로 전해지고 있다. 898년(효공왕 2)에 헌강왕의 서자인 효공왕이 책봉한 어머니 김씨를 義明王太后라 한 점에서 懿明夫人 및 義明王后가 동일 인물인지, 그리고 두 인명 가운데 헌강왕의 正妃가 누구인지는 분명하지 않다. 이에 대해서는 뒤의 효공왕에서 자세히 살펴보겠다.

헌강왕의 뒤를 이은 왕족은 정강왕인데, 관련 계보기록을 제시하면 다음과 같다.

마-10 定康王이 왕위에 올랐다. 이름은 晃이며, 景文王의 둘째 아들이다.[158]

마-11 제49대 定康王은 金氏로 이름이 晃이다. 閔哀王[憲康王]의 동복동생이다.[159]

마-11에서 민애왕의 동복동생을 헌강왕의 동복동생으로 수정하면 『삼국사기』와 『삼국유사』 양 사서 모두 정강왕은 경문왕의 아들이므로, 양 사서의 아버지 계보는 동일하다. 앞서 살펴보았듯이 할아버지 의명 등으로 소급하면 예영계이며, 할머니도 광화부인 즉 766년에 책봉된 광의왕태후이고 신무왕의 딸로서 같은 예영계이다. 좁은 의미에서 경문왕계로서 정강왕의 계보는 형인 헌강왕과 같으므로 생략한다.

정강왕의 뒤를 이은 왕족은 진성여왕인데, 관련 계보기록을 제시하면 다음과 같다.

마-12 眞聖王이 왕위에 올랐다. 이름은 曼이며, 憲康王의 누이동생이다.[160]

마-13 제50대 眞聖女王은 金氏로 이름이 曼憲으로 바로 定康王의 동복누이이다.[161]

---

158) 『삼국사기』 권11, 신라본기11 정강왕 즉위조.

159) 『삼국유사』 권1, 왕력1 제50 정강왕조.

160) 『삼국사기』 권11, 신라본기11 진성왕 즉위조.

161) 『삼국유사』 권1, 왕력1 제51 진성여왕조.

마-12의 『삼국사기』에서는 헌강왕의 누이동생이라 하고 마-13의 『삼국유사』에서는 정강왕의 동복누이라 하였으나, 이들 두 왕 모두 경문왕의 아들이므로 양 사서의 아버지 계보는 동일하다. 앞서 살펴보았듯이 할아버지 계명 등으로 소급하면 예영계이며, 할머니도 광화부인 즉 766년에 책봉된 광의왕태후이고 신무왕의 딸로서 같은 예영계이다. 좁은 의미에서 경문왕계로서 진성여왕의 계보는 오라버니인 헌강왕 및 정강왕과 같으므로 생략한다.

진성여왕의 뒤를 이은 왕족은 효공왕인데, 관련 계보기록을 제시하면 다음과 같다.

마-14 孝恭王이 왕위에 올랐다. 이름은 嶢로서 헌강왕의 서자이며, 어머니는 金氏이다.[162)]

마-15 제52대 孝恭王은 金氏로 이름이 嶢이다. 아버지는 憲康王이고 어머니는 文資王后이다.[163)]

마-16 2년(898) 봄 정월에 어머니 金氏를 높여 義明王太后라 하였다.[164)]

마-17 9년(895) 겨울 10월에 憲康王의 庶子 嶢를 세워서 태자로 삼았다. 일찍이 헌강왕은 노닐며 사냥하다가 길가에서 자질이 아름다운 한 여자를 보았다. 왕은 마음으로 그녀를 사랑하여 명을 내려 뒤의 수레에 태우게 하고 행재소에 이르러 서로 정을 통했는데, 곧 임신하여 아들을 낳았던 것이다. 그는 성장하면서 모습이 크고 뛰어나므로 이름을 嶢라 했다. 진성여왕이 이 소식을 듣고 대궐에 불러들여서 손으로 그의 등을 어루만지며, "나의 형제자매는 뼈대의 생김새가 남다르다. 이 아이의 등에는 두 개의 뼈가 불룩하게 솟아 있으니, 진실로 헌강왕의 아들이다." 이내 담당 관리에게 명하여 예의를 갖추어서 받들어 [태자로] 봉했던 것이다.[165)]

앞서 살펴보았듯이 증조할아버지 계명 등으로 소급하면 예영계이며, 증조

---

162) 『삼국사기』 권12, 신라본기12 효공왕 즉위조.
163) 『삼국유사』 권1, 왕력1 제52 효공왕조.
164) 『삼국사기』 권12, 신라본기12 효공왕 2년 정월조.
165) 동권11, 진성왕 9년 10월조.

할머니도 광화부인 즉 766년에 책봉된 광의왕태후이고 신무왕의 딸로서 같은 예영계이다. 좁은 의미의 직계로서는 경문왕계이다. 『삼국사기』와 『삼국유사』 양 사서 모두 효공왕의 아버지는 헌강왕으로서 아버지의 계보는 동일하다. 마-14의 『삼국사기』에서는 헌강왕의 서자이고 어머니는 김씨라 하고 마-15의 『삼국유사』에서는 헌강왕의 아들이고 어머니는 문자왕후라 하여 부모에 대해 다르게 전하고 있어 이를 검토하도록 하겠다.

먼저 마-15의 『삼국유사』에서 효공왕의 어머니라고 한 문자왕후는 경문왕의 첫째 왕비인 영화부인을 가리키므로 계보 전승에 혼란이 있어 잘못된 전승이다. 마-14의 『삼국사기』에서는 효공왕의 어머니를 김씨라고만 전하여 효공왕의 아버지 헌강왕 왕비 의명왕후를 가리키는지가 불명확하다. 의명왕후가 김씨인 점, 마-16에서 효공왕이 '어머니 金氏를 높여 책봉한' 칭호가 義明王太后인 점에서 보아 효공왕의 어머니는 의명왕후로 볼 수 있다. 그런데 효공왕은 진골 신분의 어머니에서 태어났으므로 서자로 기록한 『삼국사기』의 전승은 잘못이며, 『삼국유사』에서 헌강왕의 아들이라 한 것이 타당하다고 생각한다. 이에 대해 보다 구체적으로 검토해 보겠다.

『삼국사기』에서 효공왕이 서자라고 한 점에 대한 의문은 어머니의 계보에서 야기되었으므로, 이에 대해 보다 세밀하게 살펴보아야 할 것이다. 마-17에서 아버지 헌강왕은 사냥을 나가 만난 여자와 야합하여 효공왕을 낳았다고 하여 서자라고 하였던 것이지만, 이와 같은 방법으로 낳은 아이를 서자라고 보지 않은 예가 더러 있다. 가장 대표적인 예가 문무왕이다.

마-18 제29대 太宗大王의 이름은 春秋이며 성은 김씨이다. … 왕비는 文明皇后 文姬로, 곧 金庾信公의 막내 동생이다. … 김유신은 일부러 춘추공의 옷을 밟아 고름을 떨어뜨렸다. … 춘추공은 유신의 뜻을 알고 드디어 문희를 사랑하게 되었다. 이때부터 자주 유신의 집을 왕래하였다. 유신공은 누이동생이 임신을 한 것을 알고 꾸짖었다. … 선덕여왕이 다시 물었다.

> "이것은 누구의 소행이냐?" 때마침 춘추공이 왕을 모시고 있다가 얼굴색이 크게 변하였다. 그러자 왕이 말하였다. "이것은 너의 소행이구나. 속히 가서 구하도록 하여라." 춘추공은 명을 받고 말을 달려가 왕명을 전하고 화형을 중지시켰다. 그 후에 세상에 드러내놓고 혼례를 올렸다. … 太子 法敏, 角干 仁問, 角干 文王, 角干 老且, 角干 智鏡, 角干 愷元 등은 모두 문희가 낳은 아들로, 그 당시에 꿈을 샀던 징조가 여기에서 나타난 것이다. 庶子는 皆知文 級干, 車得令公, 馬得 阿干과 딸까지 합해 다섯 명이다.[166]

문무왕의 출생년을 626년으로 본다면[167] 위의 사건이 일어난 시기는 선덕여왕 재위 때가 아니라 진평왕 때로서 위의 기록에서 보는 바와 같이 김춘추가 문희와 야합하여 낳은 김법민이 왕위에 올랐음에도 태종왕의 원자[168]라고 하였다. 태종무열왕은 문희와 결혼하기 이전에 이미 부인이 있었는데,[169] 아들들에 대한 기록에서 후처인 문희가 낳은 아이들이 아닌 그 외의 인물들을 오히려 서자라고 하였다. 문희가 정식으로 혼인을 하지 않고 야합을 하였더라도 신분상으로 진골이었고 김춘추가 왕위에 올랐기 때문에 문희의 소생이 적자로 인정되었다고 할 수 있다.

이제 효공왕의 경우를 살펴볼 때 두 사서에서 서자 또는 아들이라고 서술하였는데, 효공왕이 서자인지 아닌지의 여부는 재위 때에 자신의 어머니에 대한 조처에서 엿볼 수 있다. 마-16에서 효공왕은 재위 2년인 898년에 어머니 김씨를 의명왕태후로 책봉하였는데, 그 이전의 칭호는 의명왕후로서 양 사서 모두 헌강왕의 왕비라고 전하고 있다.

---

166) 『삼국유사』 권1, 기이1 태종 춘추공조.

167) 今西龍, 「新羅文武王陵碑に就きて」 『藝文』 12-7, 1927/『新羅史研究』, 近澤書店, 1933, 68쪽.

168) 『삼국사기』 권6, 신라본기6 문무왕 즉위조.

169) 末松保和, 「新羅三代考」 『史學雜誌』 57-5·6합집, 1949/『新羅史の諸問題』, 東洋文庫, 1954, 510쪽.

마-19 또 「納旌節表」에서는 "臣의 큰형인 국왕 晸은 지난 光啓 3년[887년, 실제로는 광계 2년 즉 886년] 7월 5일에 갑자기 거룩한 천자가 다스리는 세대를 버렸고, 臣의 남자 조카 嶢는 나서 아직 돌이 되지도 아니하므로 臣의 둘째형 晃이 임시로 나라를 통치했으나, 또 1년을 지나지 아니하여 밝은 시대를 사양하고 멀리 세상을 떠났습니다."고 했다.170)

마-20 왕은 측근의 신하들에게 일렀다. "근년 이래로 백성들이 곤궁하여 도둑이 벌떼처럼 일어났는데, 이것은 내가 덕이 없는 까닭이다. 어진 이에게 자리를 비켜 왕위를 물려주기로 내 뜻이 결정되었다." 이내 태자 嶢에게 왕위를 물려주었다. 이때 사신을 唐에 보내어 글로 아뢰었다. "신 아무개는 알립니다. 羲仲의 관직에 있는 것은 저의 본분이 아니고 延陵의 절개를 지키는 것이 저의 좋은 계책입니다. 제 사내 조카인 요는 저의 죽은 형 晸[헌강왕]의 아들로 나이는 곧 열다섯 살[志學]이 되려 하는데, 재능이 宗統을 흥하게 할 만하므로 밖에서 구하지 아니하고 이에 안에서 천거하게 되었습니다. 근래에 벌써 정치를 맡겨 나라의 재변을 진정하려 합니다."171)

마-19에서 아버지 헌강왕이 사망한 886년 7월에 첫돌이 되지 않았던 점과 마-20에서 진성여왕이 왕위를 물려주려고 한 897년 당시에 15세 미만이었던 점에서 볼 때, 효공왕 요는 886년 전후에 태어났음을 알 수 있다. 이 사실들을 감안해 보면 효공왕의 어머니는 885년 이전에 헌강왕과 야합하고 효공왕 요를 출산하자 왕비가 되었다고 볼 수 있으므로, 헌강왕은 885년 이전에 이미 왕비가 있었다고 할 수 있다. 기록상으로는 헌강왕의 先妃에 대해 전하지 않을 뿐이라는 것이다. 즉 마-17에서 보듯이 효공왕을 낳은 어머니는 헌강왕의 後妃라고 할 수 있으며, 先妃는 따로 있었던 것이라고 보아야 할 것이다.

관련 기록에 의하면 헌강왕은 여러 명의 妃嬪이 있었다고 한다. 그 기록은

170) 『삼국사기』 권11, 신라본기11 진성왕 즉위조 세주의 납정절표.
171) 동권11, 진성왕 11년 6월의 양위조.

최치원이 찬술한 기록으로 주로 불국사와 관련된 것이 많으며, 그에 관한 연구는 이문기에 의해 구체적이고 전론적으로 추구되었다. 이를 소개하면 다음과 같다.172)

즉 관련 기록은 6종으로 ①「華嚴佛國寺毘盧遮那文殊普賢菩薩像讚并書」(893년~896년경 찬술) ②「華嚴佛國寺阿彌陀佛像像讚并書」(893년~896년경 찬술) ③「華嚴佛國寺繡釋迦如來像讚并書」(886년경 찬술) ④「結華嚴經社會願文」(정강왕 재위기 ; 886년 7월~887년 7월) ⑤「王妃金氏奉爲先考亡兄追福施穀願文」(898년 이전 찬술) ⑥「王妃金氏奉爲亡弟追福施穀願文」(898년 이전 찬술)이며, 9세기 말엽 정강왕에서 효공왕 초년에 찬술되었다. 그 중에서 ①의 수원 권씨로서 헌강왕의 후궁이었으며, ⑤와 ⑥의 왕비 김씨가 효공왕의 어머니 김씨로서 효공왕 초년에 찬술될 때 생존하였다고 보았다.

이와 달리 추구된 연구가 있다. 먼저 효공왕의 어머니가 누구인가에 대해서는 왕비 김씨가 아니라 ①의 기록에 근거하여 원래 김씨이나 대당외교상으로 붙여진 수원 권씨일 가능성이 크다고 보기도 하지만,173) 수원 권씨는 886년 헌강왕의 사후에 돌아갈 날이 얼마 남지않았다고 해석이 되므로174) 효공왕이 의명왕태후로 봉한 898년에 어머니가 생존해 있었던 사실과는 다르다.175) 헌강왕의 왕비의 계보에 대해서는 ③의 기록에 근거하여 김대성의 손녀이고 국척중신이자 소판인 김순헌의 딸이라는 왕비 김씨가 효공왕의 어머니가 헌강왕의 정비로 보지만,176) ③의 원래 제목 앞에 王妃金氏爲考라는 협주뿐만 아니라 그 계보까지 조선후기에 가필한 것에 불과하므로177) 사료적 가치는 부정된다. 앞에서도 언급했듯이 『삼국사기』의 기록을 면밀히 분석해 보면

172) 李文基, 「崔致遠 撰 9세기 후반 佛國寺 關聯資料의 檢討」『新羅文化』 26, 2005, 223~250쪽.
173) 전기웅, 「신라말 효공왕대의 정치사회 변동」『新羅文化』 27, 2006, 55쪽 주 17) 참조.
174) 崔英成, 「解題」『譯註 崔文昌侯全集』 2(孤雲文集), 아세아문화사, 1999, 200쪽.
175) 李文基, 앞의 논문, 2005, 249쪽.
176) 金昌謙, 앞의 책, 2003, 66쪽.
177) 李文基, 앞의 논문, 2005, 236~240쪽.

헌강왕은 선비와 후비가 있었으며, 선비에 대해서는 전하는 기록이 없고 『삼국사기』의 기록에 전해진 의명왕후는 헌강왕의 후비이며 의명왕태후로 봉해진 효공왕의 어머니이다.

⑤와 ⑥의 제목에도 보이듯이 왕비 김씨의 아버지와 언니 여동생을 추복한다고 하여 곧 의명왕후의 계보도 드러나고 있다. ⑤의 기록에 의하면 의명왕후는 아버지가 이찬이었다고 하므로, 왕후의 성씨는 김씨이고 신분은 진골이라는 것이다.[178] 따라서 효공왕은 진골 신분의 어머니에서 태어났고 마-19 및 마-20의 당시 표문에서도 서자라는 표현은 없으므로 서자로 기록한 『삼국사기』의 전승은 잘못이며,[179] 『삼국유사』에서 헌강왕의 아들이라 한 것이 타당하다.

2. 박씨왕계

신라 하대 말기에 이르면 김씨왕족이 아닌 박씨 출신의 인물이 왕위에 오르고 있어 주목된다. 효공왕을 이어 왕위를 계승한 신덕왕은 성씨가 박씨이며, 그를 이어 아들 경명왕과 경애왕이 차례로 즉위하였다. 이들 박씨 3왕의 가계는 박씨왕계라고 할 수 있다. 기존의 연구에 의하면 신덕왕 부자의 성씨에 대한 신빙성 여부를 둘러싸고 논란이 있었다.

신라는 왕실의 근친혼을 행하였던 현실에서 대당외교에서 당의 동성불혼에 대한 부정적인 인식에 대응하여 신라 왕비나 왕모의 성씨를 박씨 등으로 조작하였다. 신덕왕 집안의 경우에도 효공왕과 혼인한 점과도 관련이 있을 것이고, 후삼국시기의 위기를 극복하기 위해 신덕왕이 김씨에서 박씨로 개명한 것이라고 판단하였다.[180] 이에 대해 신라의 진골왕통이 헌강왕대

178) 李文基, 위의 논문, 247쪽.
179) 그 이유에 대해서는 다음 장에서 구체적으로 살펴볼 것이다.

이후에 멸절되었으므로, 신덕왕은 김씨 진골일 수 없으며 그의 원래 성은 박씨가 분명하다는 주장이[181] 나오면서 논란이 일어났다. 신라 골품제와 연관지어 하대의 박씨왕은 허구이며 김씨왕족만이 진골왕족이라는 시각에서 김씨왕족이 족내혼을 하였으므로 하대의 박씨왕은 본래 김씨라고 보기도 하고,[182] 하대 박씨집단의 존재양태를 분석하고 박씨왕의 인식 변천을 검토하여 이들 박씨왕은 고려왕조가 개창의 정당성과 명분을 확보하기 위해 신라왕조의 혈통을 변조한 것으로 규정하였다.[183]

한편으로 박씨왕계의 존재를 인정하는 시각도 나타났다. 신덕왕이 박씨라는 전제 하에서 박씨왕의 등장을 김씨왕통의 단절을 넘어 신라 골품제국가의 종말이라 하였으며,[184] 신덕왕 부자 3대에 걸친 박씨왕가의 정치적 성격과 그 추이를 적극적으로 고찰하기도 하였다.[185]

이하에서 박씨왕계의 존재에 대한 구체적인 검토는 신덕왕 부자의 계보를 통해 개별적으로 살펴볼 것이다. 그것을 표로 작성해 보면 다음 <표 13>과 같다.

김씨 효공왕을 이어 왕위를 계승한 박씨 신덕왕의 계보를 살펴보겠는데, 자료를 제시하면 다음과 같다.

---

180) 井上秀雄, 「新羅朴氏王系の成立」『朝鮮學報』 47, 1968/『新羅史基礎研究』, 東出版, 1974, 349~368쪽.

181) 李鍾恒, 「新羅의 下代에 있어서의 王種의 絶滅에 대하여」『法史學研究』 2, 1975, 191~214쪽.

182) 文暻鉉, 「新羅 朴氏의 骨品에 대하여」『歷史教育論集』 13·14합집, 1990, 211~223쪽.

183) 權悳永, 「신라 하대 朴氏勢力의 동향과 '朴氏 王家'」『한국고대사연구』 49, 2008, 210~216쪽.

184) 李基東, 앞의 논문, 1980/앞의 책, 1984, 146쪽.

185) 曺凡煥, 「新羅末 朴氏王의 登場과 그 政治的 性格」『歷史學報』 129, 1991, 1~21쪽 ; 金昌謙, 앞의 책, 2003, 355~360쪽 ; 李明植, 「新羅末 朴氏王代의 展開와 沒落」『大丘史學』 83, 2006, 39~63쪽 ; 전기웅, 「신라의 멸망과 朴氏王家」『韓國民族文化』 31, 2008/『新羅의 멸망과 景文王家』, 혜안, 2010, 242~254쪽.

〈표 13〉 하대 말기의 신라왕통과 박씨왕계

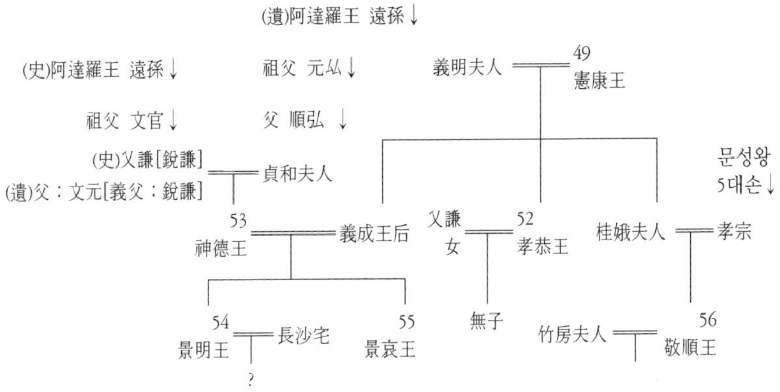

바-1 神德王이 왕위에 올랐다. 성은 朴氏요, 이름은 景暉이며, 阿達羅王의 遠孫이다. 아버지는 乂謙[세주 : 또는 銳謙이라고도 한다]으로 定[憲]康大王을 섬겨 大阿飡이 되었다. 어머니는 貞和夫人이요, 王妃 金氏는 憲康大王의 딸이다.[186]

바-2 제53대 神德王은 朴氏로 이름이 景徽이고 본명은 秀宗이다. 어머니는 貞花夫人으로 夫人의 아버지는 順弘 角干인데, 成虎[武]大王으로 추봉하였다. 할아버지는 元乄 角干인데, 바로 阿達羅王의 遠孫이다. 아버지는 文元 伊干인데, 興廉大王으로 追封하였다. 할아버지는 文官 海干이다. 義父는 銳謙 角干인데, 宣成大王으로 追封하였다. 王妃는 資成王后[세주 : 혹은 懿成, 또는 孝資라고도 한다]이다.[187]

바-3 원년(912) 5월에 아버지를 추존하여 宣聖大王이라 하고 어머니를 貞和太后라 했으며, 왕비를 義成王后라 하고 아들 昇英을 세워 王太子로 삼았다.[188]

『삼국사기』와 『삼국유사』 양 사서에서 전하는 신덕왕의 계보는 일치하지 않는 부분이 많으므로, 이에 대해 구체적으로 살펴보아야 할 것이다.

---

186) 『삼국사기』 권12, 신라본기12 신덕왕 즉위조.

187) 『삼국유사』 권1, 왕력1 제53 신덕왕조.

188) 『삼국사기』 권12, 신라본기12 신덕왕 원년 5월조.

먼저 아달라왕의 원손에 대해서이다. 바-1의 『삼국사기』에는 신덕왕이 아달라왕의 원손이라 전하고 있음에 반해, 바-2의 『삼국유사』에는 신덕왕의 모계가 아달라왕의 원손이라 전하고 있다. 『삼국사기』와 『삼국유사』 양사서 모두 신덕왕이 박씨라고 명기한 점에서 신덕왕의 부계 역시 아달라왕의 원손임을 알 수 있다. 사료적 가치로 볼 경우 『삼국사기』와 『삼국유사』가 상호보완적인 성격을 가진 점을 감안해 보면, 『삼국사기』에서는 신덕왕의 부계에 대해서만 박씨왕계임을 밝힌 점에 대해 『삼국유사』에서는 신덕왕의 모계도 박씨왕계임을 보완적으로 전하고 있는 것이다.

그런데 『삼국사기』에서 아달라왕은 아들이 없어 사후에 국인이 추내하여 석씨 벌휴왕이 왕위를 계승한 것으로[189] 되어 있으므로, 위에서 언급했듯이 기존의 견해에서 신덕왕을 박씨로 전하는 것에 의문을 가지고 있었던 것이다. 박씨왕계와 같이 기록상 한 왕통이 다른 왕통으로 전환하는 경우 왕통이 절멸한 것으로 되어 있다가 후대에 다시 그 왕통의 왕이 등장한 경우에는 그것을 사실로 받아들이기 보다는 유의하여 살펴보아야 한다.

이에 대해 두 가지의 예를 들 수 있다. 석씨왕계의 경우 조분왕을 계승한 첨해왕의 사후 아들이 없어 김씨 미추왕이 즉위한[190] 경우와 흘해왕의 사후 아들이 없어 김씨 내물왕이 즉위한[191] 경우도 의문이다. 침해왕이 사망한 후에 그의 형 조분왕의 후손인 걸숙과 유례가 있음에도 첨해왕의 아들이 없었다는 이유를 들먹여 왕통이 다른 미추왕이 왕위를 계승한 것으로 되어 있다. 뿐만 아니라 흘해왕의 경우에도 석씨이자 흘해왕의 증손인 이차돈의 계보에서 흘해왕의 아들 공한과 손자 길승이 있었음에도[192] 아들이 없어 김씨 내물왕이 왕위를 계승하였다고 한 것이다. 김씨왕통의 두 왕을 굳이

189) 동권2, 벌휴이사금 즉위조.
190) 동권2, 미추이사금 즉위조.
191) 동권3, 내물이사금 즉위조.
192) 『삼국유사』 권3, 흥법3 원종흥법 염촉멸신조.

석씨왕통에 끼워 넣었는가를 고려해야 할 것이다.

『삼국사기』 신라본기의 내물왕 이전 박·석·김 삼성의 초기 왕통이 기년상의 문제가 많이 내포되어 있음에 대해서는 두루 알려져 있다. 초기기록에 대한 필자의 수정론에 입각해 보면 박씨 아달라왕 다음에 벌휴왕이 즉위한 것이 아니라, 실제로는 김씨 미추왕이 즉위한 것이다. 박씨 시조왕과 석씨 벌휴왕의 즉위년이 갑자년인 점은 원래 두 왕통은 선후 계승관계가 아니라 병렬관계였던 것이며, 김씨가 아달라왕을 이어 왕권을 차지하고 눌지왕대에 이르러 석씨왕통이 흘해왕을 끝으로 소멸하여 김씨왕통이 유일한 왕통으로 통합되었던 것이다. 석씨 시조왕을 박씨 유리왕과 파사왕 사이에 끼워 넣고 김씨 시조왕을 석씨 첨해왕과 유례왕 사이에 두었던 것에서도 알 수 있듯이, 미추왕을 전후로 김씨왕통의 기년이 문제가 되었던 것은 첨해왕과 미추왕의 실제 재위시기가 거의 같은 시기였기 때문으로 생각된다.[193]

이상과 같이 추구해 볼 때, 문헌 기록에 아달라왕이 無子였다고 한 것은 사실이라고 볼 수 없으며,[194] 신덕왕의 부계와 모계가 모두 아달라왕의 후손으로 보아 관련 기록의 사료적 가치를 인정해 두는 편이 타당하다고 생각한다.

다음 신덕왕의 외가에 대해서는 『삼국유사』에 상세하게 전하고 있다. 어머니 정화부인의 아버지는 순홍 각간이고 할아버지는 원린 각간으로 아달라왕의 원손이라 하여 신덕왕의 부계와 같은 박씨이다. 『신당서』에 의하면 “그 족속은 제1골과 제2골이라 불러 스스로 구별하며 형제·자매·고종·이종

---

193) 이미 필자가 고찰해 본 바에 의하면 신라 상고의 기년을 수정해 볼 때, 첨해왕의 재위시기(354~371)와 미추왕의 재위시기(356~378)는 거의 동시기였다(宣石悅, 『新羅國家成立過程硏究』, 혜안, 2001, 55쪽 <표 8> 참조).

194) 지마왕의 경우에도 無子로써 일지갈문왕계의 일성왕이 계승한 것으로 되어 있지만, 파사왕계 내부에도 박제상의 선조 아도갈문왕계가 존재해 있었던 점에서 보면 아달라왕의 無子는 사실이 아니라 왕통의 변화를 의미하는 것으로 생각된다(宣石悅, 앞의 책, 2001, 51~58쪽).

모두가 장가들어 처로 삼는다. 왕족은 제1골이고 아내 또한 그 족속이며 낳은 아들은 모두 제1골이 되어 제2골의 여자를 아내삼지 않는다. 왕성은 김씨이고 귀인의 성은 박씨이다"195)라고 전하고 있다. 이 기록은 제1골만이 같은 족속끼리 혼인한 것으로 볼 수 있겠지만, 위의 『삼국유사』의 기록에서도 제1골뿐 아니라 제2골이라는 귀족층에서도 족내혼을 행하였음을 알 수 있는 것이다. 따라서 신덕왕의 부계와 모계 모두 박씨였으며, 족내혼을 하였다고 볼 수 있다.

다음 신덕왕의 어머니 정화부인에 대해서는 『삼국사기』와 『삼국유사』 양 사서 모두 일치하지만, 아버지에 대해서는 양 사서에서 다르게 기록되어 있다. 바-1의 『삼국사기』에는 예겸을 아버지라 하였으나, 바-2의 『삼국유사』에는 예겸 각간을 의부라 하고 따로 문원 이간을 아버지라 하고 문관 해간을 할아버지로 전하고 있다. 신덕왕이 친아버지와 의부가 있었던 연유는 어머니 정화부인에게 있었던 것으로 추정된다. 정화부인은 박문원과 혼인하여 景暉 즉 신덕왕을 낳았는데, 남편 박문원과 사별한 이후 김예겸과 재혼하였던 것이다.196) 이러한 연유로 인해 신덕왕은 친부 박문원과 의부 즉 繼父 김예겸이라는 두 아버지가 있었던 것이다.

다음 신덕왕의 처계에 대해서는 『삼국사기』의 바-1에 王妃 金氏는 憲康大王의 딸이라고만 하여 이름이 전하지 않으나, 바-3의 기록에서 왕비를 義成王后라고 하여 이름을 전하고 있다. 『삼국유사』의 바-2에 왕비는 資成王后라 하고 세주에 懿成[왕후], 또는 孝資[왕후]라고도 하여 여러 이름이 전하고 있다. 인명표기 상에서 『삼국유사』의 경우 '懿'는 '資'와 통용되고 있으며, 『삼국사기』의 '義'와 상통하는 표기법으로 의성왕후가 합당한 칭호로 보인다.

---

195) 『신당서』 권220, 동이전 신라전.

196) 金昌謙, 앞의 책, 2003, 79쪽. 예겸의 성씨를 박씨로 보는 견해가 있으나(李明植, 앞의 논문, 2006, 44쪽), 구체적인 근거를 제시하지 않고 있어 일반적인 통설에 따라 김씨로 보아 둔다.

의성왕후의 아버지가 헌강왕임은 분명하지만, 어머니에 대한 전승이 없어 약간의 문제가 남는다. 헌강왕의 자녀로서는 장녀 계아태후와 차녀 의성왕후 그리고 효공왕이 있다. 앞서 효공왕의 계보에 대해 구체적으로 검토해 보았듯이 효공왕의 어머니 의명왕후는 헌강왕 말년에 후비가 되었으므로, 그때보다 일찍 출생한 장녀 계아태후와 차녀 의성왕후는 선비의 소생이며 그 이름이 전하지 않는다. 신덕왕이 헌강왕의 차녀와 혼인하게 된 것은 어머니가 김예겸과 재혼한 이후에 가능한 것으로 보는 것이 일반적이다.

그리고 신덕왕의 이름 경휘와 수종에 대한 논란이 있다. 바-1의 『삼국사기』에는 景暉라고만 하였으나, 바-2의 『삼국유사』에는 景徽라 하며 본래 이름이 秀宗이라 전하고 있다. 『삼국유사』의 표기에 나오는 인명은 흥덕왕을 가리키는 것[197]으로 오류임을 지적한 적이 있다.[198] 『구당서』 본기에 의하면 831년(태화 5) 당 문종이 신라 흥덕왕을 신라왕으로 책봉했을 때 金景徽라고 명기하고 있다.[199] 『구당서』 신라전에도 태화 5년에 김언승(헌덕왕)이 죽어 아들 金景徽를 신라왕으로 책봉하였다고 하고[200] 『신당서』 신라전 역시 언승이 죽자 아들 景徽가 즉위하여 책봉했다고[201] 하여 景徽가 흥덕왕의 이름임을 전하고 있음에서도 방증된다. 따라서 『삼국유사』에 이름이 景徽이고 본래 이름이 秀宗이라 전하는 왕은 흥덕왕을 가리키는 것으로 오류이고, 신덕왕의 이름은 『삼국사기』의 景暉가 타당한 것이다.[202]

신덕왕은 즉위 직후에 아버지를 추존하여 선성대왕이라 하고 어머니를 정화태후라 했는데(바-3), 선성대왕은 계부 예겸을 가리키는 것이다. 그리고

197) 『삼국사기』 권10, 신라본기10 흥덕왕 즉위조.

198) 이병도, 『국역 삼국사기』, 을유문화사, 1996(개정판), 308쪽 주 12).

199) 『구당서』 권17 하, 본기 17 하 문종 하 太和 5年 4月 己巳朔 甲戌.

200) 『구당서』 권199, 열전149 동이 신라전.

201) 『신당서』 권220, 열전149 동이 신라전.

202) 신덕왕의 원래 이름이 박수종이었는데, 김예겸의 義子가 된 이후 경휘로 개명하였을 것이라는 추정도 있으나(전기웅, 앞의 논문, 2008/앞의 책, 2010, 233쪽 주 16), 『삼국사기』의 기록대로 景暉라는 이름만 전하는 것으로 보아둔다.

바-2의 『삼국유사』에는 외할아버지 순홍을 성무대왕으로 추봉하고 아버지 문원을 흥렴대왕으로 추봉하였다. 방계가 왕위를 계승할 경우 왕의 부모를 각각 대왕과 태후로 책봉하거나 추봉하는 것이 일반적이지만, 신덕왕은 부계뿐 아니라 보다 폭넓게 추봉을 시행하였던 것이다. 즉 신덕왕은 왕의 부계 외에 모계와 계부까지 추봉호를 부여하였고 즉위 직후 아들 승영까지 왕태자로 책봉했는데, 이는 새로운 왕가로서 등장한 박씨왕가 자신의 정당성과 권위를 높이기 위해 취한 조치였다.

박씨 신덕왕을 이어 왕위를 계승한 경명왕의 계보를 살펴보겠는데, 자료를 제시하면 다음과 같다.

바-4 景明王이 왕위에 올랐다. 이름은 昇英, 神德王의 太子이며 어머니는 義成王后이다.[203)]

바-5 제54대 景明王은 朴氏로 이름어 昇英이다. 아버지는 神德이고 어머니는 資成이다. 王妃는 長沙宅으로 聖僖大王으로 追封된 大尊 角干의 딸인데, 대존은 바로 秀宗 伊干의 아들이다.[204)]

바-6 同光 원년(923) 新羅國王 金朴英이 사신을 보내어 조공하였다. 長興 4년(933) 權知國事 金溥가 사신을 보내었다. 박영과 부의 世次와 죽은 연도와 즉위 연도 등은 사관이 모두 빠뜨렸다.[205)]

『삼국사기』와 『삼국유사』 양 사서에서 전하는 경명왕의 계보는 위의 신덕왕의 계보 분석에서와 같이 아달라왕의 후손으로서 일치한다. 어머니에 대해 의성왕후 또는 자성왕후라고 전하지만, 앞서 살펴보았듯이 헌강왕의 딸 의성왕후가 타당하다.

바-6의 『신오대사』에 의하면 신라가 후당에 사신을 보내었을 때[206)] 신라국

203) 『삼국사기』 권12, 신라본기12 경명왕 즉위조.

204) 『삼국유사』 권1, 왕력1 제54 경명왕조.

205) 『신오대사』 권74, 사이 부록3 신라전.

206) 『구오대사』에 의하면 후당 장종의 동광 원년부터(동권6, 당서6) 명종의 장흥 3년(932)까

왕의 이름을 김박영이라고 하였는데, 923년 당시 신라의 국왕인 경명왕의 이름을 표기한 것이라 할 수 있다. 경명왕의 이름을 金朴英이라 한 점에 대해서도 김씨인지 혹은 박씨인지의 논란이 있다. 중국의 전적 바-6에 경명왕이 김씨로 나온 점을 들어 신덕왕 일가가 원래 김씨였던 증거로 보기도 하지만,[207] 경명왕이 중국 후당과의 외교에서 신라왕실의 성씨가 김씨라는 일반 상식의 선에서 이름을 金朴英이라 한 것에 불과하다. 다시 말하면 신라의 전통적인 성씨인 金을 내세우고 원래의 이름인 朴昇英에서 昇을 빼내어 朴英으로 하여 金朴英이라 이름한 것이다.

신라국왕의 부인은 왕비 또는 왕후라고 호칭하는 것이 일반적이지만, 경명왕의 왕비는 바-5의『삼국유사』에서 장사택으로 전해지고 있어 왕비나 왕후 또는 부인으로 칭하지 않은 유일한 것이다. 왕비의 아버지가 대존각간이며 할아버지는 水宗 이간이라 하여 왕비의 계보가 상당히 구체적으로 나온 점도 주목된다. 먼저 왕비의 아버지 대존을 성희대왕으로 추봉하였는데, 신덕왕과 마찬가지로 이는 새로운 왕가로서 등장한 박씨왕가 자신의 정당성과 권위를 높이기 위해 취한 조치였다.

왕비의 할아버지 水宗을 858년 당시 武州 長沙縣 副官을 역임한 金遂宗으로 보고 장사현과 장사택의 연관성을 추구하여 金遂宗을 경명왕의 왕비의 할아버지 水宗으로 추정하였는 바[208] 수긍이 간다. 장사택은 35금입택 중의 하나로서 진골귀족 중에서도 유력한 가문임을 알 수 있다. 그럼에도 국왕의 비를

지(동권7, 당서7) 5회 즉 경명왕·경애왕·경순왕대에 걸쳐 후당에 사신을 파견한 것으로 되어 있다.『신오대사』에 의하면 후당 장종의 동광 원년부터(동권5, 당본기5) 명종의 장흥 3년(932)까지(동권6, 당본기6) 5회, 그리고 동서 열전 신라전 2회로 모두 7회 즉 경명왕·경애왕·경순왕대에 걸쳐 후당에 사신을 파견한 것으로 되어 있어 후자가 더 상세하다. 그리고『삼국사기』에 의하면 경명왕 7년(923) 1회·동왕 8년 2회·경애왕 4년(927) 1회·경순왕 6년(932) 1회 등 5회가 기록되어 있는데,『구오대사』와 일치하고 있어 흥미롭다.

207) 井上秀雄, 앞의 책, 364~368쪽 ; 權悳永, 앞의 논문, 2008, 213쪽.

208) 李基東,「新羅金入宅考」『震檀學報』45, 1978/앞의 책, 187~190쪽.

왕비나 왕후로 호칭하지 않은 점은 쉽게 해명할 수 없는데, 박씨 경명왕이 김씨세력의 포섭을 목적으로 장사택과 정략결혼을 한 것이라고[209] 보더라도 다른 왕의 경우에도 왕비나 왕후 또는 부인으로 칭하고 있기 때문이다.

박씨 경명왕을 이어 왕위를 계승한 경애왕의 계보를 살펴보겠는데, 자료를 제시하면 다음과 같다.

바-7 景哀王이 왕위에 올랐다. 이름은 魏膺이며 景明王의 동복 아우이다.[210]

바-8 景哀王은 朴氏이고 이름은 魏膺이며 景明王의 동복 아우이다. 어머니는 資成이다.[211]

바-9 4년(927) … 겨울 11월에 [甄萱이] 별안간 서울에 쳐들어갔다. 王은 妃嬪과 宗親·外戚들과 더불어 鮑石亭에 놀면서 잔치를 베풀고 즐기다가 적병이 닥치는 것을 알지 못했으므로 창졸간에 어찌할 바를 몰랐다. 王은 王妃와 함께 後宮으로 달려 들어가고 종친·외척과 公卿大夫와 士女들은 사방으로 흩어져서 달아나 도피했다.[212]

『삼국사기』와 『삼국유사』 양 사서 모두 경애왕의 계보는 동일하다. 앞서 살펴본 바와 같이 경애왕은 경명왕의 동복동생이므로, 아버지는 신덕왕이고 어머니는 의성왕후이며 아달라왕의 후손으로서 박씨이다.

왕비에 대한 구체적인 전승이 없으나, 바-9의 927년 후백제 견훤이 신라 왕경을 기습하였을 때 왕을 비롯하여 왕비 및 비빈이 있었던 점에서 왕비 외에 후궁들도 있었던 것은 사실로 볼 수 있다.[213]

이상 신라 하대의 왕위계승을 도표로 간략하게 작성해 보면 다음과 같다.

---

209) 曺凡煥, 앞의 논문, 1991, 11쪽.

210) 『삼국사기』 권12, 신라본기12 경애왕 즉위조.

211) 『삼국유사』 권1, 왕력1 제55 경애왕조.

212) 『삼국사기』 권12, 신라본기12 경애왕 4년 11월조.

213) 이에 대해서는 후대의 역사가들이 왕비가 치욕을 당한 것으로 인해 고의적으로 누락시킨 것으로 보기도 한다(金昌謙, 앞의 책, 2003, 83쪽).

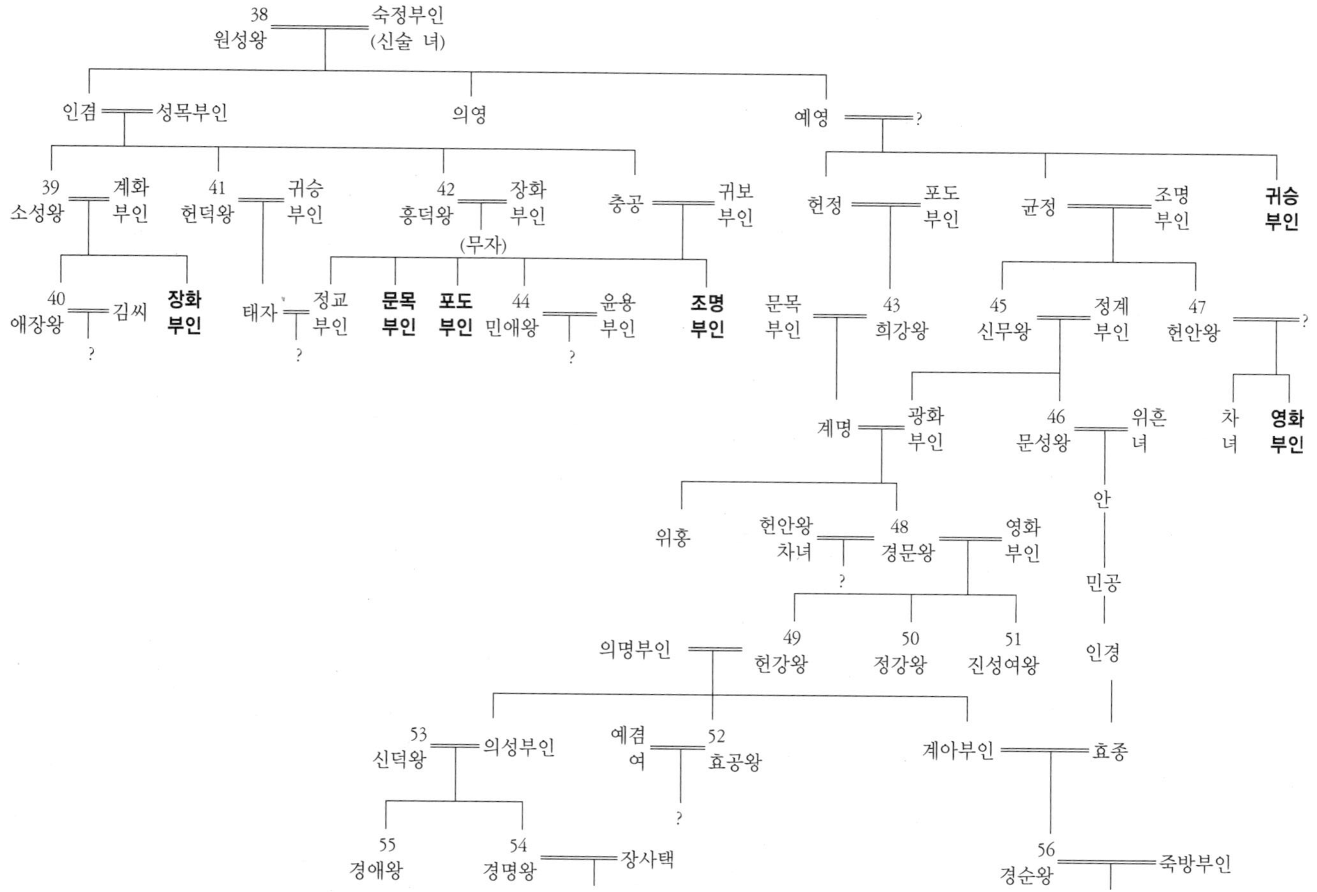

*고딕체로 된 인명은 원래의 출생 계보와 구분하기 위하여 혼인 이전의 것으로 표시

3. 원성왕계의 왕위계승

하대 왕통의 경우 혜공왕 말년의 정변으로 왕위를 계승한 선덕왕 사망 이후 원성왕이 즉위하였는데, 이로써 새로운 왕통이 성립하였다. 즉 원성왕 이후부터 그의 후손이 왕위를 계승하는 소위 하대의 원성왕계가 성립하게 되었던 것이다. 선덕왕 사망 이후 왕위에 오를 수 있는 인물은 김주원이었으나, 중대 왕실과 관련이 없는 김경신이 귀족의 합의에 의해 추대되는 형식을 취하여 왕위를 계승하여 하대의 원성왕계가 개창되었다. 중대 왕실의 먼 방계인 김주원이 반드시 왕위를 계승해야 하는 당위성도 없는 것이다. 그러나 원성왕의 즉위는 이전 시기에 왕통을 개창한 지증왕이나 무열왕과는 성격이 다른 것으로 원성왕의 탈법적인 등장을 미화한 것에 불과하며,[214] 이후 원성왕계의 왕위계승에서 왕위계승쟁탈전이 야기되는 빌미를 제공하였다고 할 수 있다.

기존의 연구에서는 왕위의 정당한 계승자가 없는 경우 상대등이 왕위계승의 제일 후보자로 이해한 견해가 통설로 되어 있지만,[215] 이는 수긍할 수 없다. 다시 말하면 그러한 상황에도 불구하고 원성왕계는 대부분 세 가지의 계승원리를 준수하면서 국왕이 후사가 없을 경우 미리 태자 또는 부군으로 지명하는 경우도[216] 있었기 때문이다. 하대 왕통의 경우에는 전체 20왕 중에서 11왕이 방계계승으로 가장 많고, 직계계승이 5왕, 여서계승이 3왕, 그리고 여왕계승이 1왕이다. 이에 대해 구체적으로 살펴보겠다.

1) 직계계승

이들 왕들 가운데 적자계승을 한 왕은 소성왕 애장왕 문성왕 헌강왕 경명왕

---

214) 申瀅植, 『新羅史』, 이대출판부, 1985, 189쪽.

215) 李基白, 「上大等考」 『歷史學報』 19, 1962/앞의 책, 1974, 99쪽.

216) 권영오, 「신라하대 왕위계승과 상대등」 『지역과 역사』 10, 2002, 7~8쪽.

등이 있다. 하대 원성왕계의 시조인 원성왕 사망 이후 왕위는 장손 소성왕이 계승하였다.

사-1 11년 정월에 惠忠太子의 아들 준옹을 太子로 책봉하였다.[217]

앞 절에서 살펴보았듯이 원성왕이 사망한 이후 적장손인 준옹 즉 소성왕이 왕위를 계승하였는데, 그것은 원성왕의 장자 인겸이 사망한 791년에 인겸의 아들 즉 적장손인 준옹을 궁중에 데려와 길러 795년 태자로 책봉되어 4년 뒤에 왕위를 물려받았다고 한다.

원성왕대의 태자 책봉을 일별해 보면 785년 태자로 책봉된 인겸이 791년에 사망한 이후 792년에 다시 왕자 의영을 태자로 책봉하였으나, 794년에 사망한 이듬해인 795년에 적장손 준옹이 태자로 책봉되어 4년 뒤에 왕위를 물려받았던 것이다.

원성왕은 791년 이전부터 정치 경험을 가진 적장손 준옹을 궁중에 데려와 집사부의 시중으로 삼아[218] 국왕의 배려 아래 정치 경험을 쌓게 하려는 의도가 깔려 있었던 것이라 생각된다. 다시 말하면 고령의 나이에 국왕이 된 원성왕은 중년 이상의 아들들이 사망하는 가운데 왕실을 유지하기 위해 여러 가지의 대책을 강구한 것이라 할 수 있으며, 아들들의 태자 책봉을 실패하고 적장손의 태자 책봉만이 성공하였던 것이다. 사-1의 795년 적장손 김준옹의 태자 책봉이란 여러 가지 다양한 정치과정 속에서 아들들이 소멸한 이후 이루어진 원성왕의 고심어린 노력이었다고 할 수 있다.

원성왕에서 소성왕으로의 왕위계승은 할아버지에서 손자로의 계승이다. 이와 같은 계승과정 속에서 보면 적자를 태자로 책봉하고 다시 적장손을 태자로 책봉하였으므로, 직계계승의 범위로 볼 수 있다.

---

217) 『삼국사기』 권10, 신라본기10 원성왕본기.

218) 동권10, 원성왕 7년 10월조.

다음 소성왕 사망 이후 왕위는 아들 애장왕이 계승하였다.

사-2 소성왕 2년(800) 6월에 王子를 太子에 책봉하였다.[219)]

사-3 [憲德王은] 元聖王 6년(790)에 唐에 사신을 간 일로 大阿湌의 벼슬을 받고, 7년(791)에는 반역한 신하를 죽인 공으로 迊湌이 되었으며, 10년(794)에는 侍中이 되고, 11년(795)에는 伊湌으로서 宰相이 되었으며, 12년(796)에는 兵部令이 되었다. 哀莊王 원년(800)에는 角干이 되고 御龍省의 私臣이 되었다가 얼마 후에 上大等이 되었다.[220)]

애장왕이 어린 나이에 즉위하자 숙부 언승이 섭정하게 되었는데, 이는 예견된 일이었다. 여기서 잠시 김언승의 정치적 경력을 살펴보도록 하겠다.

김언승은 인겸 태자의 아들이자 소성왕의 동복동생으로서 원성왕대인 790년에 당에 사신을 간 공으로 대아찬이 된 이후부터 정치적인 두각을 드러내었다. 791년에 전 시중 제웅이 반역하자[221)] 이를 진압한 공으로 잡찬이 되었고 794년에는 侍中이 되었으며,[222)] 795년에는 이찬으로서 재상이 되었고 이듬해 796년에는 병부령이 되었다.[223)] 애장왕 원년인 800년에 角干이 되고 이듬해 801년에 어룡성의 사신이 되었다가 얼마 후에 상대등이 되었다.[224)]

동생 김언승이 화려한 정치 경력을 가지고 있었음에 반해, 형인 김준옹은 상대적으로 정치 경력이 약한 편이었다. 앞서 살펴보았듯이 김준옹은 791년 10월에 시중이 되었다가 792년 8월에 병으로 10개월만에 사직하였다.[225)] 그 후 병부령을 거쳐 태자가 되어 799년에 왕위에 올랐으나 1년 6개월만에

219) 동권10, 소성왕 2년조.
220) 동권10, 헌덕왕 즉위조.
221) 동권10, 원성왕 7년 정월조.
222) 동권10, 원성왕 10년 2월조.
223) 동권10, 원성왕 12년 4월조.
224) 동권10, 애장왕 2년 2월조.
225) 동권10, 원성왕 8년 8월조.

사망하였던 것은, 792년 8월부터 중병에 걸려 시중이나 병부령의 직무도 수행하기가 어려워졌고 동생 796년 김언승이 병부령의 직임을 이어받았던 것이다. 소성왕의 재위기간 동안 상대등이나 시중을 교체하지 못한 점도 또한 병이 위중하였던 것이며, 이 시기에도 사실상 권력을 실질적으로 장악하고 있었던 것은 김언승이었을 것이다. 소성왕의 아들 애장왕이 어린 나이에 즉위하자 김언승은 자연스럽게 섭정을 맡게 되었던 것으로 생각된다.

김언승은 원성왕대 중반기부터 왕권에 도전하는 반란을 진압하고 시중 및 병부령으로서 권력을 장악하였으며, 애장왕대에 섭정을 맡으면서 어룡성 사신이 되어 왕실을 관리하는 업무마저 장악하였다. 이와 같은 막강한 권력을 장악한 예는 혜공왕대의 외척 김옹이 있었으나, 김언승은 외척이 아니라 하대 초기 원성왕계 왕실의 버팀목으로서 존재한 것이라 할 수 있다. 애장왕대에는 김언승을 중심으로 오묘제와 어룡성 등의 관제개정 외에도 불사를 금하는 교서를 반포하고 지방 군현을 정비하는 등 다방면에 걸쳐 왕권강화를 위한 정치제도를 개혁하였는데,[226] 이는 새로이 개창된 하대의 원성왕계 왕권의 초석을 확고히 하기 위한 노력이었다고 할 수 있다.

어쨌든 애장왕의 왕위계승은 아버지 소성왕을 이어 태자로서 왕위에 올랐으므로, 직계계승이라 할 수 있다. 김언승은 애장왕 10년에 이르러 왕위를 찬탈하였는데,[227] 당시 실권을 장악하고 있었으면서도 쿠테타를 일으키지 못하였던 것은 원성왕계 왕권의 초석을 다지기 위한 목적 아래 왕위계승의 원칙을 준수하였던 것으로 생각된다.

신무왕의 뒤를 이어 왕위를 계승한 왕족은 아들 문성왕이다.

> 사-4 文聖王이 왕위에 올랐다. … 8월에 죄수들을 대사하고, 교지를 내려 "淸海鎭大事 弓福은 일찍이 군사로써 聖考[아버님]을 도와 앞 왕조의

226) 최홍조, 「新羅 哀莊王代의 政治改革과 그 性格」『韓國古代史硏究』 54, 2009, 309~325쪽.
227) 『삼국사기』 권10, 신라본기10 애장왕 10년 7월조.

큰 도적을 멸했으니 그 공적을 어찌 잊을 수 있으랴"라 하고, 이에 임명하여 鎭海將軍으로 삼고 겸하여 예복을 내렸다.[228)]

사-5 문성왕 4년 3월에 伊飡 魏昕의 딸을 맞아 王妃로 삼았다.[229)]

문성왕은 신무왕의 적자로서 왕위를 이었는데, 아버지 신무왕과 마찬가지로 청해진의 장보고와 김양을 세력기반으로 하고 있다. 뒤에서 신무왕의 즉위과정에 대해 살펴보겠지만, 신무왕은 아버지 김균정이 김제륭 희강왕과의 왕위계승쟁탈전에서 패배하고 피살당하여 청해진의 장보고에게 의탁하여 때를 기다리다 김명이 왕위를 찬탈하여 민애왕으로 즉위하자 김양과 함께 장보고의 군사적 지원을 받아 민애왕을 축출하고 왕위에 올랐다. 신무왕이 7개월만에 사망하자 문성왕이 왕위를 계승하였는데, 사-4와 같이 장보고를 진해장군으로 임명하고 사-5와 같이 위흔 즉 김양의 딸을 왕비로 삼아 그 공로에 보답하였던 것이다.[230)]

앞서 라-8에서 보았듯이 문성왕은 즉위한 지 3년만인 841년에 당으로부터 책봉을 받고 있다. '개부의동삼사 검교태위 사지절대도독계림주제군사 겸 지절충영해군사 상주국 신라왕'이라는 책봉호는 827년 흥덕왕이 당으로부터 책봉받을 때의 칭호인 '개부의동삼사 검교태위 사지절대도독계림주제군사 겸 지절충영해군사 신라왕'에[231)] '상주국'이 더해진 것이다. 신라 하대에 있어 당으로 책봉을 받은 것은 800년에 김준옹 즉 소성왕을 '개부의동삼사 검교태위 신라왕'으로 제수한 이래 흥덕왕대까지 이어져 왔으나, 흥덕왕

228) 동권11, 문성왕 즉위조.

229) 동권11, 문성왕 4년조.

230) 장보고의 경우 신무왕의 즉위에 결정적인 역할을 하였으므로, 문성왕이 그의 딸을 차비로 삼고자 하였을 정도였다. 그러나 섬사람인 궁복(장보고)의 딸을 왕실의 배필로 정할 수 없다는 골품제의 한계에 막혀 성사될 수 없었고(『삼국사기』 권11, 신라본기11 문성왕 7년 3월조), 이에 불만을 품은 장보고가 이듬해 846년 반란을 일으켰다가 진압되었다(동권11, 동왕 8년 봄조).

231) 『삼국사기』 권10, 신라본기10 흥덕왕 2년 정월조.

사후 왕위계승분쟁이 일어난 이후 희강왕－민애왕－신무왕 3대에는 당으로부터 책봉을 받지 못하였다. 신라는 희강왕－민애왕－신무왕 3대에 걸쳐 당으로부터 책봉을 받고자 노력을 하였다. 『구당서』 신라전에도 개성 원년(836 : 희강왕 원년)에 왕자 김의종이 와서 사은하고 아울러 숙위하였으나 이듬해에 본국으로 돌려보냈다고 하였다.[232] 『삼국사기』에도 김의종의 귀국 사실이 보이며,[233] 신무왕 때에도 839년 사신을 보내기도 하였다.[234] 이들 3왕에 대한 책봉은 이루어지지 않았다. 그 후 문성왕대에 이르러 당으로부터 정식으로 책봉을 받게 되었던 것이다.

이러한 의미는 흥덕왕 이후 문성왕 이전의 왕위계승분쟁 상황에 대해 당이 이를 비정상적인 계승으로 인지하여 그 왕들을 책봉하지 않은 것을 의미한다. 이에 반해 문성왕의 왕위계승은 정상적인 적자계승이 이루어졌다고 인정하게 됨으로써 또 다시 책봉을 받게 된 점에서도 당의 책봉방식이 잘 드러나고 있었던 것이라 할 수 있다.

경문왕의 뒤를 이어 왕위를 계승한 왕족은 아들 헌강왕인데, 관련 기록을 제시하면 다음과 같다.

사-6 경문왕 6년(866) 정월에 왕의 돌아가신 아버지를 봉해 懿恭大王이라 하고 어머니 朴氏 光和夫人을 光懿王太后, 부인 金氏를 文懿王妃라 하고, 王子 晸을 세워서 王太子로 삼았다. 15일에 皇龍寺에 행차하여 연등을 보고는 백관들에게 잔치를 베풀어주었다. 10월에 伊湌 允興이 아우 叔興·季興과 함께 반역을 모의하다가 일이 발각되자 岱山郡으로 달아났는데, 왕은 영을 내려 뒤를 쫓아서 잡아 그들을 목베고 그 일족을 모두 죽였다.[235]

사-7 금성의 남쪽 해돋이를 볼 수 있는 산기슭에 崇福寺라는 절이 있사오니

---

232) 『구당서』 권199, 열전149 동이 신라전

233) 『삼국사기』 권10, 신라본기10 희강왕 2년 4월조.

234) 동권10, 신무왕 원년 7월조.

235) 동권11, 경문왕 6년조.

> 이 절은 곧 先大王께서 왕위를 이어받으신 첫 해에 烈祖 元聖大王의 능을 모시고 명복을 빌기 위해 세운 것입니다. … 이에 代邸에서 몸을 편히 하고 慈門에 뜻을 기울이며 祖宗에게 부끄러움이 될까 하여 佛事 일으키기를 발원하셨습니다. … 드디어 咸通 6년(865)에 천자께서 攝御史中丞 胡歸厚에게 우리나라 사람으로 前 進士였던 裵匡의 허리에 魚袋를 두르고 머리에 豸冠을 쓰게 하여 副使로 삼아 王使 田獻銛과 함께 와서 칙명을 전하여 말하기를, "영광스럽게 寶位를 이어받음으로부터 훌륭한 계책을 잘 받들어 잘 계승하는 이름을 드날리고 진실로 지극히 공정한 推擧에 부응하였으니 이에 그대를 명하여 신라왕으로 삼노라"고 하고는 이에 檢校太尉 兼 持節充寧海軍使의 직함을 내렸으니, … 憲康大王께서는 젊은 나이에 이미 덕이 높으셨고, 정신이 맑고 몸이 건강하여 우러러 침문에서 환관에게 인부를 묻지 못하게 됨을 슬퍼하시고 머리 숙여 익실에서 거상하는 것을 준수하시었습니다. … 中和 을사년(885) 가을에 하교하시기를, "그 뜻을 잘 계승하고 그 일을 이어받아 잘 따르며 길이 후손에게 좋은 일을 물려주는 것이 나에게 달려 있을 뿐이니 先代에 세운 鵠寺의 명칭을 바꾸어 마땅히 大崇福이라 해야 할 것이다. …[236]

경문왕은 865년에 당으로부터 책봉을 받아 '開府儀同三司·檢校太尉·持節大都督林州諸軍事·上柱國·新羅王'이라 하였는데,[237] 문성왕을 이어 당으로부터 책봉을 받은 점에 의의가 있는 것이다. 사-6과 같이 이듬해 866년에 아버지를 대왕호로 추봉하고 어머니와 왕비를 책봉한 다음 아들 김정을 후계자 즉 왕태자로 정하였다. 그러나 이에 대해 곧이어 윤흥 형제의 모반을 시작으로 868년 이찬 김예·김현의 모반[238]과 874년 이찬 근종의 모반[239] 등이 연이어 일어나, 경문왕의 즉위 이후 왕위가 경문왕계로 세습되어가는

---

236) 鄭炳三, 「崇福寺碑」 『譯註 韓國古代金石文』 Ⅲ, 가락국사적개발연구원, 1992, 266쪽, 268~269쪽, 272쪽.

237) 『삼국사기』 권11, 신라본기11 경문왕 6년조.

238) 동권11, 경문왕 8년 정월조.

239) 동권11, 경문왕 14년 5월조.

양상에 대한 귀족들의 반발이 거세어졌다. 신라 하대의 왕위계승 과정에서 헌덕왕 이후의 끊임없는 왕위쟁탈전으로 정치적 혼란이 계속되던 시기였으며, 문성왕 이후 잠잠해졌다가 다시 반발이 일어났다. 865년에 당으로부터 책봉을 받았음에도 불구하고 경문왕대에 이르러 3회에 걸친 모반사건이 터져 나왔던 것이다.

이러한 사태에 직면하여 경문왕이 취한 조치는 하대 왕실에 대한 추모 사업이었다. 사-7 최치원 찬술의 숭복사비문에 의하면 중대 선덕왕 이전에 김원량에 의해 창건한 鵠寺에 원성왕의 능을 만들었고, 그 뒤에 즉위한 경문왕이 꿈에 원성왕을 보고 이 절을 증축한 뒤 능원수호와 명복을 빌게 하였으며 헌강왕 때 이 절의 이름을 대숭복사로 높였다고 한다.

그 와중에 경문왕은 원성왕계 내에서의 각 분파관념을 없애고 자신의 정권으로 귀속시키려는 회유책을 펴기 위한 노력의 일환으로, 가장 먼저 행한 것이 바로 곡사의 중창이었다. 경문왕은 하대 왕실의 시조 원성왕에 대한 인식을 새롭게 하여 분열된 왕실을 통합하고자 그동안 황폐하게 방치되었던 원성왕의 원찰인 곡사에 관심을 기울여 이를 웅장하게 중창하는 역사를 시작한 것이다.[240] 이와 같은 노력을 통해 경문왕은 아들을 태자로 책봉하여 후계자로 정함으로써 헌강왕이 왕위를 계승할 수 있었던 것이다.

헌강왕이 왕위를 유지하는 데 큰 역할을 담당한 인물은 숙부 위홍과 예겸 그리고 민공 등이 있었는데, 헌강왕이 왕위에 오르자 이찬 위홍을 임명하여 상대등으로 삼고, 대아찬 예겸을 시중으로 삼아 권력구조를 개편하였다.[241] 이들의 지원과 노력에 의해 경문왕계 왕실은 어느 정도 안정이 되어 갔다.[242]

진성여왕을 이어 왕위를 이은 왕족은 효공왕이었다. 앞서 살펴보았듯이

240) 김창겸, 「新羅 景文王代 「修造役事」의 政治史的 考察－王權强化策과 관련하여」 『溪村 閔丙河敎授 停年紀念史學論叢』, 1988, 55쪽.

241) 『삼국사기』 권11, 신라본기11 경문왕 즉위조.

242) 이에 대한 구체적인 내용에 대해서는 다음의 논고가 참고된다. 전기웅, 「憲康王代의 정치사회와 '處容郎望海寺'條 설화」 『新羅文化』 26, 2005/앞의 책, 2010, 114~128쪽.

논란이 많은 효공왕의 출자에 대해 『삼국사기』에서 효공왕을 헌강왕의 서자라 하였으나, 898년 효공왕이 재위 2년만에 어머니를 의명왕태후로 책봉하였다는 사실에서 서자로 규정할 수 있는지 의문이다. 다시 한번 강조하지만, 이를 해명할 수 있는 실마리는 최치원이 886년경에 찬술한[243] 불국사와 관련된 ⑤「王妃金氏奉爲先考亡兄追福施穀願文」과 ⑥「王妃金氏奉爲亡弟追福施穀願文」에 등장하는 王妃 金氏가 바로 재위 9년인 883년에 헌강왕이 삼랑사로 행차하고 돌아오는[244] 도중에 만나 야합한 효공왕의 어머니였다. 헌강왕 당시 王妃 金氏라고 칭하였다는 것은 헌강왕의 왕비임을 가리키는 것이며, 야합 당시 청상과부였던[245] 王妃 金氏는 아버지가 이찬이었다고 함에서 진골 신분임을 알 수 있다.

효공왕이 책봉한 의명왕태후가 헌강왕 9년 이전에 존재한 왕비 즉 선비인지, 아니면 그 이후에 등장한 효공왕의 어머니 즉 후비인지를 해명하였다. 헌강왕에게는 두 딸 의성부인과 계아부인이 있었다. 의성부인은 헌강왕 때에 박경휘와 혼인하였고, 계아부인은 진성여왕 때 즉 897년 이전에 김효종과 혼인한 점에서 883년에 헌강왕을 만난 王妃 金氏의 딸은 아니었다. 기록상 두 딸의 어머니에 대한 기록은 전하지 않으므로, 헌강왕의 왕비 의명왕후가 그들의 어머니라고 단정지을 수 없다. 기록상으로 왕의 자녀 가운데 딸의 어머니보다 왕이 된 아들의 어머니가 누구인지에 대해 명확하게 전승되는 것이 일반적이므로, 의명왕후는 헌강왕의 후비인 효공왕의 어머니로 전해졌으며 왕태후로 책봉되었던 것이다.

243) 李文基, 앞의 논문, 2005, 223~250쪽.

244) 『삼국사기』 권11, 신라본기11 헌강왕 9년 2월조.

245) ⑤의 기록에서 '불제자 어린 자매는 일찍이 선한 인연에 의지하여 귀족의 자제로서 태어났으나, 어린 나이에 어버이를 잃고 가느다란 숨을 몰아쉬며 살고자 하였습니다. … 비로소 (시집가서) 婦德을 닦게 되었으나 얼마 되지 않아 부부가 해로하는 일이 어긋나 버렸습니다'(崔英成, 「王妃金氏奉爲先考及亡兄追福施穀願文」, 앞의 책, 1999, 238~239쪽)라고 한 점에서 알 수 있다.

그리고 신라왕실에서 국왕이나 국왕이 될 유력자가 정식으로 부인을 맞이하지 않고 야합하여 아들을 낳았을 경우 왕위계승의 후계자가 될 수도 있었다. 소지왕과 같이 신분이 미천한 재지세력가의 딸과 야합하여 아들을 낳은 경우에는 후계로 인정되지 않고, 오히려 중앙 귀족들이 반발하여 정변이 일어나게 되었다. 반면에 무열왕 김춘추의 경우 같은 진골귀족의 여성과 야합하여 아들을 낳았더라도 국왕으로 즉위한 후에 후계로 삼아 왕위를 이을 수 있었으며, 진골 여성이 어머니였던 효공왕도 마찬가지로 적자였다.

마지막으로 효공왕이 국왕의 서자로 전해지게 된 배경에 대해서이다. 아버지 헌강왕 사후에 숙부 정강왕과 고모 진성여왕이 왕위를 계승한 후 12년만에 효공왕이 즉위하였다. 앞서 살펴본 마-19의 「納旌節表」(886년 최치원 찬술)에 의하면 이는 헌강왕이 사망한 때에 적자 효공왕이 돌이 지나지 않은 유아였다고 하므로 성장할 때까지 두 왕이 왕위를 이었다. 정강왕 사후 적자가 없었다면 헌강왕의 사위 박경휘가 왕위를 계승할 수도 있겠지만, 김씨가 왕위를 이은 내물왕 이후 박씨는 왕위를 이을 수 없었으므로 불가능하다. 아들이 없던 효공왕 사후에는 헌강왕의 사위인 김효종이 왕위를 계승할 수 있었으나, 권력을 장악하고 있던 김예겸이 의자이자 헌강왕의 사위인 박경휘를 왕위에 추대하였다. 이 과정에서 박씨왕의 즉위를 정당화하기 위해 효공왕을 서자라고 하여 김씨왕통이 단절된 것[246]으로 규정하였던 것이다.

다시 말하면 효공왕은 서자가 아니므로, 진성여왕에 의한 탈법적인 왕위계승이 아니라 헌강왕의 적자로서 정당한 절차를 거쳐 직계계승을 하였던 것이다.[247]

신덕왕의 뒤를 이어 왕위를 계승한 왕족은 아들 경명왕인데, 관련 기록을

246) 李鍾恒, 「신라의 하대에 있어서의 王種의 絶滅에 대하여」 『法史學硏究』 제2호, 한국법사학회, 1975.

247) 효공왕의 출자와 즉위과정에 대해서는 구체적으로 밝혀보도록 할 예정이다.

제시하면 다음과 같다.

사-8 神德王 원년(912) 5월 아버지를 宣聖大王으로 추존하고, 어머니를 貞和太后로 삼고, 王妃를 義成王后로 삼았다. 아들 昇英을 왕태자로 삼았다. 伊飡 繼康을 上大等으로 삼았다.[248]

뒤에서 살펴보듯이 경명왕의 아버지 신덕왕은 여서계승을 하였는데, 경명왕은 신덕왕의 뒤를 이어 적자로서 계승하였다. 사-8에 의하면 신덕왕은 박씨로서 왕위에 오른 직후 의부 김예겸을 대왕으로 추봉하고 어머니를 왕후로 책봉하였다. 앞서 바-2에 의하면 의부뿐만 아니라 친부와 왕비의 아버지 즉 장인까지도 대왕호로 추봉하였으며, 아들 박승영을 태자로 책봉하였다. 이러한 조치는 새로이 박씨왕가를 구축하기 위한 의도를 가지고 있었던 것이다. 이러한 목적 아래 아들을 태자로 책봉하여 지속적으로 왕위계승을 추진하였으므로, 박승영의 즉위는 직계계승이라 할 수 있다.

2) 방계계승

하대 왕통의 경우에는 전체 스무 왕 중에서 열두 왕이 방계로서 왕위를 계승하여 가장 많은데, 이를 몇 가지 유형으로 나누어 보면 다음과 같다.

다음 애장왕 사망 이후 왕위는 숙부 김언승 즉 헌덕왕이 계승하였는데, 관련 기록을 제시하면 다음과 같다.

아-1 동왕 3년 12월 均貞에게 大阿飡의 관위를 주고, 假王子로 삼아 倭國에 볼모로 보내려 하였으나 균정이 거절하였다.

아-2 동왕 6년 정월 임금의 어머니 金氏를 大王后로 봉하고, 王妃 朴氏를 王后로 삼았다. 이 해에 唐의 德宗이 돌아가시자, 새 황제 順宗이 兵部郞中

---

248) 『삼국사기』 권12, 신라본기12 신덕왕 원년조.

겸 御史大夫 元季方을 보내 부고를 전하고, 또 임금을 開府儀同三司 檢校太尉 使持節大都督雞林州諸軍事 雞林州刺史 겸 持節充寧海軍使上柱國 新羅王으로 책봉하였다. 그 어머니 叔氏를 大妃로 책봉하고[세주 : 임금의 어머니의 부친인 叔明은 奈勿王의 13대손이므로, 어머니의 성은 김씨이다. 그런데 아버지의 이름을 따라 숙씨라고 한 것은 잘못이다] 임금의 아내 박씨를 왕비로 삼았다.

아-3 8년(807) 봄 정월, 伊湌 金憲昌[세주 : 혹은 貞이라고도 한다]을 시중으로 삼았다.

아-4 10년(809) 7월 大阿湌 金陸珍을 당에 보내 은혜에 감사하고, 동시에 토산물을 바쳤다. 크게 가물었다. 임금의 숙부 彦昇이 그의 동생 伊湌 悌邕과 함께 병사를 이끌고 궁중에 들어가 반란을 일으켜 임금을 시해하였다. 임금의 동생 體明이 임금의 시체를 지키고 있다가 함께 살해당했다. 임금의 시호를 哀莊으로 추증하였다.[249]

앞에서 살펴보았듯이 김언승은 할아버지인 원성왕 때부터 병부령 등에 재임하면서 정치적으로 두각을 나타내어 원성왕계 왕실의 성립 초기에 중요한 정치가로 부각되었다. 조카 애장왕의 섭정이 되고 어룡성 장관으로서 왕실을 관장하고 상대등이 되어 왕실·군사·정치 등의 권력을 명실상부하게 장악하고 있었다. 당시에 김언승 세력과 경쟁할 수 있는 것은 아-1에 보이는 김균정 등의 예영계 세력이라 할 수 있다.

애장왕 때에 원성왕계의 주요 인물로는 인겸계의 김언승 김수종 김충공 그리고 아-4의 제옹 등이 있었고, 예영계의 김헌정 김균정이 있었다. 먼저 예영계의 경우를 언급하겠다. 아-3에서 807년에 시중으로 임명된 김헌창은 세주에서 김헌정이라고 하였는데, 김헌창은 헌덕왕 6년 814년에 무진주 도독으로 있다가 시중으로 임명되었다[250]고 함에서 애장왕 때에 시중이 된 것은 김헌정이라 할 수 있다. 아-1에서 김균정은 가왕자가 되어 일본에

---

249) 이상 『삼국사기』 권10, 신라본기10 애장왕본기.

250) 동권10, 헌덕왕 6년 8월조.

보내려고 하였으나 거절하였다고 한 점에서 당시 정계에서 예영계의 인물들도 이미 유망한 인물로 부각되기 시작하였음을 알 수 있다.

이에 비해 김언승을 비롯한 인겸계는 당시 정계를 주도하고 있었다. 아-4에서 보듯이 김언승은 제옹 등의 동생들과 함께 쿠데타를 일으켜 애장왕을 죽이고 왕위에 올랐다. 김언승 등이 쿠데타를 일으킨 이유에 대해 섭정 김언승 등에 의한 개혁과 805년 이후 18세로 친정에 들어간[251] 애장왕의 개혁 사이에 일어난 갈등이라고 보았다.

아-2에서 보듯이 애장왕은 재위 6년 805년에 당으로부터 책봉을 받았는데, 이때부터 왕의 친정이 시작된 것이다. 그 이전 5년 동안의 섭정기에 김언승은 병부령·상대등·재싱을 비롯하여 어룡성 사신 등 핵심 관직을 겸직하고 있었는데, 이때 김언승은 오묘제를 비롯하여 여러 제도를 개혁하였다. 시조대왕만 그대로 두고 자신의 직계존속인 고조 明德大王·증조 元聖大王·할아버지 惠忠大王·아버지 昭聖大王을 오묘에 入祔시켰다.[252] 이는 원성왕계의 왕권이 안정되면서 취한 조치로서 중대 왕실과는 확연히 다른 왕실임을 천명하였음을 알 수 있다. 다시 말하면 애장왕대의 오묘제 개혁은 하대 원성왕계 왕통의 권위를 높이고 제도적으로 확립하면서 원성왕 이래의 과업을 완수하였다.

다음으로 김언승은 스스로 어룡성 사신이 되었는데, 이는 내성의 장관만을 칭하던 사신을 내성 소속의 어룡성의 장관도 사신을 칭하여 격상시켜 어룡성 사신으로서는 처음으로 재상이 되었다.[253] 이러한 조치는 어룡성의 업무인

---

251) 崔柄憲,「新羅 下代社會의 動搖」『한국사』3, 국사편찬위원회, 1978, 444쪽. 애장왕의 재위 전 기간에 걸쳐 김언승의 섭정이 계속되어 이들에 의해 애장왕대의 모든 개혁이 추진되었다고 보는 것이 기왕의 견해가 있으나(金東洙,「新羅 憲德·興德王代의 改革政治－특히 興德王 九年에 頒布된 諸規定의 政治的 背景에 대하여－」『韓國史硏究』39, 1982, 30~34쪽), 애장왕 6년을 전후하여 개혁의 성격이 바뀌어가는 점에서 전반기는 섭정에 의한 개혁이고 후반기는 친정에 의한 개혁(최홍조, 앞의 논문, 2004, 338~355쪽)이라 할 수 있다.

252)『삼국사기』권10, 신라본기10 애장왕 2년 2월.

253) 木村誠,「新羅の宰相制度」『人文學報』(東京都立大學) 118, 1977/『古代朝鮮の國家と社

국왕의 행행을 돕기보다는 오히려 국왕을 대궐 안에 묶어두기 위한 목적이 강하였으므로,[254] 김언승이 왕권을 능가하는 권력자로 군림하게 되었다.

아-4와 같이 김언승은 애장왕 10년인 809년에 이르러서야 왕위를 찬탈하였다. 애장왕 당시에 김언승은 실권을 장악하고 있으면서도 쿠데타를 일으키지 못하였던 것은 원성왕계 왕권의 초석을 다지기 위한 목적 아래 왕위계승의 원칙을 준수하려 하였던 것으로 생각된다. 아-4에 애장왕의 동생 체명이 임금의 시체를 지키고 있다가 함께 살해당했다고 한 점에서 애장왕 사후의 후계자로 동생이 거론될 수 있는 상황에서 김언승이 쿠데타로 왕권을 장악하게 되어 직계계승을 유지하려는 원성왕의 계획은 수포로 돌아가고 인겸의 방계가 왕위를 이어나갔다.

다음 헌덕왕 사망 이후 왕위는 동생 김수종 즉 흥덕왕이 계승하였는데, 관련 기록을 제시하면 다음과 같다.

아-5 壽六十是日也[255]

아-6 애장왕 5년(804) 정월에 阿飡 秀昇을 侍中으로 삼았다.[256]

아-7 헌덕왕 11년(819) 2월에 上大等 金崇斌이 죽어, 伊飡 金秀宗이 상대등이 되었다.[257]

아-8 동왕 14년(822년) 정월에 왕의 동복동생 秀宗을 副君으로 삼아 月池宮에 들어가게 했다[세주 : 혹은 秀升이라고도 한다]. 3월 熊川州 都督 憲昌이 그의 아버지 周元이 임금이 되지 못했다는 이유로, 반역을 일으켰다. … 角干 忠恭의 딸을 태자비로 삼았다.[258]

아-9 祿眞의 姓과 字는 자세하지 않다. 아버지는 一吉飡 秀奉이다. 녹진은

會』, 吉川弘文館, 2004, 250~254쪽.

254) 李仁哲, 「新羅 內廷官府의 組織과 運營」 『新羅政治制度史硏究』, 일지사, 1997, 58~59쪽.

255) 崔鉛植, 「興德王陵碑片」 『譯註 韓國古代金石文』 Ⅲ, 가락국사적개발연구원, 1992, 415쪽.

256) 『삼국사기』 권10, 신라본기10 애장왕 5년조.

257) 동권10, 헌덕왕 11년조.

258) 동권10, 헌덕왕 14년조.

23세에 비로소 관직에 올라 여러 차례 내외의 관직을 역임하다가 憲德大王 10년 무술년(818)에 執事侍郞이 되었다. 14년에 국왕이 대를 이을 아들이 없자 동복아우 秀宗을 儲貳로 삼아 月池宮에 들어오게 하였다. 그때 角干 忠恭이 上大等이 되어 政事堂에 앉아 중앙과 지방의 관리들을 심사했는데, 하루는 퇴근하여 병이 들었다. … 문지기가 두세 번 반복해 전하고서야 충공이 녹진을 불러들여 만나주니, 녹진이 들어가 말했다. … 충공 그 자리에서 왕에게 녹진의 말을 낱낱이 아뢰니 왕이 말했다. "과인이 임금으로 있고 경은 재상으로 되어 있는 터에, 이와 같이 바른 말 하는 사람이 있으니 얼마나 기쁜 일인가? 太子에게 알리지 않을 수 없다. 월지궁으로 가야 되겠다." 태자가 이 말을 듣고 들어와 경하하며 말했다. "일찍이 듣사옵건대 임금이 밝으면 신하가 정직하다고 하였습니다. 이 역시 나라의 아름다운 일입니다."[259]

아-5의 흥덕왕릉비편에 '壽六十是日也'라 한 것으로 흥덕왕 자신의 향년을 가리킨 것으로 볼 수 있으므로,[260] 836년 사망한 흥덕왕은 777년에 태어난 것으로 볼 수 있다. 흥덕왕은 804년 28세에 시중이 되고(아-6) 819년 43세에 상대등으로 임명되고(아-7) 822년 46세에 부군으로 봉해져 월지궁으로 들어갔으며(아-8), 826년 50세가 되던 해에 헌덕왕이 죽자[261] 그의 뒤를 이어 부군으로서 왕위에 올랐다. 즉 흥덕왕은 부군으로서 왕위에 오른 유일무이한 사례인데, 부군이 태자와 같은 성격인지에 대해 논란이 일어나게 된다.

아-9의 『삼국사기』 녹진전에 의하면 헌덕왕이 대를 이을 아들이 없어서 동생인 김수종을 儲貳로 삼았다고 하고 뒤의 문장에서는 저이를 太子라고 한 점이다. 이에 대해 아-8의 기록에 의하면 같은 해에 김수종이 부군이 되고 태자가 혼인한 것으로 되어 있어 아-9와는 달리 태자가 존재하고 있는 점이다. 이들 두 기록에 대해 아-9의 기록을 존중하여 당시 헌덕왕에게 아들이

259) 동권45, 열전5 녹진전.
260) 閔泳珪, 「興德王陵碑斷石」 『考古美術』 2, 1961, 67쪽.
261) 『삼국사기』 권10, 신라본기10 헌덕왕 18년 10월조.

없었던 것으로 이해하여 저이가 태자라고 보거나,[262] 아-8의 태자 결혼 기록을 존중하여 태자는 따로 있었으므로 저이는 태자가 아니라고 보는[263] 등의 논란이 있어 왔다.

문제는 아-8의 『삼국사기』 신라본기에 태자가 혼인한 여성이 김충공의 딸 정교부인으로 되어 있는데, 다른 기록에 의하면 정교부인은 김균정의 부인이며 신무왕의 어머니로 되어 있다는[264] 점이다. 앞 절의 하대 왕실계보의 검토에서 살펴보았듯이 『삼국사기』에서 박씨 眞矯夫人이라고 전해지고 있고,[265] 『삼국유사』에서 貞矯夫人이라고 전해지고 있어 '貞'과 '眞'의 표기가 약간 다르지만 같은 인물이다. 그러면서도 아-8의 『삼국사기』에서 태자비의 인명표기를 『삼국유사』의 '貞矯'라는 인명표기와 같이 쓰고 있으며, 『삼국사기』에 전하는 신무왕의 어머니의 인명표기인 '眞矯'와 다르다는 점이다. 둘 다 김충공의 딸이라고 한 점에서 한 명의 다른 표기로 보면 문제가 되겠지만, 두 명의 인명표기라면 문제가 생기지 않는다. 김충공의 딸 가운데 김균정의 또 다른 부인으로 된 인물이 신무왕의 이복동생인 헌안왕의 어머니 조명부인인데,[266] 『삼국유사』에서는 신무왕의 동생인 헌안왕의 어머니 흔명부인으로 전한다.[267] 『삼국사기』에서는 헌안왕을 신무왕의 이복동생이라고 하였으나, 『삼국유사』에서는 헌안왕을 신무왕의 동생이라고만 하여 그 의미가 달라지고 있다. 다시 말하면 김균정은 김충공의 두 딸인 정교부인과 조명부인

---

262) 李基白, 앞의 논문, 1962/앞의 책, 1974, 122쪽 ; 崔在錫. 「古代三國의 王號와 社會」 『金元龍博士 停年退任紀念論叢』 Ⅲ, 일지사, 1987/『韓國古代社會史硏究』, 일지사, 1987, 182쪽 ; 金昌謙, 앞의 논문, 1993/앞의 책, 108쪽 ; 이승현, 앞의 논문, 2009, 231~232쪽.

263) 조범환, 「新羅 下代 憲德王의 副君 설치와 그 정치적 의미」 『震檀學報』 110, 2010, 34~36쪽 ; 김병곤, 「신라 헌덕왕대의 副君 秀宗의 정체성과 太子」 『東國史學』 55, 2013, 190~192쪽.

264) 『삼국유사』 권1, 왕력1 제45 신무왕조.

265) 『삼국사기』 권10, 신라본기10 신무왕 즉위조.

266) 동권11, 헌안왕 즉위조.

267) 『삼국유사』 권1, 왕력1 제47 헌안왕조.

자매를 모두 부인으로 취한 셈이므로, 헌안왕의 두 딸을 부인으로 취한 경문왕과 같이 특수한 예로 보기는 힘들다.

이상에서 살펴본 바와 같이 김충공의 딸 흔명부인은 김균정과 혼인하여 신무왕과 헌안왕을 낳았고 정교부인은 헌덕왕의 태자와 혼인하여 태자비가 되었으므로, 아-9 녹진전의 기록과 달리 헌덕왕은 후사로서 태자가 있었다고 보아야 할 것이다. 김수종 흥덕왕은 헌덕왕의 태자가 있음에도 불구하고 부군으로서 무혈쿠데타를 일으켜 왕위를 차지한 것으로 생각되므로, 헌덕왕 사후 왕위계승은 직계가 아니라 왕의 동생으로 계승되어 방계계승이다.

희강왕을 이어 왕위에 오른 왕족은 민애왕인데, 관련 기록을 제시하면 다음과 같다.

아-10 閔哀王이 왕위에 올랐다. … 벼슬하여 여러 차례 승진하여 上大等이 되었는데, 侍中 利弘과 함께 왕을 핍박하여 죽이고 스스로 왕위에 올라 임금이 되었다.268)

아-11 엎드려 생각건대 敏哀大王의 이름은 明이며 宣康大王의 맏아들로 今上의 老舅이었다. 開成 기미년(839) 정월 23일 창생을 버리니 춘추 23세였다.269)

아-12 흥덕왕 10년(835) 2월에 阿飡 金均貞을 임명하여 上大等으로 삼았는데, 侍中 祐徵은 아버지 均貞이 재상으로 들어오므로 글을 올려 관직에서 물러가기를 청하자 大阿飡 金明으로 侍中을 삼았다.270)

아-13 희강왕 2년(837) 정월 … 侍中 金明을 上大等으로 삼고, 阿飡 利弘을 侍中으로 삼았다.271)

---

268) 『삼국사기』 권10, 신라본기10 민애왕 즉위조.

269) 金南允, 「閔哀王石塔舍利盒記」 『譯註 韓國古代金石文』 Ⅲ(통일신라·발해), 가락국사적개발연구원, 356쪽.

270) 『삼국사기』 권10, 신라본기10 흥덕왕 본기.

271) 동권10, 희강왕 2년 정월조.

아-10에서 보듯이 이홍과 함께 김명 즉 민애왕은 희강왕을 핍박하여 축출하고 왕위에 올랐는데, 인겸계로서는 마지막 왕이었다. 아-11의 금석문에서 나타나듯이 김명은 838년 23세의 나이로 사망하였다고 하여 생존 연대를 알 수 있다. 그의 경력은 그다지 드러나지 않는데, 아-12 및 아-13의 기록에서 보듯이 835년 19세에 이미 대아찬으로서 시중을 역임하고 이홍과 함께 희강왕을 추대한 공로로 837년 21세에 시중이 되었다는 정도이다. 특히 835년 시중에 임명된 것은 예영계의 김균정 부자가 핵심 관직인 상대등 및 시중을 차지하여 점차 권력을 강화해 나감에 대해 인겸계의 흥덕왕이 이를 견제하기 위해[272] 조카인 김명을 19세의 젊은 나이임에도 시중으로 임명하였던 것이다.

그런데 김명은 아들이 없는 흥덕왕 사후에 일어난 왕위계승분쟁에서 김균정 일파의 도전을 제압하고자 매부인 김제륭을 지원하였다. 이는 김명 자신이 왕위에 오르기 위한 발판으로 김제륭을 잠시 이용하고자 하는 의도가 작용한 것이었다.[273] 즉 흥덕왕 사후 김명은 왕위에 오르려고 하는 김균정 일파를 제압하고 스스로 왕위에 오를 수 있는 세력을 결집하지 못하였으므로, 우선 김제륭을 지지하고 나서서 김균정 일파를 제거하는데 성공하였던 것이다. 희강왕을 추대한 공로로 김명은 시중에서 상대등이 되고 동반자인 이홍이 시중이 되었다(아-13).

희강왕 본기에는 김균정 일파를 제압한 이후 김명 등을 제외하면 별다른 인물이 보이지 않는 점에서 희강왕 때의 실질적인 정치주도권은 김명·이홍이 장악하고 있었으므로, 희강왕을 몰아내고 김명이 왕위에 올라 민애왕이 되었다. 아-10에 선강대왕이라 추봉하였으나, 흥덕왕 당시에 선강태자라고[274] 함에서 흥덕왕의 후계자는 선강태자 김충공이었으나, 흥덕왕 말년에

272) 李基東, 앞의 책, 1984, 165쪽 ; 권영오, 「新羅下代 왕위계승분쟁과 閔哀王」『韓國古代史研究』 19, 2000/앞의 책, 2011, 166쪽.

273) 尹炳喜, 「新羅 下代 均貞系의 王位繼承과 金陽」『歷史學報』 96, 1982, 67쪽 ; 李基東, 앞의 논문, 1980/앞의 책, 1984, 165쪽.

274) 南東信, 「鳳巖寺 智證大師塔碑」『譯註 韓國古代金石文』 Ⅲ, 가락국사적개발연구원,

이미 사망하였다. 김명은 김충공의 아들로서의 정통성과 그 가계의 무력기반이 주가 되었던 것이고[275] 방계로서 왕위를 이었다.

아래의 사료에 보이듯이 흥덕왕 사후 왕위를 이은 희강왕은 예영계로서 처음 왕위에 올랐는데, 관련 기록을 제시하면 다음과 같다.

아-14 처음 興德王이 세상을 떠나자, 그 사촌 아우 均貞과 다른 사촌 아우의 아들 悌隆이 모두 임금이 되고자 했다. 이때 侍中 金明과 阿飡 利弘·裴萱伯 등은 제륭을 받들었고, 阿飡 祐徵은 그의 조카인 禮徵 및 金陽과 함께 아버지 均貞을 받들어, 일시에 대궐로 들어가서 서로 싸웠으나, 김양은 화살에 맞아서 우징 등과 함께 달아나고, 균정은 살해되므로 후에 제륭이 이에 왕위에 오르게 되었던 것이다.[276]

아-15 흥덕왕 3년(828) 정월에 大阿飡 金祐徵을 侍中으로 삼았다.

아-16 동왕 9년(934) 정월에 祐徵을 다시 侍中으로 삼았다.[277]

희강왕의 즉위과정에 대해서는 아-14에 구체적으로 서술되어 있다. 흥덕왕이 사망하자 물려받을 적장자가 없자[278] 왕의 사촌 아우 김균정과 다른 사촌 아우의 아들 김제륭이 모두 임금이 되고자 하여 무력충돌이 일어나 김제륭·김명 일파[279]가 김균정 일파의 세력을 제압하고 왕위에 올랐다. 김균정과 김제륭은 모두 예영계인데, 이들간의 갈등은 이전부터 존재하였다.

먼저 김균정의 경우 802년에 대아찬이 되었으며,[280] 812년에 시중으로

180쪽.

275) 권영오, 앞의 논문/앞의 책, 2011, 90쪽.

276) 『삼국사기』 권10, 신라본기10 희강왕 즉위조.

277) 이상 동권10, 흥덕왕 본기.

278) 동권44, 열전4 김양전.

279) 김제륭·김명 일파라고 규정하는 것은 인겸계의 김명이 예겸계의 김제륭을 지지하여 왕위에 올렸으나, 김제륭 즉 희강왕은 재위 2년만에 믿었던 김명에게 축출당하였다. 이를 통해 볼 때 관력이 그다지 드러나지 않은 김제륭 중심의 세력집단이라기 보다는 김명의 지원 없이 김균정과 경쟁할 수 없었을 것이기 때문이다.

280) 『삼국사기』 권10, 신라본기10 애장왕 3년 12월조.

승진했다가 814년 8월 김헌창과 교체되었고[281] 822년 3월 웅천주도독 김헌창이 반란을 일으키자 잡찬 김웅원과 대아찬 우징과 함께 삼군을 장악해 반란을 진압하였다.[282] 이를 계기로 김균정·김우징 부자는 주요한 정치세력으로 부상하였다. 아-15와 아-16에서 보듯이 김우징은 흥덕왕 때인 828년에 시중에 임명되었고 3년만인 831년에 윤분과 교체되었다가[283] 3년 뒤 834년에 다시 시중이 되었는데, 아-12와 같이 아버지 김균정이 835년 상대등이 되자 이를 이유로 사임하였다.

헌덕왕과 흥덕왕의 계승관계에서 볼 때 김충공·김균정·김헌정 중에서 김충공이 두 왕의 동생으로서 가장 유력한 계승후보였으나, 흥덕왕 때에 사망하였고 사촌인 김헌정도 819년 무렵에 사망하였다. 김균정은 흥덕왕 사후에도 생존하고 있었으므로, 그의 정치적 기반이나 경륜을 보더라도 왕위계승의 유력한 후보였다.

다음 김제륭은 뚜렷한 관력이 보이지 않고 있으나, 그의 아버지 김헌정의 기록만 전하고 있다. 807년부터 810년까지 시중을 역임하였으며,[284] 813년경 건립된 신행선사비의 찬자로서 당의 衛尉卿과 신라의 國相·兵部令 겸 修城府令으로서 관등이 伊干 즉 이찬으로[285] 전하고 있다. 그 뒤 819년에 병으로 보행이 불가능하였다[286]고 하는 기록에서 볼 때, 그 후에 사망한 듯하다.

김균정과 김제륭 두 집단간의 갈등은 834년에 일어났다. 아-16과 아-12에 보듯이 아버지 균정이 상대등에 피임된 뒤 아들 우징은 시중직을 사퇴해

281) 동권10, 헌덕왕 4년 봄조 및 동왕 6년 8월조.
282) 동권10, 헌덕왕 14년 3월조.
283) 동권10, 흥덕왕 6년 정월조.
284) 동권10, 애장왕 8년 정월조 및 헌덕왕 2년 정월조.
285) 南東信, 「斷俗寺 神行禪師碑」『譯註 韓國古代金石文』Ⅲ, 가락국사적개발연구원, 17쪽, "皇唐衛尉卿 國相兵部令兼修城府令 伊干 金獻貞".
286) 『삼국사기』 권10, 신라본기10, 헌덕왕 11년 정월조.

김명이 대신 시중이 되었다. 앞서 언급했듯이 이러한 조치는 예영계 김균정 일파의 권력 강화에 대해 인겸계의 흥덕왕이 이를 견제하고자 조카 김명을 시중으로 임명하였다. 아-14의 기록과 같이 시중 김명과 아찬 이홍·배훤백 등이 김제륭을 받들었다고 하는 점이 주목된다. 김명 등의 세력은 당시 흥덕왕의 뒤를 이을 수 있는 세력 가운데 가장 강한 김균정 일파를 제압하기에는 역부족이었으므로, 일단 김제륭과 연합하였던 것이다.

위에서 살펴보았듯이 김명은 김제륭을 추대하였는데, 김제륭은 이렇다 할 정치적 기반이나 경륜이 드러나지 않는다. 김명 또한 젊은 나이였으므로, 세력 기반이 약하여 김균정 일파와 경쟁하기가 어려웠을 것이다. 흥덕왕이 사망한 직후 두 세력간에 전투가 전개되었을 때에 김균정이 "저들은 숫자가 많고 우리는 적어 막을 수 없는 형편이니 공은 물러나는 체하여 뒷날을 도모하시오!"[287]라고 하였듯이, 김제륭·김명 두 집단이 연합하여 김균정 일파를 제압하고 김제륭이 왕위에 올랐다. 왕실의 혈연관계의 친연성에서 볼 때 김제륭 즉 희강왕의 왕위계승은 김명보다는 멀었으나, 김명 등의 지원에 의해 방계로서 왕위를 계승한 것이다.

민애왕의 뒤를 이어 왕위를 계승한 왕족은 김우징 즉 신무왕이었는데, 관련 기록을 제시하면 다음과 같다.

> 아-17 희강왕 2년(837) 4월 … 阿湌 祐徵은 아버지 均貞이 살해되므로 원망하는 말을 했는데, 金明과 利弘 등은 이를 불쾌히 여겼다. 5월에 우징은 화가 미칠까 두려워하여 처자와 함께 黃山津 어귀로 달아나서 배를 타고 淸海鎭大使 弓福에게로 가서 의지했다. 6월에 균정의 매부인 아찬 禮徵은 아찬 良順과 함께 도망해가서 우징에게 의탁했다.[288]
>
> 아-18 閔哀王이 왕위에 올랐다. … 祐徵은 淸海鎭에 있다가 金明이 [僖康王의] 왕위를 빼앗았다는 말을 듣고 淸海鎭大使 弓福에게 말했다. "김명은 임금

287) 동권44, 열전4 김양전.
288) 동권10, 희강왕 2년조.

을 죽이고 스스로 왕위에 오르고, 利弘도 임금을 억울하게 죽였으니, 이 세상에 함께 살 수 없는 원수입니다. 장군의 군사에 의지하여 임금의 원수를 갚고 싶습니다." 궁복은 말했다. "옛사람은 '의로움을 보고도 실행하지 않는 것은 용기가 없는 것이다'고 했습니다. 내 비록 용렬하지만 명령대로 따르겠습니다." 드디어 군사 5천 명을 나누어서, 그 친구 鄭年에게 주면서 말했다. "자네가 아니면 능히 화란을 평정하지 못하네." 12월에 金陽은 平東將軍이 되어 閻長·章弁·鄭年·駱金·張建榮·李順行과 함께 군사를 거느리고 武州의 鐵冶縣에 이르렀다. 왕은 大監 金敏周를 시켜서 군사를 내어 맞아 싸우게 했으나, 김양은 낙금과 이순행을 보내어 기병 3천 명으로써 돌격하여 거의 다 죽이고 상하게 했다.

아-19 민애왕 2년(839) 윤정월, 밤낮으로 쉬지 않고 가서 19일에 達伐의 언덕에 이르렀다. 왕은 金陽의 군사가 온 것을 듣고 伊湌 大昕과 大阿湌 允璘·嶷勛 등에게 명하여 군사를 거느리고 이를 막게 했는데, 김양은 또 한 번 싸움에 크게 이기니 왕의 군사는 죽은 사람이 반이 넘었다. … 김양의 병사들은 왕을 찾아서 죽였다. 여러 신하들은 [왕의] 예로써 장사지내고, 시호를 閔哀라 했다.289)

아-20 開成 원년(836) 병진에 興德王이 돌아가시고, 물려받을 적장자가 없자 왕의 사촌동생 均貞과 다른 사촌동생의 아들 悌隆이 서로 왕위를 이어받고자 다투었다. 이때 金陽은 균정의 아들인 阿湌 祐徵과 균정의 매부인 徵均과 함께 균정을 받들어 왕으로 삼고 積板宮에 들어가 사병으로서 숙위케 하였다. 그때 제륭의 일당인 金明·利弘 등이 적판궁을 포위하였다. … 김양은 하늘을 향해 부르짖으며 해를 두고 복수를 맹세하고, 산야에 숨어서 때가 오기를 기다렸다. 開成 2년 8월에 전 시중 우징이 남은 병사를 수습하여 청해진으로 들어가 대사 弓福과 결탁하고 불구대천의 원수를 갚고자 하였다. 김양은 이 소식을 듣고 참모와 병졸들을 모집하여 [개성] 3년 2월에 청해진으로 가서 우징을 만나 함께 거사할 것을 모의하였다. 3월에 정예병 5천을 거느리고 武州를 습격하여 성 밑에 다다르니 고을 사람들이 모두 항복하였다. … 개성 4년 4월에 왕궁을 깨끗이 정리하고 시중 우징을 맞아들여 왕위에 오르게 하니, 이가 바로 神武王이다.290)

---

289) 이상 동권10, 민애왕본기.

이들 일련의 기록은 김우징이 신무왕으로 즉위하기까지의 과정을 서술하고 있다. 아-17에서 희강왕 때에 김우징은 아버지 김균정이 흥덕왕 사후 왕위에 오르려다가 김제륭·김명 일파에게 제압당하여 피살당한 것을 원망하여 여론을 끌어내려 하였으나, 김명·이홍 등에 의해 견제당하게 되자 청해진으로 피신하였다. 이와 같은 김우징의 행위가 있었음에도 김명 등에게 해를 입지 않은 점은 이채롭다. 아-20에 의하면 김균정 일파인 김양은 적판궁에서 들어가 김제륭·김명 일파와 싸우다가 중과부적으로 패배하여 포위망을 뚫고 나와서 한기부 저자로 도망하여 숨었으며, 나머지 무리도 모두 달아난 점이다.

희강왕·김명 등이 김우징에게 해를 입히지 않은 것은 신라 중앙정계의 여론을 의식한 것으로 보인다. 흥덕왕이 사망한 직후 김균성이 적판궁에서 왕으로 추대되었다고 한 것은 흥덕왕이 후계로 지목한 왕제인 선강태자 김충공이 사망하여 뚜렷한 후계자가 없었던 상황에서 국인의 추대를 받을 경우 김균정이 가장 유력했다고 생각된다. 흥덕왕의 후계자로서는 사촌동생인 김균정과 김헌정이 거론될 수 있으나, 김제륭의 아버지 김헌정은 819년 직후에 사망하였기 때문이다. 그러나 종질인 김제륭이 종숙부 김균정을 죽이고 왕위에 오른 것은 중앙정계의 여론으로 보면 그다지 신망을 얻지 못한 것으로 여겨지므로, 김균정의 아들이자 희강왕의 재종제인 김우징을 처벌하지 못하였을 것이다. 반면에 김우징 역시 아버지 김균정의 피살에 대한 부당함을 역설하였으나, 중앙정계의 여론을 환기시키지 못하게 되고 집권자들의 표적이 되자 청해진으로 피신하였던 것이다.

아-18·아-19·아-20에 의하면 남은 무리를 수습하여 청해진으로 피신한 이후 김우징은 김명이 희강왕을 몰아내고 민애왕으로 즉위하자 김양과 합세하여 거사를 도모하고, 장보고의 청해진 군대의 지원을 받아 정부군을 격파하고 왕경으로 진격하여 민애왕을 죽이고 신무왕으로 왕위에 올랐다.

---

290) 동권44, 열전4 김양전.

앞서 라-4에 의하면 김우징 즉 신무왕은 희강왕의 사촌동생이라 하여 같은 예영계임을 드러내고 있으나, 전왕인 민애왕과의 관계에 대해서는 언급이 없다. 아-18에서 김우징이 인겸계의 김명이 자신들이 옹립한 희강왕을 축출하고 민애왕으로 즉위한 것을 명분으로 반란을 일으키고 있다. 이를 인겸계와 예영계의 충돌로서 김우징의 타도대상은 희강왕이 아니라 민애왕으로 보는 견해도 있으나,[291] 이는 신무왕의 왕위계승이 재종간인 민애왕을 이었다기보다 사촌형인 희강왕을 이었다고 함으로써 왕위계승의 정당성을 확보하려는 것이다. 즉 민애왕의 왕위계승을 찬탈로 규정하여 신무왕의 왕위계승을 찬탈을 응징하는 반정으로 인식하게 한 것이다. 따라서 신무왕의 왕위계승은 예영계로 희강왕을 계승하는 것으로써 방계계승이라 규정할 수 있다.

그런데 『삼국사기』의 찬자는 신무왕 본기의 말미에 공자의 춘추필법을 예로 들면서 '김명은 희강왕을 죽이고 왕위에 올랐고, 우징은 민애왕을 죽이고 왕위에 올랐다. 지금 이러한 사실을 모두 기록하는 것도 또한 『춘추』의 뜻과 같은 것이다'라고 논찬을 달아[292] 민애왕과 신무왕의 즉위를 찬탈로 비판하여 희강왕을 제외하였다고는 하나, 희강왕의 왕위계승 역시 찬탈로 보아야 할 것이다. 그러면서도 왕위를 찬탈한 이들 세 왕의 왕위계승은 원성왕계 왕실 내부의 방계계승이므로 왕위계승의 원리를 벗어난 것은 아니라고 할 수 있다.

문성왕의 뒤를 이어 왕위를 계승한 왕족은 김의정 즉 헌안왕이었는데, 관련 기록을 제시하면 다음과 같다.

> 아-21 憲安王이 왕위에 올랐다. … 왕은 文聖王의 顧命을 받아 왕위에 올랐다. 죄수들을 대사하고, 伊湌 金安을 임명하여 上大等으로 삼았다.[293]

291) 최의광, 「新羅 下代 王位繼承 分爭과 國人」 『史叢』 75, 2012, 132쪽.
292) 『삼국사기』 권10, 신라본기10 신무왕 논찬조.

아-22 문성왕 19년(857) 9월에 왕은 병환이 났다. 이에 遺詔를 내려 말했다. "나는 미미한 자질로서 숭고한 지위에 처하여 위로는 하늘에 죄를 얻을까 두렵고, 아래로는 인심에 실망을 줄까 염려되어 아침저녁으로 두려워하고 근신함이 마치 깊은 못의 얇은 얼음을 건너는 것 같았다. … 돌아보건대 오직 舒弗邯 誼靖은 앞 임금의 손자요, 나의 숙부로서 효성과 우애가 있고 명민하고 관인하여, 오랫동안 재상의 자리에 있으면서 정사를 도왔으니, 위로는 종묘를 받들 만하고 아래로는 백성들을 어루만져 기를 만하다. 이에 무거운 짐을 풀어 어질고 덕이 있는 사람에게 이를 맡긴다.[294)]

김의정 즉 헌안왕이 왕위에 오르기 전의 행적은 잘 알 수 없으나, 당시에 활동한 金義琮·金義宗 혹은 金義正과 동일인이라는 견해가 있다.[295)] 이 견해에 따른다면 헌안왕은 즉위 이전에 흥덕왕 말년 836년에 사은 겸 숙위로 당에 갔다가 희강왕 때인 837년에 귀국하였고,[296)] 문성왕 때에는 840년부터 843년까지 시중을 역임하고[297)] 849년부터 857년까지 상대등으로 재직하다가[298)] 문성왕 사후 왕위에 오른 것으로 된다. 이는 아-32의 문성왕 유조의 내용에서 김의정의 지위를 古衡 즉 台輔라고[299)] 하여 재상의 지위에 있었다고 한 사실과 부합된다.

아-22의 문성왕의 유조에서 문성왕대에 어지러운 정국을 수습하고 세 차례에 걸쳐 일어난 반란을 진압하는 데[300)] 중요한 역할을 한 것으로 보인다.

---

293) 동권11, 헌안왕 즉위년조.

294) 동권11, 문성왕 19년조.

295) 李基東, 앞의 책, 1984, 169~171쪽. 한편 흥덕왕 말년인 836년에 당에 파견된 왕자 김의종을 흥덕왕의 왕자로 보는 견해가 있으나(이기백, 앞의 책, 1974, 179쪽 주 3) 참조), 흥덕왕이 아들이 없어 김균정과 김제륭의 왕위계승분쟁이 일어난 점을 염두에 두면 받아들이기 어렵다.

296) 『삼국사기』 권10, 신라본기10 흥덕왕 11년 정월조 및 동권11, 희강왕 2년 4월조.

297) 동권11, 문성왕 2년 정월조 및 동왕 5년 정월조.

298) 동권11, 문성왕 11년 정월조.

299) 이병도, 앞의 책, 을유문화사, 1996(개정판), 286쪽 주 12) 참조.

300) 『삼국사기』 권11, 신라본기11 문성왕본기에 의하면 3년 봄 일길찬 홍필의 모반,

김의정은 문성왕의 숙부로서 조카를 보필하여 정국을 안정시킴으로써 중앙 정계의 핵심인물로 존재하였던 것이다.

그런데 문성왕에게는 아들이 있었던 것으로 전해진다. 이름은 전해지지 않으나 문성왕 때인 847년에 왕태자가 되었다가 852년에 죽었다고 한다.[301] 그리고 아-21의 김안도 문성왕의 아들로 전해지고 있는데, 김안은 857년 헌안왕이 즉위하자 이찬으로서 상대등이 되어 862년 경문왕 초기에 김정으로 교체될 때까지 6년간 재임하였다.[302]

「신라경순왕전비」의 기록에 의하면 경순왕은 문성왕의 아들인 김안의 4세손이라 한 전승이 그것이다.[303] 이 비는 1814년 즉 조선후기 순조 때의 것이어서 신빙성에 문제가 제기되어 본비의 김안을 헌안왕 때 상대등으로 임명된 김안과 동명이인으로 보는 견해도 있다.[304] 김안이 문성왕의 적자가 아니거나 모계가 진골이 아니어서 왕위계승상의 골품제 규정에서 벗어났거나, 또는 다른 정치적 상황에 의해 왕위에 즉위하지 못하였다고 보는 견해도 있다.[305] 이와 같이 계보의 구체적인 분석이 없이 상대등이 되었던 김안이 왕위를 계승하지 못한 이유를 설명하기에는 부족한 것이다. 김안은 문성왕의 어느 왕비의 아들인가를 해명해야 할 것이다.

문성왕은 두 명의 왕비가 있었던 것으로 보아 842년에 왕비가 된 위흔 즉 김양의 딸[306]의 소생인가 아니면, 841년에 당으로부터 문성왕과 함께 책봉된 왕비 박씨[307]의 소생인가를 상정해 보아야 할 것이다. 김안이 김양의

8년 봄 장보고의 반란, 11년 9월 김식·대흔의 반란 등이 있었다.

301) 동권11, 문성왕 9년 8월조 및 동왕 14년 11월조.

302) 동권11, 헌안왕 즉위년조 및 경문왕 2년 정월조.

303) 「新羅敬順王殿碑文」『朝鮮金石總覽』 下, 조선총독부, 1919, 1264~1265쪽.

304) 李基東, 앞의 논문, 1980/앞의 책, 1984, 169쪽 주 85).

305) 金昌謙, 「新羅下代 孝恭王의 즉위와 非眞骨王의 왕위계승」『史學研究』 58·59합집, 1999, 427쪽.

306) 『삼국사기』 권11, 신라본기11 문성왕 4년조.

307) 동권11, 문성왕 3년조.

딸의 아들이라면 신무왕과 혼인한 842년에 태어나더라도 857년에 15세의 어린 나이로 이미 이찬으로서 상대등이 된다는 것은 무리하다. 문성왕의 첫 왕비 박씨의 소생이라면 김안은 30대에[308] 이찬으로서 상대등이 되었던 것으로 볼 수 있으므로, 김안의 어머니는 김양의 딸이 아니라 선비 박씨라고 할 수 있다. 선비 박씨가 당으로부터 책봉을 받았다고 하더라도 그의 아들 김안이 문성왕의 뒤를 이어 왕위에 오를 수 없었다고 할 수 있다. 원성왕 이래로 왕비 박씨의 소생이 왕위를 이은 것은 박씨 신덕왕이 처음인데, 뒤에서 자세히 언급하듯이 효공왕이 후사가 없어 신덕왕이 헌강왕의 사위로서 왕위를 이었던 것이다. 그 이전의 왕위계승에는 왕비 김씨의 소생이 왕위를 이었기 때문에 박씨 왕비의 소생인 김안은 왕위를 이을 수 없었던 것이므로, 문성왕은 유조를 내려 숙부인 김의정에게 왕위를 잇게 하였다.

이상에서 살펴본바 헌안왕의 왕위계승은 조카 문성왕이 김씨 왕비의 소생으로서 적자가 없어 왕의 유조에 의해 숙부로서 왕위를 이었으므로, 방계로서 왕위를 계승한 것이라고 생각된다.

헌강왕의 뒤를 이어 왕위를 계승한 왕족은 김황 즉 정강왕이었다. 진성여왕 때에 최치원이 찬술한 마-19의 「納旌節表」에 의하면 886년 헌강왕이 사망할 때에 아들 효공왕이 있었으나 돌이 되지 않았으므로,[309] 직계 적자가 왕위를 계승할 수 없어 왕의 동생 김황이 방계로서 왕위를 이어 정강왕이 되었던 것이다.

그런데 '臣의 남자 조카 嶢는 나서 아직 돌이 되지도 아니하므로 臣의 둘째형 晃이 임시로 나라를 통치했다'고 하여 정강왕의 왕위계승에 문제가 있는 것처럼 보이기도 한다. 즉 정강왕이 헌강왕의 뒤를 이어 왕위에 오른

---

308) 19세에 대아찬으로서 시중이 된 김명의 예로 볼 때 이전과 달리 신라 하대에는 왕족의 경우 관등의 승진이 빨랐을 것으로 보이지만, 그렇다 하더라도 김안이 이찬의 관등으로 상대등이 되는 나이는 적어도 30대에 이르러야 할 것이다.

309) 『삼국사기』 권11, 신라본기11 진성왕 즉위조 세주의 납정절표.

것이 비정상적인 것이었는지에 대한 검토가 필요하다.

895년에 진성여왕은 헌강왕의 적자 김요를 태자로 책봉하였고,[310] 897년에 태자 김요에게 양위하였다.[311] 「納旌節表」의 작성 시기에 대해서는 진성여왕 9년(895)에서 11년(897) 사이로 추정되고 있으나,[312] 필자는 897년 당에 진성여왕이 효공왕에게 양위함을 알리는 「讓位表」를 올리면서 당에서 준 정절을 반납하는 「納旌節表」도 함께 올린 것으로 생각한다. 진성여왕은 김요가 헌강왕의 적자임을 알리고 왕위를 물려주기 위한 목적에서 헌강왕 사후 정강왕과 자신이 왕위에 오른 것을 임시적인 것으로 치부하였던 것이다. 정강왕이 헌강왕의 동생으로서 왕위에 오른 것은 적자가 아닌 왕의 동생 즉 방계로서 계승한 것이므로, 임시적이라고 볼 수 없다.

경명왕의 뒤를 이어 왕위를 계승한 왕족은 박위응 즉 경애왕이었는데, 관련 기록을 제시하면 다음과 같다.

아-23 景明王 원년(917) 8월 왕의 동생 伊飡 魏膺을 上大等으로 삼고, 大阿飡 裕廉을 侍中으로 삼았다.[313]

아-24 동왕 3년 上大等 金成을 角飡으로 삼고, 侍中 彦邕을 沙飡으로 삼았다.[314]

310) 동권11, 진성왕 9년 10월조.

311) 동권11, 진성왕 11년 6월조.

312) 전기웅, 앞의 논문, 2006/앞의 책, 2010, 195쪽.

313) 『삼국사기』 권12, 신라본기12 경명왕 원년조.

314) 동권12, 경명왕 3년조. 기록상으로는 상대등 김성을 각찬[이벌찬]으로 삼고, 시중 언옹을 사찬으로 삼았다고 하였으나, 이는 의문이다. 먼저 김성은 906년에 파진찬으로 상대등이 되어 신덕왕이 즉위하면서 계강으로 바뀌었음에서 906년에서 919년 사이에 파진찬에서 여러 번 승진하여 이벌찬이 된 것이고, 경명왕 원년(917)에 왕의 아우 박위응을 상대등이 되었다가 919년에 물러나고 김성이 다시 상대등이 된 것이라 생각한다. 다음 언옹이 시중으로 재임하면서 사찬으로 승진하였다고 한 점은 언옹이 시중이 된 적이 없는데 시중이라 칭하였음은 2년만에 김유렴과 교체되어 시중이 된 것이며(李基白, 「新羅 下代의 執事省」, 앞의 책, 1974, 177쪽 표 가), 시중의 관등이 대아찬에서 이찬까지임에서 언옹은 사찬이 아니라 이찬이었을 것이다(이병도, 앞의 책, 1996(개정판), 310쪽 주 21). 따라서 일반적으로 『삼국사기』에 관리 임면기사는

아-25 동왕 4년(920) 정월 왕이 高麗 太祖와 서로 사신을 교환하여 빙문하고 우호를 닦았다.[315)]

아-26 同光 원년(923) 11월 경오일 新羅王 金朴英이 사신을 보내어 방물을 바쳤다.[316)]

앞 절 바-4에 의하면 경애왕은 경명왕의 아우로서 왕위에 올랐는데, 경명왕이 아들이 있었는지의 여부는 기록에 전하지 않고 있다. 아들이 없어 아우에게 왕위가 이어졌다면 국인이 추대했다고 기록되어 있는 것이 일반적이지만, 이마저도 기록되어 있지 않았다. 아-23에 보이듯이 경명왕은 즉위 직후에 동복동생 박위응을 상대등으로 삼았는데, 이로 미루어 보아 아들이 없어 태자를 책봉하지 않고 박위응을 정치권력의 핵심에 두어 후계구도를 마련한 것으로 생각된다. 한편으로 효종의 조카이자 김부의 사촌동생인 대아찬 김유렴을 시중으로 등용하였는데, 이 점은 경명왕대의 불안정한 왕권을 보완하고자 김효종 세력과 제휴한 것이다.

그러나 이듬해에 일길찬 현승의 반란이 일어나고[317)] 그 다음해에 김성과 언옹을 각기 각간과 시중으로 새로 임명한 것을 보면, 불안정한 왕권을 보완하기 위한 것이 아닌가 한다. 이때 왕의 동생 박위응이 상대등에서 물러난 것은 후계 왕이 되기 위한 준비에 착수한 것으로 생각되며, 이듬해에는 918년에 건국한 고려와 수교하여 후백제의 위협에 대비하였다(아-25). 특히 주목할 점은 923년에 후당에 사신을 보내었는데 경명왕의 이름이 박승영임에도 자신을 김박영이라고 호칭한 점이다. 경명왕이 성씨를 박씨가 아니라

'관등+인명+爲+관직[또는 관등]'임에서 보아 해당기사의 '以上大等金成爲角湌 侍中彦邕爲沙湌'은 '以角湌金成爲上大等 沙湌[伊湌]彦邕爲侍中'이라고 서술해야 타당하다(전기웅, 앞의 논문, 2008/앞의 책, 243쪽).

315) 동권12, 경명왕 4년조.

316) 『구오대사』 권30, 唐書6 장종 동광 원년조 ; 『신오대사』 권5, 唐本紀5 장종 동광 원년조.

317) 『삼국사기』 권12, 신라본기12 경명왕 2년 2월조.

김씨라고 한 것은 기존의 신라왕실이 김씨임을 그대로 내세워 신라 내부의 안정이 지속되고 있음을 대외적으로 알리려 한 것에 불과하다.

이와 같이 대내외적으로 일련의 정치 행위는 새로이 등장한 박씨왕가의 유지와 안정을 위한 것이었으며, 이러한 과정 속에서 경애왕이 방계로서 왕위를 계승하였다.

3) 여서계승

헌안왕의 뒤를 이어 왕위를 계승한 왕족은 김응렴 즉 경문왕이었는데, 관련 기록을 제시하면 다음과 같다.

자-1 헌안왕 5년(861) 정월 임금이 병으로 누워 위독해지자 측근들에게 말하였다. "과인은 불행하게도 아들이 없이 딸만 두었다. 우리나라 옛 일에 善德과 眞德 두 여왕이 있었지만, 이는 암탉이 새벽을 알리는 것과 가까운 일이라 본받을 수는 없다. 사위 膺廉은 나이가 비록 어리지만 노련한 덕성을 갖추고 있다. 그대들이 그를 임금으로 세워 섬긴다면 반드시 祖宗의 훌륭한 후계자를 잃지 않을 것이요, 내가 죽은 이후에도 나라에 해로운 일이 없을 것이다." 이달 29일에 임금이 돌아가셨다. 諡號를 憲安이라 하고, 孔雀趾에 장사 지냈다.[318)]

자-2 咸通 12년(871) 가을에 (왕께서는) 大師에게 교서를 급히 보내어 사람을 시켜 부르면서 말하기를 "산림을 어째서 가까이 하시면서 都城은 멀리하십니까?"라고 하였다. … 先大王께서는 면복 차림으로 절을 하여 王師로 삼았고, 君夫人과 세자, 그리고 왕의 동생이신 相國과 여러 왕자, 왕손들이 빙 둘러싸고 한결같이 우러렀는데 마치 옛날 가람의 벽 그림에 서역의 여러 왕들이 부처님을 모시고 있는 모습과 비슷하였다.[319)]

---

318) 동권11, 헌안왕 5년조.

319) 崔鉛植, 「聖住寺址朗慧和尙白月寶光塔碑」『譯註 韓國古代金石文』Ⅲ, 가락국사적개발연구원, 1992, 133~134쪽.

앞 절에서 살펴보았듯이 경문왕은 희강왕의 손자이며 김계명의 아들이다. 김계명은 파진찬으로 848년에 집사성 시중이 되었으며 861년에 아들 경문왕이 즉위하기 이전까지 약 14년간 재임하였다.320) 헌안왕 사후에 김계명이 왕위에 오를 수 없었던 것은 헌정계와 균정계 사이에 일어난 왕위계승분쟁 때문이었다. 또한 흥덕왕 사후 희강왕－민애왕－신무왕 3대에 걸친 내란으로 왕실의 권위가 추락하고 중앙정계의 불안을 해소하기 위해 문성왕 이후 평화로운 왕위계승을 추구해 왔으므로, 헌안왕도 왕위를 물려줄 인물을 물색하였던 것이다. 한편으로 헌안왕은 왕실 내부의 문제를 해결하고자 하였는데, 그것은 다름 아닌 두 딸의 장래 문제였다. 앞서 마-2와 마-3의 기록에서 보듯이 경문왕은 헌안왕의 두 딸 가운데 둘째딸에게 마음이 있었지만, 첫째딸에게 장가를 들었다고 하였다.

그러나 당시의 금석문을 통해 보면 이는 잘못이다. 마-7의 『개선사석등기』에 의하면 868년에 경문대왕과 문의황후와 맏공주 즉 진성여왕이 주관하여 개선사의 석등을 건립한 내용을 서술하고 있는데, 경문왕의 왕비를 문의황후라고 표기하고 있다. 반면에 자-2의 『낭혜화상비』에 의하면 871년에 경문왕이 낭혜화상을 스승으로 삼는 행사에 세자 등의 왕족들과 함께 참여한 왕족 가운데 '君夫人'이 등장한다. 군부인은 870년에 첫째 왕비 문의황후 즉 영화부인은 사망하였으므로,321) 경문왕의 첫째 왕비인 문의황후가 아니라 차비이다. 첫째 왕비 문의황후와의 사이에 헌강왕 정강왕 진성여왕 등을 낳은 반면에, 차비의 경우 자식이 없었던 것이다.

만약에 경문왕이 마음에 두었던 둘째 공주와 혼인하였다면, 자식을 낳을 수 없어 경덕왕과 같이 될 위험이 있었다. 경덕왕의 예와 같이 아들을 낳기

---

320) 『삼국사기』 권11, 신라본기11 문성왕 10년 여름조. 그 다음 시중의 교체가 14년 뒤인 862년에 있었는데(동권11, 경문왕 2년 정월조), 계명의 아들 응렴이 헌안왕을 이어 861년에 왕위를 계승함에 따라 시중에서 물러난 것으로 볼 수 있을 것이다.

321) 동권11, 경문왕 10년 5월조.

위해 부탁한 표훈 대덕이 딸은 가능하나 아들을 낳을 수 없다고 한 예언을 저버리고 굳이 아들 혜공왕을 낳았으나,[322] 외척에게 둘러싸여 정사를 소홀히 하고 외척의 전횡으로 내란이 일어나 중대 왕통이 무너지는 문제가 야기되었다. 이와 달리 경문왕은 헌안왕의 요청과 같이 첫째 공주와 혼인하여 왕실을 안정시킬 수 있었던 것이다.

경문왕의 계보를 살펴볼 때 헌안왕은 예영의 아들인 김균정의 아들로서 예영의 손자이다. 경문왕은 예영의 손자인 희강왕의 손자이고 희강왕과 헌안왕이 사촌간이므로, 경문왕은 재종조부인 헌안왕의 부마가 된 것이다. 즉 경문왕은 헌안왕의 딸과 재종고모와 재종질의 관계로 혼인한 것이다. 자-1에서 보듯이 경문왕은 헌안왕의 부마가 되어 그 뒤를 이어 즉위하였으므로 여서계승이다.

다음으로 효공왕의 뒤를 이어 왕위를 계승한 인물은 박경휘 즉 신덕왕이었다.

앞 절에서 살펴보았듯이 신덕왕은 효공왕이 아들이 없이 사망하자 국인들의 추대로 왕위에 올랐으나, 왕위계승 원리에서 보면 이는 헌강왕의 사위로서 왕위를 계승한 것이다. 기록상으로 볼 때 당시 정강왕이나 진성여왕은 아들이나 사위가 없었으며, 헌강왕의 사위로서 김효종과 박경휘가 있어 이들은 아들이 없던 효공왕 다음의 후계자라고 할 수 있다.

먼저 문성왕의 후손인 화랑 김효종은 효녀 지은이 홀어머니의 봉양을 위해 부잣집에 노비가 된 것을 구해준 미담이 인연이 되어 진성여왕의 질녀, 즉 헌강왕의 딸 계아부인을 아내로 맞이하게 되었으며,[323] 효공왕대인 902년에 대아찬으로서 집사성의 시중이 되었다.[324] 박경휘는 헌강왕의 사위라는 것 외에 이렇다 할 경력이 없다. 한 개인의 경력에 한정해 보면 왕위를

322) 『삼국유사』 권2, 기이2 경덕왕 충담사 표훈대덕조.
323) 『삼국사기』 권48, 열전8 효녀 지은전 및 『삼국유사』 권5, 효선9 빈녀양모조.
324) 동권12, 효공왕 6년 3월조.

계승할 수 있는 정치적 기반은 김효종이 유리하였다.

그 다음으로 두 사람의 가문을 헌강왕대 이후부터 비교해 보면 다음과 같다.

먼저 김효종의 가문을 살펴보겠다. 할아버지 김민공은 이찬으로서 880년에 예겸의 후임으로 시중에 임명되었고, 886년에 준흥이 시중에 임명될 때까지 6년 6개월 동안 재임하였다는[325] 것과 아버지 김인경은 서발한으로 제3재상을 지냈다는 것 외에 이렇다 할 경력은 보이지 않는다.

이어 박경휘의 가문을 살펴보겠다. 친부 박문원은 관등이 이찬에 이르렀다는 것 외에 이렇다 할 경력은 보이지 않으나, 의부 김예겸은 875년에 대아찬으로서 시중에 임명되어 5년만인 880년에 시중직에서 물러났다.[326] 특히 그의 딸은 899년에 효공왕의 비가 되었다고[327] 함에서 효공왕대에 이르러 김예겸은 어린 왕의 장인으로서 정치적인 실권을 장악하였음을 알 수 있다. 그리고 효공왕 전후에 상대등이나 시중을 지낸 계강·김성·준흥 등이 박경휘를 지지하고 있었다.[328]

더욱이 박경휘 가문은 같은 박씨와 혼인을 맺어 세력을 결집하였다. 『신당서』에 의하면 '그 족속은 제1골과 제2골이라 불러 스스로 구별하며 형제·자매·고종·이종 모두가 장가들어 처로 삼는다. 왕족은 제1골이고 아내 또한 그 족속이며 낳은 아들은 모두 제1골이 되어 제2골의 여자를 아내삼지 않는다. 왕성은 김씨이고 귀인의 성은 박씨이다'[329]라고 전하고 있다. 따라서 박경휘는 전왕인 효공왕대에 이르러 권력의 핵심에 있었으며, 이를 기반으로 헌강왕의 여서로서 효공왕을 이어 왕위에 오르게 되었던 것이다.

경애왕의 뒤를 이어 왕위를 계승한 왕족은 김부 즉 경순왕이었는데, 관련

325) 동권11, 헌강왕 6년 2월조 및 정강왕 원년 8월조.
326) 동권11, 헌강왕 원년 및 동왕 6년 2월조.
327) 동권12, 효공왕 3년 3월조.
328) 전기웅, 앞의 논문, 2008/앞의 책, 239쪽 및 243쪽.
329) 『신당서』 권220, 동이전 신라전.

기록을 제시하면 다음과 같다.

자-3 景哀王 4년 9월 甄萱이 高鬱府에서 우리 군대를 공격하니, 왕이 太祖에게 구원을 요청하였다. 태조가 장군에게 명령하여 굳센 병사 1만을 내어 가서 구원하게 하였다. 견훤은 구원병이 아직 도착하지 않은 겨울 11월에 서울을 습격하였다. 이때 임금은 왕비, 후궁 및 친척들과 함께 鮑石亭에서 연회를 베풀어 즐기고 있었기 때문에 적병이 오는 것을 모르고 있다가 갑자기 어찌할 줄을 몰랐다. … 왕이 왕비와 첩 몇 사람과 후궁에 있다가 군영으로 잡혀오니, 견훤은 왕을 핍박하여 자살하게 하고 왕비를 강간하고, 그의 부하들에게 비와 첩들을 강간하게 하였다. 이어서 임금의 친척 동생에게 임시로 나라 일을 맡게 하였다. 그가 바로 敬順王이다.[330]

자-4 (927) 12월 어느 날에 [고려] 太祖에게 편지를 보냈는데, 다음과 같았다. "지난번에 [신라의] 國相 金雄廉 등이 장차 그대[태조]를 불러 서울에 들어오도록 하려고 한 것은 마치 작은 자라가 큰 자라의 울음에 응답하는 것 같고, 이는 종달새가 송골매의 날개를 걸치려고 한 것이니 반드시 산 백성들을 도탄에 빠지게 하고, 종묘와 사직을 폐허로 만든 것이었소. 내가 이런 까닭으로 먼저 祖逖의 채찍을 잡고, 홀로 韓鉞을 휘둘렀소. 모든 신료들에게 밝은 해를 두고 맹서하였고, 6부를 바른 가르침으로써 타일렀는데, 뜻밖에 간신들은 달아나 숨고, 임금께서 돌아가시는 변이 있었습니다. 드디어 景明王의 表弟[외사촌]이고, 獻康王의 외손을 받들어 권하여 왕위에 오르게 하였으니 위태로운 나라를 구원하고, 임금을 잃었으나 [새] 임금을 세운 일이 이번에 있었던 것이오.[331]

앞 절에서 살펴보았듯이 김부는 문성왕의 후손으로 헌강왕의 사위 김효종의 아들이었는데, 후백제 견훤이 경애왕을 죽이고 김부를 신라국왕으로 삼았다고 한다. 자-3에 드러난 바에 의하면 견훤이 신라 왕도를 침공한 이유는 920년 이후부터 신라가 고려와 화친을 맺고 후백제를 적대시한 점에 있었다.

---

330) 『삼국사기』 권12, 신라본기12 경순왕 즉위조.

331) 동권50, 열전50 견훤전.

그런데 신라국왕을 죽인 이유는 무엇인가. 자-4에서 종묘와 사직을 폐허로 만든 간사한 무리를 제거하였다고 하는데, 이와 같이 표현한 것은 김씨왕통으로 계승되어온 신라왕통이 신덕왕 이후 박씨가 신라국왕이 됨으로써 종묘와 사직이 폐허가 되었다고 주장하고 있는 것이다. 이는 박씨 신덕왕이 헌강왕의 부마로서 왕위를 3대로 소위 '朴氏三王'이 이었다고 하더라도, 박씨가 왕위계승권을 가지고 있지 않았음을 방증해 주고 있다. 견훤은 신라왕통에서 박씨왕가를 축출하고 김부를 세워 김씨왕통으로 회복시키고자 한 것이며, 이로 인해 신라의 민심을 고려에서 후백제로 돌리려고 한 것이 아닌가 생각된다.

박씨 3왕의 시기에 한정하여 살펴볼 때 김효종 일파는 김부의 사촌동생 김유렴이 917년에서 919년 2년 동안 시중을 지낸 이후 정계에 등장하지 않았던 것처럼 보인다. 김부가 박씨 죽방부인과 혼인한 점을 보면 박씨왕실이 김효종 일파와 정치적으로 단절한 것은 아니었다. 자-4에서 김부를 경명왕의 외사촌이라 한 점에서도 혈연관계를 유지하고 있었으며, 김웅렴이 경애왕 때에 상대등이나 시중이 아니더라도 국상 즉 재상[332]으로서 존재하고 있었던 점에서 여전히 중앙정계에서 일정한 권력을 유지하고 있었던 것으로 볼 수 있다.

김부를 헌강왕의 외손이라고 한 점을 염두에 두면 견훤은 박씨왕가를 제거하고 헌강왕계의 김씨왕가로 환원시키고자 하였음을 알 수 있으며, 이는 견훤만의 신라왕통 인식이라 할 수 없다. 이제 김부의 계승에 대해 살펴보겠다. 우선 문성왕의 후손이라는 점에서 보면 방계계승이라고도 볼 수 있으나, 견훤이 말한 바와 같이 김부의 아버지가 헌강왕의 사위라는 측면이 왕위계승에 유리한 것으로 보이므로 여서적 계승이라 할 수 있다.

332) 木村誠, 앞의 책, 2004, 246쪽.

4) 여왕계승

정강왕의 뒤를 이어 왕위를 계승한 왕족은 김만 즉 진성여왕이었는데, 관련 기록을 제시하면 다음과 같다.

> 차-1 定康王 2년(887) 5월 왕은 병이 들어 侍中 俊興에 말하기를 "나의 병이 위독하니, 반드시 다시는 일어나지 못할 것이다. 불행히도 계승할 아들이 없지만, 내 누이 曼은 자질이 명민하고 골상이 장부와 같이 닮았으니 경들은 마땅히 善德女王과 眞德女王의 고사를 본받아 [왕으로] 세우는 것이 옳을 것이다."[333]

진성여왕은 경문왕의 딸로서 헌강왕 정강왕을 이어 왕위에 올라 중고시기의 선덕여왕 진덕여왕과 함께 신라 왕위계승 상에서 세 번째의 여왕이었다. 진성여왕의 즉위에 대해 모계제의 강한 잔존으로 보기도 하지만,[334] 경문왕가의 혈통의식의 소산으로 보거나[335] 그러나 하대 당시에 여왕계승에 대한 상반된 인식을 어떻게 이해할 것인가를 염두에 두고 살펴보아야 할 것이다.

앞의 자-1에서 보듯이 헌안왕이 중고기 두 여왕의 왕위계승에 대해 부정적으로 인식하고 사위에게 왕위를 물려주려고 하였는데, 당시 두 여왕의 치세에 나라에 해로운 일 즉 삼국간의 항쟁 속에 위기가 있었음을 지적하고 있는 것이다. 이에 비해 차-1에서 말하듯이 중고기 두 여왕의 고사를 본받아 누이 진성여왕을 후계로 세우려 하였는데, 누이가 여성이라기보다는 골상이 장부와 같음을 언급한 점은 여성을 후계로 내세운다는 것으로 보기 힘들다.

진성여왕의 왕위계승에 대해 헌강왕계의 왕실을 유지하기 위해 경문왕의 동생 위홍의 왕위계승을 막고 헌강왕의 아들인 어린 김요 즉 효공왕이 성장한 이후에 즉위시키기 위한 임시방편이라 해석하기도 한다.[336] 그러나 경문왕의

---

333) 『삼국사기』 권11, 신라본기11 정강왕 2년조.

334) 申瀅植, 「新羅王位繼承考」 『柳洪烈博士 華甲紀念論叢』, 탐구당, 1971, 82쪽.

335) 全基雄, 「新羅 下代末의 政治社會와 景文王家」 『釜山史學』 16, 1989, 11~12쪽.

동생인 위홍은 이미 왕위계승 후보에서 멀어진 인물이므로, 조카 문성왕의 고명에 의해 왕위에 오른 헌안왕의 예와 같이 특별한 사유가 없이는 왕위를 물려받을 수 없다. 875년에 상대등이 되었던[337] 위홍이 887년에 죽자[338] 정치 기강이 갑자기 문란해진 사실에서 보아 위홍은 왕실의 원로로서의 위상이 있었을 뿐이다.

정강왕이 사망한 이후 왕위를 계승할 수 있는 인물로는 헌강왕의 사위인 김효종과 박경휘 등이 있었다. 헌강왕의 사위가 두 명이나 있음에도 진성여왕이 정강왕을 이어 왕위를 계승한 것은 신라 왕위계승의 원리를 파기한 것이나 다름없었던 것이다. 진성여왕 이전에는 신라 중앙정계에서 주로 반란이 일어났으나, 진성여왕대에 이르러 드디어 이로 인해 전국적인 반란이 일어나 후삼국이 정립하는 상황으로 급변하였다. 이는 신라의 왕위계승 상에서 여왕계승이 그 원리를 깨뜨린 것으로 보았던 것이다.

선덕여왕 때에도 그러하였듯이, 이러한 비정상적인 왕위계승은 신라국왕의 권위가 추락하고 중앙의 정치질서를 무너뜨리게 되어 전국에 도적이 봉기하고 호족이 독자적인 세력으로 대두하는 등 후삼국의 대립 상황으로 정세가 급격하게 변화하게 되었던 것이다.

위의 기록에 의하면 정강왕이 진성여왕의 자질을 들어 신하들에게 후계로 삼을 것을 고명하고 있으나, 이는 왕위계승의 원리에 어긋나는 조처이다. 선덕여왕과 진덕여왕이 왕위를 계승한 것에 근거하여 진성여왕을 국왕으로 지목하여 그 뒤를 이은 왕족은 탈법이라 할 수 있다. 앞에서 검토했듯이 중고 말기 당시에는 성골 신분의 남자가 소멸되어 두 여왕이 왕위를 계승하였지만, 이 또한 탈법이며 비정상적인 것이었다. 당시 無子였던 정강왕의 뒤를

336) 李培鎔, 「新羅 下代 王位繼承과 眞聖女王」 『千寬宇先生還曆紀念 韓國史學論叢』, 정음문화사, 1985, 350쪽.

337) 『삼국사기』 권11, 신라본기11 헌강왕 1년조.

338) 동권11, 진성왕 2년 2월조.

이어 왕위를 계승할 수 있는 인물은 진성여왕보다는 <표 14>에 보이듯이 헌강왕의 부마인 신덕왕과 효종이 있었으므로 여왕보다는 이들의 즉위가 계승원리에 합당하다. 그러나 신덕왕은 박씨여서 왕이 될 수 없으므로, 효종이 왕위에 올라야 계승원리에 합당한 것이었다. 다시 말하면 박씨가 3대에 걸쳐 왕위에 오름으로 인해 신라 왕권의 위상은 완전히 실추되어 후삼국으로의 분립은 확고해져 버렸던 것이다.

Ⅷ. 결론

지금까지 6장에 걸쳐 신라 왕위계승의 원리에 대하여 추구하였다. 신라의 왕위계승 원리에 대해 정리하기에 앞서 왕통의 구성에 대해 언급하기로 하겠다.

잘 알려져 있다시피 신라의 왕통은 박·석·김 삼성으로 구성되어 있었고, 초기의 상고 왕실세계의 기년에 대해서는 많은 논란이 진행되어 왔다. 신라 상고 왕실세계의 기년에 대해 허구론 수정론 긍정론이 제시되어 있으나, 필자는 수정론의 입장을 견지하고 있다. 여러 차례에 걸쳐 밝혀 왔듯이 신라 상고 왕실세계의 기년에 대한 문제는 『삼국사기』 신라본기의 5세기 이전 즉 내물왕까지의 소위 초기기록의 사료적 가치에 대한 신빙성 여부 문제와 직결되어 있다. 그 중에서 대외관계기사는 당시의 사실이 아니라 6세기 전후의 사실로 이루어져 있으며, 왕실계보기사와 소국정복기사는 신라 상고 왕실세계의 기년과 결부시켜 수정론의 연대관에 맞추어 그 당시의 사실로 믿을 수 있다.

필자의 수정론에 입각하면 신라 상고 왕실세계의 기년은 3세기 전반에서 시작되어 박씨왕통과 석씨왕통이 병립되어 있고 박씨왕통을 이은 김씨왕통이 5세기 초반까지 석씨왕통과 병립하다가 눌지왕의 자립 이후 석씨왕통이 소멸되었으며, 이로써 김씨왕통으로 신라왕통이 통합되었던 것으로 보고 있다.

이사금시기는 박씨왕통과 석씨왕통이 병립한 단계였다. 박·석 두 왕통의 병립설로 본 이유는 다음과 같다. 먼저 순선이 지마왕 2년(113) 급찬에 임명된 후 유례왕 14년(297) 사찬으로 승진하고 있어 연대상으로는 184년의 차이가 있다. 두 기록의 연대 차이 가운데 180년 즉 3갑자를 무시하면 4년의 차이가 나게 되는 셈이다. 다음은 익종이 지마왕 10년(121) 이찬에 임명된 후 첨해왕 9년(255)에 이벌찬으로 되어 있는데, 이들 기록 사이에는 134년의 차이가 난다. 두 기록의 연대 차이 가운데 120년 즉 2갑자를 무시하면 14년의 차이가 나게 되는 셈이다. 이러한 현상은 단순한 오류가 아니라, 신라왕통의 기년 편성과정에서 일어난 중대한 실수로 여겨진다. 다시 말하면 두 왕통은 원래 병립하고 있었음을 말해주는 것이다.

또 한 가지 언급해야 할 것은 박씨왕통의 왕위계승 중간에 석씨 탈해왕이 끼어져 있고, 석씨왕통의 왕위계승 중간에 김씨 미추왕이 끼어져 있다. 이들 두 왕의 경우 부자나 조손간의 연대 차이가 현격하게 나타나는 문제를 안고 있다. 먼저 탈해왕(재위 : 서기 57~80)과 손자 벌휴왕(재위 : 184~196)의 재위기간의 연대 차이가 120년 정도가 된다. 다음 미추왕(재위 : 262~284)과 조카 내물왕(재위 : 356~402)의 재위기간의 연대 차이가 94년 정도가 되며, 구도(활동 : 172~185)－미추왕－내물왕 사이의 연대 차이는 각각 90년 정도가 된다. 즉 탈해왕은 벌휴왕 앞에 두어야 하며 미추왕은 아도의 신라 입국을 근거로 하여 내물왕 재위 전반기(수정 재위기간 : 356~378)에 두어야 한다. 이는 통일기에 이르러 신라왕통의 기년 편성과정에서 병립적인 왕통을 일원적으로 편성하고자 하였던 의도가 내포되어 있었던 것이다.

박씨왕통은 경주 사로국의 왕통이며, 석씨왕통은 울산 우시산국의 왕통이다. 4세기 중엽에 김씨왕통은 박씨왕통을 이어 등장하였으며, 5세기 초반 석씨왕통을 통합한 이후 마립간을 칭하였다. 이후 김씨왕통은 중고시기와 중대시기까지 이어졌으며, 하대 말기에 박씨왕통이 재등장하였다가 김씨왕통으로 환원되고 935년 고려에 병합됨으로써 신라의 왕통은 소멸되었다.

이와 같이 신라의 왕통은 삼성왕통으로 병립되기도 하고 통합되기도 하며 김씨왕통 내부에서도 내물왕계 지증왕계 무열왕계 원성왕계로 많은 변화를 거쳤다. 구체적으로 말하면 삼성왕통의 내부에서 여러 왕계가 존재하였다.

먼저 박씨왕통의 경우이다. 혁거세왕과 남해왕은 거서간과 차차웅의 왕호가 『삼국지』 위지동이전 한전의 군장과 천군과 같은 의미이며, 후대의 금석문에 보이는 매금왕과 갈문왕이라는 칭호와도 맥락을 같이 하고 있어 흥미로웠다. 이는 신라왕권의 전통을 나타내는 것이므로, 특정 왕의 칭호가 아니라 3세기 이전부터 사로국 등 삼한 소국들의 지배자의 구성상 특징을 보이는 것이라 할 수 있다. 기록상으로 전해지는 사로국의 실재한 왕은 유리왕부터였다. 다시 말하면 유리왕 이전부터 사로국의 수많은 지배자들은 존재해 왔던 것이다.

박씨왕통에서 유리왕 때부터 계보상의 혼란이 있었던 것도 위와 같은 상황에서 나온 것이다. 박씨왕족 내부에 서로 경쟁관계가 있었으므로, 왕실은 유리왕계와 일지갈문왕계로 나누어졌다. 이들 집단 가운데 유리왕은 다른 나라의 사요왕과 혼인관계를 맺어 세력을 연계함으로써 사로국의 왕이 되었다. 이후 유리왕계와 일지갈문왕계는 서로 협력하거나 경쟁하면서 왕통을 유지해 갔다.

다음 석씨왕통의 경우이다. 석씨 시조 탈해왕은 경주와 울산 경계지역인 한지를 지배 기반으로 삼고 우시산국을 병합하여 세력을 확대하였으며, 사로국과 협력하거나 경쟁하여 4세기 신라국가 건설의 일익을 담당하였다. 눌지왕의 자립 이후 왕통이 소멸되었으나, 신라가 삼국을 통일한 후에 박·김 두 왕통과 함께 삼성왕통으로 편입되었다. 벌휴왕 이후 왕계는 아들 골정계와 이매계로 분화되었다.

김씨왕통의 경우 4세기에서 10세기에 걸쳐 존속하였으므로, 왕계는 매우 복잡하게 분화되었다. 4세기 중엽에 박씨왕통을 이어 등장한 김씨왕통은 미추왕 이후 내물왕계와 실성왕계로 분화하여 경쟁하게 되었으나, 눌지왕의 자립 이후 내물왕계가 존속한 이래로 지속되었다. 전반적으로 보면 김씨왕통은 내물왕계를 표방해 갔던 것이다.

마립간시기 말기에 내물왕 직계에서 방계로 변화하여 지증왕계가 중고의 왕통을 열었는데, 법흥왕 이후 진흥왕계가 분화되었다. 진덕여왕 이후 성골왕통이 소멸되고 진지왕의 적손인 무열왕이 중대의 왕통을 열었다. 무열왕계는 다시 성덕왕계로 분화되었는데, 이는 이후의 왕실에서 성덕왕 추숭정책을 추진한 점에서 알 수 있다. 경덕왕 이후 외척이 발호하자 이에 범진골귀족이 반발하여 중대 무열왕계의 왕통을 무너뜨리고 원성왕이 하대의 왕통을 열었다. 하대 초기에 원성왕의 후계가 확립되지 못하자 왕위계승 쟁탈전이 벌어졌으나, 신무왕 이후 쟁탈전이 사라졌고 경문왕계가 성립되어 갔다.

본론에서 살펴본 왕위계승은 기본적으로 직계계승 내지 적지계승을 비롯하여 방계계승과 여서계승이라는 세 가지 원리로서 전개되었다. 예외적으로는 여왕계승도 이루어졌다.

첫째, 직계계승이다. 아버지에서 적자 가운데 어느 아들로 왕위가 계승되거나, 또는 아들이 일찍 죽고 없는 할아버지에서 적손 가운데 어느 손자로 왕위가 이어지는 것이다. 아버지에서 정실부인인 왕비의 소생인 아들로 왕위가 계승되는 것이 정상적인 직계의 왕위계승이지만, 국왕이 적자의 아들이 없는 경우 적손이 왕위를 잇는 것도 직계계승이라 할 수 있다. 이와 같이 정상적인 왕위계승을 적자계승이라 하지 않고 직계계승이라 규정한 것은 조손관계로서 왕위가 이어지는 경우가 상당수 있기 때문이다.

박씨왕통과 석씨왕통이 병립하고 있었던 것은 이사금시기이다. 먼저 박씨왕통의 직계계승을 살펴보면 유리왕은 다른 나라의 사요왕과 혼인관계를 맺어 세력을 연계하여 사로국의 왕이 되면서 이후 유리왕–파사왕–지마왕의 직계계승이 이루어졌다. 일지갈문왕계의 경우 아달라왕이 아버지 일성왕을 이었다.

다음 석씨왕통의 경우 탈해왕–벌휴왕–내해왕의 직계계승 이외에는 대부분 방계계승이었다. 탈해왕 사후 아들 구추가 왕위를 잇지 못하고 손자 벌휴왕이 왕위에 올랐는데, 이는 박씨와의 세력 경쟁에서 밀려난 결과였다. 석우로의 경우 내해왕의 아들로서 태자로 전해지고 있으나, 직계 적자계승이 되지 못하였다. 이는 아들 흘해왕의 왕위계승을 염두에 둔 것이었다.

김씨왕통 가운데 마립간시기에는 내물왕－눌지왕－자비왕－소지왕으로 주로 직계계승이 이루어졌다. 눌지왕의 경우 앞 왕인 실성왕의 사위로서 여서계승을 한 것으로 보이지만, 적자 직계계승으로 볼 수 있다. 내물왕－실성왕－눌지왕 3대에 걸치는 동안의 왕위계승은 고구려의 내정간섭에 의한 것이지만, 눌지왕이 자립한 것은 내물왕의 적자라는 요인이 실성왕의 여서라는 요인보다 우선한 것이라 할 수 있다. 마립간시기의 직계계승은 왕권이 이전보다 강해지게 되는 요인으로 작용하였다. 중고시기의 경우 지증왕－법흥왕과 진흥왕－진지왕으로의 직계에 의해 왕위계승이 이루어졌다.

중고시기의 경우 왕권이 약해진 것이 아니라 강화되고 있음에도 마립간시기에 비해 직계계승이 순조롭게 이루어지지 못한 것은 이례적이다. 법흥왕이 아들이 없어 동생 입종갈문왕의 아들 진흥왕이 어린 나이에 왕위에 올랐던 점, 진흥왕대에 태자제도를 채택하여 동륜태자를 세웠음에도 요절한 점, 진평왕 이후 아들이 없었던 점 등으로 인해 직계계승은 순조롭지 않았다. 이로 인해 선덕여왕 진덕여왕으로 여왕계승이 이루어진 것은 좁아진 성골왕실의 문제로 야기된 것이다. 두 여왕 이후 성골왕족이 소멸하고 진골왕족이 왕통을 이어갔다.

중대시기의 김씨왕통은 진지왕의 손자인 김춘추 즉 무열왕계로서 이루어졌다. 무열왕은 맏아들 김법민을 태자로 책봉하여 후계구도를 확립하여 문무왕－신문왕－효소왕으로 이루어졌고, 무열왕계의 방계인 성덕왕계의 경우에도 성덕왕－효성왕 그리고 경덕왕－혜공왕으로 직계계승을 이루어갔다. 중고시기에 비해 중대 왕통의 직계계승은 비교적 순조롭게 전개되었다.

하대시기의 직계계승은 원성왕계로서 이루어졌다. 원성왕－소성왕－애장왕, 신무왕－문성왕, 그리고 경문왕－헌강왕－효공왕으로의 직계계승은 그다지 순조롭지 못하였다. 한편 하대 말기의 박씨왕통이 부활하여 신덕왕-경명왕의 직계계승도 있었다.

원성왕은 즉위한 785년에 맏아들 인겸을 태자로 책봉하였으나 7년 만에 사망하였고, 792년 둘째 아들 의영을 다시 태자로 삼았으나 2년만에 사망하였다. 이로 인해 어린 장손 소성왕을 궁중에서 길러서 태자 의명이 사망한 794년에 태자로 책봉하여 왕위를 이을 수 있었을 정도로 후계구도의 확립이 어려웠다. 그러나 소성왕은 재위 2년만에 사망하여 아들 애장왕이 어린 나이로 왕위에 올랐으나, 섭정을 맡은 숙부 김언승에 의해 왕위를 찬탈당하고 말았다. 이후 한동안 왕위계승쟁탈전이 치열하게 전개되었으며, 신무왕-문성왕으로의 왕위계승을 거치면서 해소되었다.

헌안왕의 유조에 의해 즉위한 경문왕 이후 직계 적자 헌강왕으로 왕위가 이어졌으나, 효공왕으로의 직계계승은 지난한 과정을 겪었다. 경문왕과 헌강왕 효공왕 3왕은 모두 20세 미만의 어린 나이에 왕위에 올라 후계구도가 불안하였다. 특히 효공왕은 헌강왕 말년인 885년에 태어나 적자로서 왕위를 이을 수가 없어 숙부 정강왕과 고모 진성여왕의 재위를 거쳐 여왕의 유조에 의해 직계 적자로서 명맥을 유지하였다. 일반적으로 효공왕은 헌강왕의 서자로 전해지고 있으나, 최치원이 찬술한 불국사 관련 기록에 의하면 어머니는 왕비 김씨로서 헌강왕의 후비임이 밝혀졌고 효공왕이 왕태후로 책봉한 의명왕후였다. 효공왕을 서자로 조작한 집단은 박씨 신덕왕을 옹립한 김예겸 일파였던 것이다.

둘째, 방계계승이다. 일반적으로 방계계승은 왕실의 직계 가족이 아닌 왕족이 왕위를 계승할 경우를 규정하는 것이다. 물론 아버지에서 적자 가운데 어느 아들로 왕위가 계승되거나, 또는 아들이 일찍 죽고 없는 할아버지에서 적손 가운데 어느 손자로 왕위가 이어지는 것이기도 하다. 그러나 부자관계나 조손관계로서 왕위를 이을 경우 적자 가운데 맏아들이든 막내아들이든 모두 직계계승이지만, 왕의 적자이더라도 왕의 아들이 없어 형제가 왕위를 계승할 경우에도 방계계승의 범주에 두어야 한다. 이제 본론에서 추구한 방계계승의 실제를 밝혀 두겠다.

이사금시기에 병립한 박씨왕통과 석씨왕통 가운데 먼저 박씨왕통의 방계계승을 살펴보면 지마왕－일성왕의 계승뿐이다. 유리왕과 마찬가지로 일지갈문왕계의 일성왕은 다른 나라의 지소례왕과 혼인관계를 맺어 세력을 연계하였으며, 유리왕계의 지마왕이 아들이 없이 사망하자 사로국의 왕이 되었다.

다음 석씨왕통의 경우 탈해왕－벌휴왕－내해왕의 직계계승 이외에는 대부분 골정계로서 방계계승이었다. 첨해왕의 경우 형인 조분왕의 아들 유례왕과 걸숙이 있었음에도 왕위에 올랐는데, 이는 조카가 어렸기 때문으로 추측된다. 골정계의 유례왕과 기림왕 그리고 이매계의 흘해왕은 앞 왕의 적자가 없어 방계로서 왕위에 올랐던 것이다. 석씨왕통의 방계계승은 적자가 없었기 때문으로 관련 기록이 없어 구체적으로 해명하기는 어려우나, 근친혼에 의한 것이라 할 수 있다. 한편, 후반기에 방계계승이 주류를 이룬 것은 박씨왕통에 비해 왕권이 약했던 것으로 이해할 수 있다.

김씨왕통 가운데 마립간시기의 방계계승은 미추왕을 들 수 있다. 미추왕은 석씨왕통의 중간에 끼어 있어 석씨 첨해왕을 이은 것으로 되어 있으나, 아도 관련 기록을 통해 보았듯이 내물왕 재위 전반기에 실재한 것이며 박씨 아달라왕을 이었던 것이다. 중고시기의 경우 진흥왕과 진평왕이 방계계승이었다. 진흥왕은 법흥왕이 아들이 없어 입종갈문왕의 아들로서 왕위에 올랐으며, 진평왕은 숙부 진지왕이 폐위됨으로써 전왕의 적자가 있었음에도 방계로서 왕위에 올랐다.

중대시기 김씨왕통의 경우 무열왕은 방계로서 왕위에 올랐다. 진덕여왕 사후 알천이 추대된 점에서 볼 때 중대 왕통의 시조인 무열왕은 진골신분으로서 왕위를 이을 자격이 부족하였다. 성골의 소멸 이후 후계구도는 왕실과의 친연관계가 중시된 것이기는 하지만, 알천이 왕실과 어떠한 혈연관계였는지는 관련 기록이 없어 구체적으로 알 수 없으나 김춘추보다 우위에 있었을 것이다. 그러나 김춘추는 탁월한 외교적 정치적 능력을 가지고 김유신의 전폭적인 지원을 받아 정치적인 실력을 기반으로 왕위에 올랐던 것이다. 무열왕이 태자제도를 적극 시행하여 직계계승이 이루어지도록 노력하였으나, 맏아들 효소왕 효성왕 등이 적자가 없이 사망함으로써 성덕왕 경덕왕이 방계로서 각각 왕위에 올랐다.

하대시기의 방계계승은 자주 나타났다. 내물왕의 12세손인 원성왕은 여서적인 계승을 한 선덕왕이 사망한 후에 경쟁자인 무열왕의 먼 방계 김주원을 실력으로 누르고 방계로서 왕위에 올라 하대 왕통을 열었다. 원성왕의 노력에도 불구하고 책봉한 아들들이 일찍 죽었으며, 적손마저 즉위 2년만에 사망하고 어린 나이에 즉위한 적증손 애장왕도 숙부 김언승 헌덕왕에 의해 왕위를 찬탈당하고 말았다. 헌덕왕과 흥덕왕 형제가 차례로 방계계승을 한 이후 적자가 없었으므로, 한동안 원성왕계 내의 인겸계와 예영계 사이에 왕위계승 쟁탈전이 치열하게 전개되어 희강왕－민애왕－신무왕으로 방계계승이 이어졌다. 신무왕－문성왕으로의 직계계승을 거치면서 갈등은 해소되었다. 문성왕과 헌안왕은 유조에 의해 방계인 헌안왕과 경문왕으로 왕위가 계승되었다. 헌강왕 사후 적자 효공왕은 헌강왕 말년인 885년에 태어나 어린 적자가 왕위를 이을 수가 없어 숙부 정강왕과 고모 진성여왕에 의해 왕위계승이 이루어지기도 하였다.

셋째, 여서계승이다. 여서계승은 국왕의 적자가 없고 방계 왕족마저 없을 때 딸의 남편이 왕위를 잇는 것이며, 여서의 아들이 왕위에 오르는 경우도 있었다. 박씨왕통에서는 여서계승이 없었다. 석씨왕통의 경우 조분왕이 내해왕의 사위로서 사촌이자 장인인 내해왕을 이어 왕위를 계승하였는데, 내해왕이 적자들이 있음에도 유조에 의해 계승한 것이다. 김씨 미추왕은 조분왕의 사위로서 첨해왕 다음으로 왕위를 이었다고 전하였으나, 사실은 박씨 아달라왕을 이어 김씨왕통을 열었던 것이다.

김씨왕통의 개창 초기부터 여서계승이 있었다. 미추왕은 아들이 없어 조카이자 사위인 내물왕이 여서계승으로 왕위에 올랐다. 내물왕 다음으로 왕위에 오른 실성왕은 전왕인 내물왕과의 관계로 본다면 김씨왕통 상으로 방계계승이지만, 내물왕에게 장성한 아들들이 있었음에도 고구려의 내정간섭에 의해 왕위에 올랐다. 이는 미추왕과의 관계를 중시하여 여서계승으로서 왕위계승상의 합리성을 확보하게 된 것이다.

중고시기의 김씨왕통에서 진흥왕은 여서계승이라 할 수 있다. 진흥왕의 계승관계는 약간 복잡하게 되어 있었다. 진흥왕은 입종갈문왕의 아들이고, 법흥왕의 딸이 어머니 즉 법흥왕의 외손이자 조카였다. 입종갈문왕이 가장 유력한 후보였으나, 539년 이전에 이미 사망하였고 540년 법흥왕의 사후에 뚜렷한 왕위계승 후보가 없는 상황이었다. 진흥왕은 법흥왕의 외손이자 조카로서 또한 입종갈문왕의 아들로서 왕위를 계승하였으므로, 여서계승의 범주에 넣을 수 있다.

중대시기의 김씨왕통에서 선덕왕은 여서적인 계승이라 할 수 있다. 선덕왕은 아버지 김효방이 성덕왕의 딸 사소부인과 혼인하였으므로, 성덕왕의 외손이다. 혜공왕이 시해당한 후에 합당한 후사가 없어 왕위에 오를 수 있는 후보는 김양상 외에 김주원이 있었다. 김주원은 무열왕의 셋째아들인 김문왕의 4세손으로 무열왕계에서 먼 방계 후손이었음에 반해, 김양상은 성덕왕의 외손으로서 김주원보다 왕실과의 친연관계가 가까웠다. 따라서 김양상은 혜공왕을 이어 여서의 아들로서 왕위에 오를 수 있었다.

하대시기의 김씨왕통에서 경문왕·신덕왕·경순왕이 여서계승을 하였다. 경문왕은 헌안왕이 적자가 없어 사위가 되어 왕위에 올랐다. 박씨 신덕왕은 헌강왕의 사위로서 효공왕을 이어 왕위에 올랐는데, 김씨왕통에서는 이례적인 일이었다. 신라 삼성왕통에서 각 왕통 내에 성씨가 왕위에 오른 것은 처음 있는 예외적인 일이었다. 박씨왕통 상의 탈해왕이나 석씨왕통 상의 미추왕은 실제로 다른 왕통 상에서 왕위에 올랐던 것이 아님은 앞서 언급한 바가 있다. 효공왕의 장인인 김예겸은 실권을 장악하고 있으면서 효공왕을 서자로 조작하여 더 이상 왕위계승후보가 없는 것으로 한 다음, 의붓아들인 박씨 신덕왕을 헌강왕의 여서로서 옹립한 것이다. 그러나 헌강왕의 사위로서 동성인 김효종이 있어 박씨 신덕왕보다 유리한 위치에 있었으며, 김효종이 당시에 사망하였다면, 그의 아들 김부가 있었다. 이와 같은 왕위계승의 난맥적인 상황을 틈타 후백제왕 견훤은 박씨 경애왕을 죽이고 김부를 왕위에 옹립해버린 것이다. 경순왕은 헌강왕의 사위인 김효종의 아들로서 왕위를 계승할 수 있는 자격을 갖추고 여서적인 계승을 하여 김씨왕통을 회복하였으나, 고려에 투항하였다.

이상에서 신라의 왕위계승에 대해 직계계승·방계계승·여서계승의 세 가지 원리를 적용하여 연구를 추구하였다. 사로국단계인 이사금시기부터 왕위계승은 적자에 의한 직계계승이 기본적이었다. 박씨왕통의 경우 다른 소국의 왕과 혼인을 통해 연계하여 사로국의 왕권을 유지한 뒤에 직계계승을 추진하였다. 석씨왕통의 경우 경쟁 세력으로 인해 처음에는 우시산국의 왕권을 유지하기가 어려웠으나, 김씨집단과 연계하여 왕권을 차지하였다. 두 왕통의 왕위계승 중간에 타성의 왕이 여서계승을 한 것으로 되어 있으나, 부자간의 연대차이 문제가 있어 인정할 수 없었다. 신라 상고 기년을 올리기 위한 의도에서 나온 것이며, 실제로 그들은 자기 왕통의 시조였다. 하나의 왕계가 적자가 없어 직계계승을 할 수 없을 경우에는 같은 성씨의 다른 왕계가 방계로 왕위를 계승하여 왕권을 유지하였다.

4세기 중엽에 성립된 김씨왕통은 적자가 없어 여서가 왕위를 이었다. 고구려의 내성간섭으로 인해 여서간의 왕위 경쟁이 있었으나, 내물왕계가 승리하여 직계계승을 확립하였다. 이후 내물왕계는 단계적으로 방계 왕족이 왕실을 만들어 왕위계승을 전개하였다. 방계 왕족이 왕위를 차지한 이후에 직계계승을 하는 것이 일반적이었다. 적자가 소멸되는 것은 근친혼 때문이었다.

하대 초기의 왕통은 적자가 요절하여 왕위계승체계를 확립하지 못하였다.

직계 적손인 애장왕을 내쫓고 찬탈한 헌덕왕은 태자를 세우고도 직계계승을 관철하지 못하고 동생 흥덕왕이 그 뒤를 이은 것이다. 이와 같이 적자 직계계승을 관철하지 못함으로써 이후 방계 왕족들은 왕위계승을 둘러싼 분쟁을 치열하게 전개하였다. 이후 여서계승을 하였던 하대 중기의 왕통은 안정을 찾고 다시 직계계승을 하였다. 20세 미만의 왕들은 적자를 낳기 어려워지자 방계계승으로 왕권을 겨우 유지하였다. 결국 여서간의 왕위 경쟁이 일어나면서 타성이 왕위를 찬탈하였다. 이로 인해 신라 왕권은 권위를 잃고 국가는 분열되어 멸망의 길로 가게 되었다.

기본적으로 신라의 왕위계승은 세 가지의 원리를 통해 이루어져 갔다. 왕위계승을 둘러싼 분쟁도 그 원리 속에서 이루어졌다. 그러나 여왕계승은 탈법이며, 예외적인 것이었다. 신라 말기에 타성에 의한 여서계승 역시 탈법이었다. 이를 정당화하기 위해 전왕을 서자로 그의 계보를 조작하였다. 그러나 전체적으로 볼 때 신라왕실의 계보 기록은 거의 모두 믿을 수 있었으므로, 본 연구를 추구할 수 있었다.

참고문헌

1. 사료

『三國史記』
『三國遺事』
『三國志』
『梁書』
『舊唐書』
『新唐書』
『舊五代史』
『新五代史』
『太平御覽』
『冊府元龜』
『資治通鑑』
『日本書紀』
『續日本紀』
朝鮮總督府, 『朝鮮金石總攬』 下, 1919.
한국고대사회연구소 편, 『韓國古代金石文』Ⅱ·Ⅲ, 가락국사적개발연구원, 1994.

2. 논저

1) 국내

姜鍾薰, 『신라상고사연구』, 서울대학교 출판부, 2000.
權悳永, 『古代韓中外交史』, 일조각, 1997.
권영오, 『新羅下代 政治史 硏究』, 혜안, 2011.

金基興,『천년의 왕국 신라』, 2000.
金壽泰,『新羅中代政治史研究』, 일조각, 1996.
金瑛河,『韓國古代社會의 軍事와 政治』, 고려대학교 민족문화연구원, 2002.
金瑛河,『新羅中代社會研究』, 일지사, 2007.
金元龍,『韓國考古學研究』, 一志社, 1987.
金昌謙,『新羅 下代 王位繼承 研究』, 경인문화사, 2003.
金哲埈,『韓國古代社會研究』, 知識産業社, 1975.
동북아역사재단,『三國志·晉書外國傳譯註』, 2009.
文暻鉉,『(增補) 新羅史 研究』, 도서출판 춤, 2000.
문화재청 국립경주문화재연구소,『浦項 中城里 新羅碑』, 2009.
민족문화추진회,『三國遺事』, 1973.
朴海鉉,『신라 중대 정치사 연구』, 국학자료원, 2003.
宣石悅,『新羅國家成立過程研究』, 2001.
辛鍾遠,『新羅初期佛教史研究』, 民族社, 1994.
申瀅植,『韓國古代史의 新研究』, 일조각, 1984.
申瀅植,『新羅史』, 이대출판부, 1985.
申瀅植,『三國史記研究』, 일조각, 1990.
申瀅植,『統一新羅史研究』, 삼지원, 1990.
歷史學會 編,『韓國古代의 國家와 社會』, 일조각, 1985.
梁柱東,『古歌研究』, 일조각, 1960.
연민수,『古代韓日交流史』, 혜안, 2003.
李光奎,『韓國家族의 史的 研究』, 일지사, 1977.
李基東,『新羅骨品制社會와 花郎徒』, 일조각, 1984.
李基白,『新羅政治社會史研究』, 일조각, 1974.
李基白,『新羅時代 國家佛教와 儒教』, 한국연구원, 1978.
李基白·李基東 共著,『韓國史講座－古代篇』, 일조각, 1982.
李基白,『新羅思想史研究』, 일조각, 1986.
李丙燾,『韓國史－고대편』, 을유문화사, 1959.
李丙燾,『國譯 三國史記(上)』, 을유문화사, 1983.
李明植,『新羅政治史研究』, 형설출판사, 1992.
李泳鎬,『신라 중대의 정치와 권력구조』, 지식산업사, 2014.
李仁哲,『新羅政治制度史研究』, 일지사, 1997.
李晶淑,『신라 중고기 정치사회 연구』, 혜안, 2012.

李鍾旭,『新羅上代王位繼承硏究』, 영남대출판부, 1980.
李弘稙,『韓國古代史의 硏究』, 신구문화사, 1971.
장창은,『신라 상고기 정치변동과 고구려 관계』, 신서원, 2008.
全基雄,『新羅의 멸망과 景文王家』, 혜안, 2010.
全鳳德,『韓國法制史硏究』, 서울대학교출판부, 1968.
정구복 외,『역주 삼국사기』 3(주석편 상), 한국정신문화연구원, 1997.
鄭孝雲,『古代韓日政治交涉史硏究』, 學硏文化社, 1995.
千寬宇,『古朝鮮·三韓史硏究』, 일조각, 1989.
崔光植,『고대한국의 국가와 제사』, 한길사, 1983.
崔英成,『譯註 崔文昌侯全集』 2(孤雲文集), 아세아문화사, 1999.
崔在錫,『韓國家族制度史硏究』, 일지사, 1983.
崔在錫,『韓國古代社會史硏究』, 一志社, 1987.
한국고대사학회,『울진 봉평 신라비(가칭)에 대한 종합적 검토』, 1988.
한국고대사학회,『영일 냉수리 신라비(가칭)에 대한 종합적 검토』, 1989.
한국고대사학회,『신발견 포항 중성리 신라비에 대한 역사학적 고찰』, 2009.

2) 국외

今西龍,『新羅史硏究』, 近澤書店, 1933.
三品彰英,『三國遺事考證』, 塙書房, 1975.
末松保和,『任那興亡史』, 吉川弘文館, 1949.
末松保和,『新羅史の諸問題』, 東洋文庫, 1954.
木村誠,『古代朝鮮の國家と社會』, 吉川弘文館, 2004.
鈴木靖民,『古代日韓關係の硏究』, 吉川弘文館, 1988.
井上秀雄,『新羅史基礎硏究』, 東出版, 1974.
井上秀雄 編,『古代の朝鮮』, 學生社, 1974.
池內宏,『滿鮮史硏究』(上世篇 2), 吉川弘文館, 1960.
村上四男,『朝鮮古代史硏究』, 開明書院, 1978.

3. 논문

1) 국내

姜鳳龍,「新羅 上古期 中央政治體制의 基本原理와 '部'」『李元淳敎授停年紀念歷史學論

叢』, 교학사, 1991.
姜鍾薰, 「新羅 上古紀年의 再檢討」『韓國史論』 26, 서울대 국사학과, 1991.
姜鍾薰, 「神宮의 設置를 통해 본 麻立干時期의 新羅」『韓國古代史論叢』 6, 1994.
姜鍾薰, 「新羅 三姓 族團과 上古期의 政治體制」, 서울대 박사학위논문, 1995.
姜鍾薰, 「『三國史記』 新羅本紀 初期記錄의 紀年問題 再論」『歷史學報』 162, 1999.
강종훈, 「신라왕족의 로맨스, 그 현장을 찾아서」『고대로부터의 통신』, 푸른역사, 2004.
高慶錫, 「毗曇의 亂의 성격 문제」『韓國古代史論叢』 7, 1994.
權悳永, 「三國史記 新羅本紀 遣唐使 記事의 몇 가지 問題」『三國史記의 原典 檢討』, 한국정신문화연구원, 1995.
權悳永, 「신라 하대 朴氏勢力의 동향과 '朴氏 王家'」『한국고대사연구』 49, 2008.
권영오, 「신라하대 왕위계승과 상대등」『지역과 역사』 10, 2002.
권영오, 「新羅下代 왕위계승 분쟁과 閔哀王」『한국고대사연구』 19, 2000.
권영오, 「신라 중고, 중대기 상대등과 왕위계승」『역사와 경계』 47, 2003.
金光洙, 「新羅 上古世系의 再構成 試圖」『東洋學』 3, 1973.
金基興, 「桃花女·鼻荊郞 설화의 역사적 진실」『韓國史論』 41·42합집, 1999.
金德原, 「신라 中古期 舍輪系의 政治活動」『白山學報』 52, 1999.
金德原, 「金龍春의 生涯와 活動」『明知史論』 11·12합집, 2000.
金德原, 「新羅 中古期 舍輪系의 政治活動 硏究」, 2002, 명지대 박사학위논문, 2002.
金德原, 「신라 善德王代 金春秋의 외교활동과 정국동향」『新羅史學報』 5, 2005.
金東洙, 「新羅 憲德·興德王代의 改革政治－특히 興德王 九年에 頒布된 諸規定의 政治的 背景에 대하여－」『韓國史硏究』 39, 1982.
金炳坤, 「新羅 中古期 末의 政治 狀況에 대한 非葛藤論的 理解」『한국 고대사 연구의 현단계』, 주류성출판사, 2009.
김병곤, 「신라의 태자 책봉제 수용 과정 고찰」『韓國古代史研究』 64, 2011.
김병곤, 「왜 개신 정권의 출현과 김춘추의 사행」『新羅史學報』 25, 2012.
김병곤, 「신라 헌덕왕대의 副君 秀宗의 정체성과 太子」『東國史學』 55, 2013.
김선숙, 「羅唐戰爭 前後 新羅·日本間 外交關係의 推移와 그 背景」『日本學』 23, 2004.
金壽泰, 「新羅 孝昭王代 眞骨貴族의 動向」『國史館論叢』 24, 1991.
金壽泰, 「新羅 神文王代 專制王權의 確立과 金欽突亂」『新羅文化』 9, 1992.
金壽泰, 「統一新羅期 專制王權의 崩壞와 金邕」『歷史學報』 99·100합집, 1983.
金英美, 「聖德王代의 專制王權에 대한 一考察－甘山寺 彌勒像·阿彌陀像銘文과 관련하여－」『梨大史苑』 22·23 합집, 1988.

金瑛河, 「新羅 中古詩의 政治過程詩論－中代王權成立의 理解를 위한 前提－」『泰東古典研究』 4, 1988.
金龍善, 「朴堤上 小考」『全海宗紀念論叢』, 一潮閣, 1979.
金龍善, 「蔚州 川前里書石 銘文의 研究」『歷史學報』 81, 1979.
金永萬, 「迎日冷水里新羅碑의 語文學的 考察」『韓國古代史研究』 3, 1990.
金元龍, 「三國時代의 開始에 關한 一考察」『東亞文化』 7, 1967.
金貞淑, 「金周元家系의 成立과 그 變遷」『白山學報』 28, 1984.
김창겸, 「新羅 景文王代 「修造役事」의 政治史的 考察－王權强化策과 관련하여」『溪村閔丙河教授 停年紀念史學論叢』, 1988.
金昌謙, 「新羅時代 太子制度의 性格」『韓國上古史學報』 13, 1993.
金昌謙, 「신라 하대 효공왕의 즉위와 非眞骨王의 왕위계승」『史學研究』 58·59합집, 1999.
김창겸, 「신라 하대의 왕위계승과 유조」『白山學報』 56, 2000.
김창겸, 「신라 하대 왕위계승의 성격」『慶州文化研究』 4, 2001.
김창겸, 「신라 하대 추대에 의한 왕위계승의 성격」『淸溪史學』 16·17, 2002.
김창겸, 「신라 하대 왕실세력의 변천과 왕위계승」『新羅文化』 22, 2003.
金昌謙, 「신라 진흥왕의 즉위과정」『韓國上古史學報』 23, 1996.
金哲埈, 「新羅 上代社會의 Dual Organization(上)」『歷史學報』 1, 1952.
金哲埈, 「高句麗·新羅의 官階組織의 成立過程」『李丙燾博士華甲記念論叢』, 일조각, 1956.
金哲埈, 「新羅 上古世系와 그 紀年」『歷史學報』 17·18합집, 1962.
金哲埈, 「新羅時代의 親族集團」『韓國史研究』 1, 1968.
金哲埈, 「三國時代의 禮俗과 儒教思想」『大東文化研究』 6·7합집, 1970.
金鉉球, 「日唐關係의 成立과 羅日同盟－『日本書紀』'金春秋의 渡日' 記事를 中心으로」『金俊燁教授華甲紀念中國學論叢』, 1983.
金鉉球, 「古代 韓(新羅)·日關係의一考察－大化改新과 新羅·日本·唐 三國 간의 협력체제 성립을 中心으로」『大東文化研究』 23, 1989.
金羲滿, 「迎日 冷水碑와 新羅의 官等制」『慶州史學』 9, 1991.
金羲滿, 「新羅 智證·法興王代의 政治改革과 그 性格」『慶北史學』 23, 2000.
盧重國, 「新羅時代 姓氏의 分枝化와 食邑制의 實施」『韓國古代史研究』 15, 1999.
盧泰敦, 「淵蓋蘇文과 金春秋」『韓國史市民講座』 5, 일조각, 1989.
文暻鉉, 「三國統一과 新金氏家門－金庾信 祖孫 四代의 貢獻」『軍史』 2, 1981.
文暻鉉, 「武烈王體制의 成立」『新羅文化祭學術發表會論文集』 8, 1987.

文暻鉉,「新羅 朴氏의 骨品에 대하여」『歷史教育論集』13·14합집, 1990.
文暻鉉「迎日冷水里新羅碑에 보이는 部의 性格과 政治運營問題」『韓國古代史研究』 3, 1990.
閔泳珪,「興德王陵碑斷石」『考古美術』2, 1961.
박남수,「新羅 和白會議에 관한 再檢討」『新羅文化』21, 2003.
박성천,「新羅 智證王의 卽位過程에 대한 研究」『慶州文化研究』6, 2003.
朴成熙,「신라 眞興王 즉위 前後 정치세력의 동향」『한국고대사연구』22, 2001.
朴淳敎,「진덕왕대 정치개혁과 김춘추의 집권과정」『清溪史學』13, 1997.
朴淳敎,「金春秋의 執權過程 研究」, 경북대 박사학위논문, 1999.
박용국,「新羅 眞智王의 廢位와 眞平王 初期의 政治的 性格」『大丘史學』85, 2006.
朴勇國,「善德王代의 政治的 實狀」『慶北史學』23, 2000.
朴海鉉,「新羅 眞平王代 政治勢力의 推移-王權强化와 관련하여-」『全南史學』2, 1988.
박해현,「新羅 孝成王代 政治勢力의 推移」『歷史學研究』12, 1993.
朴海鉉,「新羅 中代의 성립과 神文王의 王權 强化」『호남문화연구』24, 1996.
朴海鉉,「新羅 景德王代의 外戚 勢力」『韓國古代史研究』11, 1997.
朴海鉉,「惠恭王代 貴族勢力과 中代 王權」『全南史學』11, 1997.
邊太燮,「廟制의 變遷을 通하여 본 新羅社會의 發展過程」『歷史教育』8, 1964.
徐榮敎,「羅唐戰爭史研究-國際情勢의 變化와羅唐戰爭의 推移-」, 동국대 박사학위논문, 2000.
徐榮洙,「新羅 統一外交의 展開와 性格」『統一期의 新羅社會 研究』, 동국대 신라문화연구소, 1987.
徐毅植,「新羅 '上代'의 王位繼承과 聖骨」『韓國史研究』86, 1994.
宣石悅,「迎日冷水里新羅碑에 보이는 官等·官職 문제」『韓國古代史研究』3, 1990.
宣石悅,「新羅 官等體系의 成立」『釜山史學』20, 1991.
宣石悅,「斯盧國의 小國征服과 그 紀年」『新羅文化』12, 1995.
宣石悅,「新羅 六部制의 成立過程」『國史館論叢』69, 1996.
宣石悅,「『三國史記』新羅本紀 初期記錄의 問題와 新羅國家의 成立」, 부산대학교 박사학위논문, 1996.
宣石悅,「新羅 上古紀年의 재조정」『慶大史論』9, 1996.
宣石悅,「『三國史記』「新羅本紀」'初頭' 對外關係記事의 檢討와 그 意味」『釜山史學』 31, 1996.
宣石悅,「3세기 후반 弁·辰韓 勢力圈의 變化」『加羅文化』13, 1996.
宣石悅,「朴提上의 出自와 관등 奈麻의 의미」『慶大史論』10, 1998.

宣石悅,「新羅 葛文王의 再檢討」『韓國古代史와 考古學』, 학연문화사, 2000.
선석열,「신라사 속의 가야인들－金海金氏와 慶州金氏－」『한국고대사 속의 가야』, 혜안, 2001.
宣石悅,「신라 금석문을 통해 본 葛文王」『新羅文化祭學術論文集』 23, 2002.
宣石悅,「痲立干時期의 王權과 葛文王」『新羅文化』 22, 2003.
宣石悅,「新羅國家 成立過程에 있어서 小國爭疆」『역사와 경계』 49, 2003.
선석열,「신라본기의 전거자료 형성과정－삼국사기 초기기록을 중심으로－」『한국고대사연구』 42, 2006.
선석열,「신라의 왕위계승 원리」『역사와 세계』 32, 2007.
선석열,「신라 상고의 왕위계승 원리와 삼성왕통의 실재성」『역사와 세계』 33, 2008.
선석열,「삼국사기 신라본기에 보이는 왜의 실체」『人文學論叢』 13－1, 2008.
宣石悅,「포항중성리신라비의 금석학적 위치」『浦項 中城里新羅碑 발견기념 학술심포지엄』, 경주문화재연구소, 2009.
선석열,「가야·신라시기 부산지역 대왜교류의 변화와 반전」『港都釜山』 29, 2013.
선석열,「신라 실성왕의 즉위과정－국제정세의 변동과 관련하여」『지역과 역사』 34, 2014.
申政勳,「新羅 景德王代 王權强化策의 性格」『東西史學』 제6·7합집, 2000.
辛鍾遠,「三國史記 祭祀志 硏究」『史學硏究』 38, 1984.
辛鍾遠,「新羅 五臺山事蹟과 聖德王의 卽位背景」『崔永禧先生華甲紀念 韓國史學論叢』, 탐구당, 1987.
申瀅植,「新羅王位繼承考」『柳洪烈博士 華甲紀念論叢』, 탐구당, 1971.
申瀅植,「新羅兵部令考」『역사학보』 61, 1974.
申瀅植,「新羅史의 時代區分」『韓國史硏究』 18, 1977.
申瀅植,「武烈王系의 成立과 活動」『韓國史論叢』 2, 1977.
申瀅植,「金庾信家門의 成立과 活動」『梨花史學硏究』 13·14 합집, 1983.
申瀅植,「統一新羅 專制王權의 性格」『統一新羅史硏究』, 삼지원, 1990.
沈隅俊,「新羅王室의 婚姻法則」『趙明基博士華甲記念佛敎史學論叢』, 중앙출판사, 1965.
延敏洙,「日本書紀の「任那の調」關係記事の檢討」『九州史學』 105, 1992.
延敏洙,「改新政權의 성립과 동아시아 외교－을사의 정변에서 백촌강전투까지－」『日本歷史硏究』 6, 1997.
延敏洙,「7世紀 東아시아 情勢와 倭國의 對韓政策」『新羅文化』 24, 2004.
吳星,「新羅 元聖王系의 왕위교체」『全海宗華甲紀念史學論叢』, 일조각, 1979.

尹炳喜, 「新羅 下代 均貞系의 王位繼承과 金陽」『歷史學報』 96, 1982.
윤진석, 「신라 至都盧葛文王의 '攝政'」『韓國古代史硏究』 55, 2009.
윤진석, 「5~6세기 신라의 정치운영과 갈문왕」, 계명대 박사학위논문, 2013.
이근우, 「고대의 낙동강 하구와 왜」『역사와 세계』 41, 2012.
李基東, 「新羅 奈勿王系의 血緣意識」『歷史學報』 52·53合輯, 1972.
李基東, 「新羅 中古時代 血族集團의 특질에 관한 諸問題」『震檀學報』40, 1975.
李基東, 「新羅 骨品制硏究의 現況과 그 課題」『歷史學報』 74, 1977.
李基東, 「新羅金入宅考」『震檀學報』 45, 1978.
李基東, 「新羅 花郎徒의 社會學的 考察」『歷史學報』 82, 1979.
李基東, 「新羅 中代의 官僚制와 骨品制」『震檀學報』 50, 1980.
李基東, 「新羅 下代의 王位繼承과 政治過程」『歷史學報』 85, 1980.
李基東, 「新羅 聖德王代의 政治와 社會－君子國의 內部事情－」『歷史學報』 160, 1998.
李基白, 「三國時代 佛敎傳來와 그 社會的 性格」『歷史學報』 6, 1954.
李基白, 「新羅 惠恭王代의 政治的 變革」『社會科學』 2(한국사회과학연구회), 1958.
李基白, 「上大等考」『歷史學報』 19, 1962.
李基白, 「新羅 執事部의 成立」『震檀學報』 25·26·27합병호, 1964.
李基白, 「新羅時代의 葛文王」『歷史學報』 58, 1973.
李基白, 「金大問과 그의 史學」『歷史學報』 77, 1978.
李基白, 「浮石寺와 太白山」『三佛金元龍博士 停年紀念論叢』, 1987.
李明植, 「新羅 中古期의 王權强化過程」『歷史敎育論集』 13·14합집, 1990.
李明植, 「新羅末 朴氏王代의 展開와 沒落」『大丘史學』 83, 2006.
李文基, 「6세기 新羅 '大王'의 成立과 그 國際的 契機」『新羅文化祭學術發表會論文集』 9, 1988.
李文基, 「蔚珍鳳坪新羅碑와 中古期 六部問題」『韓國古代史硏究』 3, 1990.
李文基, 「新羅 金氏 王室의 少昊金天氏 出自觀念의 標榜과 變化」『歷史敎育論集』 23·24합집, 1999.
李文基, 「新羅 惠恭王代 五廟制 改革의 政治的 意味」『白山學報』 52, 1999.
李文基, 「崔致遠 撰 9세기 후반 佛國寺 關聯資料의 檢討」『新羅文化』 26, 2005.
李培鎔, 「新羅 下代 王位繼承과 眞聖女王」『千寬宇先生還曆紀念 韓國史學論叢』, 정음문화사, 1985.
李晶淑, 「眞平王의 卽位를 전후한 政局動向」『釜山史學』 27, 1994.
李鍾旭, 「新羅 骨品制 硏究의 動向」『韓國古代의 國家와 社會』, 일조각, 1985.
李銖勳, 「新羅 中古期 州의 構造와 性格」『釜大史學』 12, 1988.

이승현, 「新羅의 東宮制度」『韓國古代史研究』55, 2009.
李泳鎬, 「新羅 惠恭王代 政變의 새로운 解釋」『歷史教育論集』13·14합집, 1990.
李泳鎬, 「新羅 貴族會議와 上大等」『韓國古代史研究』6, 1992.
李泳鎬, 「新羅 中代의 政治와 權力構造」, 경북대 박사학위논문, 1995.
李泳鎬, 「統一新羅 政治史 研究의 現況과 方向」『白山學報』52, 1999.
李泳鎬, 「新羅의 王權과 貴族社會－중대 국왕의 혼인 문제를 중심으로－」『新羅文化』22, 2003.
李泳鎬, 「新羅의 遷都 문제」『韓國古代史研究』36, 2004.
李仁哲, 「新羅上古世系의 新解釋」『淸溪史學』4, 1987.
李鐘泰, 「新羅 智證王代의 神宮設置와 金氏始祖認識의 變化」『擇窩許善道先生停年紀念韓國史學論叢』, 일조각, 1992.
李鍾恒, 「新羅의 下代에 있어서의 王種의 絶滅에 대하여」『法史學研究』2, 1975.
李昊榮, 「聖德大王神鍾銘의 解釋에 관한 몇 가지 문제」『考古美術』125, 1975.
李喜寬, 「新羅上代 智證王系의 王位繼承과 朴氏王妃族」『東亞研究』20, 1990.
李熙眞, 「『三國史記』초기기사에 대한 최근 紀年調停案의 문제점」『歷史學報』160, 1998.
李熙眞, 「『三國史記』초기기사에 대한 최근 기년조정 논쟁－姜鍾薰氏의 반론에 답하여－」『韓國史研究』106, 1999.
張彰恩, 「新羅 智證王의 執權과 對高句麗 防衛體系의 확립」『韓國古代史研究』45, 2007.
全基雄, 「新羅 下代末의 정치사회와 景文王家」『釜山史學』16, 1989.
전기웅, 「憲康王代의 정치사회와 '處容郎望海寺'條 설화」『新羅文化』26, 2005.
全基雄, 「신라말 효공왕대의 정치사회 변동」『新羅文化』27, 2006.
전기웅, 「신라의 멸망과 朴氏王家」『韓國民族文化』31, 2008.
鄭容淑, 「善德王代의 政局動向과 毗曇의 亂」『李基白先生古稀記念 韓國史學論叢 上』, 일조각, 1994.
丁仲煥, 「毗曇·廉宗亂의 原因考－新羅政治社會의 轉換期에 관한 一試考－」『東亞論叢』14, 1977.
丁仲煥, 「金庾信(595~673)論」『高柄翊先生回甲紀念史學論叢 歷史와 人間의 對應』, 한울, 1984.
鄭孝雲, 「新羅 中古時代의 王權과 改元에 관한 研究」『考古歷史學志』2, 1986.
曺凡煥, 「新羅末 朴氏王의 登場과 그 政治的 性格」『歷史學報』129, 1991.
曺凡煥, 「新羅 上代 太子制의 運營과 東宮의 設置」『新羅文化』35, 2010.
조범환, 「新羅 下代 憲德王의 副君 설치와 그 정치적 의미」『震檀學報』110, 2010.

曺凡煥,「王妃의 交替를 통하여 본 孝成王代의 政治的 動向」『韓國史硏究』154, 2012.
趙榮濟,「新羅上古 伊伐湌·伊湌에 대한 一考察」『釜山史學』7, 1983.
朱甫暾,「毗曇의 亂과 善德王代 政治運營」『李基白先生古稀記念 韓國史學論叢 上』, 일조각, 1994.
朱甫暾,「新羅時代의 連坐制」『大邱史學』25, 1984.
朱甫暾,「金春秋의 外交活動과 新羅內政」『韓國學論集』20, 1993.
朱甫暾,「朴堤上과 5세기 초 新羅의 政治 動向」『慶北史學』21, 1997.
주보돈,「新羅의 達句伐遷都 計劃과 金氏集團의 由來」『白山學報』52, 1998.
千寬宇,「三韓의 國家形成(上)」『韓國學報』2, 1976.
崔光植,「新羅의 神宮設置에 대한 新考察」『韓國史硏究』43, 1983.
崔光植,「迎日 冷水里 新羅碑의 釋文과 內容分析」『新羅文化祭學術發表論文集』11, 1990.
崔柄憲,「新羅 下代社會의 動搖」『한국사』3, 국사편찬위원회, 1978.
최의광,「新羅 元聖王의 王位繼承과 國人」『韓國史學報』37, 2009.
최의광,「新羅 下代 王位繼承 分爭과 國人」『史叢』75, 2012.
崔在錫,「新羅王室의 王位繼承」『歷史學報』98, 1983.
崔在錫,「新羅의 始祖廟와 神宮의 祭祀」『東方學志』50, 1986.
崔在錫,「古代三國의 王號와 社會」『三佛金元龍敎授停年紀念論叢』2, 일지사, 1987.
최홍조,「神文王代 金欽突 亂의 재검토」『大丘史學』58, 1999.
최홍조,「新羅 哀莊王代의 政治變動과 金彦昇」『韓國古代史硏究』34, 2004.
최홍조,「新羅 哀莊王代의 政治改革과 그 性格」『韓國古代史硏究』54, 2009.
하일식,「신라 정치체제의 운영원리」『역사와 현실』20, 1996.
하일식,「『삼국유사』 교감, 역주의 현황」『삼국유사의 세계』 한국고대사학회 제28회 합동토론회, 2015.
河廷龍,「新羅上代 王位繼承 硏究」『新羅文化』12, 1995.
한준수,「新羅 眞德王代 唐制의 受容과 체제정비」『韓國學論叢』34, 2010.
黃善榮,「新羅 武烈王家와 金庾信家의 嫡庶問題」『釜山史學』9, 1985.

2) 국외

今西龍,「新羅文武王陵碑に就きて」『藝文』12-7, 1927.
今西龍,「新羅葛文王考」『新羅史硏究』, 近澤書店, 1933.
吉光完祐,「中國郊祀の周邊國家への傳播」『朝鮮學報』108, 1983.

末松保和,「新羅王代考略」『青丘學叢』9, 1932.
末松保和,「新羅上古世系考」『京城帝國大學創立十周年紀念 論文集(史學篇)』, 1936.
末松保和,「新羅三代考」『史學雜誌』57-5·6合輯, 1949.
木村誠,「新羅の宰相制度」『人文學報』(東京都立大學) 118, 1977.
武田幸男,「新羅“毗曇の亂”の一視角」『三上次男博士喜壽記念論文集』, 雄山閣, 1985.
武田幸男,「新羅六部와 그 展開」『民族史의 展開와 그 文化』上, 을유문화사, 1990.
浜田耕策,「新羅 聖德王代神鐘と中代の 王室」『呴沫集』3, 1981.
浜田耕策,「新羅の神宮と百座講會と宗廟」『東アジア世界における日本古代史講座』9, 學生社, 1982.
三池賢一,「《日本書紀》‘金春秋の來朝記事’について」『駒澤史學』13, 1966.
三池賢一,「金春秋小傳」『駒澤史學』15·16·17, 1968·1969·1970.
三池賢一,「新羅內廷官制考(下)」『朝鮮學報』62, 1972.
三品彰英,「新羅の姓氏に就いて」『史林』15-4, 1933.
鈴木靖民,「金順貞·金邕論—新羅政治史の一考察」『朝鮮學報』45, 1967.
前間恭作,「新羅王の世次と其の名につきて」『東洋學報』15-2, 1925.
鮎貝房之進,「新羅の王位號及び追封王號について」『雜攷』1, 1931.
井上秀雄,「新羅政治體制の變遷過程」『古代史講座』4, 1961.
井上秀雄,「新羅朴氏王系の成立」『朝鮮學報』47, 1968.
井上直樹,「八世紀中葉の新羅·唐關係－孝成王代を中心に」『唐代史研究』12, 2009.
池內宏,「新羅の聖骨制と王統」『東洋學報』283-3, 1941.
村上四男,「新羅眞興王と其の時代」『朝鮮學報』81, 1976.

ABSTRACT

A Study on the Principle of Succession to the Throne in Shilla

Seon, Seok-Yeol

This study is pursued in three aspects of succession to the throne in *Shilla* ; the three principles of a direct line(直系), a collateral descendant(傍系) and a son-in-law(女壻). Before organizing the process of succession to the throne in Shilla, the composition of the royal line is mentioned in this study.

As it is well-known, the royal line of Shilla was composed of three family names ; *Park, Seok* and *Kim*. In the early age of ancient times, the chronology of the royal family system has been hugely controversial. The theories of fabrication, modification and affirmation about it has been presented, but this paper is to have been studied on the viewpoint of its modification. As declared several times, this problem about the beginning year of the Royal family system is directly connected with the credibility of value as historical materials in the records of the early ages, that is, records of *Shilla Bongi* in 『*Samguksagi*』 before the 5th century. Among them, the records of its external relations consisted of facts before and after the 6th century. Considering chronological viewpoints of its modification which is connected with its beginning year, the records of the royal family tree and conquering small countries are reliable,

Based on the theory of its modification in this study, the beginning year of royal family tree in the early age of *Shilla* got to begin from the first half of the 3rd century. *Parks*' royal descendants co-existed with *Seoks*'. *Kims*' royal descendants who had succeeded to Parks' co-existed with and competed against *Seoks*' by the early period of the 5th century, but *Seoks*' royal descendants were destroyed after King *Nulgi*'s independence. Eventually *Shilla*'s royal descendants were united with *Kims*' line.

And *Parks*' royal descendants co-existed with *Seoks*' line in the period of *Isagum*. The reason for this co-existence is as follows. First, It is recorded that *Sunseon* was promoted as the rank of *Sachan* in *King Yurye*'s 14th year on the throne(297) after he had been appointed to *Gubchan* in *King Gima*'s 2nd year on the throne(113). There is the period gap of 184 years between these records. It means a gap of 4 years disregarding 180 years, 3 the sexagenary cycle(甲子)

For the second reason, It is recorded that *Ikjong* was ranked as *Ibeolchan* in *King CheomHae*'s 9th year on the throne(255) after he had been appointed to *Ichan* in *King Ginma*'s 10th year on the throne(121). These records has a gap of 134 years. It also means a gap of 14 years excluding 120 years. It was a big mistake made in processing the beginning year of the Royal family system rather than a simple error. In other words, this findings proves that *Parks*' royal descendants co-existed with *Seoks*' line

For another thing to mention, *King Talhae* in *Seoks*' line was inserted among *Parks*' royal descendants and *King Michu* in *Kims*' line was among *Seok*'s royal descendants. In the case of these two kings, it is a problem that there are a big gap of years between ancestors and descendants, or fathers and sons. First, The gap of *King Talhae* (a reign of years : AD 57~80) and his grandson, *King Beolhyu* (a reign of years : AD 184~196) is about 120 years. Next, there is a gap of about 94 years between *King Michu*(a reign of years : AD 262~284) and his nephew, *King Naemul*(a reign of years : AD 356~402). And the gap is about 90 years among *Gudo* (仇道)(the period of office : 172~185)－*King Michu*－*King Naemul*. Therefore *King Talhae* must have been put before *King Beolhyu*. On the evidence of a monk, *Ado*(阿道)'s entering *Shilla*(377), *King Michu*'s reign must have been placed in the first half period(356~378) of *King Naemul*'s reign of years. *Shilla* organized its history after the unification of three nations and *Shilla* was make up to be founded earlier than *Koguryeo* and *Baekje*, which had been founded earlier than *Shilla*. Therefore it got to organize the beginning year in the Royal family system of *Shilla* into the unified royal line instead of co-existed royal descendants. According to 『*Samguksagi*』, *Shilla* is said to be founded in the first among three nations.

The composition in the Royal lines of three family names is as follows.

Parks' royal line was from the Royal descendants of *Saro-kug* and *Seoks*' royal line was from the Royal descendants of *Ushisan-kug*(于尸山國). *Kims*' royal descendants succeeding to *Parks*' line appeared in the mid-4th century. In the early-5th century, *Kims*' royal line was integrated with *Seoks*' line. And then *Kims*' royal line was lasted until the ruin of *Shilla*. It went through many changes such as *King Naemul*'s line, *King Chijeung*'s, *King Muyeol*'s and *King Wonsung*'s etc.

And *King Hyeokgse*(赫居世) and *King Namhae*(南解王) used the king's titles each called *Keosegan*(居西干) and *Chachaung*(次次雄). These have the same meanings of *Kunsang*(君長) and *Chungun*(天君) in the *Wijidongigeon*(魏志東夷傳) of 『*Samgukji*』.

In the body of this study, succession to the throne in *Shilla* basically is mentioned by the three principles of a direct line(直系), a collateral descendant(傍系) and a son-in-law(女壻), but exceptionally there were the successions of female kings.

In brief, the first succession was by the direct lines. The throne was succeeded by one of the king's legitimate sons or one of the king's legitimate grandsons if his legitimate sons had died. It was the succession of the regular direct line to be succeeded to the throne by the king's legitimate son from the legal queen. Normal succession to the throne was defined as the succession of direct lines, not using the words of legitimate sons because there was quite a few grandsons who succeeded to the throne.

The second succession was by collateral descendants(傍系). Generally it is said to be the succession of collateral descendants(傍系) when one of royal family members succeeded to the throne. Of course, in the succession of collateral descendants, the throne was succeeded by one of the father's legitimate sons or one of the grandfather's legitimate grandsons if his legitimate sons had died. The succession to the throne by a father-son relationship or a grandfather-grandson relationship was by the direct lines regardless of the order of sons, but it has to be included in the succession of collateral descendants(傍系) that one of the king's brothers succeeded to the throne when legitimate sons of the king had no son.

The third was by a son-in-law(女壻). It was to be succeeded by the princess' husband when there weren't king's legitimate sons and collateral descendants(傍系). The son of a son-in-law(女壻) could also succeed to the throne. There was no succession by a son-in-law(女壻) in *Parks*' royal line. In Seoks' royal line, *King Jobun*(助賁王), a son-in-law of *King Naehae*, succeeded to the throne of *King Naehae*, who was his father-in-law and his nephew. Even though *King Naehae* had legitimate sons, *King Jobun*(助賁王) succeeded to the throne according to *King Naehae*'s will(遺詔).

From the period of *Isagum*, the succession to the throne had a basis on the direct line by the legitimate sons. *Parks*' royal descendants carried out the succession to the throne by the direct line after they had strengthen their royal authority through the marriage to kings from other small nations. At first, it was difficult for *Seoks*' royal descendants to keep the sovereign of *Ushisan-kug*(于尸山國) because of the power of competition, but they took up its royal authority linking to *Kims*' group. In the middle of succession to the throne in these two royal lines, the female line of the king from other family name succeeded to the throne, but it can't be acknowledged because of the big gap of years. This was caused by the intention to make the beginning year of the ancient history of *Shilla* older, they was the progenitor of their royal descendants.

A royal line succeeded to the throne by collateral descendants(傍系) unless it had legitimate sons and maintained their royal authority. In the mid-4th century, *Kims*' royal descendants had no legitimate sons and the female line succeeded to the throne. There was competition over the throne between the female lines due to *Koguryes*'s interference in domestic affairs, but the victory of *King Naemul*'s line made them establish the succession system of direct line. After that, *King Naemul*'s line consisted of collateral descendants gradually and carried out the succession to the throne.

It was common that the collateral descendants conducted the succession of direct line after they had taken up the throne. No legitimate sons was due to intermarriage. In earlier period of the latter part in *Shilla*, the royal line wasn't established because of the early deaths of legitimate sons. This caused bitter dispute among collateral descendants about the succession to the throne. The royal descendants in the middle period of the latter part, which had succeeded to the throne by the female line, found their stability and restore to the succession by direct lines. Because kings under 20 years old died young and they had no legitimate son, they managed to maintain the royal authority by the succession of collateral descendants.

Later, other family name got to take up the sovereign because of the sharp competition over the succession to the throne by the female lines. *King Shindeok*(神德王) from *Parks* was a son-in-law of *King Heongang*(憲康王) and he succeeded to the throne of *King Hyogong*, it was exceptional. For the first time other family name succeeded to the throne respectively during three family names' royal lines. As was stated above, *King Talhae* in *Parks*' royal descendants and *King Michu* in *Seoks*' line didn't succeed to the throne during the period other royal descendants. *Kim Yegyeom*, who was a father-in-law, took over the reign, faked the identity of *King Hyogong* as a son of concubine and made believe that there was no successor to the throne. Therefore he enthroned his stepson, *Shindeog* from the *Parks* as the successor in the female line to *King Heongang*. But *Kim Hyojong* from the *Kims*, a son in law of *King Heongang* had an advantage over it. Even if *Kim Hyojon* had died, he had a son. *Kyeonhweon*, a king of *Post Baekje* (後百濟) seized the opportunity of using the mess of succession to the throne and got to enthrone *Kim Bu* after killing *King Kyeonge*.

This led *Shilla* to the way of the division and ruin losing its royal authority. Fundamentally, the throne of *Shilla* was succeeded by three priciples mentioned above.

Dispute over the succession to the throne was caused within the principles. But the succession by a female king was illegal and exceptional. In the late *Shilla*, the succession by the female line was stuck in a rut and also illegal. The family tree of the prior king was faked as a son of concubine. Generally the records of pedigree about the royal family in the *Shilla* dynasty were reliable and these records made this study possible.

찾아보기

ㄱ

_ㄴ

_ㄷ

_ㅇ

_ㅈ

민족문화 학술총서를 내면서

21세기의 새로운 미래를 향해 나아가는 현 시점에서 한국학 연구는 새로운 전기를 맞이하고 있다. 한국은 물론이고, 아시아·구미 지역에서도 한국학에 대한 관심은 고조되고 있으며 여러 분야에서 다각도로 심층적인 분석이 이루어지고 있다. 이러한 추세에 발맞추어 우리나라의 한국학 연구자들도 지금까지의 연구를 기반으로 하여 방법론뿐 아니라, 연구 영역에서도 보다 심도 있는 연구가 요청되고 있는 형편이다. 따라서 우리는 동아시아 속의 한국, 더 나아가 세계 속의 한국이라는 관점에서 민족문화의 주체적 발전과 세계 문화와의 상호 관련성을 중시하는 방향에서 연구를 진행하여야 할 것이다.

본 한국민족문화연구소는 한국문화연구소와 민족문화연구소를 하나로 합치면서 새롭게 도약의 발판을 마련한 이래 지금까지 민족문화의 산실로서 중요한 역할을 수행해 왔다. 그런 중에 기초 자료의 보존과 보급을 위한 자료총서, 기층문화에 대한 보고서, 민족문화총서 및 정기학술지 등을 간행함으로써 연구소의 본래 기능을 확충시켜 왔다. 이제 이러한 성과를 바탕으로 한국학 연구자의 연구성과를 보다 집약적으로 발전시켜 나아가기 위해서 「민족문화 학술총서」를 간행하고자 한다.

「민족문화 학술총서」는 한국 민족문화 전반에 관한 각각의 연구를 체계적으로 정리함으로써 본 연구소의 연구 기능을 극대화하는 역할을 할 것으로 기대한다. 또한 본 학술총서의 간행을 계기로 부산대학교 한국학 연구자들의 연구 분위기를 활성화하고 학술 활동의 새로운 장이 되기를 바란다.

아울러 본 학술총서는 한국학 연구의 외연적 범위를 확대하는 의미에서 한국학 관련 학문과의 상호 교류의 장이자, 학제간 연구의 중심 기능을 수행함으로써 명실상부한 한국학 학술총서로서 자리 잡을 수 있도록 해야 할 것이다.

1997년 11월 20일

부산대학교 한국민족문화연구소

| 저자 | 선 석 열(宣石悅)

부산대학교 사학과, 부산대학교 대학원을 졸업하고 부산대학교 사학과에서 「삼국사기 신라본기 초기기록 문제와 신라국가의 성립」으로 박사학위를 받았다. 부산대학교, 경성대학교, 경남대학교, 동아대학교, 동의대학교, 부경대학교 강사를 지냈고, 일본 국립역사민속연구소 펠로우십 연구원 및 부산대학교 한국민족문화연구소 전임연구원을 거쳐 부산대학교 사학과에 전임대우강사로 재직한 후 강사로 강의하고 있다. 일본역사교과서 문제 해결을 위한 한일공동연구에도 참여하여 임나일본부설의 허구를 밝혔다. 연구 논저로는 『신라국가성립과정연구』(혜안), 『동아시아의 발해사 쟁점 비교 연구』(공저), 연구 논문으로는 「영일냉수리신라비에 보이는 관등 관직 문제」, 「삼국사기 신라본기에 보이는 왜의 실체」, 「인명표기방식을 통해본 포항 중성리신라비」 등 60여 편이 있다.

민족문화 학술총서 60

신라 왕위계승 원리 연구

선 석 열 지음

초판 1쇄 발행 2015년 11월 10일

펴낸이 오일주
펴낸곳 도서출판 혜안

등록번호 제22-471호
등록일자 1993년 7월 30일

주소 ㉾ 04052 서울시 마포구 와우산로 35길 3(서교동) 102호
전화 3141-3711~2
팩스 3141-3710
이메일 hyeanpub@hanmail.net

ISBN 978-89-8494-536-4 93910

값 28,000 원